ESSAIS

DE POLITIQUE

ESSAIS

DE MORALE

DE SCIENCE ET D'ESTHÉTIQUE

PAR

HERBERT SPENCER

II

ESSAIS DE POLITIQUE

TRADUITS DE L'ANGLAIS

PAR M. A. BURDEAU

Ancien élève de l'école normale supérieure,
Professeur agrégé de philosophie.

PARIS

LIBRAIRIE GERMER BAILLIÈRE ET Cie

108, BOULEVARD SAINT-GERMAIN, 108

1879

PRÉFACE DU TRADUCTEUR

Ce second volume d'*Essais* de M. Spencer est, comme le premier, un choix, et ne correspond point au second volume des éditions anglaises : il contient ceux des *Essais* qui touchent à la politique. On peut le diviser en deux parties : l'une, composée des cinq premiers chapitres, enferme l'exposition des principes généraux ; les quatre autres offrent diverses applications de ces principes à des questions pratiques. Dans la première partie, l'ordre chronologique a été observé : on pourra ainsi suivre le développement de la pensée de l'auteur ; car M. Spencer ne prétend pas créer ses théories de toutes pièces, et n'a point honte de ses progrès. Les Essais II et III rompent à vrai dire l'ordre chronologique ; mais, comme ils n'apportent point de principes nouveaux, et servent seulement à éclairer par des exemples les idées contenues dans le premier, ils ne font en réalité que couper une série d'écrits plus considérables, et dont la lecture ininterrompue eût fatigué. — Le plan du volume a été tracé par l'auteur lui-même.

Ces *Essais* feront connaître pour la première fois au lecteur français une théorie qu'on peut regarder comme un modèle achevé de ces politiques nouvelles, qui seraient mieux nommées des physiques sociales. L'individu, selon M. Spencer, est gouverné entièrement par les lois de la vie, lois de la vie physique et lois de la vie morale. Or une société n'est qu'un assemblage d'individus, et le corps social n'est guère qu'une copie agrandie du corps humain : les mêmes lois qui régissent celui-ci doivent donc gouverner celui-là. Et comme la santé dans l'un est le fruit d'une parfaite soumission aux lois naturelles, le bien de l'autre s'obtiendra sans doute au même prix. La politique n'est donc que la mise en vigueur des lois « sociologiques », l'exécution des décrets de la science sociale. Le gouvernement idéal serait un despotisme scientifique [1].

Or cette théorie, nous la voyons aujourd'hui, en France, s'introduire lentement, et comme sournoisement, chez plus d'un esprit. Les libéraux, dans leurs luttes, ont été servis tant de fois par les sciences, et si constamment par cet esprit de libre recherche, qui se fortifie dans le commerce des sciences, qu'ils sont tentés de voir dans « la science » mieux qu'une alliée, et de se mettre pour jamais sous sa tutelle. De là bien des déclamations touchant « la politique scientifique » et « les droits de la science ». Sur cette voie, nous reviendrions vite aux doctrines théocratiques du gouvernement par les sages et de la souveraineté des meilleurs. — Ce qui est fâcheux, c'est que plus d'un use de ces formules sans en pénétrer tout le sens, et croit s'en servir, alors qu'elles l'entraînent sur une

---

1. « Avec un bon despote, le despotisme serait un régime parfait. » — « Si nous possédions la vérité, il va sans dire que toute divergence politique serait un mal. » (*De l'Éducation*, p. 93.) — Dans le présent volume (pages 110-111), M. Spencer cite avec approbation un passage significatif, d'un auteur ecclésiastique : « Déterminer de plus en plus clairement les desseins passés et présents de l'Éternel sur nous, les lois de l'Éternel, tel est l'objet que se sont proposé tous les parlements, tous les conciles... Néanmoins, dans cette époque de voies et de discussions sur toutes choses, une obscure pensée de vanité s'est répandue petit à petit en tous lieux, et maintenant, sur de vastes surfaces de ce globe, on trouve de misérables êtres humains convaincus en pratique que, si nous « votons » ceci ou cela, ceci ou cela sera désormais une *réalité*... C'est un rêve de sots. » Comparez la maxime : Il faut obéir à Dieu plutôt qu'aux hommes. — « Les gouvernements n'ont pas d'autorité intrinsèque ; *ils ne peuvent non plus avoir reçu l'autorité en vertu d'une convention* ; ils la possèdent uniquement comme administrateurs des principes moraux, et ces principes se déduisent des conditions essentielles de la vie en société. » (*Premiers Principes*, ch. I.)

pente où peut-être il ne s'engagerait pas de son plein gré, s'il
en voyait clairement le terme. Or il est toujours mal d'entrer
dans une théorie à son propre insu ; si l'on doit s'y rendre, il
faut du moins que ce soit à bon escient, en sachant à quoi
l'on s'engage. Si donc ce volume peut contribuer à mieux faire
connaître la doctrine de « la politique scientifique », il ne sera
pas inutile.

D'ailleurs, en morale, il n'y a pas de théorie qui ne soit
bonne par quelque côté, pour ceux qui l'ont approfondie,
acceptée après mûr examen. Quand les hommes raisonnent,
ils finissent toujours par s'accorder sur plus d'un point. Il n'y
a de décidément inutile et de funeste à la santé de l'esprit et
à sa liberté, que les idées inachevées et obscures. C'est ce
qu'on verra bien par tant de vérités pratiques dont ce livre
est plein et qui doivent profiter à des lecteurs français : en
politique, nous avons plus d'une leçon à recevoir des Anglais ;
ils ont, en bien des choses, suivi la même route que nous sui-
vons, mais ils ont eu le temps de s'y affermir, et nous autres
venons de nous y lancer.

Enfin, ce qui peut donner encore plus d'intérêt à ce livre,
et pour les philosophes qui aiment à observer les démarches
d'un esprit tel que celui de M. Spencer, et pour les hommes
réfléchis qui travaillent à se créer des principes de politique,
c'est la théorie par laquelle débute le premier Essai, théorie
bien remarquable, en ce qu'elle nous ramène à une politique
très-différente et qu'on peut, sans trop de présomption, appeler française. Cette théorie, on n'en pourrait guère retrouver
l'équivalent ni les conséquences dans aucun autre ouvrage
de M. Spencer [1]. — En politique, remarque notre auteur,
chacun peut avoir ses convictions, c'est-à-dire chacun peut

1. Dans un passage de l'*Introduction à la science sociale*, M. Spencer parle
encore de l'incertitude de nos jugements ; il part de là pour nous recommander la
réserve en politique : « Notre lecteur, réfléchissant à l'incertitude des preuves
qu'il a ramassées au hasard (et qui fondent ses opinions), et voyant, dans son entourage, des preuves différentes, choisies de façon à satisfaire d'autres sentiments

penser à sa façon et se croire seul en plein dans le vrai. Mais, puisque les convictions des hommes sont diverses et vont même jusqu'à se contredire mutuellement, il faut bien que plusieurs, que la plupart même, se trompent. Or qui garantira à chacun de nous qu'il n'est pas de ceux-là ? Quittons donc un peu de cette absolue confiance en nous-mêmes, qui con- duirait chacun de nous au fanatisme, et l'État à l'anarchie. Ayons quelque respect pour les opinions de nos concitoyens ; et, si persuadé que nous soyons de la vérité des nôtres, ne prétendons jamais les leur imposer contre leur gré.

A vrai dire, M. Spencer établit ces vérités sur de tout autres fondements que ne ferait un disciple de Rousseau et de Kant : à ses yeux, si les opinions sont toutes respectables, c'est que toutes peuvent contenir quelque part de vérité. Mais le principe du respect des opinions n'en subsiste pas moins : il ne dépend d'aucune explication particulière. Or ce principe ne saurait s'accorder avec la doctrine qui fait résider tout droit dans la vérité, et nécessairement dans les possesseurs de la vérité. Il nous conduit dans une autre direction, jusqu'à une théorie bien différente, où il prend sa place et révèle enfin son sens complet.

En effet, quand on nous dit que dans toute opinion il *peut* y avoir du vrai, devons-nous l'entendre à la rigueur? devons- nous admettre que, la vérité nous échappant tout à fait, nous ne savons ni quelles opinions s'en éloignent et quelles autres s'en approchent, ni si toutes y participent également ou si elle est étrangère à toutes, ni enfin si elle se confond avec l'une ou plusieurs d'entre elles ? devons-nous leur attribuer à tou- tes, comme dans une loterie dont jamais nous ne connaîtrons le résultat, d'égales chances de vérité ? Mais alors, de cette

---

que les siens, produire d'autres convictions..., ne s'attachera plus aussi fortement à ses idées,... et sera peut-être moins pressé de les mettre en pratique. » (P. 422.) Mais ici, M. Spencer n'insiste plus sur les raisons de respecter l'opinion d'autrui à l'égal de la nôtre même, comme il le fait dans l'*Essai* intitulé : *Trop de lois.* Or c'est là le point capital.

profession d'ignorance et d'indécision parfaites, quelle conclusion pratique tirer? La nécessité de la réserve en politique, dit M. Spencer (car parfois il semble adopter ces conséquences) : « Nous ne nous attacherons plus aussi fortement à nos idées, et nous serons peut-être moins pressés de les réaliser. » (*Loc. cit.*) Mais c'est trop peu conclure : ce n'est pas seulement la timidité, que nous impose ce système de doute ; c'est l'abstention. Qu'est-ce en effet que d'agir, si ce n'est affirmer exclusivement une opinion, et non plus seulement en dedans de nous, et avec notre esprit, mais au dehors et avec toutes nos forces? En politique, comme ailleurs, le scepticisme aboutit à l'inaction.

Il est une autre interprétation, et plus féconde en apparence, de la même maxime : c'est à celle-ci que M. Spencer s'arrête le plus volontiers. Non-seulement toute opinion *peut* enfermer du vrai, mais *il y a* du vrai dans toutes. Toutefois, comme il en est d'opposées entre elles, la vérité ne saurait y être répartie par portions égales : les opinions sont toutes vraies, mais plus ou moins. Par là, le scepticisme est vaincu, mais du même coup l'égalité des opinions est détruite. Maintenant, où trouverons-nous le critérium pour mesurer la quantité de vérité et de droit contenue dans chacune des opinions? Entre toutes, il en est une que nous avons jugée et jugeons la plus vraie, puisque nous l'avons adoptée, puisque nous nous y tenons : c'est la nôtre. Voilà l'opinion-modèle, et c'est d'après leur ressemblance avec celle-là que toutes les autres vont être jugées, classées. Elle trône au-dessus du peuple des opinions et leur distribue leurs rangs. Et comme chacun en pense nécessairement autant de la sienne, chacun se fera le centre de la cité. Autant de citoyens, autant de prétendants à la tyrannie.

A vrai dire, c'est par là justement que M. Spencer pense nous ramener à l'égalité et à la démocratie. La vraie opinion, selon lui, la seule qui soit approuvée par la philosophie, est celle qui, avec générosité, comprend, enveloppe toutes les opinions, les justifie, les réconcilie toutes, et reconnaît à chacune son droit d'exister. « Il y a une âme de vérité dans toute erreur, » dit-il dans les *Premiers Principes* (ch. I), signifiant que toute erreur fut, est, en son temps, en son milieu, une forme nécessaire de la vérité. Et, reprenant en politique la même pensée sous une forme différente : « Chacun de nous sait bien ce qu'il lui faut, chacun de nous est le vrai juge de ses intérêts ; » car les vœux de chacun sont le produit naturel de ses besoins tels qu'il les sent. Si donc le vote d'un peuple n'est pas l'expression de la justice et de la vérité absolues, il est du moins celle de la justice et de la vérité telles que ce peuple les entend et peut les supporter. Que chaque opinion pèse pour sa part dans la balance, et que la loi soit la résultante commune de toutes : ainsi le veut la science sociale.

La science sociale ? Soyons plus réservés ; disons : la doctrine sociale propre à M. Spencer. Sa doctrine, c'est-à-dire une de ces opinions politiques sur lesquelles les hommes ne s'accordent pas. Et c'est sur cette doctrine qu'on fonderait la société avec le respect des opinions qui en est la base, quand, tout au contraire, le principe sur lequel reposera la société doit être indépendant de toute opinion pour les dominer toutes, pour établir, en un point au moins, mais le plus essentiel du monde, l'accord entre les hommes ; quand ce principe doit être au-dessus de toute discussion, comme la condition de toute discussion, en sorte qu'on ne puisse rien discuter, non pas même lui, sans lui rendre hommage implicitement, et par le fait ! Bien loin de là, ce prétendu principe est un des plus contestés, un des plus universellement méconnus : trouve-t-on beaucoup d'hommes qui ne s'indignent, sans plus réfléchir, de voir un ignorant, un esprit faux (du moins ils les prennent pour tels), peser dans la balance politique du même poids que lui, qu'un sage ? Non, si le droit résidait dans la vérité, personne ne reconnaîtrait à tous les individus un même droit de

contribuer à la confection des lois. Personne, pas même
M. Spencer. Ne refuse-t-il pas les droits politiques à certaines
catégories de citoyens, parce qu'il les juge imbues de préjugés, c'est-à-dire (restons fidèles à ses principes) de doctrines opposées aux siennes [1]? C'est par cette pente qu'un
théoricien en vient à distribuer le pouvoir entre les classes à
son gré, suivant qu'il les trouve, dans sa sagesse, éclairées ou
incapables. Et voilà bien le danger de définir le droit de telle
sorte qu'il puisse à la rigueur se concentrer dans une seule
main.

En deux mots : associez ce principe, que tout droit réside
dans la vérité connue, avec cet autre, qu'avoir une opinion,
c'est la tenir pour vraie; et vous avez la formule même du
fanatisme. — De ces deux principes, abandonnez le second,
gardez le premier, et joignez-y celui-ci : que la vérité n'est
dans aucune opinion; et vous avez la théorie de l'indifférence
en politique. Guerre universelle, inertie universelle, les deux
formes de l'anarchie, c'est entre ces extrêmes que nous oscil-
lons avec la « politique scientifique ». C'en est assez pour
montrer qu'avec elle nous n'avons pas mis le doigt sur le
vrai principe moral de toute société.

Ainsi, ce n'est pas de la vérité, à laquelle elles peuvent participer, que les opinions tirent leur droit au respect : à cet
égard, comme il en est qui se contredisent entre elles, comme
il faut par suite qu'il y en ait de radicalement fausses, nous
reconnaîtrons que plus d'une, prise en elle-même, mérite le
mépris. Et pourtant, d'autre part, si toute opinion n'est res-
pectée à l'égal de toute autre, on vient de le voir, il n'y a plus
de société. Puis donc que l'opinion ne possède pas par elle-
même ce droit au respect, il faut bien qu'elle le tire du dehors.
Et d'où, si ce n'est de l'homme qui la professe? C'est cet
homme qui, en se l'appropriant, et dans la mesure où il se
l'approprie, la couvre de son inviolabilité. Ainsi, d'une part,

1. Voir l'Essai sur la *Réforme électorale.*

de ce qu'une opinion est une affaire personnelle, où le sentiment et la volonté ont part, il suit qu'elles peuvent varier
d'homme à homme, jusqu'à se contredire : mais la même
raison qui les rend discordantes est aussi celle qui nous les
rend dignes de respect.

Non pas que chaque homme ait le devoir, comme il en a le
droit, de s'enfermer dans son opinion; que dans une cité les
intelligences puissent vivre comme dans une solitude ; car c'est
seulement en vertu et en proportion de ce qu'elles ont de
commun, que la société existe. Si cette société doit devenir
plus intime, il faut que chacun travaille à comprendre, à em-
brasser dans son opinion les fragments bien plus considérables de vérité qui se trouvent dans les opinions d'autrui; qu'à
ce premier fonds il ajoute tout ce que pourra lui enseigner
l'expérience, l'étude de toutes les sociétés; qu'il prépare ainsi
l'union future des esprits. Là est le vrai progrès social. Mais
qui nous contraindra à cette abnégation, à cet effort pour
nous unir d'esprit les uns avec les autres, et tous avec les
hommes de tous les temps ? La persuasion. Et qui dira : Voici
l'opinion la meilleure, celle qui explique, concilie les autres
et vers laquelle toutes elles tendent ; voici la vérité politique ?
Qui le dira ? Tous par leur accord progressif. — Il est donc
bien vrai qu'il n'y a de bonnes lois, et efficaces, que les lois
fondées en raison, c'est-à-dire fondées sur la nature des hommes et sur la nature des choses. Mais la connaissance même
de cette nature doit servir à éclairer et à aider dans ses desseins la volonté commune, non à l'opprimer. Il est dangereux
de faire des lois déraisonnables : il est criminel d'imposer des
lois réprouvées par l'opinion générale. Les unes nuisent au
bonheur des hommes, et par là à leur amélioration ; les autres nient, étouffent la liberté, font périr jusqu'à l'idée de
liberté, principe de toute amélioration et de tout bonheur.

Ainsi toute opinion, par cela seul qu'un homme s'y attache,
devient inviolable à tous les hommes. Qui ne voit la portée de

cette remarque? Et qu'importe que M. Spencer en ait fait peu
de cas et en ait tiré peu de chose, s'il l'a reconnue et si c'est
là une de ces vérités qu'on ne peut reléguer au second rang
et qui, admises, par leur propre force, se frayent un chemin
jusqu'au premier rang et deviennent des principes? Or, refuser à tout individu le privilège d'imposer son opinion, quelle
qu'elle soit, c'est là poser un grand principe. Nier que la
vérité, réelle ou prétendue, tant qu'elle est reconnue de quelques hommes seulement, tant qu'elle est une opinion parmi
les autres et rien de plus, ait par elle-même aucun droit,
c'est poser un grand principe. C'est déclarer que l'assentiment
de tous peut seul lui donner force de loi. C'est attribuer le
pouvoir souverain, non plus aux décrets des savants, mais aux
décrets nés du libre consentement de tous les citoyens. C'est
faire résider le droit, non plus dans les lois de la nature,
interprétées par certains individus, mais dans toute personne
humaine.

B.

I

TROP DE LOIS

(*Westminster Review*, juillet 1853).

UTILITÉ DU PROBABILISME EN POLITIQUE. — Autant d'hommes, autant d'opinions. Donc, défions-nous de nos lumières. L'abstention est prudence, chez le législateur. — Absurdité de notre tendance à la centralisation.

INCAPACITÉ DE L'ADMINISTRATION. — Justice, guerre, marine : bourdes de l'administration. — Faut-il lui confier des fonctions plus difficiles encore? — Complication de la machine administrative : trop d'intermédiaires entre le patron (le contribuable) et l'employé (le fonctionnaire). — Funestes effets de l'ingérence du gouvernement : étroite dépendance des parties du corps social entre elles; leur délicatesse; portée incalculable, redoutable, d'une intervention quelconque.

MAUVAISE VOLONTÉ DES ADMINISTRATIONS. — *Lenteur; bêtise* (elle est un titre à l'avancement); *prodigalité* (« c'est Gogo qui paye »); *aucune faculté d'adaptation* (c'est un mécanisme qui prétend servir d'enveloppe protectrice à un organisme); *corruption; routine* (pas de concurrence). — Cause générale : les fonctionnaires soustraits par artifice à tous les stimulants naturels.

CE QUE POURRAIT L'INITIATIVE PRIVÉE. — Loi des organismes : leur développement est un accommodement spontané aux exigences du milieu. — Quelques faits : l'État surpassé par des particuliers; l'État recourant aux particuliers : les adjudications; la codification anglaise. — Objection : l'initiative privée n'est pas capable de tout. — Aujourd'hui, sans doute; mais le progrès est toujours l'imprévu : les besoins sociaux trouveront d'eux-mêmes à se satisfaire, et par des moyens inattendus. — Toute autre méthode pour les satisfaire est illusoire. Loi : les désirs sont proportionnels en énergie à l'utilité des objets désirés; l'ordre d'acquisition de ces objets est l'ordre même de leur importance. Intervertir cet ordre, c'est satisfaire un besoin moins pressant aux dépens de plus pressants. Or c'est à quoi un gouvernement est exposé, dès qu'il ne s'agit plus des besoins les plus primitifs de la société. Exemples.

OUBLI DES VRAIES FONCTIONS DE L'ÉTAT. — L'État dépense ses forces à ce qui ne le regarde pas, néglige sa vraie fonction : garantir la sécurité intérieure et extérieure. — Mauvaise administration de la justice. Maux qu'elle ne guérit pas, et maux qu'elle cause. Fécondité de ces maux : ils suscitent des lois, elles-mêmes funestes.

AFFAIBLISSEMENT DE L'INITIATIVE INDIVIDUELLE. — Danger pour un peuple de compter sur le gouvernement. — Les Anglais, agents du progrès en Europe. — La vie politique peut être une école de paresse ou d'activité.

La foi aveugle au pouvoir du législateur est un fétichisme, vestige du temps passé; le temps seul la ruinera. TR.

Une idée [1] qui doit s'offrir de temps à autre à tout esprit prudent, c'est que, à bien calculer les probabilités, ses opinions sur n'importe lequel des sujets encore en discussion ne sauraient être justes, que cela du moins n'est pas vraisemblable. « Autour de moi, se dit-il, je vois par milliers des gens qui diffèrent de moi sur tel et tel point : l'opposition est absolue dans bien des cas ; dans tous les autres, elle subsiste, quoique incomplète. Chacun d'eux n'a pas moins de confiance que moi en la valeur de ses convictions. Beaucoup d'entre eux sont fort intelligents ; et, si haut que l'on m'estime, il faut bien admettre que plusieurs sont mes égaux, peut-être mes supérieurs. Or, bien que chacun de nous se croie sûr de tenir la vérité, cependant la plupart sont dans le faux, cela ne fait pas doute. Pourquoi ne serais-je pas de ceux qui se trompent ? A vrai dire,

1. Quelques-unes des exemples invoqués dans cet *Essai* ont trait à des lois, à des institutions qui depuis ont changé ; et, inversement, plus d'un fait récent pourrait être cité à l'appui de mon argumentation. Toutefois, ces changements ne font rien à mon raisonnement ; d'autre part, pour l'accommoder à l'état actuel des choses, il faudrait l'altérer d'un bout à l'autre : le mieux est donc de le laisser, pour l'essentiel, tel qu'il était d'abord, ou plutôt tel qu'il a paru pour la seconde fois, chez M. Chapman, dans la *Bibliothèque populaire*.

c'est là ce que je ne peux me persuader. Mais que prouve cette impuissance ? La majorité d'entre nous est, de toute nécessité, dans l'erreur, et nous n'en sommes pas moins tous incapables de nous croire dans l'erreur. N'est-ce pas une folie d'avoir foi en moi-même ? Quand je jette un regard derrière moi, dans le passé, je vois des nations, des sectes, des philosophes, qui se sont attachés en science, en morale, en politique, en religion, à des croyances que nous rejetons pour des raisons décisives. Pourtant ils s'y confiaient avec une foi non moins vive que la nôtre, plus forte peut-être, s'il faut en juger par leur intolérance dans la dispute. Qu'importe dès lors l'énergie de cette conviction que j'ai d'être dans le vrai ? Les hommes de tous les pays ont trouvé au fond d'eux-mêmes une garantie pareille pour leurs opinions ; et, dans neuf cas sur dix, il s'est trouvé que cette garantie était illusoire. Ne suis-je donc pas absurde de faire tant de fonds sur mon propre jugement ? »

Au premier abord, ces réflexions semblent n'être d'aucun usage pratique ; mais, au fond, elles peuvent et même elles doivent agir sur nos actes les plus importants. Assurément, dans la vie quotidienne, il nous faut agir selon nos inductions, si peu dignes de confiance qu'elles soient ; assurément, chez nous, dans notre cabinet, dans la rue, à chaque instant s'offrent des occasions où hésiter n'est pas permis : car si agir est dangereux, ne pas agir du tout serait fatal ; assurément, enfin, ce doute théorique sur la valeur de nos jugements doit rester sans effet ; mais, dans notre conduite publique, nous pouvons à bon droit lui donner de l'importance. Là, la nécessité de décider n'est plus absolue, et au contraire la difficulté qu'il y aurait à décider sur-le-champ serait infiniment plus grande. Nous avons beau dire que nous prévoyons avec clarté les effets d'une certaine mesure, l'expérience des hommes et le raisonnement de tout à l'heure ne nous enseignent pas moins que nos prévisions ont bien des chances d'être fausses. C'est donc une question qu'il est sage de se poser, s'il ne serait pas mieux, bien souvent, de ne rien faire.

Pour continuer à faire la critique de son propre esprit, notre homme prudent pourrait tenir ce raisonnement : « Dans mes affaires privées, alors que je connaissais tous les éléments de la question, j'ai bien souvent fait de faux calculs : combien n'y suis-je pas plus exposé dans les affaires politiques, où les éléments, par leur nombre, leur dispersion, leur complexité, leur obscurité, dépassent l'intelligence ? Voici, à n'en pas douter, tel mal, et voici tel oubli, dont la société souffre ; et si j'étais sûr que mon action ne sera pas malfaisante, j'entreprendrais de guérir l'un, de réparer l'autre. Mais je me rappelle tous les plans que j'avais faits pour moi et qui ont manqué : ces spéculations qui ne m'ont pas profité, ces employés dont j'ai découvert la malhonnêteté, ce mariage qui m'a si mal réussi, ces parents que je voulais aider et que j'ai mis dans la misère, ce fils que j'ai élevé avec tant de soins et qui a tourné plus mal que la plupart, telle chose que je voulais éviter à tout prix et qui m'a fait tant de bien, tels objets que j'ai obtenus à grand'peine et qui m'ont donné si peu de satisfaction, mes plaisirs qui pour la plupart me sont venus des sources sur lesquelles je comptais le moins : voilà des faits, et j'en ai quantité de semblables dans mes souvenirs ! Ah ! je vois bien que mon

esprit est prodigieusement incapable de régenter l'Etat! D'ailleurs,
ce mal en question, la société a vécu, elle a grandi malgré lui;
ce besoin, elle peut fort bien le satisfaire tout spontanément,
comme elle a fait pour tant d'autres, par quelque procédé imprévu : je me demande, ma foi! si je ferai bien de m'en mêler. »

Nous aurions grand besoin de pratiquer ce genre d'humilité
en politique. Sans doute nous avons moins de présomption que
nos ancêtres, qui n'hésitaient pas à mettre en forme de lois
toutes leurs opinions, quel qu'en fût le sujet : mais nous en
avons encore beaucoup trop. Nous ne prétendons plus à l'infail-
libilité en théologie, mais combien d'autres croyances non
moins douteuses ne faisons-nous point passer dans la loi? Nous
n'osons plus contraindre les gens en vue de leur *bien spirituel,*
mais nous nous croyons toujours appelés à leur faire violence
pour leur *bien matériel,* sans voir que le succès n'est pas plus
certain d'un côté que de l'autre. Après d'innombrables échecs,
nous semblons incorrigibles là-dessus. Prenez un journal d'aujourd'hui : probablement l'article de fonds sera pour raconter
les corruptions, la négligence ou le désordre de quelque
administration de l'Etat. Jetez les yeux sur la colonne suivante,
et vous y verrez sans doute quelque proposition pour étendre
encore le contrôle de l'Etat. Hier, c'était toute une campagne
contre l'insouciance du ministère des colonies; aujourd'hui,
ce sont les maladresses de l'Amirauté qu'on tourne en ridicule;
demain, le journal posera cette question : « Ne faut-il pas
accroître le nombre des inspecteurs des houillères? » Un jour,
on se plaint de l'inefficacité du Bureau de salubrité [1]; et l'autre,

1. En 1848, à la suite d'épidémies de choléra, dont l'une avait en un an, et dans

on réclame à grands cris une réglementation plus étroite pour les chemins de fer. Nos oreilles tintent encore des dénonciations qu'on nous y apporte contre les abus de la chancellerie, nos joues sont rouges encore d'indignation, après la lecture d'un bon article sur les iniquités des tribunaux ecclésiastiques : et voilà qu'on nous insinue qu'il faudrait créer un « sacerdoce de la science ». Ici, nous lisons un réquisitoire véhément contre la police, qui stupidement laisse les flâneurs se heurter entre eux à mort ; nous attendons que l'on conclue en nous mettant en défiance contre l'intervention de l'autorité ; au contraire : à propos d'un naufrage, on prie avec instance le gouvernement d'instituer des inspecteurs pour veiller à ce que les navires aient toujours leurs embarcations prêtes à déborder. Ainsi, chaque jour, c'est un insuccès de l'Etat, et chaque jour une renaissance de cette illusion, qu'il suffit d'un acte du Parlement et d'un état-major d'employés pour atteindre un résultat voulu. Nulle part ne se montre mieux la ténacité avec laquelle la foi s'attache au cœur de l'homme. Depuis que la société existe, le désappointement nous prêche, disant : « Ne mettez pas votre confiance dans les lois ; » et c'est à peine si la confiance dans les lois a baissé.

Si encore l'Etat s'acquittait avec succès de ses devoirs les

l'Angleterre seule, enlevé 70,000 individus, une loi établit un Bureau général de salubrité, chargé de faire exécuter certaines prescriptions d'hygiène publique, dans tout district où le chiffre annuel des morts dépasse 23 pour 1000, et où il se trouve un dizième des contribuables pour réclamer l'application de la loi sur la santé publique. Dans ces districts est alors établi un bureau de salubrité, élu par les contribuables. — Depuis l'époque où parut cet *Essai*, les pouvoirs de ces bureaux ont été étendus : une loi de 1853 a rendu la vaccine obligatoire; plus récemment, il a été institué un corps de 3000 médecins pour les indigents, chargé de la statistique médicale et d'une enquête permanente sur la santé publique ; le tout dépendant du Bureau général.   TR.

plus évidents, on excuserait ce zèle à lui en imposer d'autres.
Si l'on n'avait pas à se plaindre de son administration de la
justice, qui est fautive; de tant de délais et d'infinies dépenses;
de la ruine qu'il amène au lieu de la réparation ; de sa coutume d'agir en tyran quand il devrait être un protecteur; si
l'on n'avait pas entendu parler de ses bêtises compliquées;
des 20,000 lois qu'il présume connues de tout Anglais, quand
il n'y a pas un Anglais qui les connaisse ; de ces formules si
variées, qui doivent prévoir tous les cas possibles et qui
créent beaucoup plus d'échappatoires qu'elles n'en déjouent[1] ;
s'il n'avait pas révélé sa sottise dans cette coutume d'opérer
chaque changement, même le plus petit, au moyen d'un acte
nouveau, qui modifie d'une manière spéciale chacun des
innombrables actes précédents, et encore dans cette façon
d'édicter par groupes successifs ses règlements pour la Cour
de la chancellerie, qui se modifient, se limitent, s'étendent,
s'abolissent mutuellement, si bien que les légistes même de
cette Cour ne s'y reconnaissent pas ; si nous n'avions jamais
d'étonnement, comme celui d'apprendre que, grâce au système
d'enregistrement foncier en Irlande, une « enquête négative »
tendant à établir les titres d'une propriété a coûté 6,000 livres
(150,000 fr.) ; si dans sa conduite nous ne trouvions pas de
ces effroyables contradictions : un vagabond mis en prison
pour le vol d'un navet, et un directeur de chemin de fer qui
après des détournements prodigieux échappe à toute punition;

---

1. En Angleterre, les textes de lois sont beaucoup plus détaillés que les nôtres.
Toutes les interprétations et explications qui chez nous sont rejetées dans les
exposés de motifs ou réservées pour les circulaires ministérielles sont comprises
dans le corps de la loi anglaise.   TR.

si, en un mot, il s'était montré juge capable, et défenseur du droit, au lieu d'être traître, cruel, au point d'inquiéter la victime et de la faire fuir ; — alors, oui, on aurait quelque raison d'espérer de lui d'autres bienfaits.

Ou si encore l'Etat, quoique au-dessous de sa tâche de juge, s'était montré plus habile dans quelque autre fonction, dans son rôle militaire par exemple, il y aurait eu une apparence de raison pour étendre son domaine. Si, pour faire une supposition, il avait su donner à ses troupes un bon équipement, au lieu de ces mousquets peu maniables et qui tirent mal, au lieu de ces bonnets de grenadiers, une invention de barbares, au lieu de ces sacs et de ces cartouchières dont le poids est absurde, et de ces costumes de couleur qui font une cible excellente pour les pointeurs ennemis ; s'il avait trouvé une organisation bonne et peu coûteuse, au lieu de payer je ne sais combien d'officiers superflus, de créer des sinécures de colonel à 4,000 livres (100,000 fr.) par an, de négliger les officiers méritants et d'avancer les incapables ; s'il avait assuré aux soldats de bons logements, au lieu de les empiler dans des baraques qui font des invalides par centaines, comme à Aden, ou qui s'écroulent sur les habitants et en tuent quatre-vingt-quinze d'un coup, comme à Loodianah [1] ; si, dans la guerre actuelle, il avait été administrateur suffisant, au lieu de laisser ses régiments aller parfois pieds nus et en guenilles, de les réduire à capturer les outils de notre propre génie et à se battre avec le ventre vide, comme il est arrivé dans la guerre d'Espagne ; — oui, dans cette hypothèse, le souhait de ceux

1. Garnison du Pandjab, Inde (200 k. S.-E. de Lahore).   TR.

qui veulent accroître les droits de l'Etat ne serait pas dépourvu
de sens.

Si même, n'ayant fait que des sottises en tout le reste, il
s'en était tiré à honneur au moins dans un cas, si la marine
avait été bien menée, les gens confiants pourraient se couvrir
de cette excuse pour espérer le succès dans une nouvelle
entreprise. Accordons que les récits de navires mal faits, de
navires qui ne tiendront jamais la mer, de navires qu'il faut
allonger, de navires pourvus de machines insuffisantes, de
navires qui ne peuvent porter leurs canons, de navires qui
n'ont pas l'aplomb, de navires qu'il faut démolir, sont autant
de mensonges; déclarons qu'il ne peut y avoir que de mauvaises langues pour dire que la *Mégère,* allant au Cap, a mis
à son voyage deux fois plus de temps qu'un vapeur du commerce; que, dans le même parcours, l'*Hydra* a pris feu trois
fois, et qu'il a fallu manœuvrer les pompes du bord jour et
nuit; que la *Charlotte,* un transport pour les troupes, partie
avec 75 jours de provisions, mit trois mois à arriver à destination; que la *Harpye* employa 110 jours à revenir de Rio, au
grand péril de la vie de l'équipage; rejetons, comme pures
calomnies, les faits qu'on rapporte de nos amiraux septuagé-
naires, de nos ingénieurs des constructions navales qui sont
des amateurs, des « tripotages » qui se font dans les comptes
de nos arsenaux; ne parlons plus de l'affaire des conserves de
viandes Goldner : c'est un mythe; et disons que le professeur
Barlow s'est mépris dans son rapport sur les compas de mer
du dépôt de l'Amirauté, dont « la moitié au moins n'est que
de l'antiquaille »; ne voyons dans tout cela que des accusa-

tions vaines, — et alors, oui, alors ceux qui veulent être gouvernés davantage auront encore une base pour leurs châteaux en Espagne, si mal que soient administrées l'armée et la justice.

Mais en l'état, c'est à croire qu'ils ont lu à l'envers la parabole des dix talents. Voilà des gens qui ont à confier des fonctions nouvelles : ils ne s'adressent pas à l'agent dont ils ont éprouvé la sûreté, mais à celui qui n'a commis que négligences et bévues. L'initiative privée a fait beaucoup, et bien. L'initiative privée a défriché, drainé, fertilisé nos campagnes et bâti nos villes ; elle a fouillé des mines, tracé des routes, creusé des canaux, construit des chemins de fer avec leurs travaux d'art ; elle a inventé et amené à leur perfection la charrue, le métier à tisser, la machine à vapeur, la presse, d'innombrables engins ; elle a construit nos navires, nos immenses manufactures, les bassins de nos ports ; elle a fondé les banques, les compagnies d'assurance, les journaux ; elle a couvert la mer d'un réseau de lignes à vapeur, et la terre d'un réseau électrique. L'initiative privée a conduit l'agriculture, l'industrie et le commerce à leur prospérité présente, et aujourd'hui elle les pousse dans la même voie avec une rapidité croissante. Donc, défiez-vous de l'initiative privée. D'autre part, l'État joue son rôle de protecteur de façon à ruiner les uns, à désappointer les autres, à faire reculer de peur ceux qui ont le plus besoin de son aide ; sa méthode pour organiser la défense du pays est si extravagante, et avec cela si inefficace, que tous les jours ce sont des plaintes, des reproches, des plaisanteries ; enfin, comme intendant de la nation et d'une partie de notre vaste domaine public, il tire, pour tout revenu, un déficit. Donc, fiez-vous à l'Etat. Méprisez le serviteur utile et fidèle, et avancez le serviteur qui n'est bon à rien : d'un talent mettez-le à dix.

Sérieusement, le cas, à différents égards, n'est plus le même sans doute; mais, en un sens, il est plus extraordinaire encore. Car la fonction nouvelle qu'il s'agit de confier n'est pas du même genre que l'ancienne : elle est plus malaisée. Le gouvernement s'acquitte déjà mal de ses devoirs naturels : eh bien ! il s'acquitterait probablement plus mal encore des autres. De garder les citoyens contre toute agression, qu'elle vienne d'un individu ou d'une nation, c'est une tâche assez simple : le chemin est tout tracé; mais de régler, d'une façon directe ou non, la conduite particulière de ces citoyens, c'est un problème d'une infinie complication. C'est déjà une affaire de garantir à chaque homme le droit de poursuivre ses fins propres sans obstacle ; c'en est une autre, et bien autre, de se charger à sa place de poursuivre ces fins. Pour se bien tirer de la première, l'Etat n'a qu'à regarder les citoyens agir, à empêcher la déloyauté, à prononcer quand on en appelle à lui, à obtenir réparation pour tout individu lésé. Pour la seconde, il lui faudrait être un travailleur doué d'ubiquité, connaître les besoins de chacun de nous plus à fond que nous-mêmes, en un mot avoir une puissance et un entendement surhumains. Ainsi donc, quand l'Etat réussirait dans les choses de son ressort propre, ce ne serait pas une raison suffisante pour étendre ce ressort; mais, à voir comme il s'acquitte mal de ces offices simples que nous lui confions faute de pouvoir nous en mêler, vraiment il n'y a guère à espérer qu'il s'acquitte mieux d'offices plus compliqués.

Placez-vous à tous les points de vue, c'est toujours cette conclusion qui s'offrira à vous. Si nous fixons à l'Etat, pour devoir premier, de protéger chaque individu contre les autres, alors toute autre intervention de l'Etat ne pourra être que pour protéger l'individu contre lui-même, contre sa propre stupidité, sa paresse, son imprévoyance, sa témérité, ou quelque autre défaut, enfin contre son impuissance à accomplir telle ou telle action nécessaire. Cette division ne fait pas doute, car évidemment tous les obstacles qui se dressent entre les désirs d'un homme et leurs objets naissent ou bien des désirs opposés d'un autre homme, ou bien de l'incapacité du premier. Parmi ces désirs opposés, ceux qui sont justes ont autant de droit que ceux du premier à être satisfaits ; et il n'y a pas à y contredire. Ceux qui sont injustes, c'est le devoir de l'Etat d'y faire obstacle. A part ce domaine, donc, il n'en reste qu'un à lui ouvrir : c'est de lui confier l'individu, pour qu'il le préserve des suites de sa faiblesse, de son inertie ou de sa sottise, pour qu'il écarte de lui les conséquences que lui attirerait sa nature, et qu'il le protége contre lui-même. Pour le moment, laissons de côté la valeur politique de ce plan, et cherchons seulement s'il est praticable ; pour cela, réduisons-le à sa plus simple forme, et jugeons-le en cet état. Voici des hommes qui sont doués d'instincts, qui ont des idées et des sens, tous concourant au salut de l'individu. Chacune de ces facultés a un rapport, direct ou non, avec son bien-être. Quand l'une agit convenablement, il s'ensuit une somme de plaisir ;

si elle est inerte, une certaine peine. Ceux chez qui ces facultés
ont le degré d'énergie qu'il faut prospèrent et multiplient; les
autres, un à un, meurent tous. C'est sur ce plan qu'est faite
la constitution humaine, et il est bon : car c'est grâce à lui
que le monde s'est peuplé, grâce à lui que les institutions et
les combinaisons si compliquées de la vie civilisée ont pu
croître.

Toutefois il y a, du moins on s'en plaint, telles fonctions
auxquelles ce mécanisme moral est peu propre. Ces motifs
suffisent, on le reconnaît, à faire trouver aux gens de quoi se
sustenter, se vêtir et s'abriter; ils les guident dans l'affaire du
mariage, dans l'éducation de leurs enfants, enfin dans l'établissement du mécanisme commercial et industriel, chose plus
difficile. Mais, à ce qu'on prétend, il est des choses nécessaires qu'ils ne nous poussent pas à chercher : de l'air pur, un
peu plus d'instruction, de l'eau saine, la sécurité dans nos
voyages, etc. Or, l'insuffisance de ces motifs est durable et
non passagère : il faut donc, à ce qu'on croit, y suppléer par
d'autres moyens. On imagine alors de prendre, parmi ces
hommes que la nature a si mal doués, un certain nombre de
gens, dont on fait les législateurs et qu'on charge de ces
différents soins. Les législateurs ainsi créés, et chez qui, en
général, le mécanisme des motifs n'est pas moins défectueux
que chez les autres hommes, ne sont pas à même de remplir
leurs tâches diverses : ils les confient donc à des délégués; ils
nomment des commissions, des bureaux, des conseils, des corps
d'employés ; et toutes ces administrations, ils les composent
d'éléments empruntés à cette humanité si pleine de défauts et

si impuissante. — Or, je vous le demande, pourquoi ce système de double délégation réussirait-il, où la délégation simple a échoué? Les établissements d'industrie, de commerce, de philanthropie, que les citoyens créent d'eux-mêmes, sont soumis au régime de la délégation directe; ces administrations, que l'on crée en élisant des législateurs qui nomment des employés, sont de la délégation indirecte. Et l'on espère obtenir de la députation à deux degrés ce qu'on n'a pu tirer de la députation simple! D'où vient donc cet espoir? Serait-ce que les législateurs et leurs employés sont mieux en état que personne de sentir les maux auxquels ils doivent remédier, les besoins qu'ils ont à satisfaire? Cela est peu probable; car leur situation les met à l'abri de ces maux et de ces besoins. Serait-ce donc que chez eux ce motif de premier ordre serait remplacé par un motif de second ordre : la peur de déplaire au public, et enfin de perdre leur place? J'ai peine à le croire, car des citoyens qui n'ont pas su s'entendre entre eux pour obtenir *directement* certains petits avantages ne s'entendront pas pour les obtenir *indirectement,* en chassant les serviteurs incapables, surtout s'il ne leur est pas facile d'en trouver de capables. Serait-ce alors que ces agents de l'Etat ont, pour les animer à faire ce qu'aucun autre motif ne les invite à faire, un sentiment du devoir? C'est la seule alternative qui nous reste, évidemment. Les avocats de l'accroissement des pouvoirs publics doivent toujours en revenir à cette thèse : quand les particuliers ne s'unissent pas, dans une pensée d'intérêt personnel, pour accomplir certaines fonctions, une portion d'entre eux, désignée par la loi, travaillera à les accomplir en vue du

bien des autres. Ainsi, voilà les politiques et les fonctionnaires
qui aiment leur prochain plus qu'eux-mêmes ! Voilà la philanthropie des hommes d'Etat qui dépasse en puissance l'égoïsme
des citoyens !

Il n'y a donc pas à s'émerveiller si chaque jour s'accroît la
liste des échecs du législateur, et si les explosions de grisou se
multiplient, malgré la création des inspecteurs des houillères.
Qu'est-ce là, sinon la morale de toutes ces hypothèses fausses,
tirée par la nature ? Si les armateurs du Sunderland se plaignent
qu'à l'épreuve « la loi sur la marine marchande s'est montrée
tout à fait mauvaise », et si de leur côté les marins, que cette
loi touche également, marquent leur mécontentement par des
grèves qui s'étendent, qu'est-ce que cela, sinon une preuve qu'il
y a folie à se fier à la théorie, selon qui la bienveillance est
partout, et non pas plutôt à l'expérience, qui nous montre
l'égoïsme? De tous les côtés, nous pouvons nous attendre à des
faits de ce genre, et il nous en revient de tous les côtés. — Le
gouvernement se fait ingénieur, prend pour sous-ordre la commission des égouts et la charge de drainer Londres. Mais voici
que ceux de Lambeth [1] envoient des députations pour se
plaindre qu'on leur fait payer de lourdes taxes, sans rien améliorer chez eux. Las d'attendre, ceux de Bethnal-Green convo-
quent des réunions pour examiner « les moyens les plus propres à compléter les égouts du quartier ». A Wandsworth, on
réclame, on menace de ne plus payer jusqu'à ce qu'on ait vu
commencer les travaux. Ceux de Camberwell parlent d'ouvrir

---

1. Londres se compose, outre la Cité, de différents districts, parmi lesquels
sont : Lambeth, Bayswater, Pentonville, etc.   TR.

une souscription et de faire l'ouvrage eux-mêmes. En attendant, pour la purification des eaux de la Tamise, rien ne se fait; sur les tableaux hebdomadaires, le nombre des morts va croissant; au Parlement, les amis de la Commission ne trouvent plus rien à dire, pour adoucir les reproches, que de célébrer ses intentions; enfin les ministres désespèrent du succès et saisissent le premier prétexte pour se défaire doucement de la Commission, et de ses plans aussi [1]. — L'État s'est institué encore surveillant des constructions; cela ne lui a guère mieux réussi que de se faire ingénieur: preuve, la loi sur les constructions de la métropole. De temps en temps, il s'écroule encore des maisons neuves. Il y a quelques mois, il s'en est effondré deux à Bayswater, et, plus récemment, une près de la prison de Pentonville : rien n'y a fait, ni les épaisseurs prescrites pour les murs, ni les crampons en fer, ni les inspecteurs. Il n'est jamais entré, dans les têtes qui ont imaginé ces précautions illusoires, qu'on peut fort bien bâtir des murs sans lier les deux parois, de façon à enlever la masse intérieure une fois qu'on a en poche l'approbation de l'inspecteur. On n'a pas vu davantage que, en exigeant une *quantité* de briques supérieure au strict nécessaire indiqué par l'expérience, on forçait les gens à se rattraper sur la *qualité*, en la choisissant inférieure [2]. — Le gouvernement protège encore

---

1. Ce corps sanitaire a si parfaitement échoué — lui et les autres — qu'en ce moment (mars 1854) des philanthropes, réunis en association volontaire, fondent une « caisse pour la salubrité de Londres », en vue de parer à l'invasion du choléra, dont on nous menace; et, pour justifier cette *entreprise toute privée*, on invoque l'impuissance des bureaux de salubrité des quartiers et des bureaux des tuteurs des pauvres, qui *ignorent :* 1° *l'étendue du danger;* 2° *les moyens d'y parer que l'expérience a enseignés;* 3° *l'efficacité relative de ces divers moyens.*

2. Le *Constructeur* fait cette remarque : « La suppression des droits sur les briques n'a pas encore amené dans la fabrication ce progrès qu'on devait y

la vie des passagers en mer, avec autant de succès, d'ailleurs, que les maisons. L'incendie de l'*Amazone* tient à la mauvaise construction du navire ou au mauvais arrimage du chargement ; pourtant l'*Amazone* avait reçu de l'Amirauté son certificat avant de partir. En dépit de l'approbation officielle, il se trouva, au premier voyage, que l'*Adélaïde* gouvernait mal, que ses pompes ne pouvaient pas servir, que les sabords laissaient les lames entrer dans les cabines, et la soute à charbon y était si près des foyers que le feu y prit deux fois. Le *W.-S. Lindsay*, qui fut reconnu incapable de tenir la mer, avait pourtant subi l'examen de l'administration ; et, sans l'armateur, il allait prendre la mer et mettre bien des vies en péril. Le *Melbourne*, un bâti-ment construit par l'Etat, mit vingt-quatre jours à atteindre Lisbonne, et là il fallut le mettre au bassin pour un radoub com-plet : pourtant il avait été dûment inspecté. Enfin, le fameux *Australien*, avant son troisième essai manqué pour se mettre en route, avait reçu, au dire des armateurs, « l'approbation entière de l'inspecteur du gouvernement. » — Même surveillance sur les voyageurs par terre, même sécurité. Le pont de fer de Chester, qui en se rompant a précipité un train dans la Dee, avait passé sous l'œil officiel. L'inspection n'a pas empêché une colonne, sur la ligne du Sud-Est, d'être si bien placée, qu'elle a tué un voyageur qui avait mis la tête à la portière. La loco-motive qui vient d'éclater à Brighton était munie de son permis : elle l'avait reçu dix jours auparavant. Enfin, pour ne voir que l'ensemble des faits, l'institution des inspecteurs n'a point

voir ;.... comme les mauvaises briques sont à meilleur marché que les bonnes, tant que les maisons bâties des premières se vendront aussi bien que si l'on y avait employé les secondes, il n'y a pas à espérer d'amélioration. »

empêché l'accroissement des accidents de chemin de fer : et cet accroissement, notez-le, s'est produit depuis que cette institution s'est mise à fonctionner.

« Eh bien! admettons que l'Etat ne réussit pas. Il ne peut faire davantage. Quand il réussit, tant mieux; dans le cas contraire, que lui demandez-vous de plus? En somme, il vaut mieux agir, courir la chance de réussir, que de ne rien faire. » La réponse à cette excuse est simple : c'est que, par malheur, quand l'intervention du législateur reste sans succès, elle n'est pas seulement inutile, elle est souvent nuisible. Les actes du Parlement ne sont pas simplement sans effet; plus d'une fois, ils ont empiré les choses. C'est une vérité répandue, celle dont le livre de Gervinus, frappé d'interdiction, vient de nous donner un nouvel exemple : que la persécution propage plutôt qu'elle n'étouffe les doctrines; eh bien! ce n'est là qu'une application de cette vérité générale : que la loi, en fin de compte, fait souvent le contraire de ce qu'elle veut. Tel est le cas de l'Acte sur les constructions de la métropole. Ce fut l'avis unanime des délégués de toutes les paroisses de Londres parlant à sir William Molesworth, récemment, que cet acte « a encouragé la mauvaise construction et a fait pousser dans les environs de la métropole, par milliers, de misérables cahutes, véritable disgrâce pour un pays civilisé. »

Il en a été de même dans les villes de province. L'Acte de 1845 sur les enclos à Nottingham, en réglant pour l'avenir la construction des maisons et l'étendue à donner aux cours ou aux jardins qui y doivent attenir, a fait qu'on n'a pu construire pour les ouvriers des logements d'un prix modéré, en rapport avec

les loyers actuels; on peut estimer que, par suite, 10,000 habitants sont privés des logements neufs qu'ils auraient sans cela,
et réduits à s'entasser dans des abris répugnants, indignes de
servir d'habitation à des hommes; ainsi, dans son empressement à mettre les ouvriers dans de bonnes conditions de salubrité, la loi les a réduits à une condition pire que jamais. De
même pour la loi sur les passagers. Les fièvres terribles qui, il
y a quelques mois, éclatèrent sur les navires chargés d'émigrants pour l'Australie, enlevant sur le *Bourneuf* 83 personnes,
sur le *Wanota* 39, sur le *Marco Polo* 53, et sur le *Ticonderoga* 104,
éclatèrent sur des vaisseaux frétés par le gouvernement; et elles
éclatèrent *par suite* de l'entassement qu'autorise la loi sur les
passagers [1].

Enfin, les mesures de précaution établies par l'Acte sur la
marine marchande ont eu le même sort. Les examens qui
doivent nous assurer des capitaines capables ne font que produire des hommes qui ont un vernis superficiel et aucune
pratique, et, à ce que nous disait un armateur, écarter bon
nombre des plus expérimentés et des plus sûrs; quant au
résultat dernier, le voici : *la proportion des naufrages s'est
accrue.* Tel a été aussi le succès des bureaux de santé : dans
bien des occasions, ils ont exaspéré les maladies qu'ils devaient
supprimer; ainsi à Croydon, suivant le rapport officiel, les
mesures des autorités chargées de la santé publique produisirent une épidémie qui frappa 1,600 personnes et en fit
périr 70. De même encore pour la loi sur l'enregistrement des

1. Ce procédé d'entassement, soit dit en passant, souleva les protestations d'un
corps non officiel de négociants, l'*Association des armateurs de Liverpool*, durant
la discussion du projet au Parlement : ce fut en vain.

Compagnies par actions. M. James Wilson l'a bien montré
quand il proposa de former un Comité exprès pour les Compagnies d'assurances sur la vie : cette loi, faite en 1844 pour
protéger le public contre des promesses mensongères, en
réalité facilita toutes les friponneries des années 1845 et suivantes. Cette sanction du législateur, qui devait être la marque
de l'honnêteté, et que le peuple jugeait telle, d'habiles aven-
turiers l'eurent sans peine pour les projets les plus indignes ;
par là, ils obtinrent du public bien plus de confiance qu'ils
n'en eussent jamais gagné autrement, et de cette façon des
centaines, je dis centaines d'entreprises véreuses se sont produites sous ce manteau, qui sans cela n'auraient jamais vu le
jour ; et des milliers de familles ont été ruinées qui ne l'eussent
point été, sans le mal que le législateur s'est donné pour
accroître leur sécurité.

De plus, quand les topiques ainsi appliqués par les hommes
d'État n'exaspèrent pas le mal qu'ils prétendent guérir, ils
introduisent le plus souvent, et je crois même toujours, des
maux pour ainsi dire latéraux, parfois plus graves que les
maux primitifs. C'est le défaut propre de certaine école de politiques empiristes, de ne voir que les causes prochaines et les
effets immédiats ; semblables en cela à la masse ignorante, qui
pour chaque phénomène ne voit qu'un antécédent et qu'un
conséquent. Il ne leur vient pas à l'esprit que chaque fait est
un anneau dans une série infinie, qu'il naît de myriades de
faits antérieurs, et qu'il contribue à produire des myriades de
faits dans la suite. Ils oublient donc qu'en troublant une chaîne
de faits ils ne modifient pas seulement le fait le plus voisin

dans la chaîne, mais aussi dans les effets à venir où ce fait aura sa part. Cet engendrement des phénomènes selon des séries généalogiques, et les réactions mutuelles des séries, produisent un entrecroisement qui passe notre intelligence. Et cela est vrai des faits les plus simples. La servante qui arrange le feu ne voit, dans un morceau de charbon qui brûle, qu'un petit nombre d'effets. Mais le savant en découvre un très-grand nombre. Il sait que la combustion produit dans l'atmosphère beaucoup de courants, et que dans ces courants sont entraînés des milliers de pieds cubes d'air, tant dans la chambre qu'au dehors. Il sait que la chaleur répandue dilate certains des corps alentour, ce qui en force d'autres à se contracter. Il sait que, chez les individus réchauffés, l'activité de la respiration change, aussi bien que l'usure des tissus; que de ces changements physiologiques il en résulte d'autres de second ordre. Il sait que, s'il pouvait suivre jusque dans leurs ramifications les effets des forces dégagées, forces mécaniques, chimiques, thermiques, électriques, s'il pouvait énumérer toutes les conséquences qui naissent de l'évaporation ainsi causée, des gaz ainsi engendrés, de la lumière ainsi produite, de la chaleur rayonnée, un volume n'y suffirait peut-être pas.

Maintenant, si un simple changement dans un corps brut a des résultats aussi compliqués, que dire des conséquences dernières de l'intervention d'une force dans la société ? Elles seront incalculables. Quand on songe à ce merveilleux agencement du corps social, à cette dépendance mutuelle que les besoins mettent entre ses membres, à l'influence que chacun d'eux reçoit de ses semblables, non-seulement pour son salut

et sa prospérité, mais pour sa santé, son tempérament, sa culture, non, il n'est pas possible de toucher une des parties de ce
corps sans que toutes en ressentent un contre-coup impossible
à prévoir. Vous mettez un droit sur le papier, et vous vous
apercevez que sans le vouloir vous avez augmenté le prix de la
soie, peut-être de plusieurs shillings la pièce : c'est que, pour
tisser la soie, on se sert de cartons à la Jacquard [1]. On supprime
l'impôt sur les briques, et vous découvrez qu'il accroissait les
périls de l'exploitation des mines : c'est qu'on ne garnissait plus
les puits et qu'on ne soutenait plus les travaux par des voûtes.
Avec votre droit sur le savon, vous avez en fin de compte
poussé à l'emploi de poudres de lavage qui sont caustiques, et
sans y songer vous nous avez infligé un gaspillage énorme de
linge. A y regarder de près, il n'est pas un cas où vous ne
puissiez voir que, tout en touchant à tel objet de votre choix,
vous avez touché à beaucoup d'autres, et qu'ainsi vous avez
produit des changements qui se feront sentir, avec plus ou
moins de force, dans toutes les directions.

Il ne faut donc point s'étonner si, dans ses efforts pour porter
remède à des maux particuliers, le législateur ne manque
jamais d'amener des maux nouveaux, toujours inattendus. Ni
le sage de Carlyle, ni une assemblée de tels sages, ne pourrait
se soustraire à cette même fatalité. Quand le mal s'est produit,
la chose s'explique aisément : mais jamais on ne le prévoit.
Quand on prit, en conformité avec la nouvelle loi sur les
pauvres, des arrangements pour placer les vagabonds dans les

---

1. Ce sont des cartons percés de trous qui servent, dans le métier Jacquard, à
guider les fils de soie, et qui déterminent le dessin du tissu.   TR.

dépôts de mendicité, aurait-on cru qu'on allait provoquer l'apparition d'une classe de rôdeurs qui passeraient leur vie à voyager d'union en union à travers le royaume [1] ? Ceux qui, il y a quelques générations, établirent que les paroisses payeraient des aliments aux enfants naturels, ne se doutaient pas qu'un jour une famille d'enfants naturels serait regardée comme une petite fortune et ferait rechercher la mère en mariage. Les mêmes politiques ne virent pas que, avec leur loi sur les domiciles [2], ils créaient entre les salaires des différents districts une inégalité désastreuse, et poussaient à la suppression des maisons à bon marché, au rapprochement des chambres à coucher sur un faible espace, d'où un affaiblissement des corps et des esprits. La loi sur le tonnage des navires anglais n'avait pour but que de déterminer les règles pour mesurer les bâtiments : en la faisant, on ne savait pas qu'en fait on rendait « certaine, inévitable, la construction de mauvais navires, » et que « de tourner la loi, c'est-à-dire de bâtir un navire passable en dépit d'elle, était le seul chef-d'œuvre désormais possible à un

1. La loi de 1834 a codifié toute la législation sur les pauvres. Elle distingue, parmi les pauvres habitant une paroisse donnée : 1° les pauvres *établis* dans la paroisse; ce droit d'établissement ne s'acquiert que sous certaines conditions : ainsi un séjour d'au moins quarante jours; 2° les pauvres *non établis*, qui ont droit à vingt et un jours de secours, après lesquels on les ramène, s'il y a lieu, à la paroisse où ils ont, par naissance ou autrement, droit d'établissement. Les plus habiles s'en vont d'eux-mêmes au bout de vingt et un jours, pour éviter un voyage assez désagréable et l'internement dans le work-house de leur pays. Mais ils courent alors le risque d'être déclarés vagabonds par le juge de paix, et colloqués à ce titre dans une maison d'arrêt. — On appelle *union* un groupe de paroisses dirigées par un *bureau des pauvres* et associées pour tout ce qui concerne l'assistance publique.   TR.

2. Deux lois, votées en 1847, autorisent les autorités locales à faire des règlements de police pour déterminer les alignements et hauteurs des maisons nouvelles, l'épaisseur des murs, les conditions de salubrité et les précautions contre les incendies : d'où une augmentation des loyers. Il y a une loi spéciale, et encore plus rigoureuse, pour Londres.   TR.

constructeur anglais [1]. » En votant la loi sur les associations, on ne voulait qu'assurer au commerce plus de sécurité. Toutefois, aujourd'hui, nous le voyons, la clause qui établit la responsabilité illimitée oppose au progrès un obstacle notable; en fait, elle empêche toute association des petits capitalistes; elle nuit grandement à la construction de logements meilleurs pour le peuple; elle empêche les rapports entre les artisans et leurs patrons de s'améliorer; et, en rendant impossible aux ouvriers tout placement avantageux pour leurs épargnes, elle empêche les habitudes de prévoyance de s'établir et encourage l'ivrognerie. Ainsi, de toutes parts, nous voyons des mesures dont l'intention est bonne engendrer des maux imprévus : une loi sur les licences des cabarets, qui fait faire des progrès à la falsification de la bière; un système de billets de liberté provisoire [2], qui pousse les gens au crime; un règlement de police qui chasse les marchands en plein vent de la rue au dépôt des pauvres. Ensuite, outre ces maux évidents et voisins, arrivent par surcroît les maux éloignés et moins visibles, et ceux-là, si nous pouvions en mesurer les effets accumulés, nous les trouverions probablement plus grands encore.

Mais ce qu'il s'agit de discuter, ce n'est pas tant si, moyennant une intelligence suffisante, il serait *possible* au gouvernement de s'aquitter des tâches diverses qu'on lui impose, mais plutôt s'il est *probable* qu'il s'en acquittât. C'est moins affaire de

1. Conférence faite à l'Institut royal, par J. Scott Russell, esquire, *Sur les navires et les yachts.*
2. Permissions qu'on accorde aux prisonniers en récompense de leur bonne conduite. Voir l'*Essai sur le régime des prisons.*　　　　TR.

pouvoir que de *vouloir*. Admettons que l'État soit parfaitement capable, et voyons si l'on peut alors même espérer obtenir de lui qu'il mène à bien son œuvre. Considérons la force motrice qui met en jeu la machine législative, et cherchons si cette force reçoit là un emploi aussi sage qu'ailleurs.

Évidemment, comme ce qui fait agir l'individu, c'est toujours un désir, de quelque espèce que ce soit, une institution sociale de même devra (peu importe sa nature) avoir pour moteur un groupe de désirs. Quand les hommes agissent d'ensemble, il n'est pas un de leurs actes qui ne soit né de quelque appétit, de quelque sentiment, de quelque goût, commun à tous. S'ils n'aimaient pas la viande, il n'y aurait pas d'éleveurs, pas de marché aux bestiaux à Smithfield, pas de corps de bouchers pour la distribuer. S'il existe des opéras, des Sociétés philharmoniques, des éditeurs de musique, et des joueurs d'orgue de Barbarie, c'est en vertu de notre goût pour les sons mélodieux. Parcourez l'*Almanach du commerce;* prenez un guide des vues de Londres, lisez l'*Index des tables du temps* de Bradlaugh, les rapports des Sociétés savantes, ou les prospectus de librairie; et dans chacune de ces publications prise en elle-même, comme dans les choses qu'elle décrit, vous voyez autant de projets engendrés par l'activité humaine, grâce à un désir naturel à l'homme. Par la vertu du désir naissent tous les établissements, les plus gigantesques comme les plus petits, les plus compliqués comme les plus simples, qu'ils aient pour objet la défense du pays ou le balayage des petits passages, la distribution quotidienne des lettres ou le triage des morceaux de charbon charriés dans la vase de la Tamise; établissements

pour tous les buts possibles, depuis la prédication du christianisme jusqu'à la protection des animaux contre les mauvais
traitements, depuis la boulangerie de tout le pain d'une nation
jusqu'à la fourniture du seneçon pour les oiseaux en cage. Si
donc les désirs accumulés des individus sont le moteur qui
met en jeu tout mécanisme social, la question est celle-ci :
Quel est le genre de mécanisme le plus économique ? Le mécanisme lui-même ne produit rien, il n'est qu'un instrument;
nous avons donc à chercher l'instrument le plus efficace,
l'instrument qui coûte le moins et qui laisse perdre le moins
de force motrice, l'instrument le moins exposé à se déranger
et le plus facile à réparer quand il se fausse. Or, entre les deux
sortes de mécanisme social dont nous avons donné plus haut
des exemples, le spontané et l'administratif, quel est le préférable ?

La façon même dont se présente la question le dit assez : le
mécanisme le meilleur est celui qui contient le moins d'éléments. Le proverbe : « Si tu veux de l'ouvrage bien fait, fais
ton ouvrage, » n'est pas moins vrai en politique que dans la
vie privée. L'histoire du propriétaire qui trouve que ses terres,
quand il les confie à un régisseur, lui donnent des dettes pour
tout revenu, tandis qu'avec des fermiers il est payé, est une
histoire qu'on retrouve, dans les annales des nations, sous une
forme plus claire encore que dans les comptes d'un propriétaire. Si les Compagnies par actions sont battues, comme on
sait, dès qu'un individu leur fait concurrence, à bien plus forte
raison cette Compagnie qui embrasse la nation entière le sera-
t-elle. Cette méthode qui fait passer le pouvoir des collèges

électoraux aux membres du Parlement, de ceux-ci à l'exécutif, de l'exécutif à un bureau, d'un bureau à des inspecteurs, et des inspecteurs enfin, par l'intermédiaire de leurs sous-ordres, jusqu'à ceux qui font le travail, cette interposition de toute une suite de leviers dont chacun absorbe sa part de la force motrice en frottements et en inertie vaincue, sont des procédés trop compliqués pour valoir grand'chose : et, au rebours, le recours direct, de la part de la société, aux individus, aux Compagnies privées, aux établissements créés par l'initiative des particuliers, est un moyen d'autant meilleur qu'il est plus simple. Pour rendre le contraste frappant, comparons dans le détail la façon d'opérer des deux systèmes.

La machine officielle a des habitudes de lenteur. Quand un établissement particulier nous fatigue de ses délais, nous en sommes quittes pour cesser de recourir à ses services, et nous en trouvons bien vite de plus actifs : sous une telle discipline tous ces établissements ont appris la promptitude. Mais, avec les longueurs propres aux administrations de l'Etat, le remède n'est pas si aisé. Les poursuites devant la Chancellerie durent la vie d'un homme, et il faut le souffrir patiemment. Et les catalogues de musée ! il faut les attendre d'une attente sans espoir. Quand le public veut bâtir un Palais de cristal, il en fait le plan, l'exécute et l'orne en quelques mois; mais la législature met vingt années à se bâtir un nouveau logement. Par le soin de certains particuliers, les discussions du Parlement sont chaque jour imprimées et dispersées à travers le royaume quelques heures après qu'elles ont eu lieu, mais les Annales du commerce paraissent régulièrement avec un mois de

retard, et parfois davantage. Et c'est la règle universelle. Ici,
c'est un bureau de la salubrité publique qui est depuis 1849
sur le point de fermer les cimetières de Londres et qui n'en a
encore rien fait; et il a si bien musé sur des projets de cimetières, que la Compagnie de la Nécropole de Londres lui a
coupé l'herbe sous les pieds. Là, c'est un inventeur breveté qui
soutient une correspondance de vingt années avec les Gardes à
cheval, avant d'avoir une réponse définitive sur l'emploi de
ses bottes perfectionnées pour l'armée. A Plymouth, c'est un
commandant de port qui, après le naufrage de l'*Amazone*,
laisse passer dix jours avant d'envoyer à la recherche des
canots de ce navire, qu'on n'avait pas revus.

En outre, l'administration officielle est bête. Il est dans la
nature des choses que chaque citoyen cherche le travail pour
lequel il est le mieux fait. Ceux qui sont propres à l'ouvrage
qu'ils entreprennent réussissent et, d'ordinaire, reçoivent un
avancement en rapport avec leur habileté; les incapables, la
société les rejette, cesse de les employer, les force de chercher
un travail plus facile, et alors les reprend à son service. Mais,
dans les administrations de l'Etat, il s'en faut qu'il en soit de
même. Là, chacun le sait, la naissance, l'âge, l'intrigue, qui
passe par les escaliers de service, et la flagornerie, voilà ce qui
distingue un homme, plutôt que le mérite. Un « mauvais fils »,
quand il est « fils de famille » et que « la famille » a de belles
relations, n'a pas de peine à se caser dans l'Eglise. Un jeune
homme qui a été trop mal élevé pour rien faire de bon dans
aucun métier fait très-bien un officier dans l'armée. Des che-
veux gris, ou bien un titre, cela vaut mieux que du talent pour

avancer dans la marine. Bien plus, l'homme de valeur s'aperçoit souvent que, dans les postes officiels, la supériorité est un
embarras : ses chefs fuient comme la peste ses plans d'amélioration et en sont blessés comme d'une critique détournée.
Ainsi la machine officielle n'est pas seulement compliquée :
elle est faite de matériaux inférieurs en qualité. De là ces
bourdes que nous apprenons chaque jour : des arsenaux à
qui le Domaine envoie des bois de charpente qui ne valent
rien; la Commission chargée de soulager les maux de la
disette en Irlande, qui s'arrange pour arracher les laboureurs
au sol et diminuer d'un quart la récolte suivante [1]; trois
bureaux différents pour collectionner les brevets, sans que
pas un des trois tienne un répertoire; les vaisseaux de guerre
que l'on construit en fer quand il les faudrait en bois, et les
vapeurs-poste que l'on continue à faire en bois quand il
les faudrait de fer. Partout éclate la même bêtise, depuis
la ventilation de la Chambre des communes, où l'on s'est
donné un mal terrible pour obtenir un échec, jusqu'à la
publication de la *Gazette de Londres*, qui invariablement sort
des bureaux mal pliée.

Encore un caractère de l'administration : elle est prodigue.
Dans les départements principaux, l'armée, la flotte, l'Église,
elle emploie beaucoup plus de fonctionnaires qu'il n'en faut,
et il en est, parmi les plus inutiles, qu'elle paye des prix fous.
Les travaux dirigés par la Commission des égouts ont coûté,
selon sir B. Hall, de 300 à 400 0/0 au delà des prévisions, et
les frais d'administration se sont montés à 35, 40 et 45 0/0 de

1. Voir la déposition du major Larcom.

la dépense totale. Les gardiens du port de Ramsgate [1] — un port, soit dit en passant, qu'on a mis cent ans à achever — dépensent 350,000 francs par an pour une besogne qui pourrait se faire, le fait est établi, moyennant 125,000 francs. Le Bureau de la salubrité fait dresser sous sa propre direction un nouveau plan de chaque ville, ce qui cause une dépense dont l'inutilité, selon la déclaration de M. Stephenson, saute aux yeux du premier apprenti ingénieur venu. Ces établissements officiels n'ont pas à compter avec les motifs qui rendent l'économie indispensable dans un établissement privé. Les commerçants et les Sociétés de commerce ne réussissent qu'en vendant à bon marché. Quiconque ne satisfait pas à cette condition est bientôt supplanté par d'autres qui y satisfont. Nul ne peut mettre sur le dos du public les mauvais effets de sa prodigalité, et cela suffit pour que nul ne tombe dans la prodigalité. Quand on a besoin de tirer son profit d'un travail, on ne peut consacrer 48 0/0 de la dépense totale à des frais d'administration générale, comme il arrive aux travaux publics de l'Inde ; et les Compagnies des chemins de fer indiens, qui connaissent cette vérité, s'arrangent pour ne consacrer à leur administration générale que 8 0/0 des frais totaux. Jamais un boutiquier ne laissera passer dans ses livres de comptes un *item* comparable à ces 6 millions sterling (150 millions de fr.) par an, que le Parlement alloue sur le Trésor pour dépenses imprévues. Visitez une usine, et vous verrez que là l'emploi de chaque sou est réglé comme par un esprit à qui est toujours présente cette grave alternative : l'économie ou la ruine; parcourez un des

1. A l'extrémité du North-Foreland.   TR.

arsenaux anglais, et, à chaque remarque que vous suggèreront des traces visibles de gaspillage, on vous répondra tranquillement par cette phrase d'argot : « C'est mon oncle qui paye[1]. »

C'est encore un des vices de l'administration, que son manque de souplesse. Différente en cela des établissements privés, qui s'arrangent promptement pour faire face aux circonstances ; différente du boutiquier, qui trouve moyen de satisfaire à la demande la plus inattendue ; différente de la Compagnie de chemins de fer, qui double ses trains pour s'accommoder à une affluence momentanée des voyageurs ; la machine officielle, sans égard pour les circonstances qui varient, se traîne toujours avec sa lourdeur habituelle dans l'ornière tracée et consacrée. Par sa nature même, elle n'est suffisante que pour le courant ordinaire des affaires ; au premier besoin pressant, n'y comptez plus. Vous ne pouvez pas faire un pas dans la rue sans que ce contraste vous saute aux yeux. Sommes-nous en été ? Vous voyez les voitures d'arrosage faire leur ronde sans s'occuper du temps et de ce qu'il exige, aujourd'hui arrosant des rues déjà pénétrées par la pluie, demain distribuant leurs filets d'eau avec la même économie sur un sol de poussière. Sommes-nous en hiver ? Vous ne verrez pas varier le nombre des balayeurs, ni leur activité : la quantité de boue ne fait rien à l'affaire ; et, s'il tombe une avalanche de neige, les rues populeuses resteront près d'une semaine dans le même état, sans qu'on fasse un effort pour parer au besoin des circonstances, et cela même au cœur de Londres. Pendant les dernières

1. Le sens est le même que dans l'expression française : « C'est Gogo qui paye. »　　　　　　　　　　　　　　　　　　　　TR.

neiges, justement, nous avons eu sous les yeux, comme une antithèse réelle, les effets des deux méthodes d'administration, sur les omnibus et sur les flacres. Les omnibus, n'étant pas soumis à un tarif légal, prirent des chevaux de renfort et augmentèrent le prix de la course. Mais les flacres, qui ont un tarif établi par Acte du Parlement (un Acte qui, avec la prévoyance naturelle aux Actes, ne s'était jamais douté qu'il pourrait faire un temps pareil) refusèrent de marcher, désertèrent leurs places et leurs stations, laissant les malheureux voyageurs gagner leur domicile comme ils pouvaient avec leurs bagages; et ainsi ils devinrent inutiles juste au moment où on en avait le plus besoin! Mais ces inconvénients graves ne sont pas les seuls effets fâcheux de cette raideur de l'administration; il y faut joindre aussi de grandes injustices. Revenons aux flacres : depuis la dernière modification introduite à ce sujet dans la loi, les vieux flacres, qui auparavant se vendaient encore 250 et 300 francs, ne se vendent plus; il faut les briser, et ainsi le législateur a dépouillé les propriétaires de flacres d'une partie de leur capital. De même, la loi récente sur les cheminées dans Londres, qui ne s'applique qu'à un territoire déterminé, a pour effet de faire peser un impôt sur tel usinier, tandis que son concurrent établi à un quart de mille (400 m.) de là échappe à cette taxe; et cela fait, d'après des renseignements dignes de foi, une différence de 1,500 livres (37,500 fr.) en faveur du second. Sur ces exemples, on peut juger de cette infinie variété d'iniquités, les unes plus graves, les autres moins, et qui sont les suites inévitables de toute réglementation légale. La société, organisme vivant, toujours en voie de croissance, est prise dans des formules et comme placée au milieu de mécanismes bruts, inflexibles : comment veut-on qu'elle n'y soit pas saisie et blessée? Il n'y a qu'un genre d'appareils qui lui conviennent : ceux à travers qui son sang circule à chaque battement de son cœur et qui changent comme elle change.

Toute administration officielle se corrompt : cela est inévitable, chacun le sait. Elles n'ont pas autour d'elles ce préservatif, la concurrence; elles n'ont pas besoin pour vivre, comme les institutions privées et sans subvention, de se maintenir en parfaite santé. Aussi tous ces établissements nés d'une loi tombent-ils dans l'inertie et la pléthore : la maladie alors n'est pas loin. Les salaires sont distribués sans égard pour l'activité dépensée dans l'accomplissement de la fonction ; ils le sont encore après que la fonction a entièrement cessé ; ils finissent par servir de dotation aux oisifs de bonne naissance; ils sont un encouragement au parjure, à la corruption, à la simonie. Choisit-on les directeurs des Indes orientales pour leur habileté en administration? Non : ils achètent les votes par des promesses ; ils vendent d'avance leur protection, et ni le vendeur ni l'acheteur ne songent un instant au bien de cent millions d'hommes. Les notaires [1] ne se contentent pas de gagner plusieurs milliers de livres sterling par an pour faire un travail que leur livrent tout mâché des commis maigrement payés ; il leur arrive encore de frauder le Trésor, en dépit de réprimandes réitérées. Dans les arsenaux, l'avancement n'est pas pour les bons serviteurs, mais pour des protégés politiques.

1. *Registrars of wills*, enregistreurs de testaments.   TR.

Plutôt que de perdre leurs riches traitements, des ministres de
la religion prêchent contre leurs croyances ; des évêques font
de faux états de leurs revenus ; et, pour se faire élire agrégés
dans les colléges, des prêtres de bonne composition se déclarent,
par serment, *pauvres, pieux et savants.* Depuis le contrôleur
particulier qui en face d'un abus se laisse fermer les yeux par
l'entrepreneur à l'aide d'un présent, jusqu'au premier ministre
qui trouve moyen de bien caser les siens, nous ne voyons
chaque jour qu'exemples de cette vénalité, et cela en dépit de
la réprobation publique, en dépit de tentatives incessantes pour
arrêter le mal. Comme le disait un jour devant nous un employé
de l'Etat qui avait vingt-cinq ans de service, « partout où entre
le gouvernement, il y a un fripon. » Et ce résultat est nécessaire, quand on détruit la liaison immédiate qui devrait exister
entre le travail fait et le salaire obtenu. Nul ne se figurera
que, s'il est d'ailleurs incapable, il lui suffira de faire annoncer
dans le *Times* un pot de vin pour le commerçant qui voudra lui
donner tel poste fixe pour décider un commerçant. Mais, dans
l'administration , le maître n'a pas d'intérêt personnel à
défendre ; là, celui qui nomme les employés n'a rien à perdre
s'ils sont incapables ; aussi un pot de vin n'y manque pas son
effet. Dans les hôpitaux, dans les établissements publics de charité, dans les caisses pour l'encouragement des lettres, dans les
écoles qui ont une subvention [1], enfin dans toutes les institu-

1. Le gouvernement anglais n'entretient pas d'écoles ; elles sont fondées par des
Sociétés, dont les plus puissantes sont la Société des écoles nationales et la
Société des écoles britanniques et étrangères, ou entretenues par les tuteurs des
pauvres. Seulement le gouvernement accorde des subventions à certaines écoles
(à environ 7,000 sur 26,000 qui existent); ces subventions dépassent 20 millions
de francs par an. En retour , il obtient le droit d'y surveiller l'enseignement et
de leur imposer ses programmes.   T'R.

tions sociales où l'échange du travail avec le salaire ne se fait pas donnant donnant, même corruption, et corruption d'autant plus profonde que le rapport entre le travail et le salaire est plus lointain. Donc, dans les établissements de l'Etat, la corruption est un fait nécessaire. Dans ceux du commerce, au contraire, elle apparaît bien rarement ; et, alors encore, le remède est vite trouvé : l'instinct de la conservation est en jeu.

Voilà bien des contrastes, et bien frappants ; il y faut ajouter celui-ci : tandis que les corps formés de particuliers sont entreprenants et amis du progrès, les corps publics sont immuables et même font obstacle à tout progrès. Qu'un corps officiel fasse des inventions, nul ne s'y attend. Mais ce qu'il ne faut pas espérer non plus, c'est qu'il sorte de sa routine machinale pour accepter des améliorations, alors qu'un tel changement lui coûterait un grand effort d'intelligence et de volonté, et cela sans espoir de profit. Mais un pareil corps n'est pas seulement ami du repos ; il résiste avec obstination à tout changement, tant pour lui-même que dans tout ce qui a rapport à lui. Aujourd'hui, les tribunaux de comté changent leurs habitudes ; mais jusque-là tous les hommes de loi s'opposaient opiniâtrément à toute réforme de la loi. Les universités ont maintenu leur vieux programme, plusieurs siècles après qu'il eut cessé d'être bon ; et maintenant elles luttent pour éviter la révision dont il est menacé. Pas une amélioration dans les Postes qui n'ait excité de véhémentes réclamations de la part de l'administration des Postes. M. Whiston pourrait nous dire combien est encore puissant l'esprit conservateur dans les écoles primaires de l'Eglise. Les plus grands périls même ne peuvent

faire cesser la résistance officielle; voici un fait qui en témoigne :
dès 1820, comme nous l'avons dit plus haut, M. le professeur
Barlow disait, dans son rapport sur les compas de mer alors en
dépôt à l'Amirauté, que « la moitié au moins n'était que de
l'antiquaille »; eh bien! malgré qu'il y eût là, pour chaque
navire, une menace de naufrage, « les choses ne paraissent
avoir été que bien peu améliorées jusqu'à 1838 et même
1840 [1]. » Et cette force d'inertie, il n'est pas aisé d'en venir à
bout, même pour une opinion publique puissante : par
exemple, c'est en vain que, durant des générations, les neuf
dixièmes de la nation ont désapprouvé cette organisation de
l'Eglise qui rassasie les fainéants et épuise les travailleurs [2] :
on a bien nommé des commissions pour rétablir l'équité, mais
en somme tout reste en l'ancien état. Autre exemple : depuis
1818, on a fait une vingtaine de tentatives pour remettre de
l'ordre dans les malversations scandaleuses des administrations
à qui est confiée la gestion des fondations de charité; dix fois en
dix ans, des mesures pour y porter remède ont été proposées au
Parlement; les abus n'en continuent pas moins, aussi grossiers
que jamais. De plus, ces instruments du pouvoir non-seulement
résistent à tout effort pour les réformes, mais ils empêchent
toute réforme en d'autres matières. En défendant ses invaria-
bles intérêts, le clergé retarde la fermeture des cimetières
compris dans les villes. M. Lindsay pourrait le montrer, les

---

1. *Théorie élémentaire du magnétisme,* par sir W. Snow Harris, 3e partie
p. 145.
2. La loi de 1868 a rendu facultatif le payement des taxes votées par les
contribuables dans chaque paroisse pour l'entretien de l'église. Depuis, la plupart
des églises sont entretenues par des souscriptions volontaires. C'est un allégement
du budget de l'Eglise officielle.   TR.

agents officiels d'émigration empêchent qu'on ne se serve du
fer pour les vaisseaux à voiles. Les employés de l'excise empêchent tout perfectionnement dans les travaux dont ils ont la
surveillance. L'instinct conservateur apparaît sans doute dans
la conduite journalière de tous les hommes; mais, chez l'individu, c'est un obstacle dont l'intérêt vient aisément à bout.
L'espoir du profit finit par enseigner à l'agriculteur que, pour
bien drainer, il faut drainer profond : il y met le temps, mais
il y parvient. Les manufacturiers, à la longue, apprennent
quelle est l'allure qui convient le mieux, pour l'économie, à
leurs machines à vapeur. Mais, dans les services publics, l'instinct conservateur, n'étant dominé par aucun intérêt personnel,
agit en pleine liberté, et les résultats en sont désastreux et
absurdes. Depuis des générations l'usage de la tenue des
livres s'était établi, que les comptes du Trésor étaient encore
enregistrés au moyen de coches sur des bâtons. Dans les prévisions du budget pour l'année courante, on lit cet *item :* « Entretien des lampes à l'huile dans la caserne des gardes à cheval. »

Entre ces administrations créées par une loi et celles qui se
sont formées spontanément, qui donc hésiterait? Les unes sont
lentes, stupides, extravagantes, sans souplesse, corrompues,
rétives au progrès ; peut-on découvrir dans les autres des
vices qui tiennent ceux-là en balance? Sans doute le commerce a ses malhonnêtetés, la spéculation ses folies. Ce sont
là des maux inséparables de la nature humaine avec ses imperfections actuelles. Mais ces imperfections, il n'est pas moins
vrai que les fonctionnaires en ont leur part, et que chez eux,
n'étant point tenues en bride par la même et sévère discipline,

elles doivent produire des résultats bien pires. Etant donné
qu'une race d'hommes a un certain penchant à se mal conduire, la question est si, pour la bonne organisation de leur
société, il vaut mieux que toute mauvaise action apporte avec
elle aussitôt son châtiment, ou qu'elle le traîne à sa suite seulement de loin et par un lien fragile ? Quelle sera de deux sociétés la mieux portante, celle où l'agent qui remplit mal sa
fonction est immédiatement puni par la perte de la clientèle
publique, ou bien celle où un tel agent ne peut être atteint
qu'à l'aide d'un appareil compliqué de réunions publiques, de
pétitions, de salles de vote, de votes au Parlement, de conseils
des ministres, et de dossiers à rubans rouges? N'est-ce pas une
espérance d'utopiste, et absurde, de croire qu'un homme se
tiendra mieux devant une correction lointaine et incertaine
que sous le coup d'un châtiment prochain et inévitable? Et
pourtant c'est l'espoir que nourrissent, sans le savoir, la plupart des faiseurs de plans politiques. Ecoutez leurs projets : ce
qu'ils proposent de faire, ils admettent que des agents nommés
à cet effet le feront. Les fonctionnaires sont fidèles : voilà leur
premier postulat. Sans doute, si l'on pouvait être sûrs d'un personnel de bons *officiers*, ce serait un grand point en faveur de
l'intervention *officielle;* mais, à ce compte, le despotisme aurait
ses bons côtés, si nous étions sûrs d'avoir un bon despote.

Toutefois, si nous voulons voir à plein le contraste entre
les deux méthodes possibles pour satisfaire les besoins de la
société, l'une artificielle, l'autre naturelle, il ne suffit pas de
connaître les défauts de l'une, il faut considérer les mérites
de l'autre. Ils sont nombreux et importants. D'abord, toute

entreprise de particuliers est dans une étroite dépendance du
besoin qui l'a suscitée ; et, là où il n'y a pas de besoin, il lui
est bien impossible de subsister. Chaque jour, de nouveaux
commerces, de nouvelles Compagnies se fondent. S'ils répondent à quelque besoin du public, ils prennent racine et
prospèrent. Sinon, ils meurent d'inanition. Pour les mettre
à bas, il ne faut pas une agitation, un acte du Parlement.
Il en est d'eux comme de tout ce qui est organisé par la
nature : s'il n'y a pas de fonction pour eux, nul aliment ne
vient jusqu'à eux, et ils disparaissent. Outre que les nouveaux
établissements s'en vont s'ils sont superflus, les anciens cessent d'être quand leur tâche est finie. Bien différents des
instruments créés par la loi, bien différents du collége
des Hérauts, qui se maintient à une époque où le blason
n'a plus de valeur, bien différents des cours ecclésiastiques, qui sont florissantes encore, quand depuis des générations elles sont devenues abominables à tous, ces instruments
créés par les particuliers se détruisent quand ils cessent d'être
nécessaires. Un système très-étendu de voitures publiques
disparaît dès qu'un système plus puissant, celui des chemins
de fer, commence d'exister. Non-seulement il disparaît et
n'attire plus de capitaux, mais les éléments qu'il comprenait
sont mis en liberté et utilisés à nouveau : cochers, conduc-
teurs, etc., tout est employé ailleurs ; et ils ne continuent pas
durant vingt ans à charger le public de leurs personnes,
comme feraient, avec leurs compensations, les employés d'un
département de l'administration qu'on viendrait à abolir.

Considérez encore combien il est inévitable que ces institu-

tions libres s'accommodent à leur tâche. C'est une loi de tout
corps organisé, que, pour bien fonctionner, il lui faut un
apprentissage. C'est une vérité que le jeune négociant doit
commencer par porter les lettres à la poste ; que le moyen de
devenir un bon aubergiste, c'est d'avoir été garçon d'hôtel ;
c'en est une que, pour développer l'esprit, il faut d'abord lui
faire concevoir ce qu'est identité et dualité, ensuite le nombre,
et que sans cela ni arithmétique, ni algèbre, ni calcul infinité-
simal ne lui serait accessible, et c'en est une non moins certaine que toute partie d'un organisme commence par un état
d'extrême simplicité, où elle n'a qu'une fonction insignifiante,
et, pour atteindre sa forme définitive, traverse diverses phases,
en se compliquant toujours. Un cœur, ce n'est d'abord qu'un
sac qui peut se contracter ; un cerveau, c'est au début un
faible élargissement de la corde spinale. Or, cette loi s'applique aussi bien à l'organisation appelée société. Un appareil,
pour bien fonctionner, doit n'avoir point été fait sur un plan
préconçu et exécuté d'un coup par des législateurs ; il faut
qu'il soit sorti peu à peu d'un germe ; il n'y doit rien être
ajouté de nouveau qui n'ait été d'abord exigé, puis éprouvé
par l'expérience ; après cette épreuve seulement, on peut
songer à une nouvelle addition ; et c'est uniquement par cette
méthode de tâtonnements qu'on peut former un appareil convenable. Un homme sûr reçoit de l'argent en dépôt : de là,
petit à petit, naît tout un vaste système de banques, avec ses
billets, ses chèques, ses traites, ses transactions compliquées,
enfin son Bureau des comptes courants. Des chevaux de bât,
puis des chariots, puis des voitures, puis des voitures à

vapeur sur des routes ordinaires, enfin des voitures à vapeur sur des routes appropriées, tels sont les degrés successifs par lesquels le système des communications s'est élevé à l'état actuel. Il n'a pas fallu l'intervention d'un directeur de ministère pour qu'il se formât spontanément tout un corps de manufacturiers, de courtiers, de commis voyageurs, de marchands au détail, et cela par degrés trop insensibles pour qu'on puisse les distinguer.

De même pour des créations d'une autre sorte. Le Jardin zoologique, qui est ce qu'il y a de mieux au monde dans ce genre, a commencé par être une collection privée, appartenant à quelques naturalistes. La meilleure école pour les ouvriers qui soit connue, l'école adjointe aux ateliers de Price, a débuté avec une demi-douzaine de garçons qui s'asseyaient au milieu des paquets de chandelles, après les heures de travail, pour apprendre tout seuls à écrire en se servant de plumes hors d'usage. Remarquez aussi (et c'est là une suite de leur manière de grandir) que ces institutions spontanées se développent selon les besoins et atteignent les proportions nécessaires. La même cause qui leur a donné l'existence les force à pousser des rameaux dans toutes les directions où cela peut être utile: Mais, avec les institutions du gouvernement, l'offre ne suit pas d'aussi près la demande. Etablissez un bureau et un corps d'employés, fixez leurs devoirs ; laissez au tout une génération ou deux pour prendre de la solidité ; et, si jamais vous voulez en obtenir quelque travail de surcroît, il vous faudra au moins un acte du Parlement, et vous ne l'aurez qu'après bien des délais et des difficultés.

Si l'espace le permettait, nous aurions encore beaucoup à dire touchant la supériorité qu'on attribue aux institutions que les naturalistes appelleraient *exogènes* sur celles qu'ils nommeraient *endogènes*. Mais il suffit de se placer au point de vue que j'ai dit pour apercevoir aisément les différences caractéristiques que les séparent encore.

En conséquence, de ces deux sortes de moyens d'action sur la société, les uns échouent toujours, tantôt empirant le mal, tantôt produisant plus de maux qu'ils n'en guérissent ; les autres réussissent toujours et font partout du bien. Au premier coup d'œil, la machine officielle paraît puissante ; mais, avec cela, jamais elle ne répond à ce qu'on attend d'elle. Les forces des particuliers, au début, paraissent bien chétives : mais chaque jour le monde s'étonne devant les prodiges qu'elles créent. Sans parler des Compagnies par actions, qui sont si puissantes et qui, pour couvrir un royaume entier de chemins de fer, prennent juste autant de temps que l'Amirauté pour construire un vaisseau de cent canons, ce qui est plus fort, c'est que les établissements de l'Etat sont vaincus même par des individus isolés. On connaît bien la fameuse antithèse de l'Académie, qui, avec ses 40 membres, met 26 ans à rédiger le Dictionnaire français, et du docteur Johnson, qui tout seul met 8 ans à rédiger son Dictionnaire anglais ; tenons compte de ce que les deux ouvrages diffèrent en importance : il en restera encore assez. D'ailleurs cette antithèse a plus d'un pendant ; on pourrait citer plus d'un exemple de la même famille. S'il fut une entreprise grande et importante pour la santé publique, ce fut bien celle d'amener la Rivière-Neuve à

Londres : la plus riche corporation du monde s'y essaya et échoua ; sir Hugh Myddleton, sans aide, y réussit. Le premier canal creusé en Angleterre (c'est pourtant là une œuvre que le gouvernement semblait seul capable de concevoir, seul en état de mener à bien) fut entrepris et achevé par un particulier qui en fit l'objet d'une spéculation, le duc de Bridgewater. Par son propre travail et sans aide, William Smith vint à bout de cette grande entreprise, la Carte géologique de la Grande-Bretagne ; en attendant, la Carte de l'état-major — une carte à vrai dire soignée et bien étudiée — a déjà occupé tout un corps d'officiers durant deux générations à peu près, et il faudra bien attendre la fin de la troisième pour voir la carte achevée. Howard et les prisons de l'Europe ; Bianconi et la circulation en Irlande ; Waghorn et la route de l'Oberland ; Dargan et l'Exposition de Dublin : chacun de ces exemples ne vous suggère-t-il pas un contraste frappant ? Tandis que des particuliers comme M. Denison construisent des maisons modèles où la mortalité est bien au-dessous de la moyenne, l'Etat bâtit de baraques où il met des hommes de choix, soumis à la surveillance des médecins, et avec cela la proportion des morts s'y élève, pour mille et par an, à 13,6, 17,9 et même 20,4 : or, parmi les civils du même âge, aux mêmes endroits, la proportion n'est que de 11,9 [1]. L'Etat a fait, à Parkhurst, de grosses dépenses pour corriger de jeunes criminels, et il ne les a *pas* corrigés du tout ; M. Ellis prend cinquante des plus fieffés jeunes voleurs de Londres,

---

1. Voir le *Rapport statistique sur les maladies, la mortalité et les infirmités chez les troupes*, 1853.

des voleurs que la police regardait comme les plus incurables
des hommes, et il les corrige tous. Voici le Bureau d'émigration : grâce à ses mesures, les émigrants, arrimés en masses
serrées, meurent par centaines ; avec sa permission, nos ports
laissent sortir des navires qui sont, comme le *Washington*,
l'asile de la filouterie, de la brutalité, de la tyrannie, de
l'obscénité. A côté se forme la Société de prêts pour la colonisation en famille, fondée par Mme Chisholm : et le résultat
n'est pas pire ; au contraire, tout s'améliore ; elle ne démo-
ralise pas les gens en les entassant pêle-mêle, elle les corrige
par une discipline douce ; elle ne crée pas des pauvres en
répandant des aumônes, elle encourage la prévoyance ; elle
n'ajoute pas à nos impôts, elle se suffit à elle-même. Quelles
leçons pour les amis de l'intervention législative ! L'Etat surpassé par un ouvrier cordonnier ! L'Etat battu par une femme !

Ce qui ajoute encore à ce contraste entre les résultats de
l'activité de l'Etat et ceux de l'activité des particuliers, c'est
que celui-là, il ne faut pas l'oublier, se fait constamment
suppléer par ceux-ci, même dans les fonctions qu'on est forcé
de lui abandonner. Sans parler des départements de la guerre
et de la marine, où une bonne part du travail est faite par des
entrepreneurs et non par des employés du gouvernement ;
sans parler de l'Eglise, qui se développe sans cesse, non pas
grâce à la loi, mais grâce au zèle des particuliers ; sans parler
des Universités, où le seul enseignement utile est donné, non
par les fonctionnaires officiels, mais par des maîtres particuliers, considérons seulement de quelle façon est mis en jeu
notre appareil judiciaire. Les hommes de loi ne cessent de

nous dire qu'une codification est chose impossible, et il se
trouve plus d'une âme simple pour les en croire. Or, remarquons-le d'abord, ce que le gouvernement et tous ses employés
ne peuvent faire pour les actes du Parlement en général, un
homme seul, M. Deacon Hume, a eu l'énergie de le faire pour
nos 1,500 lois douanières; mais passons. Voyons comment on
remédie au manque de tout ordre méthodique dans nos lois.
Les étudiants en droit, qui se préparent pour le barreau et
en fin de compte pour la magistrature assise, doivent passer
des années en recherches, pour se familiariser avec cet
amas informe et immense de lois; et cette coordination qu'il
est impossible, dit-on, à l'Etat de réaliser, on admet que le
premier étudiant venu peut la réaliser pour son compte :
cela est dur pour l'Etat, au fond ! Chaque juge peut codifier
nos lois; mais la « sagesse collective » y est impuissante.
Or, comment un juge est-il en état de faire cette codification ?
Il le doit à des particuliers qui ont pris l'initiative de lui frayer
le chemin; il le doit aux codifications partielles de Blackstone,
Coke et autres; il le doit aux recueils de la loi sur les associations, de la loi sur les faillites, de la loi sur les brevets, des
lois intéressant les femmes, et tant d'autres qui sortent chaque
jour de l'imprimerie; il le doit à des extraits de procès, à des
volumes de comptes rendus, toutes œuvres où le gouvernement n'a point de part. Détruisez tous ces fragments de codification faits par des individus, voilà l'Etat dans la plus profonde ignorance de ses propres lois ! Si les particuliers
n'eussent porté remède aux bévues du législateur, administrer
la justice eût été chose impossible !

Mais alors, qu'ont donc certaines gens à prêcher sans cesse
pour qu'on étende l'action du législateur? Si, comme nous
l'avons remarqué dans un grand nombre de cas, les mesures
du gouvernement ne guérissent pas les maux qu'elles prétendent guérir; si, dans un nombre égal de cas, elles empirent
les maux au lieu d'y porter remède; si enfin dans d'autres
cas, et fréquents aussi, elles ne guérissent certains maux qu'en
en créant d'autres, et souvent de pires; si, comme nous venons
de le voir, le pouvoir montre chaque jour moins de force
réelle que les particuliers; si enfin, comme nous l'avons dit en
dernier lieu, les particuliers sont obligés sans cesse de suppléer
à l'insuffisance du pouvoir, même pour l'accomplissement de
fonctions sans lesquelles l'État ne saurait vivre, quelle raison y
a-t-il donc de demander encore de nouvelles administrations
publiques? Les avocats d'une pareille thèse peuvent bien prétendre au titre de philanthropes, d'hommes de talent; mais
d'hommes sages, non pas, à moins que le signe de la sagesse
ne soit le mépris de l'expérience.

« Mais il y a toute une partie, la meilleure, de ce raisonnement, qui ne porte pas, répliqueront nos adversaires. La vraie
question n'est pas si les individus, les Compagnies, triomphent
de l'État, quand ils lui font concurrence, mais s'il n'y a pas
tels besoins de la société auxquels l'État seul peut satisfaire.
Admettons que l'entreprise privée fasse beaucoup, et fasse bien
ce qu'elle fait; il faut pourtant bien le reconnaître, tous les
jours, nous rencontrons des lacunes qu'elle n'a pas comblées,
dont elle ne s'occupe point. Dans des cas pareils, elle est
incompétente, cela saute aux yeux, et alors, par conséquent, il

appartient à l'État de parer à cette impuissance : c'est ce qu'il fait, non pas très-bien, mais de son mieux. »

Nous ne reviendrons pas sur tant de faits déjà cités et d'où il ressort que l'État, dans une pareille tentative, risque de faire plus de mal que de bien; nous n'insisterons pas sur ce que, dans la plupart des cas dont on parle, l'impuissance apparente des particuliers a eu pour *cause* l'intervention de l'État, et pourtant c'est ce qu'il ne serait pas malaisé de prouver; nous prendrons la thèse telle qu'elle se présente. Assurément, il n'y aurait jamais eu besoin d'une loi sur la marine marchande, pour empêcher l'expédition de vaisseaux incapables de tenir la mer, ni pour protéger les marins contre les mauvais traitements, s'il n'y avait pas eu de lois sur la navigation pour produire ces deux sortes de maux; assurément, si l'on mettait de côté tous les cas semblables, où le mal, la lacune, avaient pour cause directe ou non la loi, il ne resterait pas grand'-chose pour appuyer la thèse en question ; mais enfin accordons que, après la disparition de tous les obstacles artificiels, il resterait encore bien des lacunes à combler, en face desquelles l'initiative privée demeurerait impuissante, autant qu'on peut prévoir. Oui, accordons tous ces points; il ne sera pas encore bien sûr que l'intervention du législateur soit justifiée.

En effet, la thèse à discuter suppose, ce qu'on ne peut guère prouver, que les forces sociales n'agiront jamais avec plus d'énergie qu'aujourd'hui, qu'elles produiront pour tous résultats juste ceux qu'elles semblent en état de produire. C'est la coutume des savants de cette école, de prendre, pour mesure d'un avenir qu'une intelligence omnisciente pourrait seule atteindre, les idées d'une intelligence humaine bornée. Quand ils ne croient pas qu'une chose soit possible, ils concluent qu'elle n'arrivera jamais. La société, de génération en génération, n'a cessé de faire des progrès que nul n'avait prévus; néanmoins, dans la pratique, on ne compte pas, pour l'avenir, sur des progrès imprévus. Dans les débats parlementaires, que fait-on? On pèse avec soin des probabilités; mais toujours on part de ceci, que les choses resteront en l'état. Cependant chaque jour ajoute à l'état actuel des facteurs nouveaux, et sans cesse on voit se produire des résultats qu'on eût dits improbables. Il y a quelques années, qui eût dit qu'un réfugié de Leicester Square ne tarderait pas à être l'empereur des Français? Qui eût espéré d'un ministère de propriétaires fonciers l'établissement du libre échange? Qui eût rêvé que l'Irlande trouverait d'elle-même à se guérir de son trop-plein de population? Et c'est pourtant ce qui arrive. Les changements sociaux, bien loin de suivre la voie la plus vraisemblable, suivent toujours celles qui, aux yeux du sens commun, étaient le moins probables. La boutique d'un barbier ne semblait guère le berceau naturel de la nouvelle industrie cotonnière [1]. Ce n'est pas d'un commerçant de la rue de Leadenhall qu'on eût attendu de grands perfectionnements dans l'agriculture. Un fermier, voilà bien le dernier homme à qui l'on eût pensé pour la découverte de l'hélice comme propulseur des bateaux à vapeur. Nous aurions pu attendre de n'importe qui l'invention d'un nouvel ordre d'architecture, mais d'un jardinier, jamais. Eh bien! c'est en vain que chaque jour les changements les

1. Arkwright, l'inventeur de la *mull-jenny*, était barbier.   TR.

HERBERT SPENCER.   4

plus inattendus s'introduisent par les voies les plus étranges :
le législateur admet que la marche des choses sera précisément
celle que les hommes d'aujourd'hui peuvent prévoir. En vain
cette exclamation si ordinaire : « Qu'auraient dit nos ancêtres? »
n'est-elle qu'une façon de reconnaître combien de résultats
merveilleux ont été atteints et par des moyens fort imprévus :
on ne semble pas croire qu'il en sera de même plus tard.
Pourtant ne serait-il pas sage à nous de tenir compte de cette
probabilité en politique? Ne serait-il pas raisonnable de dire :
Tel le passé, tel l'avenir ?

Mais non : à côté de notre foi énergique dans les administrations de l'État, nous n'avons, grâce à l'antagonisme des deux
manières de voir, qu'une faible confiance dans les forces
privées. Bien faible, car, malgré les leçons du passé, c'est folie
aux yeux de bien des gens de se reposer dans cette conviction,
que tels besoins actuels de la société se satisferont spontanément, bien que nous ne puissions voir par quels moyens.
Pourtant des exemples fort instructifs s'offrent juste à point à
leurs yeux. Ainsi la falsification des aliments. Voilà un mal que
la loi a tenté plus d'une fois, et sans succès, d'arrêter ; et la loi
seule semblait de force à l'arrêter. Mais voici que, l'impuissance
de la loi étant prouvée, la Lancette se mêle de l'affaire, et, pour
augmenter son tirage, se met à publier chaque semaine des
analyses chimiques, avec des listes de commerçants honnêtes
et de commerçants malhonnêtes. Peu à peu, d'autres feuilles se
mettront à publier des listes pareilles : elles ont déjà donné
par parties au moins les rapports qui y sont joints. Et le jour
où chaque marchand au détail se saura exposé à ce qu'on

raconte ses péchés à ses clients, vous pouvez compter sur une amélioration notable. Or qui aurait pensé à un remède semblable ?

Autre exemple : le fait à peine croyable dont les comtés du centre ont eu récemment le spectacle. Tout le monde a entendu parler de la détresse des fabricants de bas : c'était une maladie chronique, depuis une génération ou deux. On avait fait pétitions sur pétitions pour demander un remède au Parlement; le législateur avait fait quelques tentatives, mais sans succès. Le mal semblait incurable. Or, il y a deux ou trois ans, voici qu'on invente la machine circulaire à tricoter : c'est une machine qui produit les bas avec une rapidité très-supérieure à celle du vieux système; seulement elle ne peut faire que la jambe du bas, et non le pied. Les artisans de Leicester et de Nottingham regardaient, vous pouvez en être sûrs, la nouvelle machine d'un air alarmé : elle ne pouvait qu'accroître leur misère. Eh bien ! elle les en a complètement délivrés. Les bas se sont produits à meilleur marché; la consommation s'en est augmentée prodigieusement; en fin de compte, les vieux métiers, qui étaient jadis de moitié trop nombreux pour l'ouvrage à faire, sont aujourd'hui tous employés à mettre des pieds aux jambes de bas que fabriquent les nouvelles machines. Comme on aurait traité de fou celui qui aurait attendu le remède d'une cause pareille ! — Voilà pour les maux guéris d'une façon imprévue. Passons aux besoins qui se sont trouvés satisfaits d'une façon imprévue. Nul ne vit d'abord dans la découverte d'OErsted sur l'électro-magnétisme un moyen nouveau d'arrêter les criminels et de faciliter le commerce.

Nul ne s'attendait à ce que les chemins de fer servissent à répandre les livres à bon marché : et c'est ce qu'ils font pourtant. Nul ne pensait, quand la Société des arts conçut l'idée d'une exposition industrielle internationale, que de là naîtrait à Sydenham un palais fait pour le plaisir des yeux et pour l'éducation de tous les esprits.

Mais voici un argument qui coule à fond la thèse des philanthropes impatients. Ce n'est pas assez de dire qu'il faut compter sur la force vitale de la société pour satisfaire peu à peu, spontanément, sans bruit, aux exigences les plus grandes; ce n'est pas assez de dire que les lacunes seront vraiment comblées par ces moyens naturels, tandis que par les procédés artificiels on ne fera que des replâtrages; il y a plus : tant que les besoins de la société ne seront pas satisfaits naturellement, ils ne le seront pas du tout. Voilà, aux yeux de bien des gens, un paradoxe choquant; mais il est aisé de le justifier : c'est ce que nous allons tenter en peu de mots.

Un peu plus haut, nous avons montré que la force créatrice et motrice d'un appareil social, qu'il s'agisse d'administration, de commerce ou d'autre chose, est toujours une somme de désirs individuels. Comme il n'y a pas chez l'individu d'action sans désir, de même, avons-nous dit, il ne peut y avoir dans la société d'action sans un concours de désirs. A ces vérités, ajoutons celle-ci : si dans l'individu, en vertu d'une loi générale, les désirs les plus intenses, ceux qui correspondent aux fonctions les plus essentielles, sont satisfaits les premiers, et même, s'il le faut, aux dépens des désirs les plus faibles et les moins importants ; de même, et par une loi générale analogue, dans

la société, les besoins essentiels, ceux d'où dépendent l'existence
et la multiplication du peuple, devront dans l'ordre naturel
des choses passer avant tout besoin moins pressant. Les deux
séries de phénomènes, en effet, ont leur racine commune dans
la constitution de l'homme : il faut donc qu'elles suivent la
même marche. Le particulier se procure d'abord de la nourriture, puis des vêtements et un abri; ces affaires réglées, il prend
femme; s'il peut faire plus, il cherche à avoir un appartement
avec des tapis, un piano, une bonne cave, des domestiques à
gages, puis il donne des dîners. La société se développe d'une
façon toute semblable : d'abord elle s'organise pour se défendre
contre les ennemis et pour conquérir le plus de butin possible; peu à peu naissent les institutions politiques nécessaires
pour soutenir cette première organisation; ensuite, les besoins
en aliments, en vêtements, en abris, s'accroissent, et l'on
recourt à la division du travail; puis, quand il a été pourvu suffisamment aux nécessités de la vie animale, alors peu à peu
naissent la science, la littérature et les arts. N'est-il pas visible
que l'ordre de succession de ces développements est leur ordre
même d'importance ? N'est-il pas visible, puisque chacun d'eux
a pour cause un concours de désirs, qu'ils doivent apparaître
selon leur ordre d'importance, en vertu de la loi de correspondance entre l'énergie du désir chez l'individu et l'utilité de
l'action désirée? N'est-il pas visible même que cet ordre sera
observé plus exactement dans la vie des sociétés que dans celle
de l'individu? car si chez ce dernier les idiosyncrasies peuvent
le troubler, dans le corps social, elles se neutralisent.

Si vous n'en êtes pas persuadé, prenez un livre qui vous

raconte la vie des chercheurs d'or : vous y verrez en raccourci toute la suite des faits. Voici ce que vous y lirez : Pour avoir à manger, les mineurs doivent offrir des aliments un prix tel, qu'il y ait plus à gagner à tenir boutique qu'à chercher de l'or. Les marchands, pour s'approvisionner, doivent payer des sommes énormes les transports de la ville voisine à la mine; et plus d'un alors, voyant qu'il peut s'enrichir à ce trafic, en fait son métier. Mais il faut trouver des haquets et des chevaux; les hauts prix qu'on en offre les font arriver de tous côtés, et à leur suite des charrons et des bourreliers. Les forgerons pour aiguiser les pics, les médecins pour soigner les fiévreux, se font payer des prix exorbitants, selon le besoin qu'on a d'eux; et, pour cette même raison, ils accourent aussi nombreux qu'il le faut. Bientôt toutes les denrées deviennent rares; plusieurs ne peuvent se tirer que de loin; il faut donner aux marins une haute paye si l'on ne veut pas qu'ils désertent; de là une augmentation dans les frets; des frets élevés attirent un nombre croissant de navires; et ainsi se développe bien vite tout un appareil pour amener les denrées de toutes les parties du monde. Chaque phase de cette évolution commence au moment où elle devient nécessaire; autrement dit, elles se succèdent selon l'ordre d'intensité des besoins correspondants. Chacun fait ce qu'il trouve qui lui rapporte le plus; ce qui rapporte le plus, c'est ce que les autres sont disposés à payer le plus cher; ce qu'ils sont disposés à payer le plus cher, c'est ce qu'ils désirent le plus dans les circonstances données. Donc l'ordre de succession doit aller du plus important au moins important. Un besoin qui, à une période déterminée, n'est pas satisfait, est un

besoin que l'on ne tient point assez à satisfaire pour qu'un
individu trouve son compte à y travailler; ce doit être un
besoin *inférieur* à d'autres, puisque ceux-ci, on paye plus cher
pour les satisfaire; celui-là doit donc attendre son tour, jusqu'à ce que tous ceux qui pressent davantage aient passé. Or
n'est-il pas clair que cette même loi est vraie dans toute communauté? N'est-il pas certain qu'il en est des dernières phases
de l'évolution sociale comme des premières, et que, en l'absence
de toute contrainte, les besoins plus faibles passent après les
plus pressants? Il suffit d'avoir du bon sens pour n'en pas
douter.

Ainsi se trouve justifié ce qui semblait un paradoxe : un
besoin public, jusqu'à ce qu'il soit satisfait d'une manière spontanée, devrait rester sans satisfaction aucune. En effet, voici
notre raisonnement, et il s'applique à une société compliquée
comme à de plus simples : en général, tout travail négligé est
un travail qui ne rapporterait pas à son homme autant que les
autres; c'est donc un travail dont les produits ne sont point
aussi nécessaires que d'autres à la société. D'où ce corollaire :
faire exécuter par un moyen artificiel un travail négligé, en
payant des citoyens à cet effet, c'est faire tort à un autre travail
plus urgent, qu'ils auraient accompli et qui restera négligé,
c'est sacrifier le besoin le plus grand au plus petit.

On va nous faire une objection : « Mais enfin, les travaux
qu'exécute un gouvernement, du moins représentatif, il les
exécute pour obéir à un concours de désirs : eh bien! donc,
pourquoi penser qu'ici le moins utile ne sera pas subordonné
au plus utile? » Voici notre réponse : sans doute on a un pen-

chant à suivre cet ordre; sans doute, quant à ces besoins primitifs, la défense du pays et la sécurité des personnes, la
machine du gouvernement, qui tire de là même son origine,
les a satisfaits selon l'ordre naturel; sans doute, pour d'autres
nécessités primitives et simples, il a pu en être de même; au
contraire, quand il ne s'agit plus de désirs peu nombreux,
généraux et énergiques, mais de désirs comme ceux qui restent
à satisfaire dans un état de civilisation plus avancé, c'est-à-dire
nombreux, particuliers et modérés, alors il ne faut plus se fier
au bon jugement de ceux qui gouvernent. Entre une foule de
besoins secondaires, de besoins physiques, intellectuels et
moraux, qui dans des classes différentes sont ressentis avec plus
ou moins de force, et auxquels un nombre d'individus plus ou
moins grand, selon les cas, demeure insensible, choisir le besoin
le plus pressant, c'est là une tâche qui passe les forces du législateur. Il n'est pas un homme, pas une assemblée d'hommes
qui puisse, à l'inspection de la société, *voir* de quoi elle a besoin;
il faut laisser la société *sentir* de quoi elle a besoin. C'est à
l'expérience qu'il faut demander la solution, non à la théorie.
Laissez les citoyens éprouver, jour par jour, des maux et des
désagréments de différentes sortes et dont ils souffrent plus ou
moins; peu à peu naîtront en eux des répugnances proportionnées à ce qu'ils souffrent, et, de chaque répugnance, un
désir de se délivrer du mal qui la cause; et enfin, selon toute probabilité, de tous ces maux celui qui sera le premier supprimé,
c'est le pire. — Mais ce qui en résultera, c'est une marche des
choses bien irrégulière. — Oui, les habitudes, les préjugés des
hommes, y produiront bien des bizarreries, du moins appa-

rentes; mais encore vaut-il mieux se fier à cette méthode qu'à l'intelligence du législateur. Si l'on en doute, les preuves ne manquent pas. Et, pour rendre la comparaison plus concluante, nous allons prendre un cas où le gouvernement est tout à fait en mesure de décider, à ce qu'on croit : il s'agit de nos moyens de communication.

Quand on dit que les chemins de fer auraient été mieux tracés, mieux construits par le gouvernement, veut-on prétendre par là que le gouvernement aurait observé l'ordre d'importance relative mieux qne les particuliers n'ont fait ? Ce fut pour répondre aux exigences d'un trafic énorme, d'un trafic auquel ne suffisaient pas les moyens alors en usage, que se créa la première ligne, entre Liverpool et Manchester. Puis vinrent la grande jonction, et le Londres à Birmingham ; ensuite le Grand-Ouest, le Sud-Ouest, le Sud-Est, les Comtés-Orientaux, le Centre. Alors seulement les lignes secondaires et les embranchements attirèrent nos capitalistes. Ce qui devait arriver arriva : les Compagnies firent d'abord les lignes les plus nécessaires, c'est-à-dire du meilleur rapport : elles agirent comme le travailleur, qui préfère un bon salaire à un médiocre. Le gouvernement aurait-il adopté un plan préférable ? Ce n'eût pas été facile : car le plan qui fut suivi était le meilleur. Mais il aurait pu en adopter un pire : tout nous pousse à croire qu'il l'eût fait. La comparaison directe n'est pas possible ; mais qu'on se souvienne des fautes commises dans la construction des routes de l'Inde et des colonies. Ou bien, autre exemple des tentatives de l'Etat pour rendre plus aisées les communications, voici un fait sur lequel nous pourrions insister : tandis que nos gouvernants ont sacrifié les hommes par centaines, et jeté l'argent sans compter, pour trouver ce passage par le Nord-Ouest [1], qui, si on l'eût trouvé, fût resté inutile, ils ont laissé à des Compagnies privées le soin d'explorer l'isthme de Panama et de le traverser par des chemins de fer et des canaux. Toutefois, sans vouloir trop conclure de cette preuve indirecte, contentons-nous d'un exemple : un canal creusé par l'Etat pour le commerce, dans notre pays, le canal de Calédonie. Jusqu'à ce jour, cet ouvrage public a coûté plus de 26,250,000 francs ; voilà nombre d'années qu'il est ouvert, et on n'a cessé d'entretenir des émissaires pour attirer le trafic de ce côté ; or voici les résultats, d'après le 47° rapport annuel, paru en 1852 : recettes de l'année, 197,725 francs ; dépenses, 231,525 francs ; perte, 33,800 francs. A-t-on jamais vu une Compagnie privée pour l'exploitation d'un canal faire une telle dépense avec un aussi pitoyable résultat ?

Or, quand un gouvernement est déjà si mauvais juge, si peu compétent pour comparer l'importance des divers besoins de la société, alors qu'il s'agit de besoins *de même espèce*, que faut-il espérer de sa compétence, lorsque les besoins seront d'espèces diverses ? Quand on voit, dans des affaires où une dose suffisante d'intelligence suffirait pour se conduire, le législateur et ses fonctionnaires se tromper à ce point, quelles erreurs, et combien plus terribles, ne doit-on pas attendre d'eux en des affaires où l'intelligence la plus grande ne suffirait pas ! alors qu'ils ont chaque jour à décider entre des milliers de besoins, corporels, intellectuels et moraux, qu'on ne peut comparer

---

1. Au pôle.   TR.

directement ! Et s'ils mettent à exécution leurs décisions, quels désastres ! Si l'on demande, pour se bien pénétrer de cette vérité, un exemple, on n'a qu'à lire ce qui suit, qui est extrait de la série de lettres récemment publiée dans la *Chronique du matin,* sur l'état de l'agriculture en France. L'auteur vient de dire qu'à son avis la France est pour l'agriculture en retard de cent ans sur l'Angleterre ; il poursuit en ces termes :

« Il faut s'en prendre à deux causes principales. D'abord, si étrange que puisse sembler le fait, dans un pays où les deux tiers de la population travaillent la terre, l'agriculture n'y est pas du tout en honneur. Dès qu'un Français se sent l'esprit un peu développé, il s'envole à la ville aussi infailliblement que la limaille s'élance après la pierre d'aimant. Il n'a pas de goût pour la campagne ; cette vie lui déplaît. Un agriculteur amateur en France serait une curiosité à voir. D'ailleurs cette faiblesse de la nation est encouragée par un système de gouvernement centralisateur, par la multitude des places, qui toutes sont payées [1]. De tous les coins de la France, les hommes d'énergie et de ressources accourent, luttant ensemble, pour se lancer dans le monde parisien : ils veulent devenir grands fonction-naires. Dans chacun des 84 départements, les hommes un peu

---

1. En Angleterre, un grand nombre de fonctions, parmi celles qui exigent toute l'application d'un homme et qui entraînent des frais de représentation, ne sont pas payées : ainsi, dans les comtés, celles de shériff, de lord-lieutenant, de juge de paix ; dans les paroisses, celles de marguillier, d'inspecteur des routes ; dans les villes, celles de maire, alderman, conseiller ; celles de tuteur des pauvres, etc. Or ces magistrats, n'étant point, comme chez nous, soumis à la tutelle d'un préfet, exercent effectivement le pouvoir administratif, sans rétribution ; même beaucoup d'entre eux ne peuvent refuser ces onéreuses fonctions, quand la reine ou leurs concitoyens les leur imposent, si ce n'est au prix d'une lourde amende. Toutefois, ils se déchargent du travail de bureau sur des employés qu'ils appointent aux frais du public.   TR.

moins bien doués en volonté et en talents luttent pour arriver
au chef-lieu, qui est une capitale de province. Ils veulent
devenir petits fonctionnaires. Descendez un degré, et vous
aurez en petit le même spectacle. Ce que le département est à
la France, l'arrondissement l'est au département, et la commune à l'arrondissement. Tous ceux qui ont, ou croient avoir,
un peu de cervelle dans la tête, se pressent vers les villes et s'y
disputent les places. Tous ceux qui ont, ou qui passent à leurs
propres yeux ou aux yeux d'autrui pour avoir trop peu d'esprit et
n'être bons qu'à ce métier, restent chez eux, à piocher la terre,
à soigner le bétail, à tailler la vigne, comme l'ont fait avant eux
tant de générations de leurs ancêtres. A la fin, il ne demeure plus
rien d'intelligent à la campagne. Tout ce qu'il y a dans le pays
de volonté, d'instruction et de talents va s'engouffrer dans les
villes. Bien souvent, si vous sortez d'une ville, vous ne trouvez
pas un être instruit et bien élevé, jusqu'à la ville suivante. Tout
l'intervalle est un désert, une solitude pour l'intelligence. »
(*Morning Cronicle*, août 1851.)

Et pourquoi cette espèce d'absorption, qui enlève aux campagnes tout ce qu'elles ont d'hommes de valeur? Afin de procurer à l'État tout ce qu'il lui faut de fonctionnaires pour tant
de travaux dont les gouvernements en France se sont crus
chargés : pour amuser le public, pour exploiter les mines, pour
construire des routes et des ponts et pour élever d'innombrables
édifices, pour imprimer des livres, pour favoriser les beaux-
arts, pour surveiller tel commerce, pour inspecter telle industrie, pour faire enfin ces mille et une choses que l'État fait en
France. Pour recruter l'armée de fonctionnaires qui lui est néces-

saire, il faut négliger cette fonction, l'agriculture. Pour mieux
veiller à de certaines convenances sociales, on laisse de côté le
premier besoin de la société. On affaiblit la vraie base sur
laquelle repose l'existence de la nation, pour s'assurer quelques
avantages dont on pourrait se passer. N'avions-nous pas raison
de dire que, jusqu'au jour où un besoin se satisfait spontanément,
on devrait le laisser de côté ?

Ici se révèle à nous le lien de parenté qui unit deux mensonges : l'un qui est enveloppé dans cette foi en l'intervention
de l'Etat, l'autre dont justice vient d'être faite par l'agitation en
faveur du libre échange. Dans tous ces appareils inventés par le
législateur pour atteindre des fins qui sans cela ne seraient pas
atteintes, on retrouve, quoique sous une forme plus subtile,
l'idée dont s'inspirent les protectionnistes. C'est la même politique à courte vue qui d'une part, en fait de commerce, inventa
les primes et les protections, et qui, de l'autre, s'appliquant
aux grandes affaires de la société, prêche la multiplication des
corps administratifs. Et de part et d'autre elle tombe sous le
coup d'une même critique.

En effet, le vice secret de toute loi qui vise à soutenir un négoce
par des moyens artificiels, n'est-ce pas au fond cette erreur
même dont nous venons de parler ? n'est-ce pas l'oubli de cette
vérité que, en constituant des gens pour faire un certain travail,
vous empêchez nécessairement un autre travail d'être fait ? Quand
nos hommes d'Etat se croyaient bien sages de protéger les
soies indigènes contre les soies françaises, ne se figuraient-ils pas
que tout l'ouvrage ainsi assuré aux nôtres était un bénéfice
net pour la nation ? Ils ne songeaient pas que les gens employés

à cet ouvrage se seraient, à défaut de celui-là, tournés vers quelque autre, et que cet autre ouvrage, étant à même de le faire sans l'aide de la loi, ils pouvaient évidemment le faire avec plus de profit? Quand les propriétaires fonciers mettaient tant d'âpreté à défendre leurs blés contre la concurrence des blés étrangers, ils ne s'étaient jamais mis devant les yeux une vérité bien simple : Si leurs terres ne pouvaient fournir du blé à un assez bas prix pour écarter tout danger de concurrence, qu'est-ce que cela prouvait? Simplement qu'ils n'y plantaient pas ce qu'il aurait fallu ; ainsi leur genre de culture était, en comparaison, ruineux. Toutes les fois que, par des droits gênants, on a soutenu un commerce qui autrement n'aurait pas subsisté, on a détourné le capital de sa direction naturelle pour le faire couler vers un terrain où il était moins fécondant. Supprimez ces gênes : on aurait tiré les articles protégés de quelque contrée où ils se fabriquent à meilleur compte; et, en échange, nous y aurions envoyé quelque article de ceux où, par nos aptitudes, par un privilége du pays, nous sommes supérieurs à l'autre nation. Donc, pour se livrer à de certains travaux que patronne l'Etat, les gens s'étaient détournés de travaux plus avantageux.

Ne voit-on pas bien que toutes ces interventions de l'Etat sont causées par ce même oubli, qu'il s'agisse de commerce ou d'autre chose? que le législateur, en employant des hommes à l'accomplissement de telle ou telle tâche, a empêché l'accomplissement de quelque autre? Ne s'est-on pas figuré de tout temps, et chaque fois qu'on poursuivait un avantage, que si on l'obtenait, ce serait tout profit? ignorant

que pour l'obtenir il fallait endurer un certain mal, et que
sans cela ce mal eût disparu. Et n'avons-nous pas bien raison
de dire qu'il en est, en cela, de tout comme du commerce,
que le travail trouvera tout seul, et mieux que nul gouvernement, son meilleur emploi? Assurément, n'est-ce pas ? A les
bien prendre, les deux thèses n'en font qu'une ; cette division
des affaires en deux, les commerciales et les autres, ne va
pas au fond des choses. Toutes les actions dont se compose la
vie d'une société tombent sous cette définition générale : un
travail humain qui a pour but la satisfaction d'un désir
humain. Que cette satisfaction soit obtenue par des ventes et
des achats, ou par tout autre moyen, cela ne touche en rien
à la loi générale. Il est également vrai en tout cas que, de
deux désirs, le plus fort se satisfera avant le plus faible ; et de
même, que donner satisfaction aux désirs faibles avant que la
nature y pourvoie, c'est refuser satisfaction aux plus forts.

A côté des maux positifs causés par l'excès de législation, et
qui sont énormes, il faut placer les maux négatifs venus de la
même source et qui ne sont pas moindres : pourtant ils ont
beau être grands, c'est à peine si l'on consent à les reconnaître,
même parmi les esprits qui ont de la portée. L'Etat n'est pas
seulement coupable de faire telles choses qu'il ne devrait pas
faire, il l'est aussi, et *par une conséquence inévitable,* de
négliger d'autres choses qu'il devrait faire. Le temps et les
forces humaines sont limités : aussi chacun des péchés que le
législateur *commet* est-il accompagné d'un péché par *omission.*
L'injustice fait nécessairement coup double. A toute interven-

tion fâcheuse correspond une négligence funeste ; et cela
durera tant que les hommes d'Etat ne seront pas doués d'ubiquité et de toute-puissance. Tout instrument qu'on emploie
à deux fins ne doit atteindre l'une qu'imparfaitement, cela est
dans la nature des choses : d'abord en s'employant à l'une, il
ne peut pas s'occuper de l'autre ; et puis d'être propre pour un
travail, cela suppose qu'on ne l'est pas complétement pour un
autre. Quelqu'un l'a fort bien dit : « Une lame qu'on a voulu
faire à la fois pour découper et pour raser ne rasera sûrement pas aussi bien qu'un rasoir et ne découpera pas aussi
bien qu'un couteau de table. Une Académie de peinture qui
aurait à tenir en même temps une banque n'exposerait probablement que de piètres tableaux et n'escompterait que de fort
médiocres billets. Une Compagnie de gaz qui serait aussi une
Société pour l'entretien d'une école d'enfants ne saurait, nous le
craignons, qu'éclairer mal les rues et élever mal les enfants[1]. »

Et si une administration entreprend, non pas deux fonctions, mais une foule de fonctions ; si un gouvernement, dont
l'office propre est de défendre les citoyens contre toute agression, du dehors ou du dedans, s'embarrasse de propager le
christianisme, de distribuer des aumônes, d'apprendre aux
enfants leurs leçons, de fixer le prix des aliments, d'inspecter
les houillères, de réglementer les chemins de fer, de surveiller les bâtisses, de tarifer les courses en flacre, de s'occuper des fosses d'aisances, de vacciner nos enfants, de faire
partir les émigrants, de régler le nombre des heures de travail, d'inspecter les hôtels garnis, d'examiner les capitaines de

1. *Revue d'Edimbourg*, avril 1839.

la marine marchande, de créer des bibliothèques publiques, de lire et d'autoriser les pièces de théâtre, de surveiller les navires destinés à recevoir des passagers, de s'enquérir si les petits logements sont fournis d'eau, de réglementer une infinité de choses, depuis les émissions d'un banquier jusqu'aux courses en bateau sur la Serpentine, n'est-il pas certain alors qu'il remplira mal son devoir principal, et d'autant plus mal qu'il se sera mêlé de plus d'affaires? N'est-il pas manifeste qu'il usera son temps et ses forces à des plans, des enquêtes, des amendements, des propositions, des discussions, des scrutins, au grand détriment de sa véritable tâche? Ne suffit-il pas de jeter un coup d'œil sur les débats des Chambres pour voir que les faits confirment nos conclusions? Aussi, pendant que le Parlement et le public ont l'esprit tout plein de ces projets chimériques, de ces interventions maladroites, de ces espérances d'utopistes, la seule œuvre nécessaire est presque laissée de côté.

C'est donc là qu'il faut chercher la cause prochaine de toutes nos abominations légales. Nous lâchons la proie pour l'ombre. Nos maisons, nos cercles, nos tavernes, retentissent de discussions sur les lois des céréales, sur les affaires ecclésiastiques, sur des questions d'éducation, de santé publique, tous problèmes amenés par des excès de législation; mais cette question, l'administration de la justice, c'est à peine si l'on y fait attention; et nous souffrons d'être chaque jour opprimés, trichés, volés. Cette administration, qui est faite pour secourir le citoyen tombé aux mains des voleurs, lui met au contraire sur le dos, par surcroît, des avoués, des avocats, une légion d'hommes de loi ; elle assèche sa bourse, pour des assignations, des dossiers, des déclarations, des citations, des frais de toute sorte et des dépenses innombrables ; elle l'embrouille dans ce dédale des cours ordinaires, cours de chancellerie, poursuites, poursuites reconventionnelles, appels ; souvent, au lieu de secours, c'est la ruine qu'elle apporte. Cependant, nous tenons des réunions, nous faisons des articles de fonds, nous émettons des votes, nous formons des sociétés, nous soulevons des agitations ; et ce n'est pas pour remettre un peu d'équité dans cet amas prodigieux d'injustices ; c'est d'abord pour abolir les effets des maladroites interventions des anciens législateurs, et puis pour en commettre à notre tour de nouvelles. Cette négligence fatale, à quoi tient-elle, sinon évidemment à cet empressement mal entendu ? Supposez que le législateur ait eu pour seules fonctions reconnues le soin de protéger les citoyens contre le dehors et le dedans. Croyez-vous qu'alors l'administration de la justice eût pu devenir aussi corrompue que nous le voyons ? Imagine-t-on, si les élections au Parlement s'étaient faites d'ordinaire sur des questions de réforme légale, que notre organisation judiciaire fût demeurée ce qu'elle est maintenant, « un appareil savant, inventé pour faire des frais, » comme dit sir John Romilly ? Conçoit-on, si les garanties à donner aux personnes et aux propriétés eussent fait le sujet de tous les programmes électoraux, que nous fussions encore exposés aux guets-apens d'une cour de Chancellerie qui aujourd'hui détient dans ses griffes plus de cinq milliards de propriétés, qui nourrit des procès pendant cinquante ans, jusqu'à ce que

le fonds soit mangé en frais, qui engloutit en dépenses cinquante millions par an ? Un seul homme oserait-il dire que,
si devant les électeurs la question avait toujours été posée
entre la réforme des lois et la conservation des lois, les cours
ecclésiastiques auraient continué, des siècles durant, à s'enrichir avec les biens des veuves et des orphelins ? — Ces
questions vraiment touchent à l'absurde.

Un enfant verrait assez que, les gens prenant de plus en
plus connaissance des corruptions de la loi, et la haine des
atrocités légales devenant universelle, on y eût mis un
terme, il y a beaux jours, si l'administration de la justice avait été l'*objet* de la politique. Si l'esprit du public
n'avait pas été sans cesse détourné, jamais on n'eût souffert
qu'un homme, pour avoir négligé de répondre comme il
fallait à une requête, fût mis en prison quinze années, pour
outrage à la Cour, comme il est arrivé à M. James Taylor.
Jamais on n'aurait vu ce qui est arrivé lors de l'abolition
des sinécures de commis-jurés, ces gens recevoir en compensation une pension égale à leurs revenus exorbitants, pendant
leur vie, et pour leurs héritiers sept années durant après
leur décès : ce dont on peut estimer la dépense totale à
700,000 livres (17,500,000 fr.). Si l'Etat était renfermé dans ses
fonctions défensives et judiciaires, ce ne seraient plus seulement les particuliers, mais les législateurs même, qui s'élève-
raient contre les abus. Le champ d'action des hommes publics
serait rétréci, les occasions de se tirer de pair se trouveraient
plus rares, et tout ce que les membres du Parlement dépensent aujourd'hui d'intelligence, d'habileté et d'éloquence, à

imaginer tant de plans impraticables, à nous forger tant de
maux artificiels, ils le dépenseraient pour rendre la justice
honnête, sûre, rapide et peu coûteuse. Et ces sottes complications de notre verbiage légal, où les non-initiés ne voient
goutte, où les initiés voient des sens divers, comme on y
aurait vite mis un terme ! Nous n'entendrions plus parler
sans cesse d'actes du Parlement où la rédaction est si pleine de
bévues, qu'il faut qu'une douzaine de procès et de sentences
aient passé là-dessus pour permettre aux hommes de loi
eux-mêmes d'en comprendre l'application. On ne verrait plus
de mesures aussi bêtement entendues que l'acte sur la liqui-
dation des chemins de fer. Voilà une loi qui est faite en 1846,
pour clore les comptes d'une époque féconde en projets
chimériques et en folies, et qui en 1854 les abandonne sans
règlements ; une loi qui, les fonds étant tout prêts, détient
ce qui est dû à des créanciers, alors que leurs réclamations
sont admises depuis des années. On ne supporterait pas un
jour de plus que les hommes de loi conservassent et embrouil-
lassent encore le système actuel des titres de propriété, qui
est absurde, qui est une cause perpétuelle de conflits et de
ruine ; qui d'ailleurs fait baisser la valeur des terres, empêche
les capitaux de se porter librement de ce côté, gêne le développement de l'agriculture, et ainsi fait obstacle aux progrès
des paysans et à la prospérité des campagnes. En un mot, tout
cet entourage de sottises, de terreurs et d'abominations dont
s'environne aujourd'hui la loi, serait chassé ; et elle, que l'on
redoute aujourd'hui comme une ennemie, on en viendrait à
voir en elle ce qu'elle veut être, une amie.

Aussi, combien est grand le mal négatif, qu'il faut ajouter aux maux positifs déjà énumérés, et que nous cause cette politique brouillonne ! Que d'ennuis il nous faut supporter, dont nous serions libres sans cela ! Qui n'a pas une fois préféré souffrir l'injustice plutôt que de s'exposer à des lourdes dépenses judiciaires ? Qui n'a renoncé à de justes réclamations, plutôt que de « lancer de l'argent sûr à la poursuite d'un argent incertain » ? Qui n'a pas consenti à satisfaire à d'injustes demandes plutôt que d'affronter la menace d'un procès ? Qui ne pourrait montrer une propriété que sa famille s'est laissé enlever, soit faute d'argent, soit faute de courage pour soutenir la lutte ? Qui n'a parmi ses connaissances une personne ruinée par les hommes de loi ? Qui ne connaît quelque homme de loi enrichi aux dépens du rude labeur des nécessiteux et des épargnes de ceux qu'il a opprimés ? Qui n'aurait à nommer un malheureux, jadis riche, et depuis conduit, par les iniquités légales, au dépôt de mendicité [1] ou à la maison des fous ? Qui enfin, parmi ses connaissances particulières, n'a pas des exemples de la puissance funeste de ce système judiciaire pour gâter notre vie sociale tout entière ? Il rend à peu près toutes les familles plus pauvres qu'elles ne seraient sans lui; il est une gêne presque dans toutes les transactions commerciales; il est une cause de soucis journaliers pour tout homme de négoce. Or cette perte incessante de biens, de temps, de bonne

---

1. *Workhouse*, mot à mot : maison de travail, ainsi nommée avec raison, car le travail, et un travail parfois assez rude, y est obligatoire pour tous, même les femmes, les infirmes et les vieillards. Elle diffère encore de nos dépôts, en ce que c'est un droit pour le pauvre d'y être admis, s'il a son domicile dans l'union.   TR.

humeur, de bien-être, on s'y soumet sans mot dire; et pourquoi ? Parce qu'on est tout entier à la poursuite d'idées impraticables, qui peut-être nous coûteront encore d'autres pertes
de même nature.

Mais il y a pis encore. Beaucoup d'entre ces maux, qui
soulèvent une si vive clameur et qu'on supplie le Parlement de
guérir par quelque acte, sont, on peut le prouver nettement,
nés de la mauvaise administration de la justice chez nous. Par
exemple, les horreurs dont s'occupent les auteurs de l'agitation
concernant la salubrité publique, et dont ils font le point
central de leur politique, ne sont arrivées à leur plus haut
degré, chacun sait cela, que sur des propriétés qui étaient
restées toute une génération aux mains de la Chancellerie; on
peut les rapporter avec certitude à la ruine qu'avait ainsi subie
le propriétaire; et jamais elles ne se seraient produites sans
d'infâmes corruptions de la loi. De même, on l'a clairement
démontré, les misères prolongées de l'Irlande, qui ont fourni
la matière d'une infinité de lois : lois de coercition, lois des
pauvres, impôts pour les secours, lois sur le drainage, ravau-
dages de toutes les façons, ont eu pour principe un système
inique de fermages et un système compliqué de biens
substitués; il était si embrouillé, qu'il empêchait les terrains
de se vendre; en fait, il rendait impossible toute amélioration;
il menait les propriétaires au dépôt de mendicité; il fallut
enfin un acte sur les propriétés dont les titres étaient
embrouillés, pour trancher tant de nœuds gordiens et rendre
possible une bonne culture du sol.

La négligence de la justice est aussi la principale cause des

accidents de chemin de fer. Si l'État remplissait comme il doit
sa vraie fonction, s'il donnait aux voyageurs un moyen aisé
d'obtenir réparation pour contrat violé quand le train est en
retard, il ferait plus par là pour prévenir les accidents qu'il
ne fait avec la plus minutieuse inspection, avec les règlements
les plus sagement combinés. De même pour les constructions
défectueuses : il est clair qu'avec une justice rendue à bon
marché, avec rigueur et droiture, on n'aurait nul besoin de
lois sur les bâtiments. Quand un homme bâtit une maison en
y introduisant de mauvais matériaux et qu'il les dissimule
sous les papiers et les plâtres, pour la vendre comme un
bâtiment solide, n'est-il pas coupable de fraude? Et la loi ne
devrait-elle pas reconnaître la fraude ici comme elle fait pour
un cheval malsain? Et si le remède légal était facile, prompt et
sûr, les constructeurs auraient-ils la folie de violer la loi? Il en
est ainsi dans nombre d'autres cas : les maux dont on cherche
la guérison dans une surveillance de l'État naissent eux-mêmes
de ce que l'État n'a point rempli son devoir.

Maintenant, considérez combien cette politique vicieuse se
complique elle-même, comment elle agit et réagit, et multiplie
les injustices. Non-seulement cette législation brouillonne ne
sait point guérir les maux dont elle s'occupe; non-seulement
elle empire plus d'un mal; non-seulement elle amène des
maladies nouvelles, et pires que les anciennes ; mais, au moment
où elle agit ainsi, elle attire aux hommes toute cette masse
écrasante d'iniquités, de voleries, de cruautés, de ruines, qui
sont les conséquences d'une justice négligée. Non-seulement, à
tant de maux positifs, elle ajoute tout ce mal négatif; mais ce

mal à son tour, en favorisant quantité d'abus sociaux qui sans
cela n'existeraient pas, donne accès à de nouvelles interventions, et celles-ci agissent et réagissent comme dans les cas
antérieurs. Ainsi, comme toujours, « ce qui a mal commencé
va de mal en pis. »

Nous avons déterminé les raisons fondamentales qui doivent faire repousser toute immixtion de l'État, sauf dans les
matières où elle est indispensable au témoignage de l'expérience de tous les temps : il serait superflu maintenant de
rechercher des raisons secondaires. Si toutefois on en réclamait,
nous pourrions prendre pour texte l'ouvrage de M. Lindsay,
« La loi sur la navigation et sur la marine marchande. » Nous
aurions beaucoup à dire sur les complications où doit aboutir
enfin cette manière d'entasser règlement sur règlement (il est
vrai que les règlements précédents rendent les suivants nécessaires), complications qui amènent des malentendus, des
retards, des disputes, et qui en somme sont un grand embarras
pour notre vie sociale. Il y aurait aussi à parler des effets
perturbateurs de cette « grossière illusion, comme dit M. Guizot,
la foi en la puissance souveraine de la machine politique; »
c'est à cette illusion qu'il attribue en partie, à bon droit selon
nous, la dernière révolution qui a eu lieu en France; et c'est
elle que vient fortifier chaque intervention nouvelle du législateur. Mais passons. Insistons encore un peu sur l'affaiblissement de la nation, que cause cette surveillance de l'État : ce
mal n'est ici qu'un effet indirect; mais ce n'est pas un mal secondaire, tant s'en faut : il n'en est peut-être pas de plus grave.

Un de ces philanthropes enthousiastes, qui sont toujours à réclamer du Parlement quelque acte pour remédier à tel mal, ou procurer à la nation tel bien, trouvera que je vais chercher bien loin des objections bien vulgaires, si je dis que c'est faire un tort moral aux gens, de faire pour eux ce qu'on pourrait les laisser faire tout seuls. Il se représente avec force le bien qu'il espère réaliser, et qui est chose positive et facile à imaginer; mais ce qu'il ne se représente pas, c'est l'effet qu'il va produire sur l'esprit de la nation, effet insaisissable, invisible et qui s'accumule peu à peu : aussi n'y croit-il point; ou, s'il ne le nie pas, du moins il le juge indigne d'attention. Or, il devrait le savoir, le caractère national se forme sous les coups répétés des accidents quotidiens : et pourtant, au bout de chaque journée, pour combien peut compter l'effet acquis? Pour rien en apparence. Notre philanthrope n'aurait qu'à songer à cette vérité, pour voir que telle somme, dont les accroissements, pris un à un, sont négligeables, finit par monter à un total prodigieux. Qu'il aille encore dans une chambre d'enfants; il y verra comment, d'un acte répété et en apparence insignifiant, naît enfin une habitude qui aura son influence sur une vie tout entière; il y verra qu'une force, dès qu'elle est à même d'agir sur la nature de l'homme, n'est jamais insignifiante, et qu'à la longue elle agit puissamment. Une mère qui sans réflexion prend le pli d'obéir à des demandes incessantes, comme : « Maman, rattache-moi mon tablier! — Maman, boutonne-moi mon soulier! » ne voudra pas croire que chacune de ces faiblesses fait tort à son enfant; mais l'homme réfléchi qui la regarde le sait bien: si cette politique-là continue, si elle se reproduit en d'autres choses, elle finira par créer un être dépendant, et il n'y aura plus de remède. Les professeurs du temps jadis, qui s'appliquaient à tirer leurs élèves de toutes les difficultés, ne voyaient point qu'ils faisaient des hommes fort peu capables de se tirer d'affaire dans la vie. Au rebours, le professeur d'aujourd'hui amène l'élève à résoudre lui-même les difficultés; ce faisant, il le prépare, et à bon escient, pour les difficultés qu'il rencontrera une fois dans le monde, et qu'il lui faudra bien surmonter sans aide; et ce qui le fortifie dans sa croyance, c'est qu'une bonne partie des hommes les plus heureux dans leurs entreprises sont les fils de leurs œuvres.

Et ce qui est vrai des hommes ici est vrai des nations : leur éducation fait leur prospérité. Car enfin les nations ne sont-elles pas faites d'hommes; et les hommes ne se forment-ils pas, dans l'âge adulte, selon les mêmes lois que dans l'enfance? N'est-il pas vrai, pour l'ivrogne, que chaque débauche ajoute un fil aux liens qui l'enserrent? pour le négociant, qu'à chaque acquisition s'accroît son désir d'acquérir? pour le pauvre, que plus vous l'aidez, plus il veut être aidé? pour l'homme d'action, que plus il a à faire, plus il est capable de faire? Eh bien! si chaque individu a ainsi pour loi de s'adapter aux conditions qui lui sont faites, pourquoi n'en serait-il pas de même de la nation? pourquoi ses membres ne seraient-ils pas d'autant plus capables de s'aider eux-mêmes que l'État les aide moins, et d'autant moins capables que l'État les aide plus? Parce que ce sont là des effets indirects et qui ne tombent pas sous le sens, on veut les ignorer; mais c'est une sottise. Ils se produisent lentement, mais à coup sûr. Nous ne pouvons pas

plus nous soustraire aux lois du développement de la nature
humaine qu'à la loi de la gravitation : or tant que ces lois
subsisteront, on peut compter sur ces effets.

Mais, va-t-on nous demander, ce prétendu manque d'initiative, qui a pour cause la surveillance trop incessante de l'Etat,
par quels résultats précis se révèle-t-il ? — Par un retard dans
tous les développements de la société qui exigent, de la part
des individus, quelque confiance en soi-même ; par une timidité qui redoute toute difficulté d'un genre nouveau ; par une
facilité sotte à se contenter de ce qui est. Que l'on veuille bien
d'abord considérer avec l'attention qu'ils méritent les progrès
rapides de l'Angleterre d'aujourd'hui, de ce pays où le gouvernement est moins qu'ailleurs venu au secours des particuliers ;
ou, mieux encore, les progrès incomparables des Etats-Unis, de
ce peuple composé d'hommes, les uns fils de leurs œuvres, les
autres descendants presque immédiats de gens qui furent fils
de leurs œuvres. Et ensuite qu'on aille sur le continent, que
l'on considère combien tout y marche lentement, et combien
tout y marcherait plus lentement encore, sans l'initiative des
Anglais. Allez en Hollande, et vous verrez les Hollandais, jadis
si bons mécaniciens, si expérimentés en hydraulique, laisser
Amsterdam manquer d'eau : il faut en ce moment qu'une Compagnie anglaise entreprenne les travaux nécessaires. Allez à
Berlin, et là on vous dira que la ville n'a pas d'eau, quand Londres en est pourvu depuis des générations, et qu'en ce moment
une Compagnie anglaise est en train de lui en fournir, avec
des capitaux anglais et des directeurs anglais. Allez à Paris,
vous y trouverez le même mal, et vous y verrez discuter le

même remède. Allez à Vienne, et l'on vous dira que cette ville,
comme beaucoup d'autres sur le continent, doit à une Compagnie anglaise d'être éclairée au gaz. Allez sur le Rhône, sur
la Loire, sur le Danube, et vous découvrirez que la navigation
à vapeur a été établie sur ces fleuves par des Anglais. Prenez
vos renseignements sur les chemins de fer d'Italie, d'Espagne,
de France, de Suède, de Danemark, demandez combien ont été
projetés par des Anglais, combien soutenus en grande partie
avec les capitaux anglais, combien exécutés par des entrepreneurs anglais, combien dirigés par des ingénieurs anglais.
Vous n'avez encore qu'à vouloir, pour apprendre que là où les
chemins de fer ont été faits par l'Etat, comme en Russie, il a
fallu faire appel à ce trésor d'énergie, de persévérance et d'habileté pratique qu'ont amassé l'Angleterre et les Etats-Unis.

Si ces exemples ne vous éclairent point assez sur ce qu'il y a
d'élan dans une race habituée à dépendre d'elle seule, et de tor-
peur dans une race soumise à un gouvernement paternel, vous
n'avez qu'à lire les divers volumes de voyages en Europe de
M. Laing, et là vous étudierez ce contraste dans le détail. Maintenant, quelle est la cause de cette différence ? Selon la nature
des choses, l'art de s'aider soi-même ne peut avoir qu'une
source : l'habitude de s'aider soi-même ; et, toutes choses égales
d'ailleurs, l'ignorance de cet art ne peut venir que d'une habitude de n'y point recourir. Ces deux lois ne sont-elles pas
vérifiées par les faits que nous offrent l'Angleterre et l'Europe ?
Les habitants des deux contrées n'étaient-ils pas, il y a peu de
siècles, au même point en fait d'initiative ? Même les Anglais
étaient en arrière, pour l'industrie, pour la colonisation, pour

le commerce. Le changement si profond que les Anglais ont
subi à cet égard n'a-t-il pas eu lieu en même temps qu'ils prenaient leurs nouvelles habitudes d'indépendance? Et ce changement n'a-t-il pas pour cause immédiate ces habitudes mêmes?
Si l'on en doute, qu'on veuille bien nous indiquer une cause
plus probable. Sinon, il faut reconnaître que cet énervement
d'un peuple sans cesse secondé par son gouvernement n'est
pas petite affaire; qu'il n'y a pas d'affaire plus grave. Arrêter
sur tous les points une nation dans sa croissance, c'est faire un
mal que nul bienfait ne saurait compenser. D'ailleurs, voyez
donc ce fait merveilleux : les Anglo-Saxons, qui se disséminent
par toute la terre, alors que nulle race du continent ne sait en
faire autant; songez que cette différence doit avoir pour raison
d'être principale une différence de caractères; songez que cette
dernière doit avant tout provenir d'une différence d'éducation;
et vous verrez que la politique, en ce qu'elle touche à l'éducation, peut contribuer puissamment aux destinées d'un peuple.

Nous n'avons toutefois pas la naïveté de croire qu'un raisonnement va changer les convictions de ceux qui mettent leur
confiance dans les lois. Auprès de certains esprits, les raisons
ci-dessus auront du poids. Auprès d'esprits d'une autre tournure, elles en auront peu ou point : et, avec ceux-là, on aurait
beau entasser de semblables raisons. L'expérience ne nous
enseigne qu'une partie de la vérité. Pour qu'une expérience
nous serve d'enseignement, il faut que nous puissions la comprendre; or les expériences qui atteignent à un certain degré
de complexité sont incompréhensibles à la plupart des hommes.

C'est ce qui arrive pour le plus grand nombre des phénomènes sociaux. Souvenons-nous-en, depuis deux mille ans et plus, les hommes font des règlements pour le commerce, et ces règlements ont pour succès d'affaiblir certains négoces, d'en tuer d'autres ; or c'est en vain que cette leçon-là s'est offerte sans cesse aux yeux de tous : on n'a fait que tout dernièrement cette découverte, que tout le passé avait été une funeste erreur ; et aujourd'hui même, nous ne sommes que bien peu à le reconnaître. Donc, sachons-le bien, les leçons les plus fréquentes et les plus variées de l'expérience ne sont point des leçons, jusqu'au jour où les esprits sont dans l'état convenable pour les recevoir. Bien plus, quand ils les reçoivent, ce n'est que d'une façon bien imparfaite. La vérité qu'elles enferment n'est entendue qu'à moitié, par ceux-là mêmes qui devraient l'entendre le mieux. Voici par exemple ce que dit sir Robert Peel dans une de ses derniers discours ; il vient de décrire le merveilleux accroissement que le libre échange a causé dans la consommation :

« Si donc vous pouvez seulement soutenir la consommation à ce point ; si, *par vos lois* et grâce à la Providence, *vous pouvez maintenir en cet état la demande du travail, et donner à votre commerce et à votre industrie la prospérité*, non-seulement vous accroissez la somme de bonheur dont jouissent les hommes, mais vous assurez aux agriculteurs de ce pays un bienfait, car ce surcroît de commandes contribue par-dessus tout à leur bien-être. » (*Times*, 22 février 1850.)

Ainsi cette prospérité, qu'on doit à la suppression de toute loi sur ce point, se trouve ici rapportée à un genre à part de législation. « *Vous* pouvez soutenir la demande, dit l'auteur; *vous* pouvez donner au commerce et à l'industrie la prospérité; » et, en même temps, les faits qu'il cite déclarent que le seul moyen pour les législateurs de faire tout cela, c'est de ne rien faire. La vérité sur laquelle, en ce sujet, tout repose : que la loi a causé des maux infinis, et que cette prospérité était l'effet non de la loi, mais de l'absence de loi, cette vérité est laissée de côté; et la foi de l'auteur dans les lois en général, au lieu d'avoir été fortement ébranlée par cette expérience, semble aussi solide que jamais. D'un autre côté, c'est la Chambre des lords, qui sans doute ne veut pas croire encore à un rapport naturel entre l'offre et la demande, et qui vient l'autre semaine d'adopter ce règlement :

« Avant la première lecture de toute proposition tendant à l'entreprise d'un travail pour lequel une demande est faite à fin d'exproprier trente maisons ou plus habitées par des gens de la classe laborieuse, soit dans une paroisse, soit ailleurs [1], les auteurs de la proposition auront à déposer au bureau du greffier des Parlements un état donnant le nombre, la description et la situation desdites maisons, avec le nombre (aussi approché que possible) des personnes à déplacer, *et indiquant si quelque mesure, et quelle mesure, est indiquée dans la proposition pour remédier aux inconvénients qui peuvent naître de tels déplacements.* »

Si donc dans les affaires du commerce, qu'on peut dire sim-

---

1. Le territoire anglais comprend trois sortes de circonscriptions : 1° rurales, qu'on nomme paroisses; 2° urbaines et anciennes, bourgs municipaux; 3° urbaines et nouvelles, villes pourvues d'un conseil.   TR.

ples par comparaison, les leçons de l'expérience sont durant
un si long temps en pure perte, et sont entendues d'une manière
si imparfaite quand elles se font recevoir, comment espérer,
dans des sujets où se mêlent tous les faits de la vie sociale :
moraux, intellectuels et physiques, de voir sainement apprécier dès aujourd'hui les vérités offertes à nos regards? Les
faits ne peuvent encore se faire reconnaître pour des faits.
L'alchimiste s'en prenait de ses désappointements à quelque
manque de proportion dans les ingrédients, à leur impureté,
ou à la température, qui avait été trop haute, et jamais à la
futilité de ses expériences ni à l'impossibilité de son projet. Et
de même, quand on lui parle d'un échec de l'Etat et qu'on
veut conclure à l'impuissance de tous ces règlements, l'adora-
teur de la loi explique l'affaire et s'en débarrasse en invoquant
tel oubli léger, telle petite méprise : mais ces oublis et ces
méprises seront évités à l'avenir; il s'en porte garant. Ainsi il
se cuirasse contre les faits, et contre cette cuirasse les faits viennent, bordée sur bordée, se briser.

En somme, cette foi au gouvernement est en un sens organique; elle ne peut diminuer que par voie d'élimination
naturelle. C'est là une forme subtile du fétichisme, aussi
naturelle à l'homme dans la phase actuelle de l'évolution,
que l'autre, son grossier prototype, le fut dans une phase antérieure. Depuis l'époque où les gouvernants passaient pour
des demi-dieux, l'idée que l'on se fait de leur pouvoir n'a
pas cessé de se dégrader. Cette dégradation se poursuit, et
il s'en faut qu'elle soit achevée. Sans doute, chaque fait nouveau qui nous éclaire y contribue jusqu'à un certain point,

non pas autant toutefois qu'il semble d'abord. Le seul effet stable, c'est le changement, si faible qu'il soit, qui se produit alors dans le caractère. Car tant que l'esprit demeure taillé sur le même patron, il ne sert guère de lui enlever telle erreur spéciale : il s'y en glisse aussitôt par quelque côté d'autres du même genre. Toutes les superstitions ont de la peine à mourir : c'est la règle, et, nous le craignons, la foi en l'omnipotence du gouvernement n'y fera pas exception.

II

LE FÉTICHISME EN POLITIQUE

(*The Reader*, 10 juin 1865).

Le fétiche de l'Hindou et le fétiche de l'homme civilisé : notre idole, c'est le gouvernement. — Vanité des prières qu'on adresse à l'un ; déceptions que nous inflige l'autre. — La justice, redoutable aux innocents. — La police, indulgente pour qui gêne la circulation, implacable pour les petites marchandes d'oranges. — Du danger de faire un commerce en plein vent, s'il est honnête. — Autres administrations : leurs bourdes. — Cependant la foi au gouvernement subsiste, immuable. — Un livre à faire : l'Histoire des bévues du législateur anglais depuis cinquante ans.

TR.

Voilà un Hindou qui, avant de commencer sa journée, fait ses invocations à un morceau de glaise avec lequel en un tour de main il s'est fabriqué un dieu à sa ressemblance : un Européen ne fera qu'en rire. Nous éprouvons une surprise voisine du doute, quand nous lisons des livres où il est parlé de culte à la mécanique, et de prières qui tirent leur efficacité prétendue du mouvement que le vent donne à des papiers où elles sont écrites. Quand on nous parle de ces Orientaux qui, mécontents de leurs dieux de bois, les jettent à bas et les battent, nous rions, nous nous étonnons.

Nous nous étonnons ? et de quel droit ? Ailleurs, d'autres hommes offrent le spectacle de superstitions fort semblables, moins grossières à la vérité, mais identiques dans le fond. Il existe une idolâtrie qui ne fabrique pas ses dieux avec de la matière brute : elle prend pour matière première l'humanité et se figure qu'il suffit d'en couler une portion dans un certain moule pour lui conférer des puissances et des propriétés tout à fait différentes de celles qu'elle avait avant le moulage. De part et d'autre, on s'applique à déguiser la matière première : le sauvage a recours à des artifices d'ornementation pour se persuader qu'il a devant lui quelque chose de mieux qu'un pieu ; et le citoyen, après avoir contribué à créer des pouvoirs politiques, les entoure d'un appareil imposant et les décore des noms les mieux faits pour exprimer la puissance, le tout afin de s'exciter à croire en leur action bienfaisante. Quelques rayons affaiblis de cette même « majesté divine » qui « environne le roi » pénètrent la masse des gouvernants jusqu'aux rangs les plus humbles, tellement qu'aux yeux du peuple un simple *policeman* avec son uniforme est revêtu d'un pouvoir indéfinissable ; il n'est pas jusqu'aux symboles inertes du pouvoir qui n'éveillent le respect, malgré qu'on sache à quoi s'en tenir ; une formule légale semble avoir pour nous lier une force propre, et un timbre officiel a comme une efficacité surnaturelle.

Les deux idolâtries se ressemblent plus encore par un autre trait : la foi survivant à de perpétuels désappointements. Comment se fait-il que des idoles, après avoir été étrillées pour refus d'exaucer leurs adorateurs, soient de nouveau entourées de respects, pressées de prières ? Il n'est pas facile de le dire ; mais, après tout, nous avons de quoi calmer notre étonnement : les idoles de notre panthéon politique n'ont-elles pas été toutes tour à tour châtiées, pour avoir trompé les espérances qu'on mettait en elles ? en est-on moins pressé de se tourner vers elles le lendemain, avec la confiance qu'elles répondront mieux dans l'avenir à nos prières ? L'administration est stupide, basse, perverse, malhonnête : chaque numéro de chaque journal en apporte des preuves nouvelles. Une moitié à peu près des articles de fonds a pour sujet quelque sotte bévue de l'administration, quelque lenteur irritante de l'administration, quelque fait prodigieux de corruption dans l'administration, quelque grossière injustice de l'administration, quelque extravagance incroyable de l'administration. On a besoin de ces exécutions pour décharger son désappointement : mais cela n'empêche pas la foi de renaître ; les bienfaits qu'on n'a pas vus venir, on continue à les espérer, et l'on se met à en demander d'autres. Chaque jour se fait sous nos yeux la preuve que les vieilles machines de gouvernement sont par elles-mêmes inertes, qu'elles doivent ce qu'elles semblent avoir de force à l'opinion publique qui en met les ressorts en branle ; et chaque jour aussi on vient nous proposer de nouvelles machines de gouvernement faites sur le patron des anciennes. La crédulité est inépuisable : c'est là-dessus que font leur compte les hommes d'État les plus expérimentés. Lord Palmerston, l'homme du monde qui connaît peut-être le mieux son public, répliquant l'autre jour à une interpellation dans la Chambre des communes, disait : « Je suis convaincu absolument que nul de ceux qui appartiennent au gouvernement, dans aucun ministère, ni en haut ni en bas, ne serait capable d'un manquement à la bonne foi, en aucune des affaires à lui confiées. » Pour parler de ce ton, en face des faits que chaque jour nous révèle, il fallait que lord Palmerston sût bien avec quelle ténacité la foi aux choses officielles survit même à l'évidence.

Cherchons un cas où les espérances qu'on fonde sur l'action

de l'Etat soient réalisées. — Les intérêts qui dépendent de l'administration de la justice sont si bien des intérêts capitaux que l'appareil chargé de cette fonction devrait, semble-t-il, avoir été conservé en bon état : il n'en est rien. Voici d'un côté un homme, condamné à tort : son innocence est plus tard reconnue; l'arrêt lui « pardonne » une faute qu'il n'a pas commise ; et, en retour de ses souffrances imméritées, ce sera là toute sa consolation. De l'autre, voilà un individu coupable de délits graves : le lord chancelier ferme les yeux, en échange d'une restitution partielle ; que dis-je ? il appuie une demande de pension en faveur du coupable. Un délit prouvé est récompensé, et l'innocence prouvée n'obtient point de réparation pour des souffrances endurées, pour une fortune détruite ! Merveilleuse antithèse, et qui se reproduit, sinon entièrement, du moins partiellement, en une infinité de cas, dans l'administration officielle de la justice. Un gamin vole pour deux sous de fruit : c'est la prison ; des milliers de livres sterling passent des caisses de l'Etat dans la poche d'un particulier : nul châtiment positif. Mais c'est une anomalie ? Eh bien ! non ; c'est la règle dans une foule de cas en justice. En théorie, l'Etat est le protecteur des droits des sujets; en pratique, l'Etat joue à chaque instant à leur égard le rôle d'agresseur. C'est un principe admis en équité que tout accusateur, s'il a poursuivi à tort, doit rembourser les frais du défendeur : or, jusqu'à ces derniers temps, la couronne s'est obstinément refusée à rembourser de leurs frais les citoyens qu'elle avait attaqués à tort. Elle faisait mieux : elle s'efforçait, c'était l'usage, de faire triompher l'accusation à l'aide de

moyens coupables. Certains de nos contemporains s'en sou-
viennent encore, dans les procès pour impôts, la couronne
corrompait les jurés; quand le verdict était en sa faveur, leur
salaire était doublé : c'était une coutume ; et d'ordinaire on
ne terminait pas l'affaire que le conseil du défendeur ne fût
venu promettre aussi double salaire aux jurés, si leur verdict
était en faveur de son client !

Ce n'est pas seulement dans les régions supérieures de notre
administration judiciaire que la nature malfaisante de toute
chose officielle a frappé de tout temps les yeux, au point d'être
passée en proverbe ; ni dans ces délais, suffisants pour user
une vie d'homme, et ces frais ruineux, qui ont fait de ce seul
nom de Chancellerie un objet de terreur ; ni dans les procédés
des tribunaux de commerce, si prodigieusement coûteux que
les créanciers fuient de tels juges comme la peste ; ni dans
ce caractère douteux que prend toute cause, et qui fait qu'on
aime mieux subir une grossière injustice que de s'exposer
à recevoir au nom de la loi une injustice plus grossière
encore : car ce résultat est aussi probable que l'autre ; mais
jusque dans les plus infimes régions de l'administration judiciaire, tous les défauts, toutes les sottises possibles s'étalent
quotidiennement. On connaît les sarcasmes proverbiaux sur
la police : pour en amoindrir la force, que va-t-on nous dire ?
Que, sur une telle quantité d'hommes, il faut bien qu'il y en
ait de malhonnêtes et d'incapables. Dans ce cas, les ordres qui
leur viennent d'en haut doivent, eux du moins, être justes
et bien entendus. Un coup d'œil suffit pour voir que non.
C'est une histoire bien connue que celle du télégramme

envoyé par une administration irlandaise, en un cas urgent ;
on avait porté cette petite dépense dans les comptes envoyés
au bureau principal, à Londres : là, on y trouva à redire ; il
fallut une longue correspondance pour qu'on finît par
accorder le crédit, mais sous cette réserve qu'à l'avenir un
pareil *item* ne serait pas reconnu, s'il n'avait été précédé
d'une autorisation des bureaux de Londres ! Nous ne répon-
drions pas de la vérité de l'histoire, mais en voici une autre,
dont nous répondons et qui rend l'autre croyable. Un de
mes amis s'aperçoit qu'il a été volé par son cuisinier ; il court
au bureau de police, explique son affaire, donne sur la direction par où devait fuir son voleur de sûrs indices, et requiert
la police d'user du télégraphe pour lui couper la route. Là-
dessus, on lui répond que pareille chose ne se fait pas sans
autorisation : or, cette autorisation, elle ne pouvait s'obtenir
qu'après un délai considérable. En fin de compte, le voleur,
qui était arrivé en ville à l'heure que supposait mon ami,
s'échappa : et depuis il n'a pas donné de ses nouvelles. Passons
à une autre des fonctions dont se charge la police : la réglementation du trafic. Tous les jours, dans les rues de Londres,
on peut compter dix mille voitures à grande vitesse, menant
des hommes que des affaires urgentes appellent, arrêtées par
quatre charrettes et autant de camions qui, çà et là, vont leur
petit pas. Ces charrettes et ces camions ne sont qu'une faible
minorité : en hâtant leur marche, ou en ne les laissant circuler que le matin et le soir, on diminuerait grandement le
mal. Mais la police a bien autre chose à faire que de s'occuper
d'obstacles qui gênent réellement le trafic : elle veille sur

tout ce qui n'est pas un obstacle véritable. On défendait
récemment aux hommes-affiches de se promener dans les
rues, sous le prétexte déraisonnable qu'ils étaient sur la voie
publique : plus d'un, incapable d'un autre travail, s'est vu
ainsi mis hors d'état de gagner un shilling par jour, et comme
repoussé dans la foule des indigents et des voleurs. Mais il y
a pis. Il y a quelques années, ç'a été toute une guerre entre la
police et les petites marchandes d'oranges : on les chassait de
partout, disant qu'elles gênaient les passants. Pendant ce
temps, sur divers points des plus encombrés, on voit journel-
lement des individus immobiles, avec des jouets, et qui pour
les vendre trompent les enfants et leurs parents ; ils font
entendre de certains sons, et puis ils disent que c'est le jouet
qui crie : à côté se tient un *policeman*, qui surveille d'un air
paternel cet art de se faire de l'argent avec de fausses promesses ; vous lui demandez pourquoi il n'intervient pas : c'est
qu'il n'a pas d'ordres. Admirons ce contraste ! Soyez un commerçant malhonnête, et vous pourrez attrouper une petite
foule en plein trottoir, sans craindre qu'on vous reproche d'arrêter la circulation. Soyez honnête, et l'on vous poussera loin
du bord du trottoir, comme une chose gênante ; on vous
poussera où ? Dans la malhonnêteté.

Cette impuissance de la machine officielle à nous protéger
contre l'injustice devrait, semble-t-il, nous avoir rendus
sceptiques à l'égard de ses autres prétentions. Si même en cette
affaire, où les citoyens sont invités par de si puissants intérêts
à exiger d'elle un bon fonctionnement ; si, même là, ce corps,
qui en théorie est le protecteur du citoyen, devient si fré-

qu emment l'ennemi du citoyen; si ces mots « recourir à la loi »
son nent à nos oreilles à peu près comme « courir à un appauvrissement et peut-être à la ruine », on doit bien s'attendre
que l'action officielle ne soit pas plus efficace dans les autres
affaires, quand les intérêts en jeu sont moins puissants. Mais
le fétichisme en politique est bien fort! Ni ces expériences, ni
les expériences analogues que nous inflige chaque administration, ne portent atteinte à la foi universelle. Il y a quelques
années, on a mis sous les yeux du public ce fait que, sur les
fonds de l'hôpital de Greenwich, un tiers sert à l'entretien des
invalides de la marine, et il en passe deux tiers en frais
d'administration : mais ce fait ni d'autres pareils n'empêcheront
pas les gens de pousser à la création de nouvelles administrations publiques. La parabole de l'eau qu'on filtre pour en
enlever les moucherons, tout en avalant des chameaux, s'applique parfaitement aux pratiques officielles : voyez avec quel
soin on détaille, on sépare, comme en petits paquets liés d'un
ruban rouge, les minuties du budget; et, d'autre part, par
quel prodige d'insouciance laisse-t-on tout un département,
tel que l'administration des brevets, tout à fait sans contrôle !
Bien entendu, on n'en entend pas moins proposer comme
modèle aux Compagnies commerçantes les vérifications de la
Cour des comptes [1]! On apprend, sans se laisser ébranler dans
sa foi, des stupidités que ne rêverait pas l'imagination la plus
folle; exemple, ce mode d'avancement, qui nous a été révélé

1. La Cour des comptes anglaise (*commissioners of audits*) a des fonctions
beaucoup plus simples que la nôtre : en effet, la Banque d'Angleterre est chargée
du maniement des deniers publics et doit fournir à la Cour toutes les pièces à
l'appui.   TR.

dernièrement et grâce auquel un employé dans une des parties d'une administration prend la place de son supérieur mort, et se voit ainsi imposer des devoirs plus lourds, sans que son salaire augmente, tandis que dans une autre partie un employé reçoit l'augmentation restée disponible, sans que sa responsabilité soit accrue.

On ne finirait pas d'énumérer ces fautes et ces sottises ; c'est un héritage qui se transmet d'une génération à l'autre : commissions, rapports, discussions n'y font rien ; et avec cela chaque année nous apporte toute une moisson de plans d'administrations à créer : celles-là, le public compte bien qu'elles produiront tous les effets qu'on en attend. Déjà, dans l'armée, nous avons un système d'avancement qui est le triomphe organisé de l'ignorance et qui survit à d'incessantes réclamations ; une amirauté dont la constitution est, au su de tous, mauvaise, et dont les actes n'ont pour objet que de prêter à rire ; une Église qui s'attache à ses formules les plus mortes, en dépit de l'opinion publique qui les répudie ; et, malgré tout, chaque jour on demande que l'action du législateur s'étende à de' nouveaux objets. En vain nos lois sur les constructions n'ont produit que des maisons moins solides qu'auparavant; en vain l'inspection des houillères est impuissante à prévenir une seule explosion du grisou ; en vain la création de l'inspection des chemins de fer a été suivie d'un surcroît d'accidents de chemins de fer ; en dépit de ces échecs et de tant d'autres dont nous sommes témoins, ce qui domine encore, c'est ce que M. Guizot appelle si bien « cette illusion grossière, la croyance à la puissance souveraine de la machine politique. »

Il y aurait à rendre au public un grand service : ce serait d'analyser les lois faites... mettons pendant ces cinquante dernières années, et de comparer les résultats espérés avec les résultats obtenus. Pour faire avec cela un livre plein de révélations et d'enseignements, il suffirait de prendre les exposés des motifs et de faire voir combien de fois les maux auxquels on veut remédier sont purement l'effet de lois antérieures. Le difficile serait surtout de faire tenir dans un espace raisonnable l'interminable histoire des résultats heureux qu'on s'était promis et à la place desquels on n'a obtenu que des désastres inattendus. Pour conclure d'une façon utile, on montrerait par quels succès le législateur a été récompensé de son abstention toutes les fois que, découragé par tant de leçons, il s'est résigné à ne plus rien faire.

N'allez pas croire que tout cet amas de faits, si nombreux et si décisifs qu'ils soient, pût changer le moins du monde l'état moyen des esprits. Le fétichisme en politique vivra aussi longtemps que nous serons privés de toute éducation scientifique, et que nous bornerons nos regards aux causes prochaines, ignorant les causes plus éloignées et plus générales qui mettent les premières en jeu. Jusqu'au jour où ce je ne sais quoi qu'on nomme aujourd'hui éducation aura été détrôné par une éducation véritable, qui se propose d'enseigner à l'homme la nature de ce monde où il vit, on verra en politique de nouvelles illusions fleurir sur les illusions mortes. Seulement il existe déjà une élite, et il commence à se lever une élite plus nombreuse, d'esprits qui seraient accessibles à l'action du livre dont il vient d'être parlé : c'est pour elle qu'il vaudrait la peine de l'écrire.

III

LA « SAGESSE COLLECTIVE »

(The Reader, 15 avril 1865).

Un précieux exemple des lumières du législateur. — Cheltenham demandant une concession d'eaux. — Un million de gallons par jour! — Une bourgade accusée de vouloir avaler la Tamise. — Le Parlement défendant les « sources de la Tamise ». — Des législateurs qui ignorent la loi de relation quantitative entre la cause et l'effet. — Leur impuissance à prévoir les effets d'une mesure donnée. — Conclusion. — Une éducation scientifique. — Restreindre le pouvoir du gouvernement. — Plus de *classes dirigeantes.*   TR.

On n'a pas de critérium pour juger de l'aptitude des gens au rôle de législateur; c'est dommage, car nous avons peu d'occasions de voir si nos hommes d'État ont touché près du but qu'ils visaient dans leurs calculs, ou s'ils s'en sont écartés de beaucoup; les changements sociaux sont trop lents et trop compliqués pour qu'on puisse établir une comparaison précise entre les résultats et les prévisions. Parfois, pourtant, il est telle décision du Parlement dont on peut déterminer exactement la valeur. En voici une qui remonte à quelques semaines et qui donne bien la mesure de l'intelligence du législateur : aussi mérite-t-elle qu'on en parle.

Sur le bord extrême des Cotswolds [1], presque en surplomb de la vallée de la Severn, on rencontre certaines sources dont les eaux, plus bas, contribuent, avec celles de cent autres cours, à former la Tamise; seulement elles n'y arrivent qu'après une course plus longue que la plupart des autres : par une fiction poétique, on les a nommées « les sources de la Tamise ». Un

1. Les Cotswolds longent la côte méridionale du golfe de Bristol et la vallée inférieure de la Severn, direction sud-ouest-nord-est; la pente en est douce du côté de la vallée de la Tamise et brusque du côté de la Severn.   TR.

nom a beau être une fiction poétique, il suggère des conclusions; et des conclusions, qu'elles soient tirées de mots ou de
faits, tendent toujours à agir sur notre conduite. Aussi lorsque,
récemment, une Compagnie se forma pour alimenter à l'aide
de ces sources Cheltenham et quelques autres lieux, on vit
s'élever une forte opposition. Le *Times* publia un entre-filet
sous ce titre : « On menace d'absorber la Tamise, » pour
annoncer que, à la nouvelle de la pétition adressée par cette
Compagnie au Parlement, « une sorte de consternation s'était
répandue dans Oxford; qu'il en serait de même sans doute
dans toute la vallée de la Tamise; » et que « réaliser ce projet, ce
serait enlever à ce noble fleuve un million de gallons [1] d'eau
par jour. » Un million, c'est un mot alarmant; cela fait penser
nécessairement à quelque chose d'énorme. Toutefois, pour
calmer les craintes de l'auteur de cet article, il eût fallu tra-
duire les mots en idées, pas davantage. En somme, un million
de gallons tiendraient dans une chambre de 56 pieds de côté [2] :
ce n'est pas pour si peu que la noblesse de la Tamise peut être
en danger. Le fait est tout simplement que la Tamise, au-dessus
du point où elle commence à ressentir la marée, débite en
vingt-quatre heures huit cents fois cette quantité d'eau.

Quand le projet relatif aux propositions de cette Compagnie
des eaux vint en seconde lecture devant la Chambre des communes, l'imagination des députés fut émue, cela se vit bien,
par ces mots « les sources de la Tamise », « un million de
gallons par jour », à peu près autant que celle des ignorants.

1. Environ 4 millions et demi de litres.   TR.
2. Il suffirait d'une chambre de 54 pieds (16 m. 50 environ) de côté.   TR.

La quantité d'eau qu'on demandait est, à la masse totale de celle qui passe au barrage de Teddington, à peu près dans le rapport d'un yard à un demi-mille [1] : eh bien ! il y eut des députés, et beaucoup, pour se figurer que ce serait là un dommage important. De toutes les méthodes de jauge connues, il n'en est pas une assez exacte pour révéler la différence entre la Tamise actuelle et la Tamise moins les sources de Cerney ; mais, avec cela, on soutint gravement en pleine Chambre qu'après cette diminution de la Tamise, « la proportion des eaux d'égout aux eaux pures serait accrue notablement. » Emprunter la Tamise une minute toutes les douze heures, voilà à peu près ce que voulaient les gens de Cheltenham ; on n'en assura pas moins que de leur accorder ce peu, c'eût été « porter atteinte aux droits des villes qui bordent la Tamise ». De la masse d'eau que la Tamise roule à travers chacune de ces villes, les $\frac{999}{1000}$ s'en vont sans emploi : n'importe, on regarde comme une criante injustice de laisser une ou deux de ces 999 parties restantes profiter aux habitants d'une ville qui aujourd'hui ne peut distribuer par jour et par personne plus de quatre gallons d'eau : encore cette eau est-elle impure.

Voilà un indice assez clair de l'impuissance où sont certaines personnes à concevoir même en gros un rapport de quantité entre une cause et son effet ; mais en voici un plus frappant encore. Plusieurs membres déclarèrent que les commissaires de la navigation sur la Tamise auraient fait opposition à la loi si la commission parlementaire n'avait pas échoué ; et il paraît que cette menace fit de l'effet. S'il faut en croire les comptes

1. Environ le rapport d'une aune à 1 kilomètre.   TR.

rendus, la Chambre des communes entendit sans perdre son
sérieux un de ses membres affirmer que, si l'on détournait les
sources de Cerney, « on verrait se former des bas-fonds. » Il n'y
eut, semble-t-il, pas un rire, pas un « oh ! oh ! » pour accueillir
cette prophétie que le volume et le pouvoir désinfectant de la
Tamise auraient beaucoup à souffrir, si on lui enlevait douze
gallons d'eau par seconde. Le débit total des sources en question est égal à celui d'un tuyau d'un pied de diamètre, le courant étant inférieur à deux milles par heure : mais quand on
vint dire que cette diminution rendrait la Tamise bien moins
navigable, il n'y eut pas d'éclats ironiques. Au contraire, la
Chambre rejeta le projet tendant à une concession d'eau pour
Cheltenham, par une majorité de 180 voix contre 88. Il est vrai
que les éléments de la question furent présentés autrement que
nous ne faisons. Mais enfin, toute comparaison exacte mise à
part, il ne vint à l'esprit de personne — et c'est là le point à
noter — que l'eau de ces sources ne peut être qu'une minime
part de ce que fournit le bassin de la Tamise, puisqu'elles
drainent seulement quelques milles carrés, le bassin mesurant
plusieurs milliers de milles.

En lui-même, le sujet est de peu d'importance : s'il nous
touche, c'est qu'il offre un exemple de l'intelligence du législateur. C'est là comme une de ces ouvertures par où l'on aperçoit une immense perspective, et cette fois la perspective est
décourageante. Le cas est bien simple : on n'y voit que mieux,
et à un degré presque incroyable, cette impuissance à prévoir
quelle quantité d'effet doit résulter de telle quantité d'une cause
donnée ; et pourtant l'assemblée qui fait paraître cette impuis-

sance a pour unique emploi de traiter de causes et effets d'un genre très-complexe. Tous les faits de la vie des sociétés naissent du concours, du conflit des actions des hommes ; ils sont déterminés dans leur nature et leur intensité par la constitution actuelle de l'homme ; c'est-à-dire qu'ils sont, eux aussi, soumis à l'universelle loi de causalité, et que là aussi il y a une relation définie de quantité entre la cause et l'effet. Tout acte du législateur suppose donc d'abord un diagnostic et un pronostic : l'un et l'autre impliquent une estimation des forces sociales et du travail qu'elles produisent. Avant de porter remède à un mal, il faut en trouver l'origine dans les motifs et les idées des hommes, dans leur façon d'être, dans les conditions sociales où ils vivent : pour cela, il faut reconnaître entre tous les agents en jeu ceux qui sont aptes à produire le résultat voulu, et se faire une idée à peu près vraie de l'intensité comme de la qualité de leurs effets. Ensuite, il faudra déterminer le sens et l'énergie de l'influence qu'exerceront les facteurs nouveaux mis en jeu par la loi, et par suite la résultante des forces nouvelles employées à coopérer avec les forces préexistantes, et ce problème est encore plus compliqué que le premier.

On va nous répliquer hardiment que tel homme, incapable de juger avec quelque justesse quand il s'agit d'un enchaînement de causes physiques simples, peut faire un bon législateur : nous nous y attendons bien. Cette façon de penser est si naturelle à la plupart des hommes qu'ils trouveraient absurde la conclusion contraire : ils la trouveraient absurde, et ce fait même est un des nombreux indices de l'ignorance profonde où ils vivent. Sans doute, grâce à leurs conversations avec leur entourage, et à l'aide de généralisations empiriques, ils arrivent à se faire une idée des effets prochains de telle loi nouvelle; connaissant ces effets, ils croient voir aussi bien qu'il faut. Que n'ont-ils étudié un peu la physique? ils verraient quel excès d'inexactitude il y a à fonder des prévisions sur de telles données. Et, s'il vous faut une preuve de l'inexactitude de ces prévisions, voyez quelle incroyable peine se donne chaque année le Parlement pour éviter les mécomptes auxquels il s'était auparavant exposé.

Mais, va-t-on dire, à quoi bon s'appesantir sur cette inhabileté? La Chambre des communes renferme l'élite de la nation : vous ne pouvez espérer trouver ailleurs de meilleurs esprits. — Eh bien! alors, il y a à tirer de là deux conséquences, qui ont leur importance dans la pratique. D'abord, on voit combien la discipline à laquelle on soumet les esprits des classes supérieures les met peu en état de suivre par la pensée, avec quelque correction, les enchaînements des phénomènes simples, à plus forte raison ceux des phénomènes complexes. Ensuite, et comme corollaire, si les enchaînements de ces phénomènes complexes dont est faite la vie des sociétés, et qui sont si malaisés à traiter en comparaison des autres, dépassent tellement la portée de ces hommes, il y aurait avantage à diminuer le nombre des occasions qu'ils ont de s'en mêler.

Il y a en particulier un ordre de questions où il serait bon, nous allons le voir, de résister à l'envahissement du pouvoir législatif. Tout récemment, on a appuyé sur ce point, que l'éducation des classes dont la vie, selon une expression méprisante, se partage entre les affaires et les prières, doit être réglée par la classe dont la vie, pourrait-on dire avec autant de justice, se partage entre le club et la chasse en parc réservé. Ce plan ne nous paraît pas riche de promesses. Après tout, depuis un demi-siècle, si notre société a été refondue, c'est grâce aux idées de ceux dont on veut faire des élèves, et en dépit de la résistance hargneuse de ceux dont on veut faire des maîtres : dès lors, la hiérarchie qu'on propose d'établir semble peu naturelle. Voilà pour l'arrangement considéré en lui-même. Maintenant, si l'on regarde à la compétence des maîtres proposés, c'est alors que le projet paraît bien moins naturel encore. L'intelligence britannique, telle qu'elle sort de cette double distillation par les universités d'abord, par la Chambre des communes ensuite, est un produit qui réclame encore bien des perfectionnements : aussi nous serions bien fâchés de voir s'étendre et s'établir à jamais les procédés de manipulation aujourd'hui en usage.

IV

LE GOUVERNEMENT REPRÉSENTATIF

(*Westminster Review*, octobre 1857).

L'utilité des *vérités désagréables :* elles détruisent un rêve, mais elles préludent à la révélation d'une réalité plus belle encore.

UN RÉQUISITOIRE CONTRE LE PARLEMENTARISME. — Le système représentatif viole toutes les conditions nécessaires à une bonne machine ; complication, mauvais ajustement des pièces, leurs changements fréquents, rivalité entre le bien de chaque partie et la fonction du tout. — Des applications secondaires de ce système : entreprises commerciales, Sociétés philotechniques et Sociétés savantes ; leur décadence due au régime représentatif. — *Conseils municipaux* élus par l'influence de coteries politiques vilainement composées ; favoritisme dans le choix des agents municipaux ; penchant aux dépenses inutiles, quand elles plaisent au peuple. Exemple de New-York. — Du *gouvernement :* les *électeurs;* nonchalance, ignorance, bassesse. Les *élus;* leur *extraction;* deux tiers sortent de classes nécessairement hostiles aux intérêts du peuple, nobles, soldats, hommes de loi. Leur *valeur :* la foule ne comprend que les gens médiocres. Ce qu'il leur faudrait de talent : ambition du gouvernement, régler toute la machine sociale ; d'où la nécessité, pour un législateur, de posséder la science sociale, qui enveloppe toutes les autres et les dépasse. Ce qu'ils en ont : comment ils remplacent cette éducation par l'étude du grec, de l'école du régiment ou de la procédure. Leur merveilleuse compétence. Un rapport de Micromégas sur le Parlement anglais. — Éloge du despotisme : c'est le gouvernement par les plus sages.

RÉPLIQUE D'UN PARLEMENTAIRE. — Principe du despotisme : le *culte du héros.* Similitude entre le héros et le scélérat. Que ce culte convient admirablement à des sauvages : il fait équilibre à la méchanceté par la lâcheté. — Preuves tirées du langage. Quelques faits. Correspondance constante entre la barbarie et le respect de l'autorité : c'est une des harmonies de la nature. — Avec la civilisation, le despote devient inutile ; et le sage, qui pourrait le remplacer, introuvable. — *Danger des héros :* les faux progrès ; Cromwell et la réaction. — Forme nouvelle du pouvoir du sage : il s'exerce par la persuasion ; le sage, dès lors, puissant pour le bien, est faible pour le mal.

ESSAIS DE POLITIQUE

CONCILIATION. — Véritable portée des critiques dirigées contre le régime représentatif. A quelle fonction il est propre. *Origine* du système; il est né du besoin d'une législation équitable : Espagne, Angleterre, France. *Théorie :* chacun est le meilleur juge de ses intérêts; donc nul ne doit obéissance qu'aux lois par lui consenties. *Résultats :* abolitions de priviléges et d'iniquités. — Le rôle propre d'un tel gouvernement est donc de *protéger le droit.* Or ses défauts ne l'en rendent point incapable. Mais ils le rendent impropre à toute autre tâche. Ainsi, avec ce régime, le gouvernement se trouve enfermé naturellement dans son vrai rôle.

PRINCIPES GÉNÉRAUX. — Loi de la distinction croissante des parties. On en déduit la loi de spécialisation des organes : celle-ci s'applique à l'organisme social.   TR.

La comparaison de Shakespeare sur l'adversité,

Qui, comme le crapaud, hideux et venimeux,
Cependant porte une pierre précieuse dans en tête,

s'appliquerait également bien aux vérités désagréables. Un fait
qui brutalement détruit une illusion aimée nous repousse au
premier abord; mais bientôt nous y trouvons le germe de
quelque croyance plus salutaire. Chacun n'a qu'à chercher dans
ses souvenirs pour en retrouver, de ces opinions qui nous ont
longtemps répugné, où nous voyions le contre-pied même du
juste, mais qui finissent par se faire accepter irrésistiblement,
et qui bientôt se révèlent comme des bienfaitrices. Il en est
ainsi de la connaissance de nous-mêmes : certes il nous est dur
de nous avouer nos défauts; et pourtant nous aimons mieux
les voir et nous en défendre, que de les ignorer. Voyez encore
les changements de religion : le jour où la superstition est
chassée de notre esprit, les objections qui en viennent à bout
nous alarment d'abord; mais elles nous conduisent à des convictions nouvelles et, nous le sentons bientôt, plus saines que

les précédentes. C'est ainsi encore que se fait notre éducation politique : nous finissons par remercier ceux qui ont ruiné nos châteaux en Espagne; et pourtant c'étaient là d'abord de bien désagréables adversaires. Enfin, outre cet avantage de savoir le vrai, ce qui vaut toujours mieux que de croire le faux, un jour vient où tels faits, qui nous répugnaient jadis, nous apparaissent comme autant d'éléments d'un ensemble bien supérieur en perfection, en beauté, à l'idéal dont ils ont fait justice : la réalité dépasse toujours le rêve. On en pourrait citer bien des exemples; et nous allons en donner un nouveau.

Ici, en Angleterre, presque tout le monde croit fermement que notre méthode pour la rédaction et l'exécution des lois possède toutes les vertus. Le mot malheureux du prince Albert, que « le gouvernement représentatif est à l'épreuve », soulève de vives protestations : nous jugeons que l'épreuve est close depuis longtemps et qu'elle a été favorable de tous points. L'ignorance, la force de l'éducation, ce patriotisme qui fait que chaque pays s'enorgueillit de ses institutions, tout cela crée en nous une foi inébranlable en l'absolue supériorité de notre organisation politique. Or, il semble qu'il s'y trouve plus d'un défaut, et non sans gravité. Une critique sévère nous y découvrirait des vices évidemment fort enracinés. Et, s'il faut en croire les partisans du despotisme, ces vices lui enlèveraient toute efficacité.

Eh bien! au lieu de nier simplement ces accusations ou de détourner les yeux, il serait beaucoup plus sage de les examiner sincèrement, de chercher si elles sont justes, et, dans ce cas, ce qu'il faut en conclure. Si, comme la plupart d'entre nous le disent avec tant de confiance, le gouvernement représentatif est supérieur à tout autre, nous pouvons bien écouter avec patience les reproches de ses adversaires, car ou ils seront sans valeur, ou ils ne l'atteindront pas dans ses mérites essentiels. Si notre système politique est bien fondé, ce système de critiques croisées ne servira qu'à en mettre la valeur en meilleure lumière, à nous en faire mieux comprendre la nature, le sens, le but. Bannissons donc pour un moment tout préjugé, mettons-nous franchement à la place de nos adversaires, et dressons sans indulgence la liste de tous les vices du système, de ses défauts, de ses absurdités.

N'est-il pas clair, tout d'abord, qu'un gouvernement composé d'une foule d'individus, différents par le caractère, par l'éducation, par les intentions, tirés de classes plus ou moins opposées d'idées et de sentiments, qui obéissent chacun aux opinions particulières de son collège, n'est-il pas clair qu'un tel corps doit être un appareil bien mal commode pour l'expédition des affaires publiques? Quand nous imaginons une machine pour un certain travail, nous cherchons à y diminuer le nombre des rouages; nous voulons que chacun soit bien adapté à sa fonction propre; qu'ils s'ajustent bien tous ensemble et qu'ils coopèrent sans frottements excessifs. Or notre machine politique est construite d'après les principes contraires. Les parties en sont extrêmement nombreuses : cela dépasse même les limites du raisonnable. Ces parties ne sont pas choisies ni appropriées convenablement à leurs fonctions spéciales; au contraire, pour la plupart, elles sont choisies sans égard à ces fonctions. On se soucie peu de savoir si elles s'ajusteront bien ensemble : au contraire, tout est arrangé de façon qu'elles ne puissent s'ajuster. Naturellement, il doit s'ensuivre qu'elles ne peuvent marcher en bon accord; et c'est ce qui arrive : cela, nous ne l'apprendrons à personne. En vérité, si le problème avait été de trouver un moyen d'expédier les affaires avec le plus de lenteur et de bévues possible, on aurait là une solution à peu près sans rivale. Les parties sont multiples : premier et grave obstacle; elles ne se conviennent pas : second obstacle, non moins grave; elles sont changées trop fréquemment : nouvel embarras; mais surtout, défaut plus funeste que tous les autres, les parties ne se subordonnent pas à leurs fonctions : le bien-être particulier du législateur n'est point dépendant de l'accomplissement efficace de son devoir politique; bien souvent, il y est tout à fait opposé.

Tous ces vices sont de ceux qui ne souffrent pas de remède. Ils sont inhérents à la nature même de nos institutions, et les déplorables fautes d'administration dont ils sont la cause sont inévitables. En veut-on des preuves? Nous en possédons en abondance : elles se tirent de l'histoire actuelle, soit de notre représentation nationale, soit de nos représentations locales, tant publiques que privées : corps municipaux, bureaux de salubrité, conseils des tuteurs des pauvres, sociétés scientifiques et littéraires, associations de tout genre : le mal est partout le même, et rien ne prouve mieux qu'il n'est point accidentel, mais constitutionnel. Avant d'en regarder les effets sur un terrain où ils se déploient à l'aise, dans notre législature, voyons-en d'abord quelques autres formes plus simples et plus réduites.

Laissons de côté le commerce, où toute affaire confiée à des délégués marche médiocrement. Si l'on veut se rendre compte du peu de valeur de tout système où interviennent des fondés de pouvoirs, qu'on se souvienne seulement des récentes catastrophes où ont péri les banques par actions : on y verra à plein l'insouciance et la malhonnêteté des gérants, quand leurs intérêts ne se confondent pas avec ceux des gens dont ils mènent la barque. On pourrait aussi insister sur d'autres exemples, que nous fournissent les conseils d'administration des chemins de fer : les malversations dont si souvent les administrateurs ont été convaincus; la négligence qui a rendu possibles les voleries du Robson à Redpath [1]; la témérité de ces continuelles entreprises d'embranchements et d'agrandissements improductifs. Chacun le sait bien : dans toute manufacture, dans tout commerce, avec plusieurs administrateurs partiellement intéressés, les affaires vont cent fois moins bien qu'avec un seul propriétaire qui s'y intéresse sans réserve.

Mais arrivons à des exemples moins connus. Prenons d'abord les Sociétés scientifiques. En théorie, ce sont là des institutions assez louables. Des artisans qui veulent s'instruire, des bourgeois de bonne volonté qui sont disposés à les y aider, voilà la matière première. Ils s'unissent, pour s'assurer certains biens, d'ordre intellectuel et autres, et qu'ils ne pourraient atteindre sans cela. Tous sont intéressés à la réussite de l'entreprise, et le corps gouvernant est tiré du milieu d'eux : avec cela, on les

---

1. Ligne de chemin de fer : Redpath, la tête de ligne, est à environ 70 kilomètres sud-est d'Edimbourg, au confluent de la Tweed et de la Leader. Robson n'est point marqué sur le *Keith Johnston's Royal Atlas*.   TR.

croirait bien sûrs d'atteindre le but désiré. Et pourtant, très-
souvent, le résultat réel est tout autre. Presque toujours, l'indifférence, la sottise, l'esprit de parti, les dissentiments religieux,
contrecarrent les efforts des promoteurs. On se croit bien
politiques de choisir pour président quelque notable de l'endroit, notable non pas le plus souvent par sa sagesse; mais
un don qu'il a fait, sa belle situation, font bien oublier le peu
qu'il est à d'autres égards. C'est dans la même pensée qu'on
choisit les vice-présidents : un ou deux ministres du culte;
quelques propriétaires des environs, si l'on peut en avoir; un
ancien maire; quelques aldermen [1]; une demi-douzaine de
manufacturiers et de riches commerçants; et, pour compléter,
un peu de tout. Quant à la Commission, les membres en sont
élus en général pour leur situation et leur popularité plus que
pour leur intelligence et leur bonne entente; aussi ce corps n'est
pas moins disparate que l'autre : des germes de dissentiment
ne tardent guère à s'y former. Tel livre plairait à la plupart
des membres; mais si on le demandait, ce serait une offense
aux cléricaux de la Société : et l'on dit *tabou* [2] sur le livre. On
voudrait bien engager tel personnage pour faire des conférences : il est recommandable à tous égards, populaire; mais

1. Les *aldermen* sont des conseillers municipaux (*town-counsellers*), élus comme
tous les autres par les bourgeois, et ensuite choisis par leurs propres collègues,
pour former dans le sein du conseil un groupe modérateur; ils n'ont pas de
fonctions spéciales, et n'agissent que par influence; ils sont nommés pour six ans,
tandis que les autres conseillers ne restent que trois ans en charge. — Toutefois,
les *aldermen* de la cité de Londres sont élus directement, et à vie, par les électeurs municipaux; ils ont des attributions de police judiciaire et de justice de
paix.   TR.
2. Mot par lequel les naturels de certaines parties de l'Océanie, et notamment
des îles des Amis, consacrent un objet, et en interdisent l'approche, le contact,
ou même la vue.   TR.

il a en politique et en religion des opinions quelque peu
extrêmes ; cela fàcherait certains magistrats et certains propriétaires qui sont vice-présidents : on s'en passera donc. Le choix
des journaux et des revues pour la salle de lecture est encore
une source abondante de différends. Quelques-uns, songeant
aux intérêts de ceux pour qui spécialement la Société a été
fondée, proposent-ils d'ouvrir la salle de lecture le dimanche,
c'est aussitôt une guerre acharnée et qui parfois se termine
par la sécession de plusieurs membres du parti vaincu. Quels
amusements doit-on admettre parmi les sociétaires ? Voilà
encore une sorte de pomme de discorde. La Société ne doit-
elle avoir qu'un objet, d'instruire ? ou y ajoutera-t-elle cet
autre, d'amuser ? La question des rafraîchissements, de même,
est de celles qu'on soulève et qui causent des dissentiments.
Bref, la sottise, les préjugés, l'esprit de parti, les criailleries
font rage, et parfois le dégoût finit par chasser ceux qui auraient
fait les meilleurs administrateurs. L'affaire reste aux mains
d'une coterie, qui s'en tient à un juste milieu routinier, sans
contenter personne. Au lieu de cet état prospère où l'entreprise
fût arrivée sans doute sous la direction de quelque homme
sérieux et entendu, dont le bien-être eût dépendu de ce succès,
c'est une décadence, un dépérissement : la Société cesse presque
entièrement d'être ce qu'elle devait être, une Société d'instruction ; elle n'est plus guère qu'un lieu de flânerie pour quelques
bourgeois ; et si elle subsiste, ce n'est pas par l'attachement
solide de ses membres, mais par l'arrivée incessante de membres nouveaux remplaçant les anciens qui partent un à un. Et
quant à l'objet qu'on s'était proposé, comment est-il atteint,

quand il l'est? Par des entreprises privées. Les journaux et les
périodiques à bon marché, convenables pour les bourses et les
goûts des ouvriers, et publiés par des éditeurs spéciaux; les
cafés et les cabinets de lecture à deux sous, établis par des gens
qui en font leur gagne-pain : voilà les agents à qui l'on doit la
meilleure part de ce qui se distribue d'instruction.

Dans les associations du même genre, que forment les classes
supérieures, Atheneum, Sociétés philosophiques, etc., le système
de la représentation ne se montre en général pas moins inefficace. Après l'enthousiasme et l'élan de la première heure, sur-
viennent les dissentiments nés de l'esprit de métier et de l'esprit
de secte, la victoire finale de l'un des partis, une mauvaise
administration, l'indifférence de tous. Les souscripteurs se plaignent de ne pas obtenir ce qu'il leur faut; et un par un ils
désertent, s'en vont aux Sociétés de lecture ou à Mudie.

Des corps non politiques, passons aux corps politiques. L'espace nous fait défaut pour étudier les procédés des autorités
jadis chargées d'exécuter la loi des pauvres, et ceux des bureaux
de bienfaisance actuels; nous laisserons de côté ces faits et
d'autres analogues, et, entre toutes les administrations locales,
nous nous en tiendrons aux municipalités réformées.

Si, laissant de côté tout autre indice, et oubliant que ce sont
là des corps nouvellement organisés, où la corruption n'a guère
eu le temps de se glisser, nous devions juger ces conseils d'après
les améliorations dont les villes leur sont redevables, nous
aurions à applaudir un succès. Mais d'abord ces améliorations
sont plutôt dues à la suppression de diverses gênes, et au même
esprit de progrès qui crée les chemins de fer et les télégraphes,

qu'à aucune vertu positive des administrations. Et d'ailleurs,
le nombre des travaux publics qu'une municipalité exécute
n'est pas un bon criterium de ce qu'elle vaut. Quand on a le
pouvoir de lever des impôts, sans autre limite possible qu'une
révolte des contribuables [1], quand on a une ville prospère et
grandissante, il n'est pas malaisé de faire montre de sa puissance. La vraie question est celle-ci : Les élections municipales
aboutissent-elles au choix des plus capables qu'on puisse
trouver? Le corps administratif qui en sort fait-il bien et à bon
marché sa besogne propre? A-t-il le bon sens de rejeter toute
entreprise inutile ou mauvaise? Les réponses qu'il faut faire
ici ne sont pas pour nous contenter.

Les conseillers municipaux ne se distinguent ni par l'intelligence ni par la noblesse du caractère. Au contraire, les conseils se composent d'un grand nombre de zéros en chiffres,
avec quelques hommes de valeur clair-semés. Il y a même des
juges, et non sans compétence, au dire de qui la moyenne y est
inférieure à celle des vieilles corporations fermées qu'ils ont
supplantées [2]. Comme chacun le sait, les électeurs se règlent

1. Le conseil municipal, en Angleterre, n'a pas besoin de faire homologuer ses
actes ni approuver ses délibérations par le gouvernement. Il décide souveraine-
ment dans les matières de sa compétence, et exécute lui-même ses décisions par
l'intermédiaire de ses commissions et des agents qu'elles nomment. Depuis 1848,
il a le droit d'ordonner, d'asseoir et de percevoir les taxes nécessaires à sa mission, ainsi que d'emprunter sous la garantie de ces taxes.   TR.
2. Avant la loi de 1848, l'Angleterre se divisait, au point de vue du régime
municipal, en localités de deux catégories : les comtés et les bourgs municipaux.
Le comté, qui dans le principe était une circonscription rurale, était administré
par un corps de juges de paix (magistrates) choisis par la Couronne parmi les
propriétaires aisés du comté, et chargés de l'administration locale, de la justice,
et même du vote du budget du comté. Le comté se divisait en paroisses : la
paroisse était administrée, du moins en ce qui concernait la mairie, le cimetière et
l'église, directement par le corps électoral (vestry), composé des contribuables
taxés pour un revenu d'au moins 1250 francs. En dehors des comtés étaient environ

avant tout sur l'opinion politique des candidats. La première
question qu'on fait à un candidat n'est pas pour savoir s'il a
des connaissances étendues, du jugement, ou de l'aptitude aux
affaires, ou s'il est particulièrement capable de la fonction dont
il s'agit; mais s'il est whig ou tory. Une fois sa politique
approuvée, le point le plus important pour être nommé n'est
encore pas une droiture et une habileté éprouvées : ce sont des
relations d'amitié avec ceux de la coterie dominante. Quelques
individus, qui sont des notables dans leur monde, qui ont
l'habitude de se voir, par exemple, dans l'hôtel principal, et
qui sont liés plus par la fraternité de la table que par celle des
opinions, discutent les mérites de ceux qui se présentent et
décident quels sont ceux qui conviennent. En fait, c'est dans
cette délibération, au milieu des grogs, que l'on règle le choix
des candidats, et par suite les élections. Et les préférences,
naturellement, sont pour ceux qui se plieront devant cet état-
major, pour ceux qui noieront leur opinion propre dans la
politique du parti. Ceux qui ont trop d'indépendance pour
le faire, qui voient trop loin pour accepter le *shibboleth* du
moment, ou sont trop délicats pour se mêler aux « joyeux bons
garçons » qui gouvernent ainsi la ville, ont le dessous : et tant
pis s'ils sont les plus capables! Ainsi les plus habiles, soit à

200 bourgs municipaux, dirigés par un Conseil de la ville : ce Conseil était nommé
par les électeurs inscrits dans les corporations de la ville ou payant un impôt
dont le chiffre variait selon les bourgs. — La loi de 1848 créa des circonscriptions
nouvelles : ce furent les grandes villes d'origine récente, où elle établit des
commissions de salubrité, élues par les contribuables et chargées de nombreuses
attributions locales. — C'est en 1858 seulement (cet *Essai* est de 1857) que cette
institution devait se compléter par celle des Commissions locales, applicable sur
la demande d'un dixième des contribuables, et sur l'avis du ministère, à toutes les
villes : à ces Commissions est remise toute l'administration locale.   TR.

cause des influences qui agissent sous main, soit par un dégoût qui leur fait refuser les offres, ne sont ordinairement pas des corps gouvernants. C'est un fait bien connu qu'à Londres les plus honorables commerçants ne veulent pas se mêler des affaires municipales. Et à New-York, « les meilleurs citoyens ont assez à faire de s'enrichir, et laissent les fonctions publiques en d'autres mains. » On ne peut donc pas prétendre que, dans les administrations municipales, le système représentatif réussisse à porter aux affaires les plus capables et les plus honorables.

Avec des délégués d'une aussi médiocre qualité, les fonctions ne peuvent guère être remplies avec efficacité et économie. Mais ce qui y nuit plus encore, ce sont les influences de parti et celles des intérêts personnels, qui persistent. S'agit-il de choisir un inspecteur de la voirie, on ne s'informe pas s'il sait manier un niveau, mais si aux dernières élections parlementaires il a voté pour le candidat populaire; et c'est de là que peut dépendre, que dépend souvent le choix; et après cela on s'étonnera que les égouts soient mal tenus! On a décidé l'érection d'un nouvel édifice public, on a ouvert un concours pour le plan; les projets ont été déposés; ils sont soi-disant anonymes, mais en fait il n'est pas difficile de mettre les noms dessus; M. T. Square, esq., qui a dans le conseil un parent influent, compte bien l'emporter, et il n'en a pas le démenti. Ses plans, ainsi adoptés, sont tels qu'aucun des juges, si l'édifice avait dû lui appartenir, ne les eût acceptés : mais qu'importe? Brown, qui est depuis longues années du conseil et de la coterie dominante, a un fils docteur; on a à nommer, en exécution d'un Acte du

Parlement, un officier de santé : Brown prend un à un ses
camarades du conseil, les chapitre, et fait tant qu'il les décide
à choisir son fils; il s'en faut que son fils soit l'homme de la
place; mais cela n'y fait rien. Même manége pour le choix des
entrepreneurs chargés des travaux de la ville. Quand on songe
que telle horloge publique n'est souvent pas à l'heure, que tel
bureau de la santé publique construit des lieux d'aisances
dégoûtants (ce sont là des faits), on voit bien qu'il y a là-dessous
de la sottise, du favoritisme, quelque influence funeste, qui
empêche l'administration de marcher bien. Des représentants
choisis en dehors de l'élite et qui prennent des employés de
même qualité, des intérêts privés en jeu, une responsabilité
divisée, tout cela fait que les charges ne sauraient être remplies
convenablement.

Autre cause : la prodigalité, qui devient aujourd'hui un vice
commun dans les corps municipaux et qui s'accroît par l'habitude, à mesure qu'ils se jettent dans des entreprises dont ils
devaient se garder. Et d'où vient cette folie? Bien souvent, elle
est due à l'origine élective de ces conseils. Grâce à cette méthode de s'arranger avec les propriétaires pour le payement
des taxes municipales, les locataires des basses classes se figu-
rent que les charges de la ville ne pèsent pas sur eux; aussi
approuvent-ils toute dépense d'où ils retirent un avantage en
apparence gratuit. Comme ils forment la masse du corps électoral, il s'ensuit que la politique agréable au peuple, c'est une politique de prodigalités; et ceux qui sont à l'affût de la popularité
ne savent que proposer à qui mieux mieux des projets nouveaux
et coûteux. Ici, c'est un conseiller qui, craignant pour sa pro-

chaine réélection, propose un vaste plan pour la création de jardins publics : plus d'un désapprouve le plan, mais n'aura garde de le combattre : il a, lui aussi, les prochaines élections en tête. Là, c'en est un autre, un boutiquier, qui soulève la question des bains et lavoirs publics : ce n'est pas son commerce qui en souffrira. Et combien de cas semblables ! Chacun des conseillers a si peu d'intérêt à voir l'administration aller à l'économie, et il a tant d'intérêts indirects qui s'y opposent ! comment serait-il un bon gardien des deniers publics ?

Ainsi, que l'on considère le choix des délégués, l'efficacité de leur travail, leur habileté à éviter les entreprises inutiles, les gouvernements de nos villes ne nous contentent d'aucune façon. Encore ces conseils sont-ils de création récente ; et déjà leurs défauts sont éclatants ! mais combien ne le sont-ils pas plus là où ils ont eu le temps de se développer pleinement, comme à New-York ! D'après le correspondant du *Times*, les citoyens de New-York payent « plus d'un million et demi sterling (37 millions 1/2 de fr.), moyennant quoi ils ont des rues mal pavées, une police beaucoup moins efficace qu'elle ne devrait l'être (bien qu'elle se soit grandement améliorée), beaucoup plus que leur part de cette racaille d'émigrants qu'envoie le nord de l'Italie, le pire service de fiacres qu'il y ait dans aucune métropole du monde, et, pour décharger les marchandises, des quais de bois, sans aucun abri protecteur.

Maintenant que nous avons jeté un coup d'œil sur les éléments les plus généraux de la question en la considérant dans ces exemples secondaires, arrivons au cas principal : notre gouvernemeut central; en l'examinant, nous donnerons plus de précision à notre enquête. Ici, l'on voit encore plus à plein les défauts inséparables du système représentatif. Avec un nombre plus grand de maîtres, on a plus de complications, plus de confusions, plus de lenteurs. Les différences que créent l'esprit de classe, des vœux et des préjugés inconciliables, sont ici plus nombreuses et plus vives; et de là des dissentiments plus variés encore. Chacun des législateurs ne ressent que faiblement et par voie détournée le contre-coup des mesures qu'il prend; au contraire, les influences indirectes auxquelles il est soumis sont ici, plus que nulle part ailleurs, multiples et puissantes; et par suite la tentation est forte de négliger le bien public pour quelque avantage privé. Mais reprenons les choses par le pied. Commençons par les collèges électoraux.

La théorie part de cette hypothèse : que si des citoyens, tous grandement intéressés à la bonne gestion des affaires, sont mis en possession du pouvoir politique, ils choisiront pour chefs les plus habiles et les meilleurs. Ils ont tout à perdre si les affaires publiques sont mal conduites, tout à gagner si elles le sont bien; on en conclut qu'ils doivent avoir la *volonté* de choisir de bons représentants, et l'on tient cette conclusion pour évidente; on prend aussi pour accordé qu'avec une dose moyenne de bon sens tout homme a la *capacité* de choisir de tels représentants. L'expérience supporte-t-elle ces affirmations? Ne les renverse-t-elle pas presque entièrement?

Nous avons plusieurs classes fort étendues d'électeurs qui, en cette affaire, n'ont que peu ou pas de volonté. Plus d'un électeur inscrit se pique de ne pas faire de politique; il vous prie de le croire assez intelligent pour ne pas se mêler de ce qui ne le regarde pas. Il y en a beaucoup d'autres que le choix d'un membre du Parlement intéresse si peu, qu'à leur avis cela ne vaut pas la peine de voter. Un bon nombre aussi, surtout parmi les boutiquiers, se soucient tellement peu du résultat, qu'ils votent au gré de leurs principaux clients. Enfin, il y a une masse encore plus grande d'hommes chez qui le désir d'agir en citoyens indépendants ne résiste pas à un peu d'argent ou à quelques rasades de bière, au choix du corrupteur. Ceux qui comprennent la nécessité de faire un usage honnête de leur propre jugement pour choisir les législateurs, et qui émettent leur vote en conscience, ne sont qu'une minorité ; et l'élection, d'ordinaire, dépend moins de leur volonté que des influences détournées et illégitimes auxquelles le reste obéit.

Et de l'intelligence des électeurs, que dire maintenant ? Quand ils auraient, pour la plupart, une *volonté* suffisamment arrêtée de choisir les meilleurs gouvernants, quelle preuve avons-nous qu'ils en seraient *capables* ? D'aller trouver, dans leurs propres rangs, les hommes les plus sages, est-ce là une tâche qui ne les dépasse point ? Allez écouter ce qui se dit au marché, devant les étalages des fermiers, et demandez-vous ensuite combien vous avez rencontré là de cette sagesse qu'il faut pour découvrir la sagesse chez les autres. Lisez les discours à grand orchestre qui se débitent du haut des estrades des réunions pour plaire aux électeurs, et jugez par là de la finesse des gens à qui l'on plaît à ce prix-là. Montez plus haut, et vous trouverez encore une grossière ignorance de la politique : vous entendrez dire qu'avec des actes du Parlement on fait tout ce qu'on veut ; que

la valeur de l'or peut être fixée par une loi ; qu'avec des lois
sur les pauvres on peut remédier à la misère, et ainsi de suite.
Descendez un échelon, vous rencontrerez parmi les idées encore
en possession des esprits celles-ci, que les machines font tort
aux ouvriers; que la prodigalité « fait marcher le commerce »,
et autres indices d'une pénétration plus faible encore. Et dans
la classe située au-dessous, qui est la plus vaste et où se trouvent ceux qui ne peuvent pas avoir assez d'intérêt à être bien
gouvernés pour prendre la peine de voter, ou pour risquer de
perdre un client, ou pour refuser un pot de vin, vous vous
heurterez à une bêtise dont il faut à peu près désespérer. Sans
aller aussi loin que M. Carlyle, et définir le peuple « vingt-sept
millions d'êtres, en général fous, » vous confesserez pourtant
que ces êtres-là sont bien maltraités du côté de l'intelligence.

S'ils réussissaient avec cela à choisir parmi eux les meilleurs
pour en faire leurs chefs, ce serait miracle; mais ils n'y réussissent pas, la chose est évidente. A s'en rapporter même au
sens commun tout simple, leurs choix sont absurdes; c'est ce
que nous allons voir.

C'est un axiome, que nous pouvons nous confier en toute
sûreté à ceux dont les intérêts sont identiques aux nôtres, et
qu'il est très-dangereux de se fier à qui a des intérêts contraires
aux nôtres. Toutes les précautions légales que nous prenons
dans nos transactions sont autant de façons de rendre hommage à cette vérité. Nous ne nous contentons pas de professions de foi. Si notre homme est en situation d'être touché
par des motifs en opposition avec les promesses qu'il nous fait,
nous avons soin d'introduire quelque motif artificiel (la crainte

d'une punition légale), pour lui faire de l'exécution de sa promesse une affaire d'intérêt personnel. Toutes nos habitudes
quotidiennes, cet usage même d'exiger un reçu, déclarent
que, grâce à l'égoïsme général, c'est une grosse imprudence
d'attendre d'un homme autant de respect pour les droits d'autrui que pour les siens propres, et que toutes les paroles d'honneur du monde n'y font rien. Eh bien! on pourrait croire que
la faible dose de bon sens dont jouit la majorité des électeurs
devrait suffire à leur faire comprendre et respecter cette vérité
dans le choix de leurs représentants; mais non! Ils la négligent
entièrement.

La théorie de notre constitution a beau reconnaître, confor-
mément à ce même principe, que chacun des trois corps dont
se compose la législature poursuivra ses fins propres; notre
histoire a beau nous montrer, *en fait*, le monarque, les lords et
les communes, qui suivent d'une manière plus ou moins
ouverte justement cette marche-là; nos électeurs ne déclarent
pas moins par leurs votes cette croyance, que leurs intérêts
peuvent être aussi bien gérés par des gens titrés que par des
membres de leur propre classe. En vain, par leur opposition
déterminée à la loi de réforme, les aristocrates ont-ils montré
toute la jalousie de leur attachement, non pour leurs seuls pouvoirs légitimes, mais pour leurs pouvoirs illégitimes; en vain,
par le vote et par le maintien obstiné des lois sur les grains,
ont-ils fait voir ce que pèse dans leur balance le bien du peuple
en regard de leur profit; en vain ils ont toujours veillé avec
jalousie sur leurs moindres privilèges, équitables ou iniques,
comme on le voit par ce fait récent : la Chambre des lords se

plaignant que, par la loi sur la marine marchande, les lords à manoirs fussent obligés de montrer leurs titres avant de pouvoir mettre la main sur les épaves échouées à la côte de leurs domaines, tandis que jusqu'alors il leur suffisait du droit de prescription; en vain ont-ils constamment suivi la politique égoïste que des hommes en une telle situation ne pouvaient manquer de suivre; les électeurs ont néanmoins décidé que des membres de l'aristocratie font d'excellents représentants du peuple. La Chambre des communes compte 98 pairs irlandais et fils de pairs anglais, 66 parents de pairs par le sang, et 67 parents de pairs par alliance : en tout 231 membres, qui, par intérêt ou par sympathie, quand ce n'est pas par l'un et l'autre, sont avec les nobles plus qu'avec les communes.

Nous nous attendons à voir condamner par les politiques à l'eau de rose, comme étroite et imbue de préjugés, la doctrine sous-entendue dans nos critiques. A ceux-là, nous répondrons simplement qu'ils savent bien s'appuyer sur cette doctrine, eux et leurs amis, quand ils y trouvent leur compte. Que prouve leur désir d'empêcher les collèges urbains de l'emporter sur ceux des comtés, sinon la certitude où ils sont que chaque partie de la communauté tiendra compte de ses intérêts propres? Quelle autre raison a fait proposer à lord John Russell son projet pour la représentation des minorités, si ce n'est le penchant des hommes à sacrifier à l'occasion le bien d'autrui au leur? Pourquoi, s'il vous plaît, les classes supérieures sont-elles si jalouses de tenir la bride serrée aux classes inférieures qui s'élancent au pouvoir, sinon parce qu'à leurs yeux les représentants des classes inférieures seraient, de bonne foi, moins bons gardiens des privilèges des hautes classes que ne le sont celles-ci ? La chose est assez claire ; un enfant la comprendrait. S'il y a quelque fonds de raison dans la théorie sur laquelle repose la constitution, il faut que les membres de la Chambre des pairs appartiennent à la pairie, et ceux de la Chambre des communes aux communes. Ou cette théorie n'est qu'un non-sens, ou le choix de lords comme représentants du peuple n'est qu'une marque de la folie des électeurs.

Si encore cette folie s'en tenait là. Mais elle produit en outre d'autres résultats, et non moins absurdes. Que dirait-on d'un homme qui, dans la direction de ses affaires, donnerait à ses serviteurs une part de pouvoir égale à la sienne ? Si les actionnaires d'un chemin de fer se mettaient à nommer à leur Conseil d'administration le secrétaire de la Compagnie, l'ingénieur, l'inspecteur général, le chef de l'exploitation, et autres fonctionnaires, comme nous ririons de leur sottise ! Comme nous prédirions que l'intérêt particulier de ces employés l'emportera plus d'une fois sur le bien de la Compagnie ! Or c'est justement la faute que commettent nos électeurs politiques. Car, qu'est-ce que les officiers des armées de terre et de mer, sinon des serviteurs de la nation, subordonnés à elle comme les fonctionnaires d'un chemin de fer le sont à la Compagnie ? Le travail qu'ils font n'est-il pas pour le public ? La paye qu'ils en reçoivent ne vient-elle pas du public ? Leurs intérêts enfin ne diffèrent-ils pas de ceux du public, comme les intérêts de l'employé de ceux du patron ? Cette inconséquence de recevoir dans la législature les agents de l'exécutif a bien des fois frappé l'attention de tous; et divers actes du Parlement y ont mis obstacle, au moins pour quelques cas secondaires. Dans sa liste des fonctions incompatibles avec le mandat de député, Blackstone dit :

« Nul fonctionnaire employé à la perception d'anciens droits ou taxes créés depuis 1692, à l'exception des commissaires du Trésor; nul des fonctionnaires suivants, à savoir : commissaires des prises, commissaires des transports, commissaires pour les malades et blessés, commissaires aux licences des débitants de vins, commissaires de la marine, commissaires aux vivres; secrétaires et receveurs des prises; contrôleurs des comptes de l'armée; agents des régiments; gouverneurs de plantations, et délégués desdits; fonctionnaires en résidence à Minorque et à Gibraltar; employés aux contributions indirectes et aux douanes; commis aux écritures et délégués aux divers bureaux du Trésor, de l'Échiquier, de la marine, des vivres, de l'amirauté, de la paye des troupes de terre et de mer, des secrétariats d'État, du sel, du timbre, des appels, des licences, des fiacres, du colportage; nulles personnes remplissant quelque charge de la couronne, de création postérieure à 1705, n'ont capacité pour être élus ni pour siéger à la Chambre. »

Sur cette liste, on aurait assurément mis aussi les officiers de terre et de mer, si ce n'eût été là un corps trop puissant et trop étroitement lié avec les classes dominantes. Aussi cet usage de charger des serviteurs du pays de faire les lois a beau être une maladresse criante; la loi a beau, par des déclarations d'incompatibilités, reconnaître de temps en temps que c'est là une maladresse : la masse des électeurs semble ne pas s'en douter. Les dernières élections ont envoyé au Parlement neuf officiers de mer, quarante-six officiers de terre et cinquante et un officiers de terre en retraite, ceux-ci animés du même esprit que leurs camarades de l'armée active, en vertu de l'éducation, de l'amitié

et de l'*esprit de corps* [1]; en tout 106, sans parler de 64 officiers
de la milice et de la garde nationale [2], qui ont en bien des
points-mêmes idées et mêmes désirs. Si vous croyez que cette
invasion de fonctionnaires est sans conséquence, regardez les
listes de scrutins. Examinez le rapport de ce fait avec la persistance de cette coutume, la vénalité des grades. Demandez-vous
si ce n'est pas là ce qui a rendu presque insurmontables les
obstacles opposés à l'avancement des officiers quand ils n'entrent
pas dans la vie publique. Voyez s'il ne faut pas chercher là, en
grande partie, la cause de ces habitudes d'un autre âge, de ces
formalités, de ces mauvaises combinaisons, auxquelles sont dus
nos désastres de la dernière grève. Examinez si tout cela n'a
pas aidé à établir le silence sur l'enquête relative aux faits de
la Crimée, et à blanchir les coupables comme ils l'ont été? Mais
c'est en vain que tant de faits viennent confirmer ce que déjà
le sens commun faisait pressentir; en vain aussi, qu'en dépit
de nos récents désastres, de tant de scandales, du cri public
qui réclame une réforme de l'armée, l'influence de la caste
militaire a réussi à faire rejeter toute réforme : nos collèges ont
encore la stupidité d'envoyer au Parlement autant d'officiers
que jamais !

Mais nous n'en avons pas encore fini avec ces choix mal
entendus. Il est un principe général sur lequel nous avons
appuyé, un principe que reconnaissent les théoriciens de la
constitution, quand ils enseignent la séparation du législatif
d'avec l'exécutif : eh bien ! on viole encore ce principe-là,

1. En français dans le texte.   TR.
2. *Yeomanry*, sorte de garde nationale bourgeoise, à cheval.   TR.

quoique non pas aussi formellement. Les hommes de loi en effet ne sont pas payés par l'État, et ne sont pas de nom fonctionnaires du gouvernement. Toutefois, en fait, ils font partie de l'appareil du pouvoir exécutif. C'est au fonctionnement de cet appareil qu'ils doivent tous leurs gains ; et leur intérêt est qu'il fonctionne de manière à les faire gagner, et non qu'il fonctionne de manière à bien administrer la justice. Si les officiers de l'armée sont intéressés à autre chose qu'au bon fonctionnement de la machine militaire, et parfois à des choses qui y sont contraires, les avocats et les avoués de même sont intéressés à tout autre chose qu'à une exécution simple, économique et prompte de la loi, et parfois leurs intérêts y sont opposés.

Or c'est à ces derniers intérêts qu'ils obéissent, chacun le sait. Ils ne seraient pas des hommes sans cela. Le pli est quelquefois si bien pris, qu'ils ne peuvent plus rien voir qu'à travers leurs préjugés de métier. J'ai entendu de mes oreilles un homme de loi pérorer contre le tort que la loi sur les Cours de comté faisait à ceux de sa profession ; il était persuadé que ses auditeurs, gens étrangers au métier, allaient se joindre à lui et condamner la loi là-dessus ! Or si, comme chacun le sait, la conscience d'un juriste n'est pas des plus chatouilleuses, est-il bien sage d'envoyer des hommes de loi faire les lois à l'exécution desquelles ils devront prêter la main et dont l'exécution ne sera pas sans influence sur leurs revenus particuliers ? Les avocats, qui sont si bien accoutumés à toucher des honoraires pour l'ouvrage qu'ils ne font pas, et les attorneys, dont les mémoires sont parfois si exorbitants qu'il a fallu établir un bureau public pour en fixer le prix, ces gens-là sont-ils entre tous dignes de confiance, une fois placés dans une situation qui, pour les plus désintéressés des hommes, serait une épreuve ? Mais tout cela n'a pas empêché les villes et comtés d'Angleterre d'envoyer à la Chambre des communes actuelle quatre-vingt-dix-huit hommes de loi, dont soixante environ en exercice, et le reste retirés des affaires, mais non moins imbus assurément des préjugés professionnels dont ils ont dû se pénétrer durant leur vie active.

En critiquant de la sorte la conduite des électeurs, nous ne sommes pas forcés d'aller jusqu'à dire que *nul* des membres de l'aristocratie ou des corps de fonctionnaires ne doit être élu. Peut-être serait-il plus sûr d'appliquer dans des cas si importants le principe général que le Parlement lui-même, nous l'avons vu, a reconnu et fait prévaloir dans des cas secondaires ; mais nous ne sommes pas en mesure de soutenir qu'il n'y a pas d'exceptions à faire parfois, à raison de motifs considérables. Tout ce que nous voulons faire ici, c'est de relever le caractère grossièrement impolitique de cette coutume de demander une aussi forte proportion de nos représentants à des classes dont les intérêts diffèrent de ceux du public. Un premier tiers de nos législateurs est tiré de la classe dominante, de la même classe qui déjà est maîtresse de l'un des corps dirigeants ; et il faut encore qu'on lui adjoigne un second tiers tiré de la marine, de l'armée et du milieu des hommes de loi, toutes gens dont la politique doit être celle de la classe dominante, de maintenir les choses en l'état ! Eh bien ! nous disons que c'est là une double preuve, et décisive, d'un manque de jugement chez les électeurs. Que, sur 654 membres dont se compose aujourd'hui

la Chambre populaire, il y en ait 250, pas davantage, qui, à
bien tenir compte des intérêts propres à la classe populaire,
devraient être éligibles ou à peu près éligibles (car dans le
nombre il s'en trouve encore plus d'un sur qui il y aurait à
dire), ce n'est là rien moins qu'une marque de bon sens chez
le peuple. Que, dans une assemblée faite pour protéger leurs
intérêts, les communes anglaises aient envoyé un tiers
d'hommes en communauté d'intérêts avec elles, et deux tiers
dont les intérêts sont en désaccord avec les leurs, c'est le signe
d'une indigence à peine croyable de bon sens; et un pareil fait
en dit long contre le système représentatif.

La masse n'a donc pas même assez d'esprit pour choisir des
hommes que leur situation et leur métier mettent à même de
la bien représenter. Mais elle est plus loin encore d'en avoir
suffisamment pour choisir ceux que leur caractère et leur
capacité rendent dignes de son choix. De voir qui est exposé à
l'influence de quelque intérêt particulier, c'est une tâche très-
facile. Mais de voir qui est le plus sage, ce n'est pas petite
affaire. Et quand on n'a pas réussi d'un côté, on est sûr
d'échouer de l'autre. Plus la sagesse qu'il s'agit de juger est
haute, plus elle est inaccessible aux ignorants. Ne voit-on pas
qu'en tout temps l'homme populaire, l'écrivain populaire, est
médiocrement en avance sur la foule? C'est bien pour cela qu'il
est entendu d'elle; jamais au contraire l'homme populaire n'est
celui qui la précède de loin : celui-là, pour elle, n'est plus en
vue. Pour apprécier un homme, il faut avoir quelque communauté de pensée avec lui. « Il n'y a que l'homme de mérite
pour reconnaître le mérite dans un homme... Le plus homme

de mérite, s'il faisait appel au suffrage universel, aurait bien peu de chances de succès... Hélas ! quand Jésus demanda aux Juifs ce qu'*il* avait mérité, que lui répondit-on ? — La mort ! le gibet ! » Aujourd'hui, on ne lapide plus les prophètes, mais on les ignore parfaitement. Comme dit M. Carlyle dans sa langue si véhémente :

Sur dix hommes, il y en a neuf qui sont fous avérés : c'est le calcul généralement reçu ; eh bien ! alors, par quel miracle voulez-vous qu'en jetant dans ce moulin, une boîte à scrutin, les bulletins de vote de ces dix hommes, il vous rende un grain de sagesse?... Je vous le dis, quand un million de ces têtes de bois regarderaient, d'un air d'autorité, au dedans d'un de ces êtres que vous nommez génies, grandes âmes, de lui et de ses qualités, de ses vertus et de ses défauts, elles ne tireraient qu'un non-sens ; oui, dussent-elles y regarder jusqu'à la consommation des siècles !

Si bien que, les électeurs eussent-ils cet unique désir, de choisir l'homme en qui se rencontreraient les indices les plus significatifs d'une vaste portée d'esprit, fussent-ils résolus à ne le pas juger sur la conformité de ses idées avec les leurs, ils auraient encore peu de chances de mettre la main sur le plus habile. Mais aujourd'hui que, pour juger l'homme de valeur, ils s'informent s'il croit telle ou telle naïveté dont ils sont, eux, persuadés, il est clair qu'ils doivent être attirés par un homme bien au-dessous du plus digne. Leur député sera vraiment un représentant ; oui, le représentant de la bêtise moyenne.

Et maintenant, considérons l'assemblée des représentants ainsi élus. Déjà nous avons vu si cette assemblée est mal composée, en considérant les intérêts qui en doivent guider les membres. Et nous venons de constater ce que le système représentatif réclame d'intelligence de leur part. Considérons toutefois ce dernier point avec plus d'attention.

Et d'abord, quelle est l'œuvre qu'ils entreprennent ? Notez bien ceci : nous ne disons pas : l'œuvre qu'ils *doivent* exécuter ; mais : l'œuvre qu'ils *se proposent* d'exécuter, qu'ils *s'efforcent* d'exécuter. — Elle comprend le règlement de tous les actes qui s'accomplissent dans une société, ou peu s'en faut. Il ne s'agit pas seulement de prendre des mesures pour prévenir toute agression des citoyens les uns contre les autres et pour assurer à chacun la paisible possession de ses biens, ni de se charger, fonction non moins indispensable dans l'état présent de l'humanité, de défendre le pays contre tout envahisseur. Ils prennent encore sur eux, sans hésiter et sans compter, quantité de besoins à satisfaire, une infinité de maux à guérir, des affaires innombrables à surveiller. Entre toutes les croyances que les hommes se sont faites touchant Dieu, la création, l'avenir, etc., ils se chargent de décider quelle est la vraie, et ils payent une armée de prêtres pour redire sans cesse au peuple les articles de cette foi. L'imprévoyance du peuple, l'excès plus ou moins grand de la population par rapport aux produits, amènent inévitablement de la misère : eux, entreprennent de la chasser : ils fixent le minimum d'aumônes à payer par chaque contribuable ; et le revenu qui en résulte, ils en déterminent l'emploi. Ils jugent que l'émigration, laissée à elle-même, ne marcherait pas assez vite : ils organisent tout ce qu'il faut pour transporter une portion des classes ouvrières dans les colonies. Ils sont sûrs, eux, que les besoins sociaux ne suffiraient pas à produire une assez rapide diffusion de l'instruction; ils ont la conviction qu'ils savent distinguer le genre d'instruction le plus nécessaire : ils dépensent les deniers publics à bâtir des écoles et à payer des maîtres ; ils impriment et éditent des livres scolaires d'État; ils chargent des inspecteurs de veiller à ce que l'éducation soit partout donnée selon leurs idées. Ils se font médecins et veulent que chacun use de leur spécifique et, pour échapper au danger d'avoir la petite vérole, se laisse donner une fièvre de vaccin. Ils se font moralistes et décident quelles pièces doivent être jouées ou refusées. Ils se font artistes et hâtent l'établissement d'écoles de dessin, qu'ils approvisionnent de maîtres et de modèles; et même, à Marlborough-House [1], ils rendent des arrêts pour décider ce qui est le bon goût et ce qui est le mauvais. Par leurs lieutenants, les conseils municipaux des villes, ils créent des établissements où l'on peut aller se laver, soi et son linge; parfois, ils sont fabricants de gaz et poseurs de conduites d'eaux; ils font des égouts et couvrent les cloaques; ils ouvrent des bibliothèques publiques et des jardins publics. Ils font plus : ils déterminent comment il faut bâtir les maisons, et à quelles conditions un navire est bien construit; ils prennent des mesures pour la sauvegarde des voyageurs sur les chemins de fer; ils fixent une heure après laquelle les auberges ne peuvent plus être ouvertes; ils dressent le tarif des voitures publiques circulant dans les rues de Londres; ils inspectent les maisons garnies; ils s'occupent de donner aux villes des cimetières; ils règlent les heures de travail dans les fabriques. Bref, ils visent à

---

1. *Marlborough-House* est aujourd'hui la résidence de ville du prince de Galles. Avant que le prince s'y installât, ce palais renfermait une célèbre collection de tableaux.   TR.

contrôler et diriger la vie entière de la nation. Si quelque
phénomène social ne leur semble pas marcher assez vite, ils
le stimulent; quand la croissance de la société ne se fait pas de
la manière ou dans la direction qui leur plaît, ils la modifient.
Et, par tous ces moyens, ils prétendent réaliser un certain idéal
indéfini de la vie en commun.

Telle est la tâche qu'ils entreprennent : quelles seraient dès
lors les qualités nécessaires pour s'en acquitter? En admettant
(ce qui est contre notre opinion) qu'il fût possible d'en venir à
bout, quelles connaissances, quels talents faudrait-il à ceux
qui s'en chargeraient? Pour régler avec succès la marche de
la société, il faut connaître la structure de la société, les principes selon lesquels elle est organisée, les lois naturelles d'où
dépendent ses progrès. Faute d'entendre bien ce qui constitue
le développement de la société, on ne peut que faire de graves
méprises si l'on se mêle d'entraver tel changement et de
favoriser tel autre. Faute de bien voir la dépendance mutuelle
de tant de fonctions, dont le concert fait la vie de la nation, on
s'expose à causer des désastres inattendus, pour n'avoir pas compris comment l'altération de l'une d'entre elles aurait son contre-coup dans toutes les autres. Quiconque ne connaît pas le
consensus naturel qui existe en chaque moment entre les parties de l'organisme social, est exposé à faire des efforts bien inutiles pour atteindre un résultat que ne comporte point le degré
d'organisation où la société est actuellement parvenue. Évidemment, avant de pouvoir rien tenter de raisonnable pour régler
les changements divers qui, par myriades, sont toujours en
voie de se faire dans une masse d'hommes, il faut d'abord avoir

bien pénétré les causes de ces changements, leurs rapports mutuels, l'enchevêtrement de tous les fils de ce tissu, le passé de chaque chose et la forme qu'elle est en train de prendre. En un mot, il faut être dûment familiarisé avec la science sociale, avec la science qui enveloppe toutes les sciences, qui en subtilité et complexité les dépasse toutes, et qui n'est accessible qu'aux plus hautes intelligences.

Eh bien ! cette condition, jusqu'à quel point nos législateurs y satisfont-ils? Sont-ils passablement avancés dans cette science? S'en approchent-ils même de loin ? Beaucoup d'entre eux ont fait de fort bonnes études classiques, cela ne fait pas un doute; plus d'un a écrit des vers latins de première qualité et peut goûter une pièce du théâtre grec. Mais je ne vois pas bien le rapport qu'il y a entre ceci, avoir une mémoire bien meublée de mots qui étaient en usage il y a deux mille ans, et cela, posséder un entendement rompu aux affaires d'une société moderne. En apprenant les langues mortes, ils ont aussi appris un peu d'histoire ancienne, sans doute; mais, après tout, cette histoire n'est guère qu'une suite de récits de batailles, d'intrigues et de négociations : elle ne peut donc jeter beaucoup de lumière sur la philosophie des sociétés; on n'en saurait retirer même les premiers éléments de l'économie politique. Nous ne nions pas non plus qu'il n'y ait, parmi les membres du Parlement, un tant pour cent raisonnable de bons mathématiciens, ni que l'étude des mathématiques ne soit estimable. Mais, comme les problèmes de la politique ne tombent pas sous l'analyse mathématique, ces études ne peuvent guère les aider à faire de bonnes lois.

Beaucoup d'officiers de nos armées siégent au Parlement : nous ne voulons pas pour le moment leur refuser une certaine compétence dans les fortifications, la stratégie, l'art de tenir un régiment ; mais nous ne voyons pas que tout cela les éclaire beaucoup sur les causes et les remèdes des souffrances du pays. Et même, comme toute guerre est anti-sociale, et tout gouvernement par les soldats, despotique, l'éducation et les habitudes militaires doivent plutôt les rendre incapables de présider aux actions d'un peuple libre. — « Mais nous, nous possédons une connaissance étendue des lois, » peuvent dire les nombreux avocats et avoués élus au Parlement, et c'est là, semble-t-il, un genre d'instruction qui n'est pas sans rapport avec la tâche propre du député. Toutefois, si cette instruction ne dépasse pas les besoins du métier, si elle n'est pas complé- tée par la connaissance des mille conséquences que chacune des lois antérieures a traînées à sa suite et traîne encore aujour- d'hui (et qui oserait dire que nos hommes de loi en sont là ?), elle n'habitue guère l'esprit à pénétrer dans la science sociale. Si le fait d'être familier avec les lois vous prépare à légiférer d'une façon rationnelle, alors il suffirait de bien connaître toutes les panacées qui ont jamais été en faveur pour se trouver tout préparé à pratiquer rationnellement la médecine. Ainsi nulle part, chez nos législateurs, nous ne trouvons une culture convenable. Ici, c'est un brillant auteur de nouvelles, et là un constructeur habile de chemins de fer; celui-ci a fait une grosse fortune dans le commerce, et celui-là est connu pour avoir amélioré certains procédés de culture; mais, pour toutes ces choses-là, il ne leur a fallu rien de ce qu'il faut pour

contrôler et régler la marche d'une société. Beaucoup ont passé
par les écoles publiques et par le *curriculum* universitaire; il
s'y trouve quelques *doubles-premiers* [1] d'Oxford, avec un ou deux
lauréats de mathématiques de Cambridge, mais pas un homme
qui ait reçu l'éducation indispensable à un bon législateur.
Nul ne possède cette connaissance solide de la science en général, couronnée par la science de la vie, et qui est l'assise nécessaire de la science de la société.

En effet, — et c'est là un de ces secrets bien en vue, qui ne
demeurent si secrets que parce qu'ils sont en vue, — tous les
phénomènes dont une nation est le sujet sont des phénomènes
de la vie et, sans exception, relèvent des lois de la vie. Ni croissance, ni décadence, ni amélioration, ni changement d'aucune
sorte ne s'accomplit dans le corps politique, qui n'ait sa cause
première dans les actes des hommes; et il n'est pas d'action
humaine qui ne se conforme aux lois de la vie en général, ni
qui puisse être bien entendue sans une parfaite entente de ces
lois. Sans la connaissance des lois de la vie, nous n'hésitons
pas à l'affirmer, comme sans une claire notion de leur présence
et de leur action décisive dans tous les faits de croissance et
d'organisation sociale, toute tentative pour régler la vie de la
société ne sera qu'un échec.

Maintenant, voyez quel prodigieux désaccord entre la fin
et les moyens. D'une part, une tâche de géants, avec des difficultés sans nombre; d'autre part, des hommes qui l'entreprennent à peu près sans aucune préparation. Faut-il donc

---

1. *Double-firsts*, c'est-à-dire premiers à la fois en mathématiques et en lettres.
TR.

s'étonner que toute loi finisse par mal tourner? N'est-il pas naturel que les plaintes, les amendements, les abrogations soient la besogne courante de chaque session? Ne fallait-il pas bien s'y attendre avec les sottises à la La Palisse qui désho-norent presque chaque nuit [1] les débats? — Mais on n'a pas besoin d'être aussi exigeant et de se faire du législateur un idéal aussi haut : l'insuffisance de la plupart de nos représen-tants est assez manifeste par elle-même. Jetez seulement un coup d'œil sur cette liste où sont mélangés les gentilshommes, les baronnets, les squires, les marchands, les avocats, les ingé-nieurs, les soldats, les marins, les administrateurs de chemins de fer, etc., et demandez-vous comment leur vie antérieure a pu les préparer à cette affaire si compliquée, la rédaction des lois : leur prodigieuse incompétence vous sautera aux yeux. C'est à croire que tout cet appareil a été établi selon les pré-ceptes de quelque Dogberry [2] politique : « L'art de guérir est malaisé; l'art de gouverner, facile. Pour comprendre l'arith-métique, il faut de l'étude; pour comprendre la société, il suffit de l'instinct. Faire des montres ne s'apprend qu'à la longue; il n'est nul besoin d'apprentissage pour faire des institutions. Avant de bien administrer une boutique, il faut s'être exercé; nulle préparation n'est nécessaire pour bien administrer un pays. » Si nous recevions la visite de quelque Gulliver plus sage, ou, comme dans le Micromégas de Voltaire, celle de quelque habitant d'une autre sphère, voici à peu près

---

1. Les séances du Parlement ont lieu la nuit.   TR.
2. *Dogberry* est un personnage de la comédie de Shakespeare *Beaucoup de bruit pour rien*. C'est un constable de nuit, personnage ingénieusement absurde, fier de sa personne et beau parleur.   TR.

comment il s'y prendrait pour rendre compte de nos institutions politiques :

« J'appris que les Anglais sont gouvernés par une assemblée
en qui est censée s'incarner la « sagesse collective ». Cette
assemblée, avec le concours de quelques autres autorités sur
qui en pratique elle paraît avoir la haute main, a des pouvoirs
illimités. Ce fait me jeta dans un grand embarras. Chez nous,
l'usage est, en constituant un corps, d'en définir les offices, et
surtout de voir à ce qu'il ne nuise pas au projet en vue duquel
il est créé. Mais le gouvernement anglais, en théorie comme
en pratique, peut tout ce qu'il veut. Dans les maximes et les
usages de la vie quotidienne, les Anglais professent le respect
de la propriété, comme d'une chose sacrée; toute infraction à
ce droit est regardée comme un crime des plus graves ; les lois
le protègent si jalousement, qu'elles punissent le vol d'un
navet; mais leurs législateurs le suspendent à volonté. Ont-ils
un projet en tête? ils prennent l'argent pour l'exécuter dans
les poches des citoyens; ceux qui leur ont conféré leurs pouvoirs n'avaient nullement en vue un tel projet ; bien plus, la
plupart des citoyens de la poche de qui l'on tire cet argent
n'avaient pas été appelés à leur conférer leurs pouvoirs; mais
cela n'y fait rien. Chaque citoyen a droit sur ses propres biens,
tant que les 654 députés n'en ont pas besoin. Il me parut que
l'ancienne théorie, aujourd'hui tant décriée et qui jadis avait
cours chez eux, du « droit divin des rois », s'était simplement
changée en une théorie du droit divin des Parlements.

« Je fus un moment tenté de croire que la constitution des
choses sur la terre différait du tout au tout d'avec ce qu'elle

est chez nous, car là-bas c'est une maxime reçue en philosophie politique que les actes ne sont pas justes ou injustes par eux-mêmes, mais qu'ils deviennent tels ou tels par un vote de ceux qui font les lois. Dans notre monde, on tient pour vérité évidente que, si plusieurs êtres vivent ensemble, il doit y avoir, en vertu même de leurs natures, certaines conditions premières hors desquelles ils ne peuvent vivre en bon accord; et tout acte qui viole ces conditions est mauvais. Dans un Parlement anglais, un individu qui proposerait de se conformer à cette règle abstraite passerait pour fou. Je demandai à un des législateurs si la majorité de la Chambre pouvait légitimer un meurtre. Il me dit : Non. Je lui demandai si elle pouvait sanctifier un vol. Il ne l'admit pas. Alors je voulus lui faire voir que, si le meurtre et le vol sont par eux-mêmes injustes et ne peuvent être rendus équitables par une décision des hommes au pouvoir, *toute action* en général devait semblablement être équitable ou inique, indépendamment d'une décision de la loi; et que, si le juste et l'injuste selon la loi ne s'accordent pas avec le juste et l'injuste tels que les détermine la nature, la loi elle-même est coupable : je n'y parvins pas. Il y a pourtant bien quelques Anglais de notre avis. Un de leurs hommes remarquables (il ne fait pas partie de l'Assemblée de leurs notables) a écrit ceci :

« Déterminer de plus en plus clairement les desseins passés et présents de l'Éternel sur nous, les lois de l'Éternel, tel est l'objet que se sont proposé tous les Parlements, tous les conciles œcuméniques, tous les congrès, tous les corps qui ont incarné la sagesse d'une collection d'hommes... Néanmoins, dans cette époque de votes et de discussions sur toutes choses, une idée contraire, ou plutôt une obscure pensée de vanité s'est répandue petit à petit en tous lieux, et maintenant, sur de vastes surfaces de ce globe, on trouve de misérables êtres humains convaincus en pratique que, si nous « votons » ceci ou cela, ceci ou cela sera désormais une *réalité*... En pratique, certains hommes en sont venus à se persuader que les lois de l'univers, comme les lois des pays constitutionnels, sont un objet de vote... C'est un rêve de sots. Les lois de l'univers, dont les lois de l'Angleterre, si elles n'en sont pas une copie exacte, devraient se rapprocher avec ardeur, sont déterminées par l'éternelle harmonie des choses, et ce n'est pas avec un « vote » qu'on peut les déterminer ni les changer.

« Mais, à ce que je vois, les législateurs anglais dédaignent superbement les réclamations de cette sorte et se tiennent à leur croyance d'athées renforcés : qu'avec un acte du Parlement, dûment appuyé par les fonctionnaires de l'État, il n'est rien d'impossible. Quant à savoir si les lois de la nature ne s'opposent pas à cet acte, ce n'est pas leur affaire. J'ai oublié de leur demander si, à leur avis, les différentes sortes d'aliments peuvent être rendus par décret salutaires ou dangereux.

« Une chose me frappa : ce fut la façon dont les membres de leur Chambre des communes jugent du talent les uns des autres. Plus d'un, qui exprimait les idées les plus naïves, ou les trivialités les plus plates, ou les superstitions les plus tombées en décrépitude du monde, était fort considéré. Quand on leur débitait des sottises de la force de celle-ci, qui a été dite voici quelques années par un de leurs ministres : que la doctrine du libre échange allait contre le bon sens, ils écoutaient en silence. Mais, un jour que j'étais là, un d'entre eux qui me paraissait parler fort sagement, étant venu à faire une faute de prononciation, ce qu'ils appellent une fausse quantité, ce fut aussitôt un éclat de rire. Il leur semblait fort bon qu'un législateur ne sût rien ou à peu près rien de l'affaire pour laquelle il était là; mais qu'il pût ignorer une certaine vétille, voilà ce qu'ils ne pouvaient supporter.

« Les Anglais se piquent d'être surtout pratiques; ils dédaignent fort les hommes à théories et prétendent n'avoir d'autres guides que les faits. Avant de faire ou de changer une loi, l'usage est de nommer une commission d'enquête, qui appelle à elle les hommes capables de la renseigner sur le sujet en question et qui leur pose quelques milliers de questions. Ces questions, avec les réponses, sont imprimées dans de gros livres que l'on distribue aux membres du Parlement; et, à ce qu'on m'a dit, il se dépense quelque 100,000 liv. (2 millions 1/2 de fr.) par an à ramasser ainsi et à distribuer des renseignements. Néanmoins, il m'a paru que les ministres et les représentants du peuple anglais sont obstinément attachés à des théories que les faits les plus éclatants ont depuis longtemps démenties. Ils font grande attention à des renseignements de détail; mais, quant aux grandes vérités, ils les négligent. Ainsi l'expérience de plusieurs générations a prouvé que l'État est, à peu près en tout, mauvais administrateur. Les domaines nationaux sont si misérablement exploités que souvent, au lieu de rapporter, ils coûtent. Les chantiers de l'État pour la construction des vaisseaux sont toujours établis d'une façon bizarre et incommode. L'administration de la justice est si mauvaise, que la plupart des citoyens aiment mieux supporter même de grosses pertes que d'entamer un procès, ce qui serait courir le risque de se ruiner. On voit par des faits innombrables que

le gouvernement est le pire propriétaire, le pire fabricant, le
pire commerçant, bref le pire administrateur, quelle que soit
la chose à administrer. Les preuves sont abondantes et con-
cluantes ; durant une récente guerre, les bévues des fonctionnaires ont été aussi frappantes et aussi nombreuses que jamais :
n'importe ! la croyance générale que, si l'on crée un nouveau
département et qu'on le charge de quelque fonction, il s'en
acquittera toujours à la satisfaction de tous, n'a pas perdu une
ligne de terrain. Des législateurs qui se croient bien pratiques
se cramponnent à leur idée d'une société réglée par voie
administrative, en dépit de preuves accumulées, en dépit des
échecs incessants du contrôle administratif.

« Au contraire, cette croyance semble gagner du terrain parmi
ces hommes d'État anglais, si amis des faits, et cela au moment
où tous les faits s'élèvent contre elle. Jamais on n'a vu foisonner
à ce point les projets tendant à attribuer à l'État le droit de
surveillance sur ceci et sur cela. Et, ce qui dépasse tout, l'assemblée des représentants écoutait l'autre jour, d'un air grave,
un de ses membres les plus autorisés déclarer que les ateliers
de l'État travaillent à meilleur compte que les ateliers des
particuliers. Leur premier ministre avait à défendre une manufacture d'armes récemment établie : il leur affirma que, dans
un de leurs arsenaux, certains projectiles étaient fabriqués
mieux que par l'industrie privée et, ce qui est plus fort, reve-
naient trois fois moins cher; et il ajouta : « Il en serait de
« même de tout. » Or les Anglais sont un peuple de commerçants; ils devraient savoir assez bien quels sont les profits
ordinaires des fabricants, et quelle marge est laissée aux

économies possibles. Aussi, quand je vis qu'ils avaient pris pour leur représentant principal un homme si prodigieusement ignorant en ces matières, j'en fus frappé, et je reconnus là un fort admirable résultat du système représentatif.

« Je ne poussai pas plus loin mes recherches : il était clair pour moi que, si c'étaient là les plus sages des Anglais, les Anglais n'étaient pas un peuple de sages. »

Notre essai de gouvernement représentatif n'est donc pas ce qui s'appelle un succès, du moins en ce qui concerne le choix des représentants. Ceux qu'il porte au pouvoir ne sont pas les plus propres à remplir cette place, ni par leurs intérêts, ni par leur éducation, ni par leur sagesse. Tous ces défauts, auxquels il faut joindre encore la lourdeur de toute la machine, font du gouvernement représentatif un appareil d'administration des moins efficaces. A tous ces égards, il est visiblement au-dessous du gouvernement monarchique. Celui-ci a l'avantage d'être simple ; et qui dit simple dit efficace. Il a encore ce mérite que le pouvoir alors est dans les mains d'un homme directement intéressé à ce que les affaires publiques marchent bien : son pouvoir, et parfois sa vie même, en dépendent. Le soin de son propre bien lui ordonne de choisir les meilleurs conseillers qu'il puisse trouver, sans souci des distinctions de classe. Il a trop intérêt à s'assurer le concours des plus capables, pour se laisser arrêter par les préjugés qui le séparent d'un homme, si cet homme est un vrai politique. Nous en avons assez d'exemples. Les rois de France n'ont-ils pas appelé à leur conseil un Richelieu, un Mazarin et un Turgot? Henri VIII n'a-t-il pas eu son Wolsey, Élisabeth son Burleigh, Jacques Ier son Bacon, Cromwell son Milton? Et c'étaient là, n'est-il pas vrai? des hommes d'une autre taille que ceux aux mains de qui sont les rênes, avec notre régime constitutionnel. Un autocrate a de si fortes raisons pour aller chercher le talent partout où le talent se trouve, qu'il appellerait au conseil son barbier, si son barbier était un garçon de mérite. Voilà donc ceux qu'il choisit pour ministres et pour conseillers. Et de même pour tous les autres offices : il prend les plus capables. Napoléon tirait ses maréchaux du rang; et une grande partie de son succès, il le dut à son art de distinguer le mérite partout et de s'en servir. La Russie nous a montré récemment, par l'exemple de Todtleben, combien le talent de l'ingénieur peut rapidement se faire reconnaître là-bas et se tirer de pair; et nous savons à nos dépens combien la longue défense de Sébastopol tient à ce seul fait.

En regard, si vous voulez un contraste, mettez notre armée, où le génie reste ignoré, tandis qu'un petit maître [1] se fait distinguer; où la richesse et le sang barrent la route de l'avancement au mérite plébéien; où la rivalité entre deux services, celui de la reine et celui de la Compagnie [2], paralyse presque entièrement le meilleur commandement. Et vous verrez alors qu'avec le système de la représentation l'exécutif fonctionne aussi mal que le législatif. Nous avons eu comme une antithèse réelle entre l'efficacité des deux genres de gouvernement, dans un fait déposé devant la Commission de l'enquête sur

---

1. *Muff.* Ce mot est bien plus méprisant que *petit maître* : on en trouvera aisément les équivalents dans le français propre à ces gens-là.   TR.

2. C'était alors encore la Compagnie des Indes qui administrait cet empire pour le compte du gouvernement de la reine. De plus, en octobre 1857, on était au fort de l'insurrection des cipayes.   TR.

Sébastopol : il s'agit d'une fourniture de baraques à l'armée de Crimée ; l'entrepreneur qui s'en chargeait ne trouva chez le gouvernement anglais qu'irrésolution, lenteur, marques de mauvais vouloir ; au rebours, le gouvernement français agit avec promptitude, décision, jugement, courtoisie. Tout tend à montrer dans le pouvoir autocratique le meilleur agent d'administration. Si nous voulons une armée bien organisée, s'il nous faut une administration de la santé publique, de l'éducation publique, de la bienfaisance publique, dirigée dans un esprit pratique ; si nous désirons avoir une société menée vivement par un état-major de fonctionnaires, eh bien ! tout nous y invite : adoptons ce système où tout est rattaché étroitement à un centre unique, et qu'on nomme despotisme.

Sans doute, en dépit des réserves dont nous avons fait précéder ce développement, plus d'un lecteur ne nous aura pas suivi sans surprise. Quelques-uns sans doute ont dû se reporter à la couverture de la *Revue*, pour bien s'assurer qu'ils ne s'étaient pas trompés, qu'ils n'avaient pas mis la main sur autre chose que la *Westminster;* et d'autres encore peut-être y ont ajouté, en guise de commentaire perpétuel, toute une série d'épithètes et d'anathèmes contre notre changement apparent de principes. Qu'on cesse de prendre l'alarme ! Nous ne nous sommes pas écartés de la profession de foi inscrite dans notre programme. Mais bien plutôt, comme on va le voir, nous conservons aussi fort que jamais notre attachement aux institutions libres, nous l'avons même accru en le soumettant à l'épreuve de cette critique en apparence hostile.

La soumission d'une nation à un homme n'est pas chose naturelle et saine; c'est comme un état maladif. C'est un état qui peut convenir à une société encore pleine de vices, mais d'où il faut sortir au plus tôt. L'instinct qui le rend possible n'est rien moins que noble. Appelez-le « culte du héros », et il aura bon air. Appelez-le de son vrai nom : une terreur aveugle, une épouvante inspirée par la force, par une force quelconque, mais surtout par la force brutale; et voyez alors s'il est digne d'admiration. Voyez-le, dans les âges primitifs, déifier un chef cannibale, chanter la gloire d'un voleur heureux, honorer la mémoire du guerrier le plus sanguinaire, parler avec respect de ceux qui ont fait preuve de rancunes inextinguibles, élever des autels à ceux qui ont porté le plus loin des vices qui sont le déshonneur de l'humanité, et l'illusion disparaît. Lisez comment, là où il fleurit, il fit couler à flots le sang humain sur la tombe du roi mort; comment, sur les autels qu'il dressa à ses héros, il se fit une coutume de sacrifier des prisonniers, des enfants, pour satisfaire cet appétit de chair humaine, que la tradition leur attribuait; comment il mit les sujets dans la main de leurs maîtres et ainsi rendit possible une infinité d'agressions, de batailles, de massacres et d'innombrables abominations; comment il égorgea sans pitié quiconque ne voulait pas lécher la poussière devant ses idoles; lisez ces choses, et ce fameux sentiment ne vous paraîtra plus aussi beau. Voyez-le, sur sa fin, faire une auréole aux pires des monarques aussi bien qu'aux meilleurs; acclamer des assassins; crier hourra ! aux traîtres qui réussissent; courir aux processions, aux cérémonies; applaudir les pompes où un pouvoir faiblissant

cherche une vigueur nouvelle ; et dites s'il est honorable.
L'autocratie suppose de la bassesse et dans le chef et dans le
sujet : chez l'un, un froid égoïsme, qui sacrifie la volonté
d'autrui à la sienne; chez l'autre, une vile, une lâche abdica-
tion des droits de l'homme.

Notre langue même ici porte témoignage. Ces mots de
dignité, indépendance, et autres termes d'approbation, ne sont-
ils pas faits pour des hommes qui ne soutiendraient point de
tels rapports ? Les épithètes de *tyrannique, arbitraire, despotique*,
ne sont-elles pas autant de reproches ? et celles de *rampant,
flatteur, chien couchant*, autant d'expressions méprisantes ? Ce
mot de *slavish* (digne d'un esclave) n'est-il pas toute une
condamnation ? *Servile*, qui signifie digne d'un serf, n'enferme-
t-il pas une accusation de petitesse, de bassesse ? Et le mot de
vilain, qui signifiait d'abord esclave, n'en est-il pas venu à
signifier tout objet haïssable ? Ainsi le langage même révèle,
sans le vouloir, l'indignation secrète de l'humanité contre
quiconque fait paraître un penchant à la soumission : et cela
seul prouve assez que ce penchant-là ne va pas sans des instincts mauvais. Il a été le principe de crimes innombrables. Il
est responsable des tortures, du meurtre de tous ces hommes
de cœur qui n'ont pas voulu se courber, des horreurs des
Bastilles et des Sibéries. Il n'a cessé d'être l'ennemi des
lumières, de la pensée libre, du vrai progrès. En tout temps,
il a favorisé les vices des cours et les a mis à la mode dans les
nations. Si un George IV est sur le trône, il fait dix mille
mensonges par semaine, et ces mensonges sont des prières
pour « le très-religieux et gracieux roi ». Aujourd'hui encore,

il est chaque jour l'auteur de bien des faussetés : c'est lui qui
fait acheter et vendre des portraits que chacun sait être outra-
geusement infidèles. Que nous lisions les annales d'un passé
lointain[1], que nous considérions les diverses races sauvages
dispersées sur la surface du globe, ou que nous comparions les
nations de l'Europe actuelle, partout nous voyons la soumission
devant l'autorité décroître à mesure que croissent la moralité
et les lumières. Ce sentiment, à le suivre depuis l'antique culte
du guerrier jusqu'à la bassesse de nos plats-pieds modernes[1],
n'a jamais été si fort que là où l'homme était le plus vile.

Ce lien entre la barbarie et le respect de l'autorité est une
de ces harmonies bienfaisantes que rencontre partout « le serviteur et interprète de la nature ». La subordination de tous à
un seul est une condition indispensable de la vie en société
tant que les naturels sont sauvages, c'est-à-dire insociables ; et,
pour que la société subsiste, il faut que tous aient une peur
effroyable du maître unique. Aussi longtemps que la conduite
des hommes les uns à l'égard des autres est faite pour nourrir
entre eux des haines vivaces, qui mettent en péril l'union
sociale ; aussi longtemps et dans la même mesure, il faut, pour
tenir en respect ces naturels prêts à éclater, pour les empêcher
de s'entre-détruire, un maître fort, déterminé, cruel. Avec de
tels êtres, un gouvernement libre, quel qu'il soit, de cela seul
qu'il exige chez les gouvernés quelque peu d'équité et d'empire
sur soi, est une chimère : il leur faut un despotisme qui égale
leur sauvagerie par sa dureté ; et, pour établir un tel despotisme,
il faut un culte superstitieux du despote. Mais à mesure que la

1. *Flunkeyism*, mot à mot : attitude de la valetaille en livrée.   TR.

discipline de la vie sociale change la nature humaine ; à mesure
que, par l'inaction, s'affaiblissent les vieux instincts de pillage
et d'agression, et que, par un constant exercice, les sentiments
sympathiques grandissent ; à mesure aussi ce rude gouvernement devient moins nécessaire, l'autorité du chef diminue, la
terreur qu'il inspirait s'en va. Il avait été d'abord un dieu
ou un demi-dieu ; il finit par n'être qu'un personnage du
commun, fort exposé à la critique, au ridicule, à la caricature.

C'est à quoi travaillent diverses influences. Les lumières qui
vont croissant font paraître le chef sans ces attributs surna-
turels dont il était d'abord environné. La science qui se
développe nous donne une idée de la grandeur de la création,
de la constante et irrésistible action de sa cause omniprésente,
et nous fait toucher du doigt, par la comparaison, la petitesse
de toute puissance humaine ; et l'épouvante qui pénétrait les
âmes en face du grand homme, maintenant c'est l'univers qui
l'inspire : dans cet univers, le grand homme n'est plus qu'un
imperceptible. Puis la population s'accroît, et, comme la proportion des grands hommes demeure la même, ils deviennent
moins rares ; or, plus ils sont nombreux, plus petite est la part
de respect qui revient à chacun : ils se rapetissent l'un l'autre.

La société d'ailleurs s'assied et s'organise : dès lors son bien-
être et son salut dépendent de moins en moins d'un particulier. Dans une société primitive, la mort d'un chef, ce peut être
un bouleversement dans toute la destinée du peuple ; mais
dans une société comme la nôtre, il n'y a pas de mort qui
puisse empêcher les choses d'aller leur droit chemin. Voilà
donc bien des causes qui s'unissent pour diminuer le pouvoir

de l'autocrate, tant en politique que dans le reste. Tennyson a
raison, et non-seulement dans le sens auquel il pense, mais
aussi dans un sens plus élevé, quand il dit :

L'individu dépérit, et le monde vit de plus en plus.

D'autre part, il faut aussi y prendre garde : tandis que la
domination absolue de l'homme supérieur cesse d'être nécessaire, tandis que la terreur superstitieuse inspirée d'abord par
cet absolutisme s'affaiblit, il devient impossible de trouver
l'homme supérieur, pour le porter au faîte. Dans une société
élémentaire, quand la force est le droit, quand la guerre est
l'affaire capitale, quand les qualités nécessaires en un chef,
tant pour mener ses sujets que pour défaire les ennemis, sont
la force physique, le courage, la ruse et l'énergie, alors il est
aisé de le distinguer, ou plutôt il se distingue de lui-même.
Les qualités qui le mettent mieux que pas un à même de gouverner les barbares d'alentour lui servent aussi à prendre la
haute main sur eux. Mais dans une société avancée, complexe,
et comparativement pacifique, comme est la nôtre, ces qualités ne sont pas celles qu'il faut ; fussent-elles celles qu'il faut,
notre société est trop solidement organisée pour que l'homme
ainsi doué pût percer. Pour mener une société bien assise,
civilisée, les talents indispensables ne sont pas l'amour des
conquêtes, mais l'amour du bonheur de tous ; ni une immor-
telle rancune contre les ennemis, mais une équité calme et
libre de toute passion ; ni une habileté artificieuse, mais la
pénétration du philosophe. Comment trouver l'homme qui
réunit le plus parfaitement ces qualités ? Dans aucun pays, cet

homme ne naît communément sur les marches du trône; et
d'ailer se figurer qu'on le découvrira entre trente millions
d'âmes, ce serait pure folie. Nous avons déjà vu un tel exemple de l'impuissance des hommes à discerner le mérite supérieur, dans nos élections pour le Parlement. Or, si les quelques
milliers d'hommes que comprend un collége ne peuvent trouver parmi eux le plus sage, comment les millions d'hommes
que comprend une nation en viendraient-ils à bout? A mesure
que la société devient nombreuse, complexe, pacifique, la domination politique des meilleurs devient impossible.

Mais quand le rapport d'autocrate à esclave serait morale-
ment bienfaisant; quand il serait possible de mettre la main
sur l'homme le mieux fait pour l'autocratie, nous dirions encore qu'une telle forme de gouvernement est mauvaise. Notre
raison ne serait pas seulement celle-ci, que le gouvernement
par les gouvernés est un bon moyen d'éducation. Mais nous
partirions de ce fait, qu'il n'y a pas d'être humain, si sage et
si bon qu'il soit, capable de régler à lui seul la vie d'une société
compliquée; et que, avec les plus pures intentions, le plus bien-
veillant des despotes est exposé à produire les plus effroyables
malheurs et qui sans lui ne seraient jamais arrivés. Nous
allons prendre l'exemple le plus favorable aux partisans de la
suprématie du meilleur. Nous examinerons le héros modèle de
M. Carlyle, Cromwell. Assurément les mœurs du temps où
naquit le puritanisme justifient bien le dégoût d'où sortit cette
doctrine. Assurément les vices et les germes de folie que le
catholicisme, mourant et luttant encore pour l'existence, avait
légués au pays, étaient dignes de provoquer une réaction ascé-

tique. Mais il est dans l'ordre de la nature que les habitudes
et les goûts des hommes ne puissent se changer soudaine-
ment. Il n'y a d'effets permanents que ceux qui se produisent
par degrés. Les instincts meilleurs, les pensées plus hautes,
doivent germer dans l'âme, non lui être imposés du dehors.
Enlevez à un peuple ses plaisirs de basse qualité avant qu'il
les ait remplacés par de plus nobles, et vous êtes sûr d'amener
un désastre. Car il n'y a pas d'existence saine sans quelque
sorte de plaisir. Quoi qu'en puisse dire un ascétisme moral, ou
plutôt immoral, c'est par des plaisirs et des peines, comme par
autant d'aiguillons et de freins, que la nature dirige et sauve
sans cesse de la destruction ses enfants. On aura beau mur-
murer sur un ton de mépris le mot de « philosophie de pour-
ceaux », ce n'est pas ainsi qu'on détruira cette vérité éternelle :
que la misère est la grande route pour aller à la mort, et que
le bonheur, c'est un surcroît de vie et une promesse de vie.
Mais des puritains indignés ne pouvaient voir cette vérité;
avec cette extravagance qui est le propre des fanatiques, ils
voulaient abolir le plaisir en général. En arrivant au pouvoir,
le puritanisme ne rejeta pas seulement des plaisirs sujets à
caution; mais avec ceux-là, tous les autres y passèrent. Or ces
actes de répression, Cromwell en est responsable : c'est lui
qui les décréta, les appuya ou les permit. Eh bien ! à quoi
parvint-on après cet effort pour faire avec des citoyens des
dragons de vertu? Quand le grand homme, qui avait cru par
là « aider Dieu dans l'œuvre de réforme universelle, » vint à
mourir, qu'arriva-t-il? Ce fut une effroyable réaction, et qui
conduisit le pays à un état d'avilissement presque sans pareil)

dans notre histoire. Dans la maison munie d'une garnison
toute fraîche entrèrent « sept autres esprits plus méchants
que le premier ». Le caractère anglais fut, pour plusieurs
générations, rabaissé : le vice fut glorifié, la vertu tournée en
dérision ; au théâtre, le mariage devint une source inépuisable
de ridicules ; on vit l'épanouissement du mépris de tout ce qui
est saint, et de l'obscénité; c'en était fait de toute haute
pensée; la pourriture gagna tout. Il fallut attendre le règne de
George III pour voir reparaître une plus noble idée de la vie.
Et ce siècle de profonde démoralisation, à qui devons-nous
surtout en rendre grâces? A Cromwell. Eh bien! est-il donc si
évident que la domination d'un homme, même le plus droit
du monde, soit une pure bénédiction?

D'ailleurs, ne l'oublions pas : quand la suprématie politique
de l'homme supérieur cesse de s'exercer ouvertement, elle agit
encore par des voies détournées et plus bienfaisantes. Qui ne
voit que de nos jours le sage, s'il n'est pas l'exécuteur de ses
propres décrets, leur trouve des exécuteurs dans le reste des
hommes? Adam Smith, du coin de sa cheminée, a imposé au
monde des changements plus grands que pas un premier ministre. Un général Thompson, qui forge les armes nécessaires
à la guerre contre la loi des grains; un Cobden et un Bright,
qui les perfectionnent et qui s'en servent, font plus pour la
civilisation qu'aucun des porte-sceptres. La chose peut déplaire aux hommes d'État; mais il n'y a pas à chicaner. Calculez tous les résultats déjà acquis du libre échange; joignez-y
les résultats bien plus grands encore qu'il nous promet, et
non-seulement à nous, mais à toutes les nations qui adopteront

notre principe, et vous verrez que la révolution entreprise par ces hommes surpasse en grandeur tout ce qu'a jamais fait un potentat moderne. M. Carlyle le sait bien : ceux qui préparent les vérités nouvelles et qui les enseignent à leurs semblables sont, de nos jours, les vrais maîtres, « les législateurs non reconnus », les rois véritables. Chacun le sent : ceux qui sont assis sur les trônes et ceux qui composent les cabinets ne sont que leurs serviteurs. Mais aussi, remarquons-le, ce pouvoir, qui s'exerce par des voies indirectes, a cessé d'être dangereux; il ne peut guère être désormais que bienfaisant. Car lorsque les arrêts du sage ne peuvent, comme chez nous, passer dans la loi qu'après un long débat public, lorsqu'ils doivent prouver leur droit de vivre en conquérant leur place au soleil, c'est là une barrière qui s'oppose à l'introduction de tout changement important et mal calculé. Le grand homme a tout pouvoir pour faire le bien, aucun pour faire le mal.

Non, l'ancien régime ne reviendra pas : il est bien fini. Chez nous du moins, la subordination de tous à un seul est devenue à la fois inutile, répugnante, impossible. Le « culte du héros » fut bon dans son temps; il serait mauvais aujourd'hui : le voilà mort. Et par bonheur il n'y a pas de déclamations, si éloquentes qu'elles soient, qui puissent le ressusciter.

Mais voilà, ce semble, deux thèses irréconciliables, deux raisonnements qui s'entre-détruisent : ici, une critique du gouvernement représentatif, qui finit par une condamnation; là, une critique de la monarchie, que clôt un arrêt plus dur encore. Ces deux critiques doivent se démolir l'une l'autre.

Mais non, le paradoxe s'explique aisément. Il n'y a pas contradiction à dire tout ce que nous avons dit des défauts du système représentatif, sans cesser de le tenir pour le meilleur de tous. Que dis-je? les faits mêmes qui semblent plaider contre lui doivent, à les bien prendre, nous affermir dans notre croyance à la supériorité de ce régime. Entre tous nos arguments, il n'en est pas un qui porte contre l'aptitude de ce gouvernement à maintenir la justice, soit entre les hommes, soit entre les classes. Les faits abondent pour prouver que le maintien de l'équité dans les rapports des sujets entre eux, cette affaire capitale de tout gouvernement, n'est jamais mieux assuré qu'avec un pouvoir d'origine populaire. Et les défauts auxquels est sujet un tel pouvoir ne font rien là-contre. S'il s'agit de la véritable fonction de tout gouvernement, le régime représentatif est le meilleur : cela se prouve par son *origine*, par sa *théorie*, par ses *résultats*. Rangeons les faits sous ces trois chefs.

En Espagne, en Angleterre, en France, le pouvoir populaire ne s'est organisé que pour tenir en échec la tyrannie du roi, c'est-à-dire l'injustice du roi. Les plus anciens rapports que nous ayons sur les Cortès espagnoles nous les montrent occupées de donner des avis au roi ; et c'était le devoir du roi de suivre ces avis-là. Elles avaient droit de pétition, droit de remontrance, droit de porter plainte pour tout grief, et droit d'en exiger le redressement. Le roi, après s'être rendu à leurs réclamations, jurait d'en tenir compte, et c'était une règle que tout acte royal contrevenant aux statuts ainsi établis « devait être respecté comme ordre du roi, et restait de nul effet, comme contraire aux droits et priviléges du sujet. » En tout cela, un fait apparaît clairement : c'est que l'objet propre des Cortès était d'obtenir réparation pour toutes injustices commises par le roi ou par d'autres; que le roi avait pour habitude de violer les promesses qu'il leur faisait de tout amender ; et qu'alors elles avaient à prendre telles mesures qu'il appartenait pour assurer l'accomplissement de ces promesses.

En Angleterre, mêmes faits : les barons qui refrénèrent la tyrannie du roi Jean n'avaient pas reçu du peuple qualité pour cela, et pourtant ils étaient en fait les représentants improvisés de la nation ; et à travers leur demande, que la justice ne fût ni vendue, ni refusée, ni retardée, nous devinons les maux que la société endurait et qui leur firent prendre le pouvoir en main. Dans les temps anciens, les chevaliers et bourgeois convoqués par le roi, qui voulait en tirer des subsides, travaillaient surtout à obtenir de lui le redressement de leurs griefs, c'est-à-dire une bonne administration de la justice; et dans le droit, qu'ils finirent par s'assurer et dont ils usèrent au besoin, de refuser tout subside jusqu'à ce que justice leur fût rendue, nous voyons et le besoin du temps de remédier aux iniquités de l'autocratie, et l'accommodement des institutions représentatives à cette même fin. Et comment le droit populaire réussit-il plus tard à se fortifier? Ce fut en réclamant des lois meilleures, la diminution des priviléges, des exemptions, des iniquités dont profitaient certaines classes : et nous en avons eu assez de preuves dans les discours prononcés lors de l'agitation pour la loi de réforme électorale [1]. — De même en France, le gouver-

---

1. En 1854, lord J. Russell, comme membre du cabinet Aberdeen, avait proposé une loi de réforme électorale; la guerre de Russie fit oublier ce projet, qui reparut seulement en 1859.   TR.

nement représentatif n'a pris une forme déterminée qu'au moment où l'oppression, devenant intolérable, le rendit nécessaire. Quand des siècles d'extorsions ininterrompues eurent
mis la masse du peuple à la misère ; quand on ne vit plus, sur
toute la surface du pays, que des millions de visages hagards ;
quand ceux qui, mourant de faim, osaient se plaindre, étaient
pendus « à une potence de quarante pieds de haut » ; quand,
avec leurs exactions et leurs cruautés, des rois-vauriens et des
nobles-vampires eurent mené la nation à deux doigts de la
ruine ; alors on n'eut plus qu'un remède, qui fut d'assembler
les élus du peuple.

Ainsi, *a priori*, le gouvernement représentatif est vraiment
apte à établir de justes lois : c'est ce que prouve l'accord des
trois peuples pour y recourir dès qu'ils se proposent ce but
même ; et c'est ce que confirment encore les efforts récents des
autres nations de l'Europe pour entrer dans la même voie. La
théorie de ce fait n'est pas difficile. Évidemment un homme
saura en moyenne défendre avec plus de soin ses propres intérêts que tout autre qui s'en chargerait pour lui. Évidemment,
s'il s'agit d'établir des règles qui touchent aux intérêts de plusieurs hommes, il y a plus de chances pour qu'elles soient
faites avec équité si tous les intéressés sont présents et prennent une égale part à la rédaction. Évidemment enfin, si les
intéressés sont trop nombreux et trop dispersés, s'il y a impossibilité physique à ce qu'ils prennent tous part à la confection
de ces règlements, alors, ce qu'il y a de mieux, c'est que les
citoyens de chaque partie du territoire chargent l'un d'entre
eux de parler pour tous, de veiller sur leurs droits, d'être

leur représentant. Le principe ici, est le suivant : la meilleure
garantie des intérêts de tous, c'est que chacun surveille ses intérêts propres; et ce principe, on l'applique aussi exactement que
les circonstances le permettent. On peut conclure, et de l'analyse de la nature humaine, et de l'histoire, qu'il n'est pas sage
de remettre les intérêts d'une nation aux mains d'un individu,
quand les intérêts réels ou imaginaires de celui-ci sont en
conflit avec les intérêts de celle-là. De même, et par les mêmes
voies, on arrive à conclure que nulle portion restreinte d'une
nation, telle qu'une noblesse, n'est capable de faire passer le
bien de tous avant le sien propre. Et enfin, l'on peut conclure
qu'il n'y a pour le bien public qu'une sûre garantie : c'est
l'accession de tous à la vie politique.

C'est au nom de cette croyance que le gouvernement représentatif a été de tout temps défendu, maintenu, fortifié. Depuis
les premiers décrets de convocation de la Chambre des communes, où il était déclaré qu'en bonne équité toute loi devait
être consentie par les intéressés, jusqu'aux arguments aujour-
d'hui allégués par les non-électeurs en faveur de leur admission aux droits politiques, la théorie sous-entendue est toujours
la même.

Or, remarquez-le : en tout ceci, il n'a pas été question
de sagesse ni de capacité administrative. Du commencement
à la fin, un seul but a occupé les esprits : la *justice*. Que
nous examinions la question d'une manière abstraite, ou que
nous considérions les diverses opinions des hommes sur ce
sujet depuis les temps anciens jusqu'à nos jours, partout nous
retrouvons, à la base du régime représentatif, cette même rai-

son, qu'il est le moyen le plus assuré de faire régner l'équité entre les membres du corps social.

Eh bien ! est-ce que les résultats ne confirment pas cette théorie ? est-ce que nos anciens Parlements, après de longues luttes, n'ont pas réussi à tenir la bride serrée aux rois et à leur interdire tout abus de pouvoir ? Notre gouvernement ne nous assure-t-il pas une sécurité et une justice que nous envient les autres nations ? L'élection de l'Assemblée constituante, en France, n'a-t-elle pas eu des suites comme celles-ci : la suppression des charges iniques dont le peuple était écrasé; l'abolition des dîmes, des droits seigneuriaux, des gabelles, des abus du droit de chasse ; la destruction d'une foule de privilèges féodaux et d'immunités; la libération des esclaves dans les colonies françaises [1] ? Et cette extension du corps électoral, où nous a conduits la loi de réforme, n'a-t-elle pas eu pour effet le triomphe de la justice sur certains points? Ainsi du rappel des lois sur les grains, et de l'égalisation des droits à percevoir pour l'homologation des testaments et sur les legs. Ce sont là des preuves irréfutables. Il est donc clair, et *a priori* et *a posteriori*, que le gouvernement représentatif est particulièrement favorable à l'établissement et au maintien de justes lois.

Et maintenant considérez que les objections précédemment élevées contre le gouvernement représentatif ne portent plus guère contre lui, s'il se renferme dans les limites de cette

1. L'esclavage fut en effet aboli dans les colonies françaises par la première Constituante. Mais le Premier Consul en 1802 le rétablit. C'est la Constituante de 1848 qui l'abolit définitivement. Il avait disparu des colonies anglaises depuis 1834.   TR.

fonction comparativement restreinte. Si avec leur peu de lumières nos législateurs sont hors d'état de surveiller et de régler les actes innombrables et compliqués dont se compose la vie d'une nation, toutefois ils ont encore assez d'esprit pour inscrire dans la loi et mettre en vigueur ces simples principes d'équité sans lesquels il n'y a pas de justice dans les relations des citoyens entre eux. Ces principes sont de ceux dont les esprits du commun, dans une société civilisée, peuvent toujours entendre les applications principales. L'électeur moyen a beau être bouché, il peut bien voir pourtant l'utilité de telles conventions qui empêcheront les hommes de se tuer et de se voler les uns les autres; il peut bien comprendre qu'il faut des lois pour forcer les débiteurs de payer; il peut deviner la nécessité de mesures faites pour empêcher les forts de tyranniser les faibles; enfin il peut sentir l'équité d'un système judiciaire qui traite le riche comme le pauvre. Le représentant moyen peut être fort médiocre, et cependant savoir, sous la direction de ses collègues plus habiles, rédiger les dispositions prohibitives correspondantes; ou mieux encore : il est bien capable, après tout, de défendre les dispositions déjà rédigées par le lent travail des générations précédentes de législateurs, et d'aider quelque peu à l'amélioration de ces mesures et à l'application de ces mêmes principes aux questions les plus urgentes. A vrai dire, pourtant, ce que nous exigeons de l'intelligence des électeurs et des élus, nous ne l'obtenons qu'à moitié.

Ainsi les collèges sont assez aveugles pour ne pas voir cette vérité qui saute aux yeux que, pour échapper à des lois toutes en faveur de la noblesse et onéreuses pour les gens des communes, il y a un bon moyen : de ne plus prendre leurs représentants parmi les nobles. Mais pourtant, quand cette législation, inspirée par l'esprit de caste, aboutit à des injustices trop criantes, — exemple les lois sur les grains, — alors ils ont assez de bon sens pour trouver l'art de s'en défaire. Bien des législateurs n'ont pas la vue assez pénétrante pour voir que la plupart des maux dont ils prétendent nous délivrer à grand renfort d'inspections et de règlements disparaîtraient d'eux-mêmes devant une justice sûre, prompte et à bon marché. Pourtant l'acte sur les cours de comté, et quelques autres lois de réforme récentes, prouvent qu'ils comprennent au besoin l'utilité d'un système judiciaire plus efficace. Si donc le gouvernement représentatif, avec cette médiocrité intellectuelle qui en est le signe inséparable, est peu capable de cette grosse affaire : régler tous les détails de la vie d'une nation, il n'est pas pour cela incapable de cette fonction plus simple : protéger le droit. D'ailleurs, à l'égard de cette tâche première, essentielle, de tout gouvernement, les intérêts du représentant sont plus manifestement confondus avec ceux du citoyen qu'ils ne le sont à l'égard de toutes les autres tâches dont les gouvernements se chargent. Si le membre du Parlement se soucie assez peu, en général, de savoir si les maîtres d'école de l'État, les prédicateurs de l'État, les officiers de santé de l'État, les dispensateurs des charités de l'État, etc., font bien leur besogne, en revanche il est pour lui de la dernière conséquence que la vie et les biens des citoyens soient en sûreté : aussi y a-t-il plus de chances pour qu'il veille à la bonne administration de la justice qu'à toute autre chose.

En outre, si par sa complexité, par le mauvais ajustement des parties, par sa lourdeur, le gouvernement représentatif manque de l'activité et de la promptitude qu'il faut pour diriger comme d'une main paternelle les affaires de trente millions de citoyens, il ne manque pas pour cela des qualités qu'il faut pour établir et maintenir des règles d'équité, et empêcher les citoyens de les trangresser aux dépens les uns des autres. Car les principes de la justice sont permanents aussi bien que simples; une fois que les grandes lignes en ont été déterminées, il ne reste plus qu'à les préciser et à trouver les mesures propres à les faire passer dans la réalité; or c'est là une tâche à laquelle un gouvernement représentatif, avec toute sa lenteur et sa complication, n'est pas impropre. Donc, et par son origine, et par sa théorie, et par ses résultats, le gouvernement représentatif nous apparaît comme le mieux fait pour maintenir la justice entre les classes comme entre les individus; les objections qui l'atteignent si rudement dans toutes ses autres prétentions ne touchent point à celle-ci, qui est fondamentale pour lui.

Voilà donc la solution de notre paradoxe. Voilà comment se réconcilient nos deux thèses en apparence contradictoires de tout à l'heure. Si l'on nous demande : A quoi le gouvernement représentatif est-il bon? nous répondrons : Il est bon, particulièrement bon, bon par-dessus tous les autres, pour faire ce que doit faire un gouvernement. Il est mauvais, particulièrement mauvais, mauvais par-dessus tous les autres, s'il s'agit de faire ce qu'un gouvernement ne doit pas faire.

Reste un dernier point. Nous avons dit, un peu plus haut, que non-seulement le gouvernement représentatif est le meilleur de tous, en dépit de ses nombreux et visibles défauts, mais que ces défauts même, à y regarder de près, sont des preuves nouvelles de sa supériorité. Or nous venons justement de tirer cette conclusion, que ces défauts ont le mérite de le détourner des fonctions dont un gouvernement ne doit pas se charger : c'est déjà une première clef pour trouver le sens de cette étrange proposition. Mais nous allons l'expliquer plus au long; et nous entrerons ainsi dans la partie scientifique du sujet.

Les sociétés en progrès ont ce caractère, de croître toujours en complexité : cette complexité a pour cause la multiplication des organes divers, chargés d'une fonction propre. Déjà la plupart des gens entrevoient une partie des applications de cette loi, la division du travail; ils savent que, grâce à elle, chaque ouvrier, chaque fabricant, chaque ville, chaque district, se trouvent renfermés dans un métier particulier, et que cela se fait par un mouvement continu. Ceux qui étudient l'organisation des corps vivants trouvent que tout développement suit une certaine route invariable, et que chaque organe y acquiert peu à peu une fonction définie et limitée : il s'organise ainsi dans le vivant « une division du travail physiologique », de plus en plus parfaite. Dans un article de notre numéro d'avril, sur « la loi et la cause du progrès [1] », nous avons été plus loin : cette création de fonctions de plus en plus particulières que l'on retrouve dans tous les organismes, individus ou sociétés, est

1. Voir le premier volume.

une forme spéciale d'une loi plus générale, et applicable à la création entière, aussi bien au monde inorganique qu'à l'organique.

Eh bien! cette création de fonctions spéciales, qui est la règle dans tout organisme, implique deux conséquences. En même temps qu'un organe donné s'accommode mieux à sa fonction spéciale, il devient de plus en plus impropre à toute autre fonction. Devenir particulièrement capable d'un travail, c'est devenir moins capable qu'auparavant de tout autre travail. La place nous manque pour éclairer cette vérité par des exemples. Mais il suffit d'ouvrir quelque livre moderne de physiologie pour en trouver en abondance, qui se tirent des êtres vivants; et si l'on veut des exemples tirés de la vie des sociétés, on n'a qu'à lire les ouvrages des économistes. Tout ce que nous avons à relever ici, c'est que le gouvernement est en cela comme tous les autres organes du corps politique et se soumet à la loi. En vertu de cette loi universelle, un gouvernement ne peut acquérir de l'aptitude pour sa tâche propre sans perdre ce qu'il avait d'aptitude pour d'autres tâches.

Telle est donc, comme nous le disions, la partie purement scientifique du sujet. La fonction primitive et essentielle d'un gouvernement, c'est de protéger ses sujets contre toute violence. Dans les sociétés encore humbles, à l'état enveloppé, où les parties ne sont guère distinguées, les fonctions peu spéciales encore, cette tâche propre du gouvernement est exécutée de la façon la plus imparfaite, et il s'y joint mille autres entreprises : le gouvernement exerce son contrôle sur tous

les actes de la vie, tant de l'individu que de la société : il règle
le vêtement, la nourriture, les ablutions, les tarifs, le commerce, la religion ; il exerce un pouvoir illimité. Mais, en se
constituant pour mieux remplir sa fonction essentielle, le
gouvernement ne garde plus qu'un pouvoir limité, et une
partie de son ancienne habileté, pour remplir d'autres fonctions. Pour lui, accroître son talent à s'acquitter de son devoir
véritable, c'est accroître son inhabileté à faire rien autre. Et
cette conclusion, que nous déduisons ici de la loi universelle
de tout organisme, est celle où nous avait déjà conduits
l'induction. Nous l'avons vu, en théorie comme en pratique,
le gouvernement représentatif est le mieux fait pour administrer la justice. Nous l'avons vu également, en théorie comme
en pratique, il est impropre à tout autre usage. Et maintenant nous découvrons que de ces deux caractères le second
est lié nécessairement au premier. Cette impuissance sur divers
points, qui semble un argument si grave contre la bonté du
régime représentatif, n'est qu'une suite inévitable de l'adaptation plus parfaite de ce régime à son œuvre propre ; et, en ce
sens, elle révèle en lui la forme de gouvernement naturelle
à une société plus noblement organisée et plus avancée.

Nous n'espérons pas que cette remarque ait beaucoup de
poids auprès de ceux qui auraient le plus à en profiter. Des
vérités aussi abstraites ne trouvent guère de faveur dans un
sénat. La métamorphose que nous avons décrite n'est point
mentionnée dans Ovide. L'histoire, telle qu'on la fait aujour-
d'hui, n'en parle point. Il n'en est pas question dans les Livres
Bleus ni dans les Rapports des Commissions. La statistique

n'en a pas davantage connaissance. Il est donc clair qu'elle
a peu de chances de se faire reconnaître du législateur,
« homme pratique. » Mais il est une petite élite qui étudie
la vraie science sociale ; c'est à ceux-là que nous recomman-
dons ce fait général : il a un grand sens. Quiconque a une
idée des lois générales de la vie, sait que ces lois sont
à la base de tous les phénomènes sociaux, trouvera, dans
cette double transformation que subissent les gouvernements
avancés, de quoi répondre à la première des questions de
la politique. Il verra dans cette spécialisation, en vertu de
laquelle un gouvernement devient plus propre à une certaine
fonction, et plus impropre à d'autres, un indice bien significatif des vraies limites où s'arrête le rôle de l'État. Il verra
que, toutes les autres preuves mises à part, ce seul fait définit
avec netteté le domaine légitime du législateur.

V

L'ADMINISTRATION

RAMENÉE A SA FONCTION SPÉCIALE

(*Fortnightly Review*, décembre 1871.)

« Il n'y a que l'imprévu qui arrive. » — Puissance des forces sociales spontanées : exemple, la création du langage.

Une question posée par M. Huxley : du rôle vrai du gouvernement.

QUELQUES PRINCIPES DE BIOLOGIE. — Dans un corps vivant, les organes sont à la fois des coopérateurs et des rivaux. — Deux sortes d'organes : extérieurs et intérieurs. — Deux systèmes nerveux pour les gouverner : l'un centralisé, l'autre diffus; leur indépendance partielle et leurs relations. — Rapport entre le volume et l'activité des deux sortes d'organes : activité extérieure, ou seulement intérieure, qui en résulte. — Comment un animal passe d'un de ces états à l'autre.

RESSEMBLANCE ENTRE UN CORPS VIVANT ET UNE SOCIÉTÉ. — Dépendance mutuelle des parties. — Organes extérieurs et organes intérieurs du corps social : guerre et industrie. — Harmonie intérieure de chacun de ces deux groupes d'organes; centralisation nécessaire aux premiers; spontanéité des seconds : ils ne réclament qu'un régulateur. Rôle de la justice. — Prédominance possible de l'un des deux groupes : la nation guerrière et la nation industrielle. Passage d'un état à l'autre. Danger des rechutes.

Que cette théorie, malgré les craintes de M. Huxley, ne conclut pas à l'*anarchie* : elle exige l'intervention de l'État partout. Mais cette intervention peut être *positive* ou *négative*. — Une leçon donnée par la nature : dans l'individu, les organes intérieurs échappent à toute intervention positive des centres nerveux supérieurs; d'eux-mêmes, ils concourent au bien de l'ensemble, pourvu qu'ils reçoivent leur *juste* part de nourriture. — Application au corps social.

COOPÉRATION DES FORCES SOCIALES : 1er principe, *l'intérêt*. — Puissance de l'initiative privée, stimulée par l'intérêt. 1er exemple : l'approvisionnement de Londres; danger de l'intervention positive de l'État; utilité d'un contrôle négatif. 2e exemple : les Banques, créées par les besoins

des particuliers, mises en danger par l'intervention positive de l'État et
le manque de contrôle négatif. — Puissance de l'initiative privée, comparée à celle de l'État : le génie civil en Angleterre et en France; Londres
et Berlin et leurs Compagnies des eaux. — Toutefois, l'initiative privée
n'atteint son développement que dans un société avancée. — S'il est
vrai que l'État seul peut pourvoir aux besoins les plus nobles d'un
peuple. La littérature; la presse.

3° *principe, la sympathie.* — Ses créations : œuvres de religion, de charité; établissements d'instruction; établissements scientifiques.

Ces deux agents suffisent pour satisfaire aux besoins sociaux. Que l'État
se borne donc à rendre la justice. Il néglige à tort ce rôle. On ne remplit bien qu'une fonction.

Post-scriptum. — L'origine de l'Administration des postes. Entravée par
l'État.   TR.

Il est contraire au sens commun que le poisson soit plus difficile à se procurer au bord de la mer qu'à Londres ; le fait n'en est pas moins vrai. Il n'est ni moins contraire en apparence au sens commun, ni moins certain, que, dans l'ouest des Terres-Hautes [1], on rencontre à chaque pas des bœufs, et que pour avoir du bœuf il n'y a qu'un moyen : en envoyer chercher à Glasgow, à deux ou trois cents milles de là. Quand les gouvernements, écoutant le sens commun, s'efforçaient de supprimer certaines opinions en interdisant les livres où elles se trouvaient, ils ne pensaient guère que leurs défenses assureraient à ces opinions la publicité ; et ceux qui, écoutant le sens commun, interdisaient le prêt à usure, ne pensaient guère qu'ils allaient rendre les intérêts plus lourds que jamais aux débiteurs. Quand l'imprimerie remplaça l'écriture, si l'on fût venu dire que le nombre des ouvriers employés à la fabrication des livres s'accroîtrait par là même d'une façon prodigieuse, on eût passé pour privé de sens commun. Et de même

1. Les *Highlands*, en Écosse.   TR.

si, le jour où les chemins de fer remplacèrent les diligences,
on était venu dire qu'il allait falloir, pour porter aux gares
et en ramener voyageurs et marchandises, bien plus de chevaux que les chemins de fer n'en remplaçaient. On pourrait
multiplier les exemples sans fin. Parmi les phénomènes simples, une cause donne souvent des effets très-inattendus : n'est-
il pas naturel que, parmi les phénomènes d'ordre complexe, ce
soit la règle? Un ballon s'enlève par la même cause qui fait
tomber une pierre; pour retarder beaucoup la fusion d'un
morceau de glace, il faut l'envelopper d'une couverture; pour
allumer du potassium, ce qu'il y a de plus simple à faire, c'est
de le jeter dans l'eau : voilà autant de vérités; pour celui qui
ne connaît que la surface des choses, ce sont autant de mensonges manifestes. Or si, avec des facteurs peu nombreux
et simples, les résultats peuvent être aussi entièrement opposés
à ce qu'on devait attendre apparemment, que sera-ce donc
avec des facteurs nombreux et embrouillés? Le mot des Français en politique : « Il n'y a que l'inattendu qui arrive, » — mot
qu'ils ont justifié si souvent dans ces derniers temps, — le législ-
lateur et quiconque travaille à des projets législatifs devraient
l'avoir sans cesse à l'esprit. Arrêtons-nous un moment à
considérer une suite d'effets, en apparence impossible, et
qu'a produite le jeu des forces sociales.

Jusqu'à une époque toute récente, le langage passait pour
avoir une origine surnaturelle. Ce système savant de symboles, si merveilleusement combiné pour transmettre la pensée
d'un esprit à l'autre, ne pouvait être qu'un présent miracu-
leux : cela ne faisait pas un doute. Et de quelle autre façon

auraient pu naître ces assemblages de mots appartenant à des
ordres, genres et espèces divers, si bien faits pour s'adapter
les uns avec les autres, pour se combiner d'instant en instant
en groupes toujours nouveaux, toujours doués d'unité, retra-
çant avec exactitude chaque idée à mesure qu'elle s'élève dans
l'esprit? On n'en pouvait concevoir aucune autre. D'aller supposer qu'avec le progrès universel le langage était né par
l'usage incessant des signes, signes d'abord principalement
mimiques, puis mélangés de mimique et de sons, puis, à la
longue, purement vocaux, — c'est ce que jamais n'aurait
imaginé un homme dans un état de civilisation antérieur au
nôtre; et quand enfin on put concevoir cette hypothèse, elle
parut d'abord une absurdité trop monstrueuse pour se soutenir. Eh bien! c'est ce monstre d'absurdité qui est la vérité
même et· qui se révèle pour tel. Déjà l'on a pu suivre assez
loin dans le passé l'évolution du langage pour montrer que
chaque mot pris en particulier, chacun des traits essentiels de la structure du langage s'est formé naturellement; et
chaque jour les recherches mettent mieux en lumière le fait
que cette formation a toujours été naturelle, dès le principe,
et non-seulement toujours naturelle, mais aussi spontanée.
Il n'y a pas de langue qui soit une œuvre d'art habilement
arrangée par un maître ou par un corps de législateurs. Il
n'a pas fallu un concile de sauvages pour inventer les parties
du langage, ni pour régler les principes selon lesquels on les
arrangerait. Bien plus, ce progrès naturel, soustrait à toute
autorité, à toute réglementation établie, ce progrès naturel
s'est poursuivi sans que personne s'en aperçût. Les hommes

avaient besoin de se communiquer leurs idées et leurs sentiments ; les hommes poursuivaient leur intérêt personnel : c'en
était assez ; peu à peu, sans se douter le moins du monde qu'ils
pussent travailler à autre chose qu'à leur intérêt, ils ont développé le langage. Ils continuent à ne se douter de rien : prenez
la population totale du globe, et si, sur un million d'hommes,
il s'en trouve un pour savoir que dans ses conversations quotidiennes il travaille à l'œuvre antique du développement du
langage, ce sera tout.

Tout ceci n'est que pour donner la clef musicale du raisonnement qui va suivre. Si je me suis arrêté un peu sur cet exemple,
c'était d'abord pour faire voir combien les effets des forces
sociales dépassent les conceptions du sens commun proprement
dit, et même du sens commun cultivé, — combien enfin ils
échappent aux prévisions même des esprits les plus exercés
dans « l'art de se servir scientifiquement de l'imagination ».
C'était ensuite, et plus particulièrement, pour montrer tout ce
qu'ont de merveilleux les résultats auxquels arrivent indirectement et sans le vouloir les hommes lorsque, tout en poursuivant chacun son but, ils collaborent. Arrivons maintenant
au sujet spécial qui doit nous occuper ici.

Je n'ai pas vu sans un vif regret le professeur Huxley fortifier
encore de son autorité incomparable une école de politiques
qui vraiment n'a guère besoin d'être fortifiée : elle a si peu
d'adversaires ! Mon regret est d'autant plus vif que, parmi les
personnes préparées à l'étude de la sociologie par des études
antérieures de biologie et de psychologie, il n'en est guère qui

aient exprimé une opinion sur le sujet dont il s'agit ; aussi,
quand on voit M. Huxley, juge si compétent en ces matières,
grâce à sa culture d'esprit à la fois, générale et spéciale,
arriver à de telles conclusions, cela est fait pour décourager
le petit nombre de ceux qui sont arrivés aux conclusions contraires. Je regrette donc cette opposition déclarée de M. Huxley
à l'égard d'une doctrine de politique générale que j'ai adoptée.
Néanmoins je ne veux pas ici répondre à l'ensemble de ses
arguments : ce qui m'en détourne, c'est d'abord qu'il me
déplaît d'insister sur les points où je suis en différend avec un
homme qui a conquis mon admiration ; c'est aussi que tout ce
que j'aurais à dire serait, je le sens bien, une pure répétition de
ce que j'ai dit ailleurs, explicitement ou non. Mais il est une
difficulté qui a été soulevée et dont il faut que je m'explique.
M. le professeur Huxley me pose tacitement une question ; et
ainsi il me donne le choix entre deux alternatives qui ne
m'agréent pas plus l'une que l'autre : si je me tais, j'ai l'air d'admettre qu'il n'y a rien à répondre et que ma doctrine est insou-
tenable ; sinon, il faut répondre d'une manière suffisante. Cette
dernière alternative ne me plaît guère, et toutefois, pour des raisons soit publiques, soit privées, c'est la seule qui me convienne.

Si j'avais pu travailler plus à fond l'article de revue que cite
M. Huxley [1], cette question n'aurait peut-être pas été soulevée.
Cet article se termine sur ces mots : « Nous avions espéré de
pouvoir toucher quelque chose des différents types d'organisation sociale, comme aussi des métamorphoses des sociétés ;

1. Cet *Essai*, intitulé *l'Organisme social*, n'a pas été admis dans ce volume,
parce qu'il ne contient rien d'important qui ne soit exposé, et sous une forme
plus exacte, dans les *Principes de sociologie*.   TR.

mais nous avons atteint les limites qui nous sont fixées. » C'est
de ces développements de mon idée que je vais ici donner
une esquisse, pour que ma réponse puisse se comprendre, — en
attendant que je les expose dans mes *Principes de sociologie.*
Dans cette esquisse, il y aura bien des choses dont je pourrais
me passer si ma réponse n'était faite que pour M. Huxley. Il
suffirait de rappeler brièvement certains phénomènes généraux
des êtres organisés, avec lesquels il est infiniment plus familier
que moi-même. Mais, comme il faut que le public juge si ma
réponse est suffisante, je dois fournir ici quelques données
indispensables : si je les présente mal, M. Huxley est bon pour
me corriger.

La première distinction de parties qui se montre dans les
organismes, soit que l'on suive l'histoire d'un individu, soit
que l'on embrasse celle du monde vivant dans son ensemble,
c'est une différence entre les parties extérieures et les parties
intérieures, entre celles qui soutiennent des rapports directs
avec l'entourage, et les autres. C'est ce qu'on voit déjà dans
ces formes vivantes, les plus petites et les plus humbles, qu'on
nomme d'un nom inexact, mais plein de sens, uni-cellulaires;
et de même dans cette classe, immédiatement supérieure, dont
les êtres sont considérés, par de solides raisons, comme des
assemblages des premiers. Chez ces êtres, le corps se divise en
endoderme et ectoderme : l'un et l'autre sont de natures peu
différentes, mais l'un sert de sac digestif, l'autre d'enveloppe
extérieure au corps. D'après la description qu'en donne M. le
professeur Huxley dans ses *Hydrozoaires de l'Océan,* ces
deux feuillets représentent, l'un les organes de nutrition,

l'autre les organes de relation; du moins c'est le cas ordinaire, car il y a des exceptions : ainsi parmi les parasites. Chez les embryons des types supérieurs, ces deux feuillets reçoivent une doublure, due à une couche qui se forme entre eux, puis se divise; le double feuillet extérieur, en se développant, donne le rempart du corps, avec ses membres, son système nerveux, les appareils des sens, les muscles, etc.; du double feuillet intérieur naissent le canal alimentaire avec ses dépendances, et aussi le cœur et les poumons. Assurément, chez ces types supérieurs, les deux systèmes d'organes, ayant l'un et l'autre à absorber de la nourriture et à en dépenser, sont si bien unis par les ramifications des vaisseaux sanguins et des nerfs, que la division ne peut plus se faire avec rigueur : mais le contraste général subsiste. En somme, c'est dès le début que se fait cette séparation : or elle implique coopération et antagonisme : coopération, car si les organes extérieurs assurent à ceux du dedans la nourriture crue, les organes du dedans l'élaborent et fournissent aux premiers des matériaux convenables pour les maintenir en activité; antagonisme, car chacun des deux groupes d'organes, vivant aux dépens de ces matériaux élaborés, ne peut s'en approprier une portion sans diminuer d'autant la part qui revient à l'autre. Outre cette coopération et cet antagonisme général, il s'en produit d'autres, d'un caractère spécial, à mesure que les deux grands systèmes se développent. Le canal alimentaire, qui était simple à l'origine, laisse paraître en lui des parties diverses, et ainsi se change en un ensemble d'appareils qui, par leur coopération, mènent à meilleure fin la fonction totale, mais entre lesquels

néanmoins s'évèlent des antagonismes; chacun d'eux en effet a
à réparer ses pertes et à emprunter ce qui lui est nécessaire
pour sa croissance, aux dépens du crédit général applicable à
l'ensemble. De même, à mesure que le système extérieur, se
développant, donne naissance aux organes particuliers des sens
et aux membres, il se produit entre ceux-ci des faits spéciaux
de coopération et d'antagonisme. Grâce à leurs actions diverse-
ment combinées, la nourriture est obtenue plus sûrement;
mais aussi chaque groupe de muscles, chaque appareil nerveux
directeur, pour agir, doit soustraire une partie de la provision
de nourriture élaborée qui revient aux organes externes, et
ainsi vit aux dépens des autres. Donc l'organisation, qu'on la
considère dans l'ensemble ou dans le détail, comporte à la fois
une coopération et une lutte. Les organes s'accordent pour
défendre les intérêts de l'organisme qu'ils constituent; mais
chacun d'eux a ses intérêts propres et est en compétition avec
les autres pour le partage du sang.

A mesure que se développent ces deux systèmes, il s'en crée
un troisième qui a la fonction d'un gouvernement, d'un pouvoir qui les contrôle et conserve l'harmonie. Par la suite, il se
dédouble, et la différence se marque entre les deux systèmes
régulateurs, desquels chacun a sous sa direction l'un des deux
grands systèmes d'organes. Le système régulateur des organes
intimes est-il primitivement né de l'autre, il n'importe ici : le
fait est qu'une fois développé il en dépend fort peu [1]. Et, pour

1. Ici, et dans toute cette discussion, je ne considère le système régulateur
que chez les vertébrés : c'est en effet dans cette division du règne animal que
leurs relations sont le mieux connues, de beaucoup. Non pas que les mêmes
relations ne se retrouvent pas entre les deux systèmes ailleurs encore : dans la

comprendre l'origine de cette différence, il suffit de considérer les deux genres de fonctions auxquels ils répondent. Les organes extérieurs ont à s'entendre ensemble pour cette tâche commune, de saisir la proie, d'échapper au danger, etc. : pour cela, il faut qu'ils obéissent à un gouvernement capable de combiner leur action et de la diriger tantôt dans cette voie-ci, tantôt dans celle-là, selon ce que les circonstances exigent. A chaque instant, il s'offre des cas toujours nouveaux, quoique plus ou moins : il faut s'y accommoder avec vivacité. D'où la nécessité d'un appareil nerveux complexe, ayant un centre, et qui se fait obéir des organes pleinement, promptement. Quant au système des organes intérieurs, un gouvernement différent, et bien plus simple, lui suffit. La nourriture, que les organes extérieurs ont su procurer, une fois descendue dans l'estomac, le travail que les viscères ont alors à remplir à leur tour varie sans doute selon la quantité et la nature des aliments, mais enfin il est au fond toujours le même ; il s'accomplit aussi à peu près toujours par les mêmes procédés : les circonstances extérieures n'y font rien. Il s'agit toujours de réduire la nourriture en une pulpe, de la pénétrer de divers liquides dissolvants, de la pousser en avant, et de faire pomper les sucs nutritifs par les tissus absorbants. Pour que ces opérations

grande classe des annelés, au contraire, ils en ont, et qui sont très-significatives pour notre sujet. Un annelé inférieur n'a qu'un seul appareil de nerfs ; tandis qu'un annelé supérieur, une phalène par exemple, a un appareil de nerfs pour commander aux viscères et un autre, plus visible, pour gouverner les organes de relation. Même différence se retrouve parmi les sociétés, entre celles qui ne sont pas développées et les autres : chez les sociétés qui n'ont encore pas de civilisation ou qui n'en ont que les rudiments, il n'y a qu'un groupe d'appareils directeurs ; mais, chez celles qui sont arrivées à la pleine civilisation, il existe, nous allons le voir, deux groupes d'appareils directeurs, chargés l'un des organes intérieurs, l'autre des organes extérieurs.

s'accomplissent utilement, les organes qui en sont chargés
doivent recevoir du sang bien préparé ; et c'est à quoi ont à
travailler énergiquement le cœur et les poumons. Tout ce
labeur, qui est la tâche propre des viscères et qui se poursuit
avec assez d'uniformité, est réglé par un système nerveux en
grande partie indépendant du système plus complexe chargé
des organes externes. S'il s'agit d'avaler, le système nerveux
supérieur est sans doute celui qui a le plus à faire ; mais, une
fois avalée, la nourriture, par sa seule présence, excite les
nerfs locaux, par eux, les ganglions voisins, et indirectement,
grâce aux liaisons qui sont entre les ganglions, le reste des
viscères ; et le tout, par sympathie, se met à agir. A vrai dire,
on connaît mal les fonctions du système sympathique, ou
ganglionnaire, ou, comme on dit encore, du « système des
nerfs de la vie organique ». Mais enfin, nous savons que certaines des parties de ce système, comme le plexus cardiaque,
sont des centres qui exercent autour d'eux une action stimulante
et régulatrice et qui ont de l'indépendance, tout en subissant
quelque influence des centres supérieurs ; et dès lors on peut
bien croire que les autres plexus, plus considérables encore,
distribués parmi les viscères, sont aussi des centres particuliers
et doués d'une grande indépendance. D'autant que les nerfs,
rayonnant de là à travers les viscères et rejoignant les autres
ganglions qui y sont épars, surpassent de beaucoup en nombre
les fibres cérébro-spinales, leurs compagnes. D'ailleurs, hors de
cette supposition, on ne peut répondre à cette question : Quelles
sont les fonctions de ces nerfs ? ni à cette autre : Comment s'établit
cette harmonie des viscères, dont nous n'avons pas conscience ?

Il ne nous reste plus qu'à considérer en quelle manière coopèrent les deux systèmes nerveux. En général d'abord, chacun des deux systèmes a le pouvoir de stimuler l'activité de l'autre. Le canal alimentaire, grâce à certaines liaisons des nerfs, fait part de la sensation de faim au système nerveux supérieur; par là, il provoque les efforts nécessaires pour acquérir la nourriture. De son côté, le système des nerfs moteurs, dès qu'il agit, du moins d'une manière saine, envoie au plexus cardiaque et à d'autres une excitation pour les inviter au travail. Une autre façon, plus spéciale, dont ces systèmes coopèrent, est la suivante : chacun d'eux semble mettre un frein à l'activité de l'autre. Certaines fibres du grand sympathique qui accompagnent les artères à travers les organes de relation les resserrent à l'occasion; et de même font, réciproquement, certaines fibres du cérébro-spinal qui suivent les ramifications du sympathique à travers les viscères : le nerf vague et d'autres aussi ralentissent l'action du cœur, des intestins, du pancréas, etc. Toutefois il y a là des points de détail qui font doute; laissons-les : le fait important n'en est pas moins établi. Aux deux systèmes d'organes répondent deux systèmes de nerfs, en grande partie indépendants entre eux, et, s'il est vrai que le système supérieur a de l'action sur l'autre, celui-ci ne réagit pas moins sur le premier. — Le pouvoir qu'a le sympathique de ralentir la circulation à travers le système nerveux musculaire ne peut être mis en question, et peut-être faut-il lui attribuer cette impuissance dont souffre le système nerveux musculaire, quand les viscères ont trop à faire [1].

1. Une objection peut se présenter : d'après les expériences de Cl. Bernard, de

Il nous faut relever encore un dernier fait : c'est une différence entre les diverses espèces des animaux, quant aux degrés
qu'atteignent chez elles dans leur développement les deux
grands systèmes d'organes chargés l'un des fonctions extérieures, l'autre de l'intérieur. Il y a des êtres actifs, chez qui le rapport numérique entre les organes du mouvement, les organes
des sens et l'appareil nerveux destiné à combiner leurs actions,
d'une part, et de l'autre les organes de la nutrition avec leurs
dépendances, est fort élevé ; il y en a d'inactifs, chez qui le
rapport des organes du premier groupe aux derniers est très-
faible. Et, chose frappante et pleine d'enseignements pour la présente question, souvent il se produit une métamorphose dont
le point essentiel est un changement de rapport entre les deux
systèmes, et qui amène une transformation dans la manière
de vivre de l'animal. La métamorphose la plus généralement
connue est celle dont les insectes nous offrent des exemples
divers. Le papillon, tant que dure son premier état, sa vie de
larve, a les organes de la nutrition très-développés et les

Ludwig et d'autres, il est de certaines glandes pour lesquelles c'est le cérébro-
spinal qui en provoque la sécrétion. Pour y répondre, voici ce que je ferais
remarquer : dans ces cas-là et dans beaucoup d'autres cas sur lesquels on a
étudié les fonctions relatives du cérébro-spinal et du sympathique, il s'agit d'organes dont le jeu est accompagné ou même provoqué par la *sensation ;* on n'en
peut rien conclure pour les viscères qui à l'état de santé accomplissent leur
fonction en l'absence de toute sensation. Peut-être même les fibres du sympathique qui accompagnent les artères des organes de relation n'ont-elles d'autre
tâche que de venir au secours des parties centrales de ce même sympathique,
consacrées à stimuler et régler le jeu des viscères ; et cela en empêchant l'écou-
lement du sang vers les organes de relation, au moment où les organes internes
le réclament : tandis que le pouvoir modérateur du cérébro-spinal (exception
faite de son action sur le cœur) agirait en sens inverse. Et peut-être aussi c'est là
justement le moyen par où se produit cette rivalité pour le partage de la nourriture, qui éclate dès le principe, nous l'avons vu, entre les deux grands systèmes d'organes.

organes de relation fort peu ; puis, durant un temps de repos,
ces derniers s'accroissent merveilleusement, si bien que l'animal est en état de s'accommoder avec promptitude aux mille
circonstances extérieures : en même temps, l'appareil de la
nutrition devient, par comparaison, petit. D'autre part, chez
les invertébrés inférieurs, il se produit très-souvent une métamorphose de sens contraire. Le jeune n'a qu'un appareil rudi-
mentaire de nutrition : mais ses membres et ses organes des
sens y suppléent, et on le voit nager avec vivacité en tous sens.
Plus tard, il s'établit dans une habitation où il attendra désormais sa nourriture sans sortir ; il se dépouille d'une bonne
partie de ses organes de relation, développe le système de ses
viscères et, en grandissant, acquiert un type bien différent du
premier et dont la fin unique, ou peu s'en faut, est la nutrition
de l'individu et la propagation de l'espèce.

Maintenant arrivons à l'organisme social et aux analogies
qu'il offre avec les précédents, pour la structure et les fonctions. Ces analogies, comme de juste, ne peuvent tomber sous
les yeux ni sous aucun sens : il s'agit d'une part d'une masse
naturelle continue, individuelle, et d'autre part d'un groupe
naturel discontinu, comprenant des individus multiples épars
sur une vaste surface. Il ne peut être question d'analogies que
dans les systèmes, ou procédés, d'organisation. Toutes, autant
qu'il y en a, résultent du seul caractère qui leur est incontes-
tablement commun : *de part et d'autre, les parties dépendent
mutuellement les unes des autres.* Cette dépendance mutuelle
est le commencement de toute organisation ; elle est l'origine

de toutes les ressemblances qui se trouvent entre un organisme individuel et un organisme social. Naturellement, à côté de ces ressemblances se montrent de graves différences, qui tiennent, je l'ai dit, à la diversité des modes de composition. En voici une capitale : dans l'organisme individuel, il n'y a qu'un centre où il y ait de la conscience, où le plaisir et la peine puissent être sentis; mais, dans l'organisme social, il y a autant de ces centres que d'individus, tandis que l'ensemble n'est capable ni de plaisir ni de peine; cette différence suffit pour changer du tout au tout le but à poursuivre. N'oublions pas cette ligne de démarcation; et à présent cherchons les similitudes dont nous avons l'indice.

Une société possède, comme un individu, des organes qui la mettent à même d'agir sur son entourage, des forces pour l'attaque et la défense, des armées, des navires, des places fortifiées avec des garnisons. En même temps, elle a une organisation industrielle, qui s'acquitte de mille travaux sans lesquels la vie nationale ne serait pas possible. Sans doute ces deux systèmes, dont les fonctions représentent la vie extérieure et la vie intérieure, n'entretiennent pas entre eux exactement les mêmes rapports que les systèmes correspondants chez l'animal : dans une société, les organes de l'industrie se procurent tout seuls leurs matériaux et ne les attendent point des organes de relation; mais, à d'autres égards, le rapport est le même des deux côtés. Il y a à la fois antagonisme et coopération. C'est grâce aux organes de défense que les organes de l'industrie peuvent fonctionner à l'abri des insultes de l'ennemi du dehors; et c'est grâce aux organes de l'industrie, de qui il

tient sa nourriture et ses matériaux, que l'appareil de défense
peut garantir la sécurité générale. Mais aussi les deux systèmes
sont en rivalité, en ce que, pour vivre, ils doivent prendre sur
le même fonds : les produits nationaux. De plus, dans l'organisme social, comme dans l'individu, cette coopération et cette
rivalité premières en enveloppent d'autres, d'ordre secondaire.
Voyez l'organisme de l'industrie : l'agriculture et l'industrie
des villes, qui en sont les deux moitiés, s'entr'aident par l'échange
de leurs produits; oui, mais à d'autres égards, elles sont en
lutte : chacune tire de l'autre le plus de substance qu'elle
peut, en échange de ce qu'elle lui fournit. L'industrie des villes
est pareillement divisée contre elle-même : sur le bénéfice
brut que Manchester retire de ses produits ouvrés, Liverpool
tire le plus qu'elle peut pour prix de la matière première, et
Manchester donne le moins qu'elle peut; mais aussi toutes
deux s'accordent pour produire au profit du reste de la communauté les tissus qu'elle réclame et pour en tirer, en autres
objets utiles, le plus qu'elles peuvent. Et il en est de même
pour toutes les relations, directes ou non, et à travers tout
l'appareil industriel. Qu'un homme soit pressé par ses propres
besoins et par ceux de ses enfants, qu'il se forme un assemblage plus ou moins solide de tels hommes, et ils sauront bien
vite découvrir entre les désirs de leurs semblables ceux qui
réclament satisfaction, pour la leur fournir, et obtenir en
retour satisfaction pour leurs besoins; de plus, telle est la
marche constante des faits, le besoin le plus pressant, le plus
disposé à payer cher pour être satisfait, ne manque pas d'attirer
le plus grand nombre de travailleurs attachés à le satisfaire.

Et ainsi se produit un équilibre sans cesse renouvelé entre les besoins et les forces qui y répondent.

Nous arrivons par là aux organes régulateurs qui président aux efforts concordants de ces deux systèmes. De même que chez l'individu, dans l'organisme social les parties extérieures obéissent à un pouvoir central absolu. Les organes externes, offensifs et défensifs, ont à s'accommoder aux changements divers, innombrables, qui se font à l'entour ; il leur faut donc être en mesure de se concerter promptement; et, pour qu'à chaque nouveau besoin la combinaison nécessaire se réalise sur-le-champ, tout doit obéir sans réserve à un pouvoir exécutif souverain : armées et flottes veulent un commandement despotique. Il en est bien autrement de l'appareil qui règle le système industriel. Semblable au système des viscères, qui nourrit l'individu, l'industrie nourricière des nations a un appareil régulateur en grande partie distinct du régulateur des organes externes. Il n'est pas besoin d'une « décision prise en conseil des ministres » pour que les fermiers plantent tant de froment et tant d'orge, pour que dans leur assolement ils fassent bien la part des terres arables et celle des prés. Il n'est pas besoin d'un télégramme de l'Intérieur pour modifier la production des lainages à Leeds, de façon à la mettre en rapport exact avec les provisions du commerce et avec la prochaine tonte. Le Straffordshire produit juste ce qu'il faut en poteries, Sheffield proportionne sans retard ses envois de coutellerie à la consommation, sans que le législateur ait à user de l'éperon ni du frein. Les avis qui excitent ou retiennent les manufacturiers et les cités manufacturières ont une bien autre origine.

D'une part, les ordres directs des intermédiaires, de l'autre les
indices indirects fournis par les mercuriales de tout le royaume,
voilà ce qui stimule ou ce qui ralentit la sécrétion. Le régulateur auquel ces organes de l'industrie doivent l'harmonie de
leurs efforts agit un peu comme le sympathique chez un vertébré. Entre les grands centres de production et de distribution, il y a tout un appareil qui les fait communiquer et qui
les excite ou les retient selon les circonstances. D'heure en
heure, des dépêches s'échangent entre les grandes villes de la
province, comme entre elles et Londres ; d'heure en heure, on
fait les prix, on envoie des ordres ici et là, et les capitaux sont
appelés de place en place, selon l'importance des besoins. Et la
machine marche sans qu'aucun ministère la surveille, sans le
commandement d'un de ces pouvoirs centraux qui combinent
les actes des organes extérieurs. Toutefois les centres supérieurs
exercent encore une action, et indispensable, sur l'activité
industrielle, une action modératrice , pour empêcher toute
agression, directe ou indirecte. Car avant tout, pour que la
production et la distribution puissent se poursuivre comme
dans un corps en santé, il faut que là où il y a eu travail et
dépense arrivent en proportion des matériaux réparateurs.
Assurer cette correspondance, c'est exiger l'exécution des contrats. Dans un corps vivant, un organe qui accomplit une
fonction, sans recevoir un juste payement en sang, s'appauvrit,
au grand dommage du corps entier; de même aussi, un centre
industriel qui fabrique et envoie ses denrées propres , sans
recevoir l'équivalent en autres objets utiles, doit tomber en
décadence. Maintenant, pour prévenir cette atrophie et cette

décadence, que faut-il? Que les conventions soient observées, les denrées payées aux prix dits; en un mot, que la justice soit rendue.

Nous avons encore à décrire une ressemblance capitale, qui s'observe entre les métamorphoses traversées par les deux organismes. Elles consistent de part et d'autre en ce que le rapport entre les organes intérieurs et les extérieurs varie : de là naît la ressemblance, comme aussi de ce fait, que pour s'accomplir elles réclament des conditions analogues. Dans la hiérarchie des sociétés, à l'une des extrémités, nous trouvons ce type restreint et simple : une horde de sauvages nomades. Il est organisé à peu près uniquement en vue d'une fin : le pillage. Il n'a en somme d'autres appareils que ceux qu'il faut pour faire la guerre : l'appareil industriel fait presque défaut, les femmes à elles seules en tiennent lieu. Quand de nomade la tribu se fait sédentaire, on voit peu à peu apparaître un organisme industriel, surtout si par le fait de la conquête il y a une classe d'esclaves qu'on peut contraindre au travail. Toutefois l'appareil guerrier est pour longtemps encore le principal. A part les esclaves et les femmes, le corps politique se compose en son entier de membres propres à l'attaque et à la défense, et sa puissance est en raison de la force du pouvoir central qui les commande. Les communautés de ce genre peuvent, tout en continuant à soumettre les voisins, tout en s'élevant à un degré d'organisation assez complexe, conserver pour l'essentiel le type du peuple pillard, qui possède, en fait d'organes industriels, juste ce qu'il faut pour la subsistance de l'appareil d'attaque et de défense. C'est de quoi Sparte offre un bon exemple.

Voici les traits qui distinguent ce type de société : — tout individu de la race conquérante est soldat; la guerre est sa grande
affaire; il est soumis à une forte discipline, qui le rend propre
à son métier; le pouvoir central règle l'exercice de toutes les
forces de la cité et jusqu'aux détails de la vie quotidienne de
chacun; le salut de l'État est pour tous l'objet principal, et l'individu ne vit que pour le bien public. Tant que l'état des
sociétés environnantes rend nécessaire cette organisation et lui
fournit de l'exercice, ces caractères subsistent; seulement, s'il
arrive, comme c'est l'ordinaire après une conquête et la formation de grands corps sociaux, que le pillage soit moins continu, si la guerre cesse d'être la grande affaire de tout homme
libre, alors l'appareil industriel devient le plus important.
Nous ne suivrons pas cette transformation : qu'il suffise de
prendre pour type de l'état pacifique ou industriel le nord des
États-Unis avant la dernière guerre. Là, toute organisation militaire avait disparu, ou peu s'en faut; les réunions particielles
des milices étaient rares et tournaient à la partie de plaisir;
tout ce qui touche à la guerre était devenu objet de mépris.
Voici maintenant les caractères du type pacifique ou industriel : l'autorité centrale est faible, en comparaison; elle ne se
mêle guère de la vie privée des individus; et ce n'est plus l'État
au profit de qui les individus existent, c'est l'État qui existe
pour le profit des individus.

Cette métamorphose se produit chez les nations en même
temps que la civilisation s'élève; et, il faut le dire, le retour en
arrière est bien prompt, quand les circonstances deviennent
contraires. Durant la guerre de sécession, M. Seward disait :

« Que je touche cette sonnette, et du premier venu, dans le
plus éloigné des États, je fais un prisonnier du gouvernement; » et il en était fier, et ce n'était pas une pure vanterie,
et plus d'un républicain l'applaudissait avec force. Voyez-vous
avec quelle vitesse, dès que renaissent les tendances à la vie de
pillage, s'efforce aussi de renaître la vieille organisation cen-
tralisée qui convient à cette vie, et comme se fortifient sur-le-
champ les idées et les sentiments qui y répondent? Dans notre
histoire, depuis 1815, nous comptons deux changements in-
verses de ce genre. D'abord, durant la paix de trente ans, l'organisation chargée du pillage faiblit, le sentiment militaire
baissa considérablement, l'organisation industrielle grandit
vite, chaque citoyen maintint avec plus de force ses droits
individuels, plus d'une loi de contrainte et de despotisme fut
jetée à bas. Au contraire, depuis la renaissance des forces et
des appareils de pillage chez les nations du continent, nos
organes d'attaque et de défense ont repris de la vigueur, et
on a remarqué une tendance du pouvoir central correspondant à se développer.

Voilà une entrée en matière assez laborieuse; mais j'ai fini,
et je puis répondre maintenant à la question qui m'est faite.

M. Huxley cite divers passages de l'essai sur « l'organisme
social », cet essai même dont je viens de donner le complé-
ment; puis il m'accorde, non sans réserve, son assentiment :
l'autorité d'un tel juge me rend bien précieux cet appui; enfin
M. Huxley, avec la finesse qui lui est propre, met en lumière
ce qu'il prend pour une contradiction entre certaines analogies

notées dans cet essai et le devoir qui, selon ma théorie, est celui de l'État. J'ai dit que la fonction du cerveau chez l'individu est « de *prendre la moyenne* entre les intérêts qui se produisent chez le vivant : intérêts physiques, intellectuels, moraux, sociaux » ; j'ai comparé cette fonction à celle du Parlement, qui est « de *prendre la moyenne* entre les intérêts des différentes classes de la communauté », et j'ai ajouté que, « dans un bon Parlement, les partis qui correspondent à ces divers intérêts doivent se faire un tel équilibre qu'à eux tous ils produisent des lois accordant à chaque classe tout ce qui se peut sans faire tort aux droits des autres. » M. Huxley rappelle ces passages et poursuit ainsi :

Rien de plus juste, assurément : mais si, d'après les ressemblances qui sont entre le corps vivant et le corps politique, on peut présume, non-seulement ce qu'est le dernier, et comment il est devenu ce qu'il est, mais aussi ce qu'il devrait être et qu'il tend à devenir, alors, je ne puis m'empêcher de le voir, l'analogie ne nous conduit pas à cette théorie négative du rôle de l'État, mais à la conclusion contraire.

Chaque muscle n'aurait qu'à se fonder sur cette théorie et à refuser au système nerveux tout droit de se mêler de ses contractions, si ce n'est pour l'empêcher de gêner les contractions d'un autre muscle ; chaque glande, à soutenir qu'elle a le droit de distiller son liquide, pourvu qu'elle ne gêne pas les sécrétions d'autrui ; chaque cellule serait libre de suivre son « intérêt » particulier ; *Laissez-faire* serait le nom du souverain : qu'arriverait-il alors du corps vivant tout entier ?

Première remarque : si je tenais pour la doctrine de M. Proudhon, qui prenait lui-même le nom d' « anarchiste », et si, pour être conséquent alors, j'adoptais en ce qui touche aux organes et fonctions du corps social la théorie qu'on vient de voir, je serais tombé dans la contradiction indiquée, évidemment, et je n'aurais rien à répondre. Mais, comme mon idée n'est pas celle de M. Proudhon, comme je tiens que l'action du gouvernement dans ses limites justes est non-seulement légitime, mais indispensable, je ne vois pas en quoi peut me toucher une question où il est sous-entendu que je désire la légitimité et l'importance de cette action. Bien loin de rejeter ce rôle de modérateur que joue le gouvernement à l'égard des individus, des corps, des classes, j'ai soutenu que dans l'avenir cette même action devrait s'exercer d'une façon beaucoup plus efficace et plus étendue qu'aujourd'hui [1]. Et comme, pour exercer cette action, il faut bien un appareil actif, je ne me trouve nullement embarrassé quand on me demande ce qui arriverait si l'intervention de l'appareil modérateur était interdite. De plus, pour ne pas sortir encore de ces préliminaires généraux, quand j'ai comparé l'assemblée délibérative d'une nation au centre nerveux délibérant d'un vertébré, disant que l'un et l'autre prennent une moyenne entre les intérêts divers soit de la société soit de l'individu, et que cela se fait de part et d'autre grâce à une représentation de ces intérêts, je n'ai pas prétendu *identifier* les deux genres d'intérêts; ceux d'une société, au moins en temps de paix, sont surtout d'ordre intérieur; ceux d'un individu, surtout d'ordre extérieur. Les « intérêts » dont je parle, et dont la moyenne est prise par un corps de représentants chargés du gouvernement, sont les

1. Voyez la *Statique sociale*, ch. XXI, le *Devoir de l'État*.
                              (*Note de l'auteur.*)
Cet ouvrage n'est pas traduit en français. C'est le premier qu'ait fait paraître M. Spencer : Il est de 1850.   TR.

intérêts par lesquels entrent en conflit les classes ou les individus, et dont l'équilibre a lieu quand toute agression est
prévenue, quand la justice est administrée.

Mais si, prise en ce sens général, la question ne me regarde
pas, il est un sens particulier par lequel elle me touche. Je
divise les actes des organes gouvernants, tant dans l'individu
que dans le corps politique, en deux classes : les *actes régulateurs positifs* et les *actes régulateurs négatifs*, les uns qui servent
à stimuler et diriger, les autres simplement à contenir. Maintenant, si l'on me demande : Qu'arrivera-t-il au cas où l'appareil
gouvernant cesserait d'agir? ma réponse sera bien différente
selon qu'il s'agira de l'un ou de l'autre système d'organes. Chez
l'individu, si chaque muscle était indépendant des centres de
délibération et d'exécution, il en résulterait une extrême impuissance : les muscles n'étant point mis d'accord, il lui serait
impossible de se tenir debout et, plus encore, d'agir sur les objets
alentour ; son corps serait une proie offerte au premier ennemi.
Pour combiner avec convenance les actes de ces organes extérieurs, les grands centres nerveux ont à agir comme régulateurs
positifs et négatifs à la fois, à commander ou à réprimer l'activité. De même en est-il pour les organes extérieurs du corps
politique. Si les appareils d'attaque et de défense n'obéissent
pas à un pouvoir central despotique, il ne faut pas compter sur
ces combinaisons, ces ajustements rapides, sans lesquels on ne
peut répondre aux manœuvres variées de l'ennemi. Mais si, au
lieu de chercher ce qu'il adviendrait au cas où dans l'un ou l'autre corps les organes extérieurs seraient soustraits au contrôle
des grands centres de gouvernement, nous cherchons ce qu'il

adviendrait au cas où les organes intérieurs (c'est-à-dire d'une part les appareils du commerce et de l'industrie, et de l'autre les appareils de la nutrition et de la circulation) y seraient soustraits, alors la réponse est bien différente. Laissons de côté l'appareil respiratoire et d'autres secondaires qu'on trouve dans l'individu et dont l'analogue n'existe pas dans la société; bornons-nous aux appareils d'absorption, d'élaboration et de distribution, qui existent chez les deux : on peut, je crois, soutenir avec succès que, ni dans l'un ni dans l'autre des deux corps, il n'est ici besoin du contrôle positif des grands centres, mais uniquement de leur contrôle négatif. Jetons les yeux sur les faits [1].

Chez les fous et les idiots, la digestion et la circulation se font à merveille, bien que les centres nerveux supérieurs soient dérangés ou fassent en partie défaut. Les fonctions vitales se poursuivent convenablement durant le sommeil, bien qu'avec une activité inférieure à celle des moments où le cerveau travaille. Dans l'enfance, alors même que le cérébro-spinal est presque impuissant et incapable même d'actes aussi simples que de commander aux sphincters, les viscères fonctionnent avec activité et régularité. Chez l'adulte, en vain l'action cérébrale s'arrête au point que l'insensibilité se pro-

1. Pour éviter tout malentendu sur ces expressions « contrôle positif » et « contrôle négatif », je vais en deux mots les éclairer par des exemples. Un homme a une terre; je la cultive pour lui, en totalité ou en partie, ou bien je lui impose en tout ou partie le mode de culture qu'il suivra : voilà un contrôle positif; au contraire, je ne lui apporte ni aide ni conseils pour sa culture, je l'empêche simplement de toucher à la récolte du voisin, de passer par la terre du voisin ou d'y déposer ses déblais : voilà le contrôle négatif. La différence est assez tranchée entre se charger de poursuivre à la place d'un citoyen tel but qu'il appartient, ou se mêler des moyens que ce citoyen emploie pour le poursuivre, et d'autre part l'empêcher de gêner un autre citoyen qui poursuit le but de son choix.

duit, en vain le système spinal est frappé de cette paralysie
qui gagne les membres et les rend inertes : pendant longtemps encore, ces fonctions continuent à s'accomplir; toutefois
elles faiblissent, ce qui est inévitable, puisque les organes
extérieurs n'ont plus cette activité qui les rendait exigeants.
Les organes internes sont même si peu soumis à l'action directrice positive des grands centres nerveux, que leur indépendance a souvent ses inconvénients. On ne peut pas envoyer
d'ordre dans l'intérieur du corps pour arrêter la diarrhée ;
quand, la nuit, une digestion laborieuse surexcite la circulation du sang et chasse le sommeil, toutes les défenses parties
du cerveau ne calmeront pas les battements du cœur. Assurément tous ces phénomènes vitaux reçoivent du cérébro-
spinal d'importantes modifications, soit qu'il les stimule ou
les refrène ; mais ils sont indépendants pour l'essentiel : voilà
qui me semble hors de doute. Si le mouvement péristaltique
des intestins peut continuer quand les nerfs par lesquels ils
communiquent sont coupés, si le cœur (du moins chez les
animaux à sang froid) continue de battre un certain temps
après qu'on l'a arraché, c'est assurément que ces organes
vitaux, grâce à leur activité propre, satisfont aux besoins
généraux du corps sans attendre les ordres des centres supérieurs. C'est ce que mettrait mieux encore en lumière, s'il
était vérifié, le fait découvert par Schmulewitsch au cours
de ses expériences sous la direction de Ludwig : que dans
des conditions convenables, quand on arrache le foie à un
lapin qu'on vient d'égorger, la sécrétion de la bile peut continuer après que le sang s'est écoulé.

On peut répondre, et d'une manière en somme satisfaisante, même à cette partie, la plus embarrassante, de la question : « Faisons que chaque cellule soit libre de poursuivre ses intérêts propres, que *Laissez-faire* soit le nom du souverain : qu'adviendra-t-il du corps vivant? »

Si nous nous en tenons, pour les motifs que j'ai dits, aux organes et parties d'organes chargés de fonctions vitales, on peut, je crois, donner de bonnes raisons de croire que, si chaque cellule poursuivait ses « intérêts » particuliers (qui sont, considérés du point de vue où nous sommes, de croître et de multiplier), la santé générale serait assez bien garantie. Hunter, avec ses expériences faites sur un milan et sur une mouette, a prouvé que, si une portion du canal alimentaire a à triturer des aliments plus durs que les aliments naturels de l'animal, il s'y forme une doublure qui l'épaissit et la renforce. Quand un intestin vient à se resserrer sur un point, et que la nourriture a peine à passer, alors, à la partie antérieure, les parois musculaires s'épaississent et chassent le bol avec plus de vigueur. Si, en quelque endroit de l'appareil circulatoire, le sang rencontre une résistance notable, d'ordinaire le cœur gagne une hypertrophie, c'est-à-dire que ses parois musculaires s'épaississent, et ainsi il acquiert une force nouvelle pour lancer le sang. Pareillement, la vésicule biliaire, quand son canal de décharge vient à s'obstruer, prend de l'épaisseur et de la vigueur. Tous ces changements se font sans que le cerveau ait à les diriger, sans que nous en ayons le moindre sentiment. Il suffit que les unités vivantes du point considéré, cellules ou fibres, croissent, se multiplient, s'arrangent; et tout cela se fait grâce à ce qu'elles reçoivent du dehors une pression plus énergique ou une pression d'un genre nouveau. Une seule condition est nécessaire pour ces accommodations spontanées : c'est que les unités vivantes reçoivent un supplément de sang en rapport avec leur supplément de travail; de même que dans la société, grâce à l'action de la justice, à toute augmentation de travail répond une augmentation de salaire.

On demandera peut-être encore une preuve directe pour établir que les organes d'un système peuvent, simplement en accomplissant chacun son travail à part, assurer la santé du système ; nous la trouvons dans cette grande classe d'êtres qui n'ont pas trace de système nerveux et qui n'en ont pas moins, parfois, une activité fort élevée. Les hydrozoaires de l'Océan nous en fournissent de bons exemples. Quels que soient « le nombre et la complexité des organes de certains d'entre eux », ils n'ont pas de centres nerveux, pas d'appareil régulateur pour coordonner les actes de ces organes. Chez une des espèces les plus élevées du groupe, l'individu est formé de parties diverses : cénosarques, polypites, tentacules, hydrokystes, nectocalyces, génocalyces, etc., dont chacune comprend de nombreuses unités jouissant d'une demi-indépendance : cellules fibreuses, cellules ciliées, fibres contractiles, etc.; enfin le tout est un groupe de groupes hétérogènes, et chacun de ceux-ci est lui-même un groupe plus ou moins hétérogène. Comme il n'y a pas là de système nerveux, il faut bien que, par un arrangement quelconque, ces unités diverses et ces groupes d'unités, tout en s'occupant chacun de sa propre subsistance,

en dehors de toute action directrice du reste, arrivent cependant, en vertu même de leur nature, des positions respectives
dans lesquelles ils ont grandi, à coopérer au salut les uns des
autres, et tous ensemble à celui du corps. Et s'il en est ainsi
pour un amas d'organes qui ne sont pas reliés par des nerfs,
à plus forte raison pour des organes comme les viscères d'un
animal supérieur, qui ont tout un appareil de nerfs pour communiquer et s'exciter mutuellement dans leur coopération.

Maintenant, voyons les phénomènes analogues dans l'organisme social. Ici, comme chez l'individu, si le système des
organes externes a besoin de subir à l'égard d'un grand centre
de gouvernement la même discipline, le même contrôle positif,
les organes internes n'en ont pas besoin. La production et
l'échange, par lesquels se soutient la vie nationale, marchent
également bien, que le Parlement siége ou non. Tandis que les
ministres sont à la chasse du coq de bruyère ou à l'affût de la
bête à poil, Liverpool importe, Manchester s'occupe à ouvrer,
Londres distribue, tout comme à l'ordinaire. Pour que ces
fonctions internes s'accomplissent bien, il faut simplement
que les organes modérateurs, qui jouent le rôle de freins,
continuent à agir : il faut que les individus, les associations,
les classes poursuivent leurs travaux sans violer certaines
conditions hors desquelles les travaux d'autrui ne sont plus
libres. Que l'ordre soit maintenu, que l'exécution des contrats
soit assurée en tous lieux, que chaque citoyen, chaque groupe
de citoyens, soit assuré de recevoir, en échange du travail ou
des objets utiles qu'il livre, l'équivalent convenu ; que chacun
jouisse de ce qu'il a obtenu par ses efforts, sans enlever à son

voisin le moyen d'en faire autant; et les fonctions dont nous parlons s'accompliront d'une manière saine, et plus saine en vérité que si on leur imposait tout autre contrôle. C'est ce que nous allons voir plus clairement, en considérant la formation et le fonctionnement des principaux appareils industriels. Nous en choisirons deux, les plus contraires par leur nature.

Ce sera d'abord l'appareil chargé de produire et de distribuer les aliments. Dans la quatrième de ses « Leçons préparatoires à l'économie politique », l'archevêque Whately fait cette remarque :

La plupart des fonctions les plus importantes sont accomplies par le concours de gens qui n'y pensent pas, qui ne se savent même pas associés, et cela avec une sûreté, un soin des détails, une régularité où n'atteindrait sans doute jamais la bienveillance la plus diligente, éclairée de toutes les lumières dont l'homme dispose.

Pour fortifier encore cette vérité, il poursuit : « Qu'un homme se propose ce problème : Fournir, chaque jour, de tous les objets nécessaires à la vie, une ville comme notre métropole, avec ses habitants, qui sont un million et plus. » Puis il énumère les prodigieuses difficultés de cette tâche : les variations dans les arrivages; la nature de beaucoup de ces denrées, qui se gâtent vite, les fluctuations dans le chiffre des consommateurs; leurs besoins si divers; les changements dans la quantité de marchandises disponible au loin et auprès, et la nécessité de s'accommoder aux variations de la demande; l'infinie complication de l'œuvre de distribution, qui doit en fin de compte introduire dans chaque maison juste la quantité voulue de chaque espèce de denrées. Après avoir insisté sur toutes ces difficultés, il ajoute au tableau ce dernier trait :

Eh bien ! ce résulat, il est atteint, et avec un bonheur que le plus sage des hommes doit désespérer d'égaler ; il l'est par un concours d'hommes dont pas un n'élève les regards au-dessus de ses intérêts particuliers et qui, n'ayant pas d'autre objet sous les yeux, remplissent chacun son rôle avec un zèle ardent ; et pourtant, sans le savoir, ils prennent les moyens les mieux avisés pour parvenir à un but dont l'idée seule les ferait reculer.

Mais si l'appareil vaste et compliqué dont c'est la fonction de produire, de préparer et de distribuer à travers tout le royaume les aliments de tout genre, est une création de la nature et non une œuvre artificielle de l'État ; si l'État n'a à déterminer ni les points où on produira les céréales, le gros et petit bétail, ni la quantité à produire ; s'il ne fixe pas les prix des uns et des autres de façon à faire durer la provision actuelle jusqu'à de nouveaux arrivages ; s'il n'a en rien le mérite de cette grande amélioration qui s'est faite en ces derniers temps quant à la qualité des aliments ; s'il est impossible de lui faire honneur de cette admirable organisation grâce à laquelle le pain, la viande, le lait, les épiceries arrivent à nos portes par une circulation dont les battements quotidiens sont réguliers comme ceux mêmes de notre pouls ; néanmoins l'État n'a point toujours été ainsi un spectateur inerte. De temps en temps, il a agi, et cette action a été féconde en malheurs. Quand Edouard I⁰ʳ défendait aux villes de donner asile aux accapareurs, quand Edouard VI interdisait sous de certaines peines d'acheter des grains pour les revendre, ils empêchaient le jeu de l'appareil qui harmonise l'offre avec la demande ; ils faisaient de leur mieux pour rendre infaillible une alternance de pléthores et de disettes. Il en faut dire autant de toutes les tentatives faites depuis par le législateur pour réglementer telle ou telle partie du commerce des denrées alimentaires, en finissant par la loi des céréales, avec son échelle mobile, d'odieuse mémoire [1]. Quand cette machine fonctionne avec toute sa merveilleuse efficacité, c'est à l'activité des particuliers que nous en sommes redevables; quand elle se dérange, c'est à l'intervention positive du gouvernement qu'il faut nous en prendre. En revanche, le contrôle négatif que le gouvernement devrait exercer pour maintenir la machine en bon état, il ne l'a pas bien exercé. Il nous faudrait un remède rapide et à bon marché pour ces violations de contrat d'un marchand qui livre, sous le nom de la denrée qu'on lui demande, une denrée qui pour le tout ou pour partie est différente : nous n'en avons point encore.

Voici notre second exemple : c'est cette organisation, qui donne au commerce tant de facilité, en permettant le transfert des dettes et des créances. Les banques ne sont pas l'invention d'un gouvernement ou de ses conseillers. Elles sont nées peu à peu des transactions entre négociants. Un homme, pour mettre son argent en sûreté, le dépose chez un orfèvre contre reçu ; l'orfèvre se met à prêter à intérêt l'argent qu'il a en dépôt et offre à qui déposera son argent chez lui un intérêt aussi, mais moins

<hr/>

1. Cette loi est pourtant l'œuvre du ministre *whig* Huskisson (1823); elle remplaça la législation bien plus sévère de 1815, qui défendait l'importation des céréales, tant que les prix du blé indigène ne dépassait pas 80 sh. le quarter (36 fr. l'hectolitre).   TR.

fort : et voilà une banque fondée. Maintenant, que les reçus deviennent transmissibles comme aujourd'hui par endossement : et voilà les opérations de banque commencées. Dès lors, le développement, en dépit de mille obstacles, s'est poursuivi selon sa voie naturelle. Des banques sont nées, par les mêmes causes qui font naître tout autre genre de commerce ; le crédit a revêtu des formes de plus en plus nombreuses, de plus en plus différentes de la forme originelle ; et, en même temps que le système des banques a crû en étendue et en complexité, il s'est comme consolidé et a formé un corps : le tout par un progrès spontané. Le bureau des comptes courants, qui est comme une banque pour les banquiers, est né sans effort d'un besoin d'économiser le temps et l'argent. Et quand, en 1862, sir John Lubbock réussit, non pas en sa qualité de législateur, mais en sa qualité de banquier, à étendre les privilèges de ce bureau aux banques de la province, alors le système posséda son unité complète. Si bien qu'aujourd'hui tout commerçant du royaume, pour faire ses affaires, n'a besoin que de virements de créances opérés sur des livres de banque. Cette évolution naturelle, notez-le bien, est arrivée chez nous à une phase où elle n'est point arrivée chez les nations où le contrôle positif de l'État est plus fort. La France n'a pas de bureau de comptes courants ; en France, les chèques, ce mode de payement si usité chez nous, sont peu employés et avec peu d'habileté. Je ne veux pas laisser croire par là qu'en Angleterre l'État a assisté à ce progrès en simple spectateur. Par malheur, il s'est dès le début mêlé des affaires des banques et des banquiers, et cela sans grand avantage ni pour eux ni pour le public. La première façon de banque de dépôts fut, on peut le dire, une banque d'État; les marchands mettaient leur argent en sûreté dans la Tour de Londres, à la Monnaie. Mais il arriva que Charles Ier mit la main sur le dépôt, sans leur consentement; pour le ravoir, il fallut toute une lutte, qui dura longtemps : la confiance fut tuée du coup. De même, Charles II, pour aider les finances de l'État, prit l'habitude de faire des affaires avec les plus riches d'entre les particuliers qui tenaient des banques; il obtint pour le Trésor près d'un million et demi [1] de leur argent; alors il vola ce dépôt, ruinant une foule de marchands, jetant dans la détresse dix mille créanciers, dont plusieurs devinrent fous ou se tuèrent : ce fut un coup terrible pour le système de banques de l'époque. En ces derniers temps, si l'intervention de l'État dans les affaires des banques n'a pas causé directement de tels désastres, elle a été la cause indirecte de désastres pareils et peut-être plus grands. En retour d'un prêt, l'État donna à la Banque d'Angleterre des privilèges particuliers; pour obtenir qu'elle lui laissât la somme prêtée et qu'elle l'accrût même, il accorda à cette même Banque, comme pot-de-vin, le maintien de ces privilèges : or ces privilèges ont entravé plus qu'on ne peut dire le développement des banques. L'État a fait pis : il conduisit la Banque d'Angleterre à deux doigts de la banqueroute, en la forçant à émettre des billets, puis il l'autorisa à faillir à sa promesse de les rembourser. Pis encore : il empêcha la Banque de tenir cette promesse alors qu'elle voulait le faire. Les maux qu'a ainsi produits le contrôle positif exercé par l'État sur les banques sont trop nombreux pour que je

---

1. Sterling, c'est-à-dire 37 millions et demi de francs.   TR.

puisse les énumérer. On les trouvera dans les écrits de Tooke,
de Newmarch, de Fullarton, de Macleod, de Wilson, de
J. S. Mill, etc. Bornons-nous à prendre note de ceci : tandis que
les citoyens, par leur initiative, tout en poursuivant leurs fins
particulières, ont produit tout ce grand appareil commercial,
à qui tous les autres négoces sont redevables de tant de commodités, les gouvernements n'ont fait que le troubler à diverses
reprises, au point de le mettre en péril ; autant ils ont fait de
mal d'un côté par leur contrôle positif, autant ils en ont fait
de l'autre en manquant à leur devoir de contrôle négatif. La
seule chose qu'ils eussent à faire, ils ne l'ont pas faite : ils n'ont
pas su exiger invariablement l'exécution des contrats entre le
banquier et le client qui a reçu du premier la promesse d'être
payé à son ordre.

Voilà deux cas extrêmes : le commerce des aliments, et le
commerce de l'argent ; entre les deux, on en peut placer
d'autres : à chacun d'eux correspond un appareil dont la
formation a été la même et qui pareillement a été de temps
en temps dérangé par ce brouillon, l'État. N'insistons pas.

Après avoir examiné la question directement, servons-nous de
la méthode de comparaison. Nous voulons savoir si les hommes
peuvent, tout en ne poursuivant que leurs fins particulières,
par le seul fait de leur coopération spontanée, assurer le bien
public. Eh bien ! pour éclairer notre jugement, comparons,
dans la vie des sociétés, les résultats obtenus par cette coopération dans les cas où elle a agi avec le plus d'énergie et d'indépendance, avec les résultats qu'on a réalisés quand on se fiait
peu à elle et beaucoup à l'action de l'État. Voici deux cas,

empruntés aux nations principales du continent ; cela suffira :

En France, l'École des ponts et chaussées fut fondée, en 1747, pour former des ingénieurs civils ; en 1795 fut fondée l'École polytechnique, qui a pour objet, entre autres, de préparer, par une culture scientifique générale, ceux dont on fera ensuite, par une culture spéciale, des ingénieurs civils. En prenant la moyenne des deux dates, on peut dire que depuis un siècle la France possède une institution, créée et dirigée par l'État, pour produire d'habiles gens de ce métier, — nous pourrions dire une double glande, devant sécréter du talent d'ingénieur en quantité suffisante pour les besoins publics. En Angleterre, jusqu'à ces derniers temps, nous n'avons pas eu d'école pour préparer les ingénieurs civils. Sans dessein arrêté, sans y penser, nous avons laissé la production de ce talent soumise à la loi de l'offre et de la demande : car aujourd'hui on ne paraît pas plus reconnaître que cette loi s'applique à l'éducation, qu'on n'en reconnaissait l'application au commerce, du temps des primes et des prohibitions : cela soit dit en passant. Or nous devons simplement remarquer que Brindley, Smeaton, Rennie, Telford, et tant d'autres jusqu'à George Stephenson, ont acquis la science et l'expérience qu'on sait, sans se faire aider ni surveiller par l'État. Maintenant, comparons les résultats chez les deux nations. Il ne s'agit pas d'une comparaison détaillée, l'espace nous fait défaut; mais prenons les résultats les plus récents. C'est en Angleterre que les chemins de fer ont commencé, et non pas en France. Ils se sont étendus à travers l'Angleterre plus vite qu'à travers la France. Plus d'un chemin de fer en France a été construit et est exploité par des ingénieurs anglais. Les derniers chemins de fer français ont été faits par des entrepreneurs anglais; et les locomotives anglaises servent de modèles aux constructeurs français. Le premier ouvrage écrit en français sur les locomotives date de 1840 (du moins l'exemplaire que j'en ai eu porte cette date); il est du comte de Paimbour, qui a étudié en Angleterre et dont le livre ne contient autre chose que des dessins et des descriptions de machines faites en Angleterre.

Notre second exemple nous est fourni par la nation-modèle, que l'on propose de toutes parts maintenant à notre imitation. Mettons donc en face l'une de l'autre Londres et Berlin, en ce qui concerne une des commodités les plus essentielles pour le bien-être et la santé des citoyens. Au commencement du XVIIe siècle, les sources et les prises d'eau locales, avec ce qu'y ajoutaient les porteurs d'eau, ne suffirent plus aux habitants de Londres; la disette d'eau datait déjà de loin, que la Corporation [1] n'avait encore rien su faire, excepté des plans; quant au gouvernement, il n'avait rien fait du tout. Hugh Myddleton, un simple négociant, entreprit d'amener à Islington la Rivière-Neuve. L'ouvrage était à moitié fait, quand le roi vint à son aide, non pas comme chef de l'État, mais comme spéculateur : il lui prêtait de l'argent pour en tirer du bénéfice. Le roi, son successeur, retira sa commandite quand fut formée la Compagnie de la Rivière-Neuve : celle-ci acheva la distribution des eaux. Depuis, d'autres Compagnies des eaux se sont formées pour tirer parti d'autres sources; et la provision d'eau de

1. Nom donné au corps électoral de la Cité; ce corps se compose en effet des membres des différentes corporations, ou de ceux qui ont obtenu, moyennant redevance, leur inscription dans l'une de ces corporations.　　TR.

Londres a crû avec la ville. Et cependant, que se passait-il à Berlin? En 1613, au moment où Hugh Myddleton venait de terminer ses travaux, y vit-on naître un appareil aussi efficace? Non point. Le XVIIᵉ siècle se passa, le XVIIIᵉ se passa, la première moitié du XIXᵉ se passa, et Berlin n'avait toujours pas une provision d'eau comme celle de Londres. Et comment cela finit-il? Le gouvernement paternel se décida-t-il à faire ce qu'il avait si longtemps négligé? Non. Les citoyens se décidèrent-ils à s'associer pour réparer ce défaut? Non. Il fallut enfin que des citoyens d'une autre nation vinssent s'en mêler : ceux-là étaient plus habitués à s'associer pour faire leurs propres affaires, en satisfaisant aux besoins du public. En 1845 fut formée une Compagnie anglaise pour fournir à Berlin de l'eau en suffisance; et les travaux furent faits par des entrepreneurs anglais, MM. Fox et Crampton.

A vrai dire, chez les anciens, l'État a su faire de grands ouvrages, tels que routes, aqueducs, etc. : voilà qui semble bien prouver que l'État peut s'acquitter de ce genre de fonctions; de même, le développement de la navigation intérieure, qui a été plus prompt sur le continent que chez nous, semble plaider contre ma thèse. Eh bien! ces faits, en dépit de l'apparence, s'accordent avec l'ensemble de la théorie. Tant que, dans le type d'une société, les organes de la déprédation dominent, tant que l'appareil industriel est peu développé, il n'y a pour régler et coordonner les deux séries de fonctions qu'un seul pouvoir : c'est, nous l'avons vu, ce qui arrive aussi chez les individus inférieurs. Il faut d'abord que l'organisme soit assez avancé dans sa métamorphose, que les organes de l'industrie aient grandi notablement aux dépens des organes de déprédation, qu'un appareil spécial pour la coordination de ces organes de l'industrie se soit formé; alors seulement la coopération spontanée dont nous avons parlé pourra mener à bien les fonctions internes de la vie sociale et surpasser en cela l'action du gouvernement central.

Autre objection : sans doute, quand il s'agit de besoins matériels, les efforts que font les individus sous l'aiguillon de la nécessité, auquel se joint encore celui de la concurrence, sont suffisants, et cela peut se prouver; mais, dira-t-on, quand il s'agit de besoins différents, c'est bien une autre affaire. — Où sont les faits qui justifient cette thèse? Je n'en vois point. Nous n'avons qu'à regarder autour de nous : nous y avons une foule d'institutions qui se sont formées comme les précédentes et qui ont pour objet de satisfaire nos besoins élevés aussi bien que les plus humbles. Si les beaux-arts n'ont pas eu chez nous le même éclat que chez certains peuples du continent, il faut s'en prendre à notre naturel, aux autres entreprises qui ont accaparé nos facultés, et à notre maladie chronique, l'ascétisme, qui leur a fait tort; mais non pas au manque d'institutions protectrices : l'intérêt des particuliers y a suppléé largement. En littérature, personne ne passe avant nous, et notre littérature ne doit rien à l'État. La poésie faite pour vivre est celle qui n'a pas eu besoin d'encouragements officiels pour naître; sans doute, nous avons eu d'ordinaire un poëte lauréat, payé pour écrire des vers pleins de loyalisme, mais sans vouloir faire tort au titulaire actuel, on peut bien le dire : on a beau regarder toute la liste de ces

fonctionnaires, on ne voit pas ce que la poésie a jamais gagné
à se faire patronner par l'État. Les autres formes de la littérature ne doivent pas davantage à ce même patronage. C'est
grâce au goût du public pour les fictions que des œuvres de
fiction sont nées, et c'est grâce à la persistance de ce goût qu'il
a continué d'en naître; et, dans la masse, il s'en trouve plus
d'une sans valeur, mais aussi plus d'une que n'aurait su améliorer par leurs critiques ni une académie ni quelque autre
établissement que ce fût. On en peut dire autant des livres de
biographie, d'histoire, de sciences, etc. Pour prendre un
exemple plus satisfaisant encore d'un appareil qui se soit formé
naturellement pour répondre à des besoins plus que matériels,
considérons les journaux. Comment est née cette institution
admirable, qui chaque jour nous donne un raccourci de la vie
de l'univers durant le jour précédent? Quelle est la force qui a
produit cette armée d'éditeurs, de sous-éditeurs, d'auteurs
d'articles, d'auteurs de revues; de *reporters* pour les débats des
Chambres, pour les réunions publiques, pour les tribunaux,
pour les nouvelles de police; de critiques pour la musique, les
théâtres, les salons de peinture, etc.; de correspondants répandus à travers le monde entier? Qui donc a tracé, qui donc
a exécuté jusque dans les détails, le plan de la machine assez
merveilleuse pour donner, à six heures du matin, aux gens
d'Edimbourg, un compte rendu des débats qui, à la Chambre
des communes, se sont terminés à deux ou trois heures, et en
même temps pour leur parler d'événements qui se sont passés
la veille en Amérique? Ce n'est pas le gouvernement qui l'a
inventée, cette presse; ce n'est pas lui qui en a donné l'idée.

Le législateur n'a rien fait pour l'améliorer, rien pour la faire grandir. Au contraire, si elle a grandi, c'est en dépit des obstacles que lui a suscités le gouvernement, en dépit des embarras où le gouvernement l'a mise. Longtemps, on lui défendit de rendre compte des débats du Parlement ; durant des générations, à force de censures et de poursuites, on maintint les journaux dans un état de faiblesse ; et ensuite, pendant d'autres générations encore, les lois proscrivirent en fait les journaux à bon marché, malgré les bienfaits, l'instruction qu'ils eussent répandus.

Depuis le correspondant qui suit une guerre et dont les lettres fournissent même aux nations en lutte les seuls renseignements véridiques sur ce qui se passe, jusqu'au petit porteur qui court avec la troisième édition où sont les dernières dépêches, cette organisation est, dans son entier, née par la coopération spontanée des particuliers ; elle est née parce qu'ils cherchaient à faire leurs propres affaires en satisfaisant aux besoins intellectuels de leurs semblables, et aussi parce que plus d'un d'entre eux, en même temps, voulait le bien de ses semblables et travaillait à les éclairer, à épurer leur idée du droit. — Pour être juste, il faut aller plus loin. La presse ne doit rien au gouvernement ; mais le gouvernement a une lourde dette envers la presse : sans elle, il n'est pas de jour où il ne bronchât dans l'accomplissement de ses fonctions. Cette institution, l'État jadis a fait de son mieux pour l'écraser ; il n'a pas cessé de la mettre à la gêne, et aujourd'hui c'est elle qui renseigne les ministres avant l'arrivée de leurs propres dépêches, qui guide les membres du Parlement en leur faisant savoir l'état de l'opinion publique ; grâce à elle seule, ils peu-

vent, des bancs de la Chambre des communes, parler à leurs
électeurs; grâce à elle, les deux Chambres ont des archives
complètes de leur passé.

Donc, je ne vois pas qu'on puisse mettre en doute l'efficacité
des institutions qui sont sorties de la source dont nous parlons.
Et, grâce à cette mutuelle dépendance que met entre nous la
vie sociale, les choses ne peuvent manquer de s'arranger en
telle sorte que chacun, en assurant son propre bien, travaille
au bien des autres. C'est donc bien là une vérité, et il semble
que cette vérité soit demeurée longtemps un de ces secrets
exposés au grand jour qui demeurent secrets surtout parce
qu'ils sont à découvert; même aujourd'hui, l'évidence de cette
vérité lui fait tort : on n'en saisit pas le sens dans sa plénitude.
Mais enfin, la chose est claire, quand il n'y aurait pas entre
les hommes d'autre coopération spontanée que celle dont l'intérêt des particuliers est l'inspirateur, alors même, on pourrait
le soutenir par de bonnes raisons, cette coopération, à elle
seule, sous le contrôle négatif d'un pouvoir central, produirait
au temps voulu toutes les institutions convenables pour le bon
accomplissement de toutes les fonctions essentielles de la société.

Or, il existe un autre genre de coopération spontanée; celle-
là non plus n'a pas besoin pour naître d'une intervention de
l'État, et elle contribue puissamment à satisfaire certains de
nos besoins. Elle nous est bien familièrement connue, et toutefois on la laisse ordinairement de côté dans les discussions de
sociologie. A en croire les articles de journaux et les débats au
Parlement, à part l'intérêt qui fait agir les particuliers, il n'y
aurait qu'une force sociale, celle du gouvernement. On semble

mettre exprès en oubli cette vérité que les hommes, outre
leurs intérêts égoïstes, ont des besoins sympathiques, et que ces
besoins, soit qu'ils agissent isolément ou qu'ils s'associent,
produisent des effets presque aussi admirables que ceux des
intérêts égoïstes. Sans doute, durant les premières phases de
l'évolution sociale, quand la société est avant tout faite pour le
pillage, ces effets-là ne se manifestent pas : à Sparte, il ne devait
guère y avoir, j'imagine, d'institutions de philanthropie; mais
quand naissent des sociétés d'une forme nouvelle et d'aspect
de plus en plus pacifique, quand l'appareil industriel se développe, quand les hommes ne sont plus condamnés à des habitudes qui étouffent en eux toute tendresse, alors on voit se
multiplier et croître ces institutions qui sont le produit naturel
des instincts sympathiques. Aux intérêts égoïstes et aux harmonies dont ils sont le principe, il faut dès lors ajouter les
intérêts altruistes et leurs harmonies; et ce que les uns ne
savent pas faire, les autres le font. Dans l'exposé qu'il a donné
de la doctrine qu'il veut combattre, M. Huxley n'a pas tenu
compte de ce que nos sentiments affectueux peuvent faire pour
compléter l'œuvre de nos sentiments égoïstes ; je m'en étonne
d'autant plus que je sais tout ce qu'il y a de bonté chez M. Huxley,
et toute sa vie montre combien la bonté est en train de devenir
un agent social puissant.

Jetons un coup d'œil rapide sur les résultats qu'a produits
chez nous l'*altruisme*, soit isolé, soit associé. J'emploie ce mot
de M. Comte, parce qu'il est commode.

Il y a des institutions dont je ne veux pas parler, bien qu'on
y trouve la trace de ce sentiment, je veux dire celles qui per-

mettent aux hommes d'égaliser les effets du hasard : les Sociétés d'assurances, qui prévoient les maux causés par la mort
prématurée, par des accidents, des incendies, des naufrages, etc. Ce sont, avant tout, affaires de commerce et d'intérêts. De même, je me contenterai de nommer ces nombreuses
Sociétés de secours mutuels, que les ouvriers ont formées
d'eux-mêmes pour s'entr'aider dans leurs maladies. En ce
moment, une commission siège, qui met au jour les grands
services qu'elles ont rendus, en dépit de leurs défauts : mais
ces Sociétés aussi, malgré le rôle important qu'y joue la sympathie, sont nées surtout d'un calcul personnel. Passons. Arrivons à des institutions où l'altruisme se montre mieux, et
d'abord à celles qui ont pour objet le bien de la religion.
Prenez l'Écosse et l'Angleterre, et là, mettez à part, entre toutes ces institutions, celles qui n'ont pas été créées par la loi :
en Écosse, l'Église épiscopale, l'Église libre, les presbytériens
unis, les autres cultes dissidents; en Angleterre, les wesleyiens,
les indépendants et tant d'autres sectes moindres ; supprimez
également dans l'Église-Établie elle-même tout ce qu'y a ajouté
dans ces derniers temps le zèle des particuliers et dont témoi-
gnent tant de nouveaux clochers dressés de toutes parts; dans
ce qui restera alors de l'Église-Établie, retranchez encore tout
ce que lui ont communiqué d'énergie nouvelle, durant ces
trois dernières générations, ses luttes avec les dissidents ;
enfin, ramenez-la à cet état d'abaissement et d'inertie où elle
était quand parut Jean Wesley. Ne voit-on pas tout aussitôt
que ce corps doit la moitié et plus de sa masse et infiniment
plus de la moitié de son énergie à d'autres que le gouverne-

ment? Regardez encore autour de vous : voyez cette quantité
d'institutions destinées à soulager la misère, hôpitaux, dispen-
saires, hospices, etc., et toutes ces Sociétés de bienfaisance, de
secours aux mendiants, tant d'autres! Londres en compte à lui
seul de six à sept cents. Depuis cet immense Saint-Thomas
qui surpasse en étendue le palais même du Parlement, jusqu'aux Sociétés de Dorcas [1], jusqu'aux Sociétés de village
pour habiller les pauvres, combien d'institutions de charité
de toute nature! Encore ne font-elles que compléter, et trop
libéralement peut-être, l'œuvre des institutions établies par la
loi; mais quand, au bien qu'elles ont fait, se serait mêlé quelque mal, elles seraient encore à mille lieues d'égaler le mal
causé par l'ancienne loi des pauvres avant la réforme de 1834.
Il y a d'autres exemples, tout semblables aux précédents, mais
où se voit d'une façon plus saisissante encore la puissance des
institutions tirées de cette source : ainsi la Société contre l'esclavage, qui a obtenu l'émancipation des esclaves, en dépit des
préjugés de certaines classes qui pourtant possédaient la majorité au Parlement. Voulez-vous des exemples plus récents encore? Rappelez-vous avec quelle promptitude, quelle efficacité s'organisèrent les secours lors du chômage de l'industrie
du coton dans le Lancashire, et aussi lorsqu'il fallut, l'an dernier, venir en aide aux blessés et aux malheureux en France.
Autre exemple : nos établissements d'instruction tels qu'ils
étaient encore il y a peu d'années [2]. A part les institutions

1. Sociétés de dames charitables qui se réunissent de temps en temps pour faire
des travaux de couture au profit des pauvres. Il est probable que leur nom leur
vient de la fondatrice.   T R.
2. Jusqu'à la loi de 1870, il n'existait pas en Angleterre d'écoles fondées ou

particulières, qui étaient des entreprises commerciales, tout le
reste était des écoles, des collèges dont les fondateurs ou les
protecteurs n'avaient en vue que le bien de leurs semblables
et des générations futures. Si l'on met de côté celles dont les
rois furent, pour le tout ou pour partie, les fondateurs, toutes
ces écoles pourvues de dotations qui pullulaient à travers le
royaume durent leur naissance à des sentiments altruistes (car
enfin il n'en faut pas rapporter tout l'honneur au désir égoïste
de s'assurer une bonne place au ciel). Et plus tard, quand ces
écoles, faites d'abord pour les pauvres, eurent été presque
envahies par les riches, d'où sortit le remède à ce mal? L'altruisme encore produisit toute une autre organisation pour
l'éducation des pauvres ; afin de l'établir, il soutint une lutte
contre l'Église et les classes dirigeantes ; même il les amena
au point qu'elles lui firent concurrence et par altruisme, elles
aussi, produisirent des institutions analogues. Tant qu'enfin,
grâce à des écoles créées tantôt isolément, tantôt suivant des
plans d'ensemble, soit par l'Église, soit par les dissidents et les
laïques, la masse du peuple a été tirée d'un état d'ignorance
presque complète ; et aujourd'hui à peine est-il un homme qui
n'ait reçu au moins les rudiments. Sans ces institutions qui se
sont développées comme d'elles-mêmes, il n'y aurait que des
ignorants. Et maintenant, où les pauvres vont-ils puiser leur
instruction? et les classes commerçantes, la leur? et ceux qui
font des livres et des articles de journaux, la leur? et ceux

---

entretenues par l'État; cette loi permet aux *bureaux des écoles*, dans les districts
où les établissements scolaires sont jugés insuffisants par le ministère de l'instruction, d'établir des écoles nouvelles, aux frais des contribuables du district. Ces
écoles sont exclusivement laïques.   TR.

enfin qui font les affaires du pays, ministres et législateurs ?
Tous dans ces institutions étrangères au gouvernement, que
l'égoïsme ou l'altruisme a créées. Et pourtant, par un étrange
retour, nous voyons les gens instruits se mettre à dédaigner la
nourrice de leur intelligence. Cette nourrice, à qui leur intelligence doit d'exister et de savoir ce qu'elle vaut, on la couvre
de huées, comme si elle n'avait fait ni ne pouvait faire rien que
de méprisable. Encore un fait : cette coopération spontanée
des citoyens, on ne lui doit pas seulement ces institutions et
les lumières qu'elles ont répandues, mais aussi les grands et
heureux progrès par lesquels s'améliore déjà la qualité même
de l'instruction. Si les notions scientifiques, si l'esprit scientifique se répandent, ce n'est pas aux lois ni à l'administration
qu'il faut s'en prendre. Nos Sociétés scientifiques, de même :
elles sont nées par le concours tout naturel des gens qui
avaient besoin et de réunir en un centre et de faire rayonner
les vérités de la science, chaque groupe s'occupant des intérêts de sa science particulière. L'Association bretonne a bien
de temps en temps obtenu quelques faibles subsides ; mais les
progrès que la science doit à cette intervention, que sont-ils en
comparaison de ceux qu'on a réalisés là sans elle ? Enfin, faut-il
un exemple décisif de ce que peuvent les institutions dont il
s'agit ? rappelons-nous l'histoire et les travaux de l'Institut
royal. C'est là une création due à un concours des altruismes ;
dans ces chaires se sont succédé Young, Davy, Faraday et
Tyndall ; et quant aux découvertes qui s'y sont faites, la série
en est si éclatante, qu'il serait malaisé de trouver la pareille
dans l'histoire d'une institution soutenue par l'État.

Je prétends donc que les hommes en société sont amenés à chercher la satisfaction de leurs besoins dans la satisfaction des besoins d'autrui ; qu'ils sont conduits, grâce à des sentiments entretenus en eux par la vie sociale, à satisfaire bon nombre des besoins d'autrui sans arrière-pensée d'intérêt ; qu'ainsi deux groupes de forces parallèles les poussent et font qu'ils ne négligent jamais une seule des fonctions sociales essentielles : et c'est ce que les faits montrent bien, je crois. Sans doute, *a priori*, on ne se serait guère imaginé que les hommes, en coopérant sans le savoir, pussent produire de tels résultats; mais on ne se serait pas non plus imaginé *a priori* que cette coopération ignorante d'elle-même aurait pu créer le langage. Toutefois, il n'y a qu'à raisonner *a posteriori* (et c'est toujours ce qu'on peut faire de mieux quand on a des faits), pour voir avec évidence qu'elle a ce pouvoir, qu'elle l'a exercé avec une efficacité merveilleuse, et que peut-être elle en tirera plus tard des effets encore plus au-dessus de notre attente. Est-il dans la science une seule induction qui se fonde sur un plus vaste amas de faits que celle-ci? Non, et l'on peut s'y confier. Dans les sentiments égoïstes et altruistes sont contenues des forces qui, une fois associées, n'ont pas de peine à créer et à développer toutes les institutions dont le jeu fait la santé des peuples. A cela, il n'y a qu'une condition : c'est que d'abord ces sentiments soient soumis au contrôle négatif d'un pouvoir central; c'est que l'ensemble des individus, représentés ici par le législatif et l'exécutif, impose à chaque individu, à chaque groupe d'individus, les contraintes convenables pour empêcher toute agression, directe ou non.

Je pourrais encore ici fortifier mon argument en montrant que tous les maux auxquels on prie le gouvernement de porter remède, tous ou peu s'en faut, ont pour cause immédiate ou éloignée la négligence du gouvernement à accomplir sa fonction de régulateur négatif. Si l'on a vu environ cent millions sterling (2 milliards 1/2 de francs), pris sur le capital de la nation, s'engloutir dans des chemins de fer qui ne produisent rien, à qui la faute, sinon au Parlement, qui a laissé violer le contrat primitif passé entre les actionnaires [1]? Et les accidents de chemins de fer? et toutes les morts causées par des inexactitudes? le nombre s'en serait-il jamais élevé jusqu'au total actuel, s'il existait un remède facile à toute violation du contrat entre la Compagnie et le voyageur ? Ces vices de l'administration des chemins de fer, et tous ceux qui prennent place entre ces deux extrêmes, viennent de ce que la justice n'est pas rendue. Et de même partout; si l'État exerçait les contraintes qu'il faut avec rapidité, efficacité, et sans frais pour la partie lésée, les procès où l'on demande son intervention positive seraient évités tous, ou presque tous.

Me voilà amené, naturellement, à faire mes réflexions sur le titre dont on a baptisé ma théorie du rôle de l'État. L'expression « nihilisme en administration » convient-elle parfaitement à la doctrine de Humboldt? Il se peut : je n'ai pas lu son livre. Mais je ne vois pas comment elle pourrait convenir à la doctrine que j'ai soutenue, pas plus que je ne vois comment on

---

1. Voir l'essai sur *les Mœurs et les Procédés des administrations de chemins de fer.*   TR.

peut trouver juste de lui imposer ce titre plus positif de « gouvernement policier ». Ce mot de gouvernement policier ne fait
pas penser du tout à la présence d'un appareil de défense
contre l'étranger. Or, tant que les nations seront toutes adon-
nées au brigandage, j'admets bien que chaque nation doit se
mettre sur ses gardes, avoir une armée, ou une flotte, ou l'une
et l'autre, pour arrêter l'invasion des brigands. Tandis que le
mot gouvernement policier, selon le sens ordinaire, n'implique
point ces appareils d'attaque et de défense sans lesquels on ne
peut faire face à l'ennemi du dehors. Il y a encore un autre
côté par où ce mot est trop étroit pour envelopper toute mon
idée. Il contient clairement, à vrai dire, l'idée d'une organisation qui doit arrêter et punir toute attaque criminelle, mais
non pas l'idée non moins importante d'une organisation
chargée de régler les conflits civils. Or, sans cette dernière,
le contrôle négatif ne peut absolument pas s'exercer dans sa
plénitude. Sans doute, à le bien prendre, c'est la police qui, par
sa présence occulte, donne force aux décisions rendues au nom
de la loi par les tribunaux ordinaires; néanmoins, il est bien
rare que cette présence de la police devienne manifeste; aussi
le mot de gouvernement policier ne fait point penser à cette
partie si vaste de l'administration de la justice. Bien loin de
prêcher une politique de *laissez-faire*, au sens ordinaire des
mots, j'ai réclamé une intervention du genre que j'appelle
contrôle négatif. Une de mes raisons capitales pour exclure
l'Etat de tous les autres domaines, c'est que je le veux plus
puissant dans son domaine propre. Et j'ai soutenu que, s'il s'acquitte si pitoyablement de ses devoirs dans son domaine propre,

c'est qu'il est trop occupé de devoirs étrangers [1]. Quand on
songe que dans les faillites les trois quarts et plus de l'actif s'en
vont en frais; que les créanciers, ayant uniquement en perspective des délais infinis, et au bout un dividende misérable,
en viennent à accepter à peu près tous les arrangements qu'on
leur offre; qu'ainsi la loi sur les faillites offre une prime aux
filous! Est-ce que des faits pareils n'auraient pas depuis longtemps cessé d'être des faits, si la grande affaire des citoyens
avait été de se donner un système judiciaire efficace? Si l'on
avait fait les élections sur cette question : obtenir de l'Etat
qu'il remplisse convenablement la première de ses fonctions,
nous n'aurions pas comme aujourd'hui le spectacle d'un pauvre
paysan ou d'un vagabond qui, l'un pour avoir, tout grelottant,
arraché d'une palissade quelques pieux et s'en être chauffé,
l'autre pour avoir, tout affamé, pris quelques fruits dans un
jardin, sont punis avec une dureté que n'égala pas la vieille
loi juive elle-même; tandis qu'un financier dont les fraudes
ruinent des gens par milliers n'encourt point de châtiment!
Si les hommes, tant au Parlement qu'au dehors, pensaient
avant tout à assurer le bon fonctionnement de ce contrôle
négatif de l'État dans les affaires intérieures, alors on ne tolè-
rerait pas que des citoyens eussent à endurer ce que viennent
d'endurer MM. Walker, de Cornhill : on leur avait volé une
partie de leurs biens, jusqu'à six mille livres sterling (150,000 fr.);
ils en dépensèrent neuf cent cinquante (23,750 fr.) pour saisir
leurs voleurs et les poursuivre en justice ; leurs titres ont été
retrouvés sur les voleurs; eh bien, ils ne peuvent pas se faire

. Voir l'essai intitulé *Trop de lois.*

payer les intérêts de ces titres; ce sont eux encore qui supportent les frais du procès, pendant que la corporation de Londres, profitant sur leur perte, leur gagne neuf cent quarante livres (23,500 fr.). Je dis que ces abus criants, cette impuissance de notre organisation sur tant de points, et dont on retrouve les traces dans l'administration entière de la justice, appellent, plus que tout autre mal, un remède; je dis que la guérison s'accomplira à mesure que l'État, à l'intérieur, se réduira au rôle d'administrateur de la justice; et c'est bien pour cela que j'ai soutenu ma théorie et que je l'explique encore. *Voici une loi dont les organismes de toutes les espèces nous fournissent autant d'exemples : l'efficacité d'un appareil, d'une fonction, est en raison directe de leur spécialité; et, pour être spéciale, une fonction, comme un appareil, doit être limitée.* Et, comme je l'ai montré ailleurs, le gouvernement représentatif, à mesure qu'il se développe, devient plus propre que tout autre à ce contrôle négatif, et plus impropre que tout autre à un contrôle positif[1]. D'après cette doctrine, le contrôle négatif doit être étendu et amélioré; le contrôle positif, amoindri, et ces deux changements ne vont pas l'un sans l'autre. Cette doctrine peut prendre le nom de théorie de la spécialisation dans l'administration, — si on la considère surtout en ce qui touche à l'administration. Je regrette d'avoir, par ma façon d'exposer cette théorie, donné lieu à un malentendu. Il faut que mes explications aient été insuffisantes; et c'est de quoi je m'étonne; ou bien c'est qu'il m'a fallu, pour montrer quels ne sont pas les

---

1. Voir l'essai intitulé : *Le gouvernement représentatif: à quoi il est bon.* (Note de l'auteur.)
La dernière partie de ce titre a été finalement supprimée par l'auteur.   TR.

devoirs de l'État, bien plus de place que pour énumérer ses
devoirs ; par suite, cette dernière partie frappe moins l'esprit.
En tout cas, la façon dont M. Huxley a compris mon idée me
prouve assez qu'un supplément d'explication est nécessaire,
car, s'il l'eût interprétée à mon gré, jamais, je crois, il ne lui
eût imposé le titre que j'ai dit, ni jamais il n'eût soulevé la
question à laquelle j'ai essayé de répondre.

Post-scriptum. — J'avais achevé d'écrire cet article quand
est venu à ma connaissance un fait qui a son importance dans
la question de l'emploi des forces de l'État. Il y a un département, il faut le reconnaître, dont l'État dirige les affaires avec
bonheur : c'est la Poste. Et l'on met parfois en avant cet exemple pour montrer la supériorité de l'État à l'égard des particuliers en administration.

Je ne veux pas ici mettre en question la bonté de l'organisation de nos postes ; mon but n'est pas de soutenir que, si cet
établissement est aujourd'hui en bon état, on pourrait toutefois y en substituer un autre avec avantage. Il est probable
que sur ce point le type de notre société est si bien fixé, que
tout changement radical serait fâcheux. Dans mes conversations avec ceux qui font grand bruit de ce succès, je me conten-
tais de leur faire voir que si la Poste s'est développée, si elle
est devenue puissante, ce n'est pas par l'effort du gouvernement, mais malgré lui et par l'effort des particuliers. Pour
preuve, je leur citais les faits suivants : c'est un particulier,
M. Palmer, qui a établi les malles-poste ; si l'institution a vécu,
c'est malgré une opposition officielle ; la réforme commencée

par M. Rowland Hill n'a réussi que contre le gré des *employés*.
J'ajoutais encore qu'en l'état actuel une bonne part de l'ouvrage
est laissée à des entreprises particulières : l'État confie aux
Compagnies de chemins de fer le soin d'à peu près tous les
transports par terre, et aux Compagnies de bateaux à vapeur
celui des transports internationaux : il n'a pour sa part qu'à
ramasser et distribuer les lettres dans chaque circonscription.

On me faisait alors une question plus générale : A défaut du
système de postes actuel, s'en serait-il formé, par des entreprises particulières, un pareil ou un meilleur? Tout ce que je
pouvais répondre, c'est qu'à en juger par analogie, surtout
d'après l'organisation de la presse et du commerce des nouvelles, on devait croire que oui. Mais je viens de m'assurer que
les entreprises particulières sont en fait capables de cette tâche,
et que, sans les défenses légales, elles auraient fait, il y a beau
temps, ce que l'État a fait récemment. En voici la preuve :

« La Poste, à son origine, ne s'occupait pas du tout de rendre
plus aisées les correspondances entre les diverses parties de Londres. Mais, sous le règne de Charles II, un citoyen de Londres,
William Dockwray, homme entreprenant, établit à grands frais
une poste à deux sous qui distribuait les lettres et les paquets
six à huit fois par jour dans les quartiers populeux et commerçants
autour de la Bourse, et quatre fois par jour dans les faubourgs de
la capitale... Dès qu'il fut évident que l'affaire était bonne, le duc
d'York déposa une plainte : on empiétait sur son monopole. Les
tribunaux lui donnèrent raison. » (Macaulay, I, 387-8.)

Ainsi donc, le fait est clair : voilà deux siècles, un particulier eut le premier l'idée d'établir un système de postes local
qui, pour le bon marché et pour la fréquence des distributions,

ressemble au système récemment établi et dont l'État tire tant
vanité. Si l'on en juge par ce qui est advenu d'autres entreprises privées dont les commencements furent humbles, on
peut conclure que l'organisme ainsi ébauché se serait développé dans le royaume entier selon la mesure du nécessaire et
du possible. Bien loin que nous devions de la reconnaissance à
l'État, il y a lieu de croire que sans la résistance de l'État nous
aurions eu une poste organisée comme à présent, et cela quelques générations plus tôt !

VI

LA RÉFORME ÉLECTORALE

DANGERS ET REMÈDES

(*Westminster Review*, avril 1860.)

La Réforme de 1832 : terreur des propriétaires. — Projet de 1860. Un mot pour rassurer les trembleurs. Il n'y a pas plus d'ennemis de la propriété chez les ouvriers qu'ailleurs.

DANGERS VRAIS D'UN ACCROISSEMENT DU CORPS ÉLECTORAL. — Toute classe dominante fait les lois de façon à sauvegarder ses intérêts légitimes, et ignore ceux d'autrui. — Préjugés des nouveaux électeurs :

I. Prétention de régler les rapports de l'ouvrier avec le patron (heures de travail, salaires, etc.). — Organisation des *mécaniciens-réunis*, des *ouvriers en bâtiments*, des *imprimeurs*. — Résultat : accroissement des frais de production. — Indignité politique des ouvriers ligueurs : leur ignorance et leur mépris de la liberté. — Puissance que leur assurerait aux élections leur discipline. — Leurs partisans. — La propriété sous ces deux formes, capital et travail, indirectement menacée.

II. Tendance socialiste : le gouvernement chargé du bonheur de tous. — Les conseils municipaux élus sous le régime de la loi de 1835 : leurs prodigalités pour plaire au peuple.

REMÈDES. — Nécessité d'une médication radicale. — 1re *cause du mal* : le *système fiscal*. — Administration des villes : les taxes prélevées indirectement, exemple : la taxe des pauvres, confondue dans le loyer. — Que chaque dépense nouvelle soit marquée en centimes additionnels. — Mêmes principes pour le budget de l'État : l'impôt d'autant plus direct que le gouvernement est plus démocratique.

2e *cause : l'ignorance des lois sociales*. — Insuffisance de l'instruction primaire courante. — Absurdité de l'instruction supérieure. — Introduire dans les programmes la science sociale, c'est-à-dire la question de la tâche légitime du gouvernement.

Conclusion : Plus un gouvernement est démocratique, plus il doit se renfermer dans son rôle vrai.

HERBERT SPENCER.   15

Post-scriptum : Sur le Projet de lord J. Russel. — But à atteindre : le maximum de liberté possible en l'état actuel des intelligences. — L'abaissement du cens proposé profitera aux partisans des préjugés despotiques et communistes ci-dessus, dans les collèges urbains : les ouvriers maîtres de 100 à 150 sièges. — Un contre-poids possible : les collèges ruraux. — Exiger de l'électeur le payement direct de la taxe des pauvres. Au fond, c'est exiger de lui l'art d'épargner, c'est-à-dire la prévoyance, qui est l'esprit politique même.   TR.

Il y a trente ans, plus d'un Anglais avait le cœur serré dans l'attente des maux qui menaçaient, d'après lui, le pays. Par instinct, on a peur du changement : mais cette fois la peur semblait légitime, en face des éclats de la fureur populaire ; des visions d'anarchie se levaient dans les esprits, à la pensée que la loi de réforme avait passé. Dans les fermes isolées, la terreur était devenue une maladie chronique. Les classes nouvellement parvenues à la vie politique allaient par un moyen quelconque faire passer dans leurs poches tout ce qu'on gagnait à élever des bestiaux et à cultiver le blé. Dans les châteaux et les manoirs, on parlait des locataires à dix livres [1]

1. La loi de réforme électorale de 1832 accordait les droits politiques : 1° à tout locataire payant 10 livres (250 fr.) de loyer pour un appartement non garni ; 2° à tout fermier d'un bien affermé à 50 livres (1,250 fr.). Un million d'électeurs nouveaux étaient créés par cette loi. — 56 bourgs pourris, de moins de 2,000 habitants, cessaient d'avoir un député pour eux seuls ; 30 bourgs, de moins de 4,000 habitants, perdaient chacun un représentant ; 2 en perdaient chacun 2. En revanche, 22 grandes villes recevaient 2 représentants ; 20 autres en recevaient 1. Les comtés les plus peuplés étaient divisés en plusieurs collèges et voyaient ainsi s'accroître leur représentation. — La Chambre des pairs n'accepta cette loi qu'à la dernière extrémité, après l'avoir rejetée, après avoir fait de nombreux efforts pour l'annuler par des amendements ; elle ne céda que devant la menace du roi de créer de nouveaux pairs et devant la fureur du peuple de Londres, prêt à s'insurger.   TH.

comme d'une armée de pillards, rêvant la ruine totale et la dévastation de tous les biens des propriétaires fonciers. Parmi les citadins, plus d'un voyait dans l'abolition du vieux système corrupteur l'avénement du gouvernement de la canaille, c'est-à-dire, suivant eux, la spoliation : car c'était tout un. Même au Parlement, ces cris d'alarme trouvèrent l'occasion de se faire entendre : ainsi par la bouche de sir Robert Inglis. Cet orateur donna à comprendre que la dette nationale pourrait bien être répudiée, si la proposition passait à l'état de loi.

Peut-être y a-t-il des gens qui considèrent avec la même terreur le prochain changement de notre système représentatif [1]; ils se disent que les ouvriers et les gens de la même condition se préparent, dès qu'ils auront le pouvoir, à mettre la main sur la propriété. Toutefois ces gens, qui s'alarment à si bon marché, ne sont, je pense, qu'une minime partie de la nation; sans parler du parti libéral tout entier, plus d'un conservateur lui-même juge mieux et voit ce qu'il y a d'enfantin dans des prévisions si sombres. Bien des gens dans les classes supérieures et dans la bourgeoisie sentent qu'à y regarder de près la moyenne des riches n'a pas une conduite beaucoup plus droite que la moyenne des pauvres. Si l'on tient compte de ce que les tentations de part et d'autre n'ont pas la même énergie et ne visent pas les mêmes objets, les mœurs des différentes parties de la société se valent à peu près. Le même mépris du droit de propriété qui, chez les

---

1. Cette nouvelle loi de réforme (qui succédait aux projets repoussés de 1852, 1854, 1859) tendait à abaisser le cens électoral de 10 livres de loyer à 6 livres (150 fr.) dans les bourgs, et de 50 livres de fermage à 10 livres dans les comtés. C'était, d'après les calculs alors admis, appeler à la vie politique 200,000 artisans et paysans.   TR.

gens du peuple, se révèle directement par de petites voleries, existe pareillement chez leurs voisins plus riches; là, il revêt mille formes indirectes, mais qui ne sont guère moins honteuses et qui souvent sont bien plus nuisibles. Les malhonnêtetés des marchands en gros et en détail sont innombrables : elles vont de l'altération des denrées, et de la fausse mesure, jusqu'à la banqueroute frauduleuse. Nous en avons donné une esquisse, au moins pour quelques-unes, dans un récent essai sur « les mœurs commerciales ». Les filouteries du champ de courses; la corruption des électeurs ; les billets de commerce qui ne sont pas payés ; les tripotages sur les actions de chemins de fer; l'art d'obtenir des Compagnies de chemins de fer un prix fou des terrains qu'on leur cède ; celui de tirer du Parlement, par des marchandages, le vote des lois d'intérêt privé : voilà bien des exemples, et il n'en manque pas d'autres, pour mettre en lumière le peu de conscience des classes supérieures : si la forme diffère, le fond ne vaut pas mieux que dans la classe inférieure; la quantité de malhonnêtetés est la même par rapport à la masse totale, et, si l'on recherchait les effets derniers, les maux produits ne sont pas moins grands ici; peut-être sont-ils plus grands.

Si donc, comme le montrent les faits, il est fort malaisé de choisir entre les classes de la société et de dire : Celle-ci a des intentions plus droites; alors il ne faut plus venir, pour combattre l'avénement de membres nouveaux à la vie politique, alléguer le danger direct que courrait la propriété. La masse des artisans et des travailleurs ne sera pas de plein gré plus injuste dans l'exercice du pouvoir politique envers

les riches, que les riches aujourd'hui ne sont, dans la confection des lois, volontairement injustes envers les artisans et les
travailleurs : du moins il n'y a pas plus de raison de supposer
l'un que l'autre.

Alors quel danger y a-t-il à craindre? Si les terres, les maisons, les chemins de fer, les capitaux, les biens de toutes
sortes, doivent n'être pas moins en sûreté après qu'avant,
pourquoi craindre qu'on ne mésuse des nouveaux droits?
Quels sont les abus qu'on peut raisonnablement prévoir ?

Les abus dont sont capables les hommes nouvellement parvenus au pouvoir politique, on peut les prévoir par les abus
dont se sont rendus coupables ceux qui ont détenu le pouvoir
jusqu'à ce jour.

Tant que la classe jusqu'ici dominante a tenu le gouvernement, quel a été le trait caractéristique de sa conduite ?
D'ordinaire, elle n'a point cherché *directement* son avantage
aux dépens des autres classes ; mais bien souvent ses mesures
n'en étaient pas moins propres à lui assurer *indirectement* un
avantage. L'abnégation volontaire a été chez elle l'exception.
Sa règle a été de faire les lois de façon à mettre ses intérêts
particuliers à l'abri de l'injustice, sans s'inquiéter si les intérêts publics y seraient ou non. En équité, le propriétaire d'une
terre n'a pas plus de droit contre un tenancier mauvais payeur
que le premier créancier venu. Néanmoins, ces propriétaires
ayant eu la majorité au Parlement, la loi leur a donné pour
le recouvrement de leurs fermes la primauté sur les autres
créances. En bonne justice, les droits que le gouvernement

exige pour le transfert d'une succession aux héritiers naturels et aux légataires auraient dû peser plutôt sur les riches que sur les moins riches, et sur les biens fonciers que sur les mobiliers ; pourtant c'est la combinaison contraire qui a été inscrite dans la loi et maintenue longtemps, et elle y subsiste encore en partie. Le droit de présentation aux places ecclésiastiques n'a pu être obtenu qu'en violation complète de l'esprit de la loi ; cependant on le défend avec ténacité, et en tout cela on n'a que peu ou pas de souci du bien des gens en faveur de qui l'Église est censée établie. Si l'on ne tenait pas compte de l'influence des intérêts personnels, on ne comprendrait jamais comment, quand il s'est agi de la protection de l'agriculture, les propriétaires fonciers avec leur clientèle se trouvèrent en lutte contre les autres classes : car enfin la vérité était la même pour les uns et les autres. Faut-il un exemple plus fort encore ? Le voici : l'opposition que fit au rappel des lois sur les grains le clergé établi. Voilà des gens qui font métier de prêcher la justice et la miséricorde ; leur occupation constante est de condamner l'égoïsme et de nous proposer en exemple l'histoire d'une abnégation suprême ; mais ils étaient si bien gouvernés par certains intérêts temporels alors menacés (du moins ils le pensaient), qu'ils offrirent à la réforme proposée un front de résistance presque uniforme. Parmi ces dix mille amis *d'office* du pauvre et du nécessiteux, il s'en trouva un, sans plus (le révérend Thomas Spencer), pour travailler, selon ses forces, à abolir une taxe qu'on avait mise sur le pain du peuple afin de conserver aux seigneurs leurs rentes.

Voilà quelques exemples des procédés par lesquels, dans les temps modernes, ceux qui tiennent le pouvoir poursuivent leur profit personnel aux dépens d'autrui. C'est par des moyens analogues, il faut nous y attendre, que toute classe portée au pouvoir par un changement politique sacrifiera le bien des autres au sien propre. Nous ne voyons pas de raison de croire que les classes inférieures valent moins au fond que les classes supérieures; mais nous n'en voyons pas pour qu'elles vaillent mieux. Nous tenons que, dans une société et à une époque donnée, la moralité moyenne est égale à tous les étages; aussi nous semble-t-il clair que si les riches, en toute occasion favorable, font des lois pour s'assurer d'injustes faveurs, les pauvres, s'ils avaient jamais le dessus, en feraient tout autant, et par les mêmes moyens. Ils ne feraient pas de plein gré des lois injustes; non, mais à leur insu ils seraient détournés du droit chemin par une pensée égoïste, et la législation s'écarterait de l'équité dans un sens, autant qu'elle s'en écartait d'abord dans l'autre sens.

Cette conclusion que nous avons tirée dans l'abstrait se vérifie si nous considérons les sentiments ou les opinions qui sont le plus communs parmi les artisans et les travailleurs. Pour savoir ce que feraient les classes ouvrières si une réforme parlementaire leur donnait la prépondérance, cherchez ce qu'elles demandent aujourd'hui qu'on fasse. A en juger d'après leurs sentiments dominants, elles auraient sans nul doute fait ou travaillé à faire bien des choses qui devraient être faites. Il y a longtemps qu'on en aurait fini avec cette question des taxes pour l'entretien des cultes, si la loi électorale avait été plus large. Pour peu que le peuple vît s'accroître notablement son influence, la justice serait bientôt rétablie, dans les rapports entre la secte de l'Église Établie et le reste des citoyens [1]. Et plusieurs autres débris de ces lois où l'on sent l'esprit de classe seraient bien vite balayés. Mais, outre ces idées, d'où peuvent sortir des réformes à notre avis bienfaisantes, les classes ouvrières en nourrissent d'autres, qui ne sauraient se réaliser sans de graves injustices envers d'autres classes, ni même plus tard sans détriment pour les ouvriers. Généralement, ils ont en haine les capitalistes. La croyance à la mauvaise influence des machines est une erreur encore très-répandue parmi eux, tant à la campagne qu'à la ville; enfin ils laissent paraître le projet de fixer le nombre d'heures qu'on doit donner chaque jour au travail; bien plus, de réglementer tous les rapports entre patrons et ouvriers. Voyons les preuves, en deux mots.

La législature ne fit qu'ajouter à l'innombrable masse d'erreurs qu'elle a enseignées au peuple quand, par la loi des Dix Heures, elle déclara que l'État a pour devoir de limiter la durée du travail. Naturellement, cela fit naître chez les ouvriers le désir d'obtenir pareillement d'autres améliorations. Ce fut d'abord la formidable grève des mécaniciens réunis. Le règlement de cette association tend par divers moyens à restreindre l'offre du travail. Les membres n'ont pas la permission de travailler plus de tant d'heures par semaine, ni au-dessous d'un certain prix. Nul n'est admis dans le corps d'état s'il n'en a

1. La loi de 1870, qui établit l'enseignement laïque pur dans les écoles instituées par les soins de l'État, et la loi de 1871, qui a aboli le caractère obligatoire des taxes d'église, satisfont en partie à ce vœu; elles ont été votées sous le régime de la loi électorale de 1832. TR.

« acquis le droit en subissant, à titre d'épreuve, un asservisse-
ment. » On tient des registres exacts des mariages, des changements de domicile, des changements d'emploi : celui qui
manque en l'un de ces cas à faire sa déclaration paye l'amende.
Il y a un conseil qui décide sans appel de toutes les affaires de
la société, celles de chaque individu, comme celles de tous.
Jugez si ces règlements sont tyranniques : il y a des peines
pour celui qui divulgue n'importe laquelle des affaires de la
Société, pour un membre qui en blâme un autre, pour celui
qui défend un membre mis à l'amende. Ayant ainsi, par ces
mesures de contrainte, assuré leur unité, les mécaniciens
réunis soutinrent un long effort pour imposer à leurs patrons
diverses restrictions, dont ils croyaient pouvoir tirer bénéfice.
Plus récemment, nous avons vu les ouvriers en bâtiments,
durant leur grève, poursuivre les mêmes fins par les mêmes
moyens. Dans un de ses premiers manifestes, cette Société
déclarait que ses membres « méritaient autant que les autres
ouvriers d'attirer une part de cette sollicitude publique, si
puissante, dont l'objet principal aujourd'hui est de diminuer
les heures de travail. » Du même coup, ils dévoilaient leur
illusion et son origine. Ils avaient retenu la leçon contenue
dans l'acte du Parlement : ils croyaient que le rapport entre le
travail fourni et le salaire reçu n'est pas établi par la nature des
choses, mais par convention ; ils demandaient donc que, le salaire ne changeant d'ailleurs pas, le nombre des heures de travail fût réduit de dix à neuf. Ils recommandaient à leurs patrons
d'arranger dans l'avenir leurs contrats de façon à cadrer avec
cette diminution, ajoutant qu'ils étaient « assez confiants pour

regarder l'accomplissement de leurs désirs comme inévitable »,
façon polie de faire entendre aux patrons qu'ils succomberaient
au pouvoir irrésistible de l'association. Comme les entrepreneurs en bâtiments avaient menacé de suspendre les travaux,
le manifeste les invitait à fuir « la responsabilité d'un pareil
désastre public ». Puis, quand la rupture fut consommée, les
membres de l'union mirent en œuvre les moyens que l'expérience a enseignés aux grévistes pour réduire les patrons à
toute extrémité; et ils auraient réussi, si leurs adversaires, qui
voyaient au bout de ces concessions leur ruine, ne s'étaient
unis pour résister. Dans les années précédentes, les entrepreneurs avaient cédé à plusieurs demandes extravagantes : les
dernières n'en étaient que la suite naturelle; s'ils eussent
consenti à diminuer la durée de la journée, et aboli la coutume
des heures supplémentaires, comme ils en étaient requis, il
n'y a pas de raison de croire que les injonctions en fussent
restées là. Le succès eût séduit les ouvriers : aujourd'hui, ils
feraient des réclamations encore plus iniques; et dans les
années suivantes on aurait vu grandir cette fâcheuse prétention d'intervenir entre le capital et le travail.

L'exemple le meilleur de la réglementation que les artisans
voudraient appliquer à l'industrie est peut-être celui de l'union
des imprimeurs. A part les employés de l'imprimerie du *Times*
et ceux d'un autre grand établissement, dont les propriétaires
ont réussi à résister, les compositeurs, les pressiers, etc., du
royaume entier, forment une Société qui a la haute main sur
tous les rapports entre patrons et employés. Il y a un prix fixé
pour le travail de composition, tant par milliers de lettres. Un

patron ne peut pas payer moins, l'union ne laissera pas un compositeur recevoir moins. Il y a un tarif établi pour le travail de presse, et un chiffre d'exemplaires au-dessous duquel on ne peut pas faire de commandes sans payer le travail qui n'a pas été fait. Le tarif compte par « marques » qui sont de deux cent cinquante exemplaires; si l'on n'en veut que cinquante, le prix est le même que pour deux cent cinquante; et, s'il en faut trois cents, on en paye cinq cents. Non contents d'arriver par ces moyens et par d'autres à régler les prix et à diriger les augmentations en vue de leur avantage, les membres de l'union arrêtent la concurrence en limitant le nombre d'apprentis admis dans le métier. Le tout est si bien combiné, qu'il faut que les patrons succombent. Une seule infraction aux règles dans une imprimerie, et voilà une grève. Et comme l'union entière soutient la grève, le patron n'a qu'à céder.

Dans les autres corps d'état, les artisans, s'ils le pouvaient, établiraient des mesures restrictives non moins fortement organisées : c'est ce que démontrent assez leurs tentatives si fréquentes. La grève des ouvriers en étain, la grève des tisserands de Coventry, la grève des mécaniciens, la grève des cordonniers, la grève des ouvriers en bâtiments, toutes nous révèlent une tendance bien évidente à régler en despotes les prix, les heures, les conventions, enfin à abolir le libre échange entre patrons et ouvriers. Si dans ces divers corps de métiers les ouvriers atteignaient leur but, chaque industrie serait entravée au point que les frais de production croîtraient notablement. Et ainsi, c'est encore les classes ouvrières qui seraient les premières punies. Chaque producteur serait, à vrai dire, protégé dans l'exercice de son métier : mais, à chaque objet qu'il achèterait, il aurait à payer une augmentation, les autres producteurs étant également protégés. En somme, on verrait renaître, sous une forme nouvelle, le vieux et désastreux système des impôts mutuels. Et, en fin de compte, nous arriverions à être plus faibles pour soutenir la concurrence avec d'autres nations : ce serait la mort de notre commerce extérieur.

Contre de tels malheurs, nous ne saurions trop nous mettre en garde. On doit se demander, et avec anxiété, si vraiment il n'y a pas péril à donner une part du pouvoir politique à des gens qui se font des idées aussi fausses sur les principes mêmes de la société et qui luttent avec tant d'obstination pour faire triompher leurs erreurs. Quand on abdique sa liberté personnelle aux mains de despotes comme ceux qui gouvernent les associations ouvrières, a-t-on encore assez d'indépendance pour exercer des droits politiques? Quand on entend si mal ce que c'est que la liberté, quand on se figure qu'un homme ou un groupe d'hommes a le droit d'empêcher un patron et un employé de passer entre eux tel contrat qu'il leur plaît, est-on vraiment en état de devenir un gardien, et de sa liberté personnelle, et de la liberté de ses concitoyens? Voilà des gens qui ont de la vraie droiture une notion assez confuse pour se faire un devoir d'obéir aux ordres arbitraires des chefs de leurs associations, et d'abdiquer ce droit qu'a tout individu de disposer de son travail à son gré; qui, pour obéir au devoir ainsi pris à rebours, vont risquer de faire périr de misère leurs familles; qui traitent de « document odieux » une pièce où l'on demande simplement que le patron et l'ouvrier soient libres de s'arranger entre eux ; en qui le sens du juste est si obtus, que les voici prêts à malmener, à priver d'ouvrage, à faire périr de misère, et même à assassiner, ceux de leur classe qui se révoltent contre la dictature et qui maintiennent leur droit de vendre leur travail pour tel prix et à telle personne qu'il leur semblera bon ; des hommes, en un mot, prêts à devenir semblables à des esclaves et à des tyrans : il est bien permis d'y regarder à deux fois avant de leur donner des droits.

Ces fins que les artisans ont travaillé à atteindre par leurs associations privées, ils ne manqueraient point, s'ils avaient assez de pouvoir politique, de tâcher à les atteindre par les moyens législatifs. On voit combien, sur de pareilles questions, leurs convictions sont fortes et leurs résolutions fermes. Ils sont capables de supporter, à des époques périodiques, les dernières privations, pour s'approcher du but ; dès lors, il faut s'y attendre, des hommes aussi convaincus, animés d'une telle détermination, feraient bientôt passer leurs idées dans la loi, s'il étaient maîtres du pouvoir. Car, pour des ouvriers, la réglementation du travail est une des questions qui passent avant tout. Le meilleur moyen, pour un candidat au Parlement, de gagner leurs suffrages, serait donc de flatter leurs préjugés à cet égard. On dira qu'il n'y a rien à craindre, tant que les artisans n'ont pas la majorité dans les colléges ; mais il n'est pas rare, dans un pays où deux grands partis politiques se font presque équilibre, qu'un troisième parti, très-inférieur en nombre, soit pourtant le maître de l'élection. Les associations ouvrières, il ne faut pas l'oublier, comptent dans le royaume entier six cent mille membres et disposent d'un capital de trois cent mille livres (7 millions 1/2 de fr.); leur coutume est de s'entr'aider, et même elles ont été fondues en une association nationale; l'organisation en est donc parfaite; le pouvoir qu'elles ont sur leurs membres, elles l'exercent sans pitié; dès lors, en un temps d'élections générales, par leurs efforts combinés, elles décideraient du résultat dans bien des villes, sans que les artisans eussent besoin d'être très-puissants par le nombre dans le collége. Voyez quelle influence peuvent prendre de petits groupes bien organisés : regardez les députés irlandais à la Chambre des Communes et surtout les émigrés irlandais en Amérique. Or les associations d'ouvriers ne sont certes pas moins habilement organisées, ni les motifs qui les poussent moins forts. Jugez, dès lors, de l'influence politique qu'elles prendraient.

Sans doute, dans les colléges de comté et dans les villes agricoles, les ouvriers sont sans force; sans doute leurs antagonistes, les cultivateurs, sauraient faire échec à leurs projets : mais, d'autre part, les ouvriers dans ces questions conquerraient la sympathie de plus d'un membre des autres classes. Beaucoup de petits boutiquiers, et beaucoup d'autres gens dans une situation de fortune équivalente, joindraient leurs efforts à ceux des ouvriers pour réglementer les rapports du capital avec le travail. Il ne manque pas de bourgeois non plus qui, par bonté de cœur et par ignorance de l'économie politique, trouvent justes les réclamations des artisans. Même dans les campagnes, les ouvriers auraient des défenseurs. Rappelons-nous quel mauvais accueil les propriétaires fonciers firent dans le Par-

lement, lors de l'agitation pour la journée de dix heures, aux
défenseurs des intérêts des manufacturiers. Il n'y a donc rien
d'impossible à ce que les gentilshommes de campagne se
joignent aux ouvriers pour imposer aux patrons des restrictions désavantageuses. Les rancunes qui les faisaient agir alors
seraient, il est vrai, en partie éteintes. On peut espérer aussi
que, dans l'intervalle, ils auraient pris de la raison. Mais encore,
souvenons-nous du passé, disons-nous que la chose est possible, et ne comptons pas autrement.

Voilà donc un des dangers auxquels l'agrandissement du
corps électoral ouvre la porte. S'il est ridicule d'y voir pour la
propriété un péril direct, il est très-raisonnable d'y voir une
menace indirecte contre elle. Des lois pourraient être faites
qui, par mille entraves, empêcheraient le capitaliste de placer
son argent à sa volonté, et l'ouvrier de louer son travail au
mieux de ses intérêts. Quel est au juste l'accroissement du corps
électoral qui suffirait pour amener cet effet ? Nous ne sommes
pas en état de le dire. Nous ne saurions fixer, même par
estime, le nombre d'ouvriers qui deviendraient électeurs si le
cens était abaissé à six livres ou à cinq, non plus que de
décider si les forces contraires suffiraient à les tenir en échec.
Nous voulions simplement ranger au nombre des périls qu'il
ne faut pas perdre de vue cette réglementation injuste de
l'industrie, dont nous sommes menacés.

Maintenant arrivons à un autre danger : il diffère du précédent ; pourtant il y a entre eux quelque parenté. Après cet
excès de législation qui entrave l'échange du capital avec le

travail, viennent les maux causés par cet excès de législation
qui confie à l'État le soin d'assurer « à la communauté » de
certains bienfaits, quand on devrait le laisser à l'action spontanée du capital et du travail. Et par une conséquence naturelle, mais bien fâcheuse, ceux qui sont portés à l'un de ces
excès le sont aussi à l'autre. Des gens qui mènent une vie
de labeur, qui n'ont pour se refaire que peu d'instants de
plaisir, prêtent volontiers leur aide à une doctrine qui dit que
l'État devrait leur assurer divers avantages positifs et divers
agréments. On ne peut pas demander à un pauvre, pour qui
la vie est dure, d'appliquer une critique très-sévère aux promesses qu'on lui fait de plaisirs gratuits. Un homme qui se
noie s'accroche à une paille ; un homme accablé de soucis
s'accroche à n'importe quoi, solide ou non, pourvu qu'il y
trouve la moindre raison d'espérer un peu de bonheur. Il ne
faut donc pas blâmer les ouvriers, s'ils sont convertis trop
aisément aux plans des socialistes, ou à la foi dans le « souverain pouvoir de la machine politique ».

Ce n'est pas que les ouvriers seuls succombent à ces illusions.
Par malheur, ils sont en nombreuse compagnie, entourés et en
partie induits en cette erreur par les classes plus élevées. Il
s'est trouvé au Parlement et au dehors, dans les rangs supérieurs et moyens de la société, des gens de sens pour soutenir
avec un zèle d'apôtre ces faussetés. On a fait et l'on fait encore
bien des lois en se fondant sur ce que l'État a pour devoir non
pas seulement d'assurer chaque citoyen contre toute traîtrise
dans la bataille de la vie, mais encore de l'aider à soutenir ce
combat, non sans avoir d'abord pris dans sa poche ou dans

HERBERT SPENCER.   16

une autre de quoi payer les frais. Un coup d'œil sur les papiers publics suffit pour nous montrer combien, hors de la Chambre, on s'agite pour faire prévaloir cette politique, et combien l'agitation menace de croître de jour en jour. Les agissements de l'école de Chadwick nous fournissent toute une série d'exemples. On en pourrait tirer autant de l'histoire de l'école de Shaftesbury ; et, dans les rapports du groupe qui prend lui-même le titre absurde d' « Association nationale pour le développement de la science sociale », on trouve cette fâcheuse erreur sous des formes encore plus variées.

Quand nous disons que les ouvriers, et plus spécialement les artisans, ont un penchant marqué pour ces utopies, penchant encouragé d'ailleurs malheureusement par bien des gens qui devraient voir plus clair, nous ne parlons pas à la légère. Nous ne raisonnons pas *a priori*, pour deviner quelles doctrines doivent plaire à des hommes en cette position. Nous ne sommes pas guidés seulement par les renseignements épars dans les journaux. Nous nous appuyons sur un fait précis, la conduite des conseils municipaux réformés [1].

D'année en année, ces corps ont étendu leurs attributions ; et parfois les taxes locales en sont devenues si lourdes, qu'une

1. Avant la loi de 1835, les bourgs municipaux étaient administrés par des conseils que nommait la corporation des *freemen*, électeurs héréditaires ; ces conseils n'étaient soumis à aucun contrôle de l'État, n'avaient d'autre loi que leur propre coutume, pouvaient ne pas publier le budget qu'ils dressaient. Les conseillers étaient à vie. La loi de 1835 n'a point supprimé cette organisation : elle en a seulement proposé à titre de modèle une autre, qui a été acceptée par 209 villes, tandis qu'environ 80 bourgs conservaient l'ancienne. Elle accorde l'électorat municipal aux mêmes conditions que l'électorat politique (loyer d'au moins 250 francs, 21 ans d'âge, deux ans de taxe payée, douze mois sans recours à l'assistance publique). Sont éligibles aux fonctions de conseiller municipal les propriétaires imposés pour un fonds de 12,500 francs dans les petites villes, de 25,000 francs dans les grandes.   TR.

réaction s'en est suivie contre le parti responsable. Des conseils
qui étaient presque tout entiers whigs ont été récemment
remplacés par des conseils presque conservateurs, grâce aux
efforts des classes riches, qui payaient les premières les prodigalités municipales. Où donc ces prodigalités étaient-elles
populaires ? Auprès des électeurs pauvres. Les candidats aux
conseils municipaux n'avaient pas trouvé de meilleur moyen
pour gagner les votes de la masse que de plaider pour telle ou
telle entreprise locale. Une des propositions les plus populaires,
l'expérience le montrait, c'était celle de construire des bains et
des lavoirs aux frais de la ville. La, majorité applaudissait
encore à l'idée de faire entretenir les jardins publics avec des
fonds prélevés sur les revenus de la commune. Les bibliothèques libres aussi avaient plu aux ouvriers, et naturellement
à ceux qui voulaient gagner la faveur des ouvriers. Si quelqu'un, s'inspirant des concerts à bon marché, aujourd'hui si
fréquents dans nos villes industrielles, eût proposé l'idée de
faire de la musique aux frais du public, on l'aurait salué, n'en
doutons pas, comme un ami du peuple. Et les innombrables
utopies des socialistes y auraient toutes passé : car, une fois
lancé dans cette voie, on ne s'arrête plus.

Telles sont donc les tendances bien évidentes des conseils
municipaux, depuis qu'on a élargi le corps électoral correspondant. Ne peut-on pas conclure, dès lors, que des tendances pareilles se montreraient dans le gouvernement le jour
où il aurait une base électorale beaucoup plus vaste qu'aujour-
d'hui ? Une raison de plus de tirer cette conclusion alarmante,
c'est que les partisans de l'agrandissement des attributions de

l'État feraient en général alliance avec les partisans de la réglementation du travail par des lois. Les deux théories sont pro-
ches parentes, et elles comptent un grand nombre de partisans
communs. Les deux groupes, une fois réunis, seraient redou-
tables par leur force; les candidats invoqueraient souvent
leur appui, en montrant de la sympathie pour les idées des
uns et des autres; et ainsi, bien qu'en minorité, ils obtiendraient un nombre disproportionné de représentants dans la
législature. Du moins, c'est encore là un danger à craindre,
selon nous. Guidés par des philanthropes de plus de cœur que
d'esprit, les ouvriers sont très-capables d'employer leur influence à accroître les excès de législation : cela, soit en s'agi-
tant pour obtenir la réglementation de l'industrie, soit de toute
autre manière. A partir de quel chiffre l'agrandissement du
corps électoral nous exposerait-il sérieusement à ce danger ?
Nous ne prétendons pas le savoir. Ici, comme plus haut, il
nous suffit d'indiquer dans leur source des malheurs probables.

Et maintenant quelles sont les mesures du salut ? Celles qui
probablement ne seront pas adoptées. En face de maux comme
ceux dont nous menace la prochaine réforme politique, on a
l'habitude d'opposer au danger de petits obstacles, de le limiter, de le restreindre par de petites mesures. On ne va pas
chercher la source du mal pour la tarir, on l'endigue. C'est
l'usage en pareil cas. Nous n'avons pas confiance en cette méthode. Il n'y a qu'un remède efficace : c'est de changer les
convictions et les mobiles qu'on redoute. Or, pour obtenir un

changement de cette espèce, le seul moyen sûr, c'est de faire
sentir aux particuliers les punitions qu'entraîne avec lui l'abus
du pouvoir législatif. « Comment faire? » demandera sans
doute le lecteur. Rien, que de laisser les causes et les effets
s'enchaîner comme le veut la nature. Rien, que de supprimer
ces arrangements vicieux qui aujourd'hui masquent aux yeux
des particuliers la réaction dont est suivie toute action du législateur.

Aujourd'hui, le peuple souhaite l'accroissement du pouvoir
administratif : la cause en est surtout qu'on n'a pas su établir
clairement dans les esprits une relation entre les bénéfices
obtenus et les frais à payer. Les commodités et les plaisirs que
nous assure toute nouvelle institution officielle pourvue d'une
dotation, le peuple sait par expérience ce que c'est que cela ;
mais comment les frais retombent sur la nation et en fin de
compte sur chaque individu, voilà ce dont il n'a pas le sentiment direct. Nos dispositions fiscales ont pour effet de rompre
toute connexion entre l'accroissement des dépenses publiques
et celui des charges de tous les travailleurs. C'est encourager
cette croyance superstitieuse, que la loi nous donne ses bienfaits gratis. Évidemment, c'est là la première cause des prodigalités des conseils municipaux, dont nous avons dit un mot.
Les ouvriers de nos villes possèdent le droit de vote, quand
plus d'un d'entre eux n'a à supporter directement aucune part
des charges publiques. Dans les petits logements, les taxes pour
les dépenses municipales sont d'ordinaire payées par les propriétaires. Même, depuis quelques années, pour plus de commodité et d'économie, les villes ont imaginé de s'entendre avec

les propriétaires des petits appartements aussi pour le recouvrement de la taxe des pauvres payable par leurs locataires.
Cette combinaison fut d'abord volontaire; aujourd'hui, elle est
obligatoire : le propriétaire paye donc les taxes pour tous les
appartements qu'il loue, et on lui fait une remise en considération des embarras et frais de perception qu'il épargne aux
autorités. Il est entendu qu'il augmente ses loyers du montant
de la taxe sans remise. Ainsi la plupart des électeurs municipaux ne payent pas séparément les taxes communales : rien ne
vient leur rappeler le lien qu'il y a entre la dépense publique
et leurs frais personnels; et, par suite, toute application de crédit
à des entreprises locales, si extravagantes, si déraisonnables
qu'elles soient, pour peu qu'elles lui apportent un avantage,
lui apparaît comme un bénéfice net. Si la corporation décide,
sans besoin aucun, de rebâtir l'hôtel de ville, la majorité ne
manque pas d'applaudir. « Cela fait marcher le commerce et
cela ne coûte rien. » Tel est le raisonnement qui sous forme
vague traverse tous les esprits. Si quelqu'un propose d'acheter
un terrain tout auprès et d'en faire un parc public, les ouvriers, naturellement, appuient la proposition, car de beaux
jardins ne gâtent rien, et si les impôts doivent en être accrus,
ce n'est pas l'affaire des ouvriers; de là nécessairement une
tendance à multiplier les attributions des pouvoirs et à accroître les frais du public. C'est de plus en plus la politique de
ceux qui briguent la popularité, de plaider pour de nouveaux
ouvrages que la ville exécuterait. Ceux qui désapprouvent
cette tendance ont peur d'exposer leur siège aux prochaines
élections, s'ils font une résistance vigoureuse; et ainsi

ces administrations se développent au delà de toute mesure.

Si les impôts étaient levés directement sur tous les électeurs, il y aurait là comme un frein à ce communisme municipal, personne assurément n'en doute. Si le moindre contribuable s'apercevait que, à chaque entreprise nouvelle des autorités, il paye tant de centimes additionnels, il commencerait à se demander si le bénéfice vaut la dépense ; et souvent il conclurait que non. Ce serait désormais pour lui un problème de savoir si, au lieu de laisser la municipalité lui procurer tels avantages lointains en échange de telle somme, il ne pourrait pas lui-même, avec cette somme, s'assurer des avantages plus importants ; et, règle générale, il déciderait qu'il le peut. Quelle serait la puissance de ce frein ? Sans la déterminer, nous pouvons bien affirmer qu'il agirait utilement. On admettra qu'il serait bon de rappeler sans cesse à chaque habitant d'une ville le rapport qu'il y a entre l'ouvrage fait pour lui par la municipalité et ce qu'il paye en retour. Si l'on sentait à chaque instant ce rapport, il naîtrait de là, qui peut en douter ? une tendance à enfermer le conseil municipal dans son domaine propre.

On en peut dire autant du gouvernement. Ici, il y a encore moins de liaison dans l'esprit de chaque citoyen entre le travail produit par les administrations et les frais qu'elles lui coûtent. Les taxes sont levées pêle-mêle, et d'une façon discrète : elles sortent de nos bourses par des fentes imperceptibles. Aussi les gens du peuple ne peuvent guère se figurer que le gouvernement, pour soutenir les écoles, pour rendre l'émigration aisée, pour inspecter les mines, les fabriques, les chemins de fer, les navires, prend une bonne part de l'argent qu'il lui faut dans leurs poches à eux. Les plus intelligents entendent bien cette vérité dans l'abstrait, mais cela ne fait pas une vérité présente dans leur esprit et agissante. Or, il en serait tout autrement si les impôts étaient levés directement, si la dépense exigée par chaque administration nouvelle se faisait sentir à tout citoyen, sous la forme d'une augmentation de taxes réclamée par le percepteur. Alors il éprouverait clairement, à chaque instant, cette vérité : quand l'État donne d'une main, il prend de l'autre; alors il serait moins aisé de lui en faire accroire sur le pouvoir et les devoirs du gouvernement.

Cette conclusion ne soulèvera pas un doute chez quiconque se rappellera l'argument ordinaire des partisans de l'impôt indirect; c'est à savoir qu'autrement on ne pourrait lever tout le budget. Les hommes d'État le savent bien : si, au lieu de prendre à chaque citoyen un peu de çà et un peu de là, par des expédients dont il ne se doute pas ou dont il ne se souvient jamais, on lui demandait le total en bloc, à peine serait-il possible au gouvernement de se faire payer. Ce seraient des murmures, de la résistance; on en viendrait peut-être à se détacher de lui. En bien des cas, il faudrait recourir à la contrainte pour tirer des gens cette énorme masse d'impôts; et encore ne pourrait-on la tirer de la plupart des gens, car la prévoyance est trop peu dans leurs habitudes pour qu'ils amassent de grosses sommes. Aussi le budget des recettes serait-il bien au-dessous de ce qu'on appelle aujourd'hui le nécessaire. Dès lors, la conséquence est forcée : avec le système de l'impôt direct, tout accroissement nouveau des administrations pu-

bliques, à cause du surcroît de frais, soulèverait une opposition
générale. Au lieu de songer à multiplier les fonctions de l'État,
on penserait à en réduire le nombre.

Voilà donc une des mesures de salut à prendre. Il faut que
l'impôt se lève d'autant plus directement que le corps électoral
s'étend davantage. Notre voie n'est pas du côté de la loi de 1851
sur les chefs de famille arrangés avec leurs propriétaires, qui
permet aux électeurs politiques de voter désormais sans avoir
payé la taxe des pauvres ; c'est en sens inverse que nous devrions
nous diriger. Pour prendre part au maniement des deniers publics, il faudrait avoir payé, et *à bon escient*, sa part du revenu
public. Au lieu de restreindre les impôts directs, comme le veut
plus d'un, il faut les étendre aux classes inférieures et les plus
nombreuses, à mesure qu'elles sont admises à la vie politique.

Probablement, cette proposition rencontrera peu de faveur
auprès de nos hommes d'État. Il n'est pas dans la nature que
des hommes approuvent un système dont la tendance est de
restreindre leurs pouvoirs. Nous savons d'ailleurs qu'on tiendra
pour impossible, quant à présent, tout accroissement notable
des impôts directs ; et nous ne sommes pas en mesure de soutenir le contraire. Toutefois, ce n'est pas une raison pour ne
pas réduire les impôts indirects et augmenter les autres, autant
que les temps le permettent. Puis, une fois qu'on aura accru
les derniers et diminué les premiers autant qu'il se peut aujour-
d'hui, si l'on posait en principe que toute augmentation de
dépenses devra être demandée à l'impôt direct, on aurait ainsi
élevé un puissant obstacle contre un des maux qui peuvent
résulter de l'agrandissement du corps politique.

Toutefois, quant au second danger qu'il nous a paru sage de prévoir, cet obstacle ne l'arrêterait point. Si, en faisant sentir à chaque instant aux citoyens le rapport qu'il y a entre l'action de l'État et les frais de l'État, on peut susciter des obstacles à la formation de ces administrations qui prétendent assurer aux citoyens des avantages et des agréments positifs, il n'en est pas de même pour ces excès de législation, dont l'effet est négatif et ne coûte rien, et qui violent la liberté des individus : on n'arrêterait pas ainsi cette funeste immixtion de l'État dans les relations du travail avec le capital. Contre ce danger, je ne vois qu'un remède : de répandre chez le peuple des idées plus saines, et de se fier à l'amélioration morale que ces idées produiraient.

« C'est-à-dire, interrompt le lecteur, qu'il faut faire l'éducation du peuple. » Oui, l'éducation, voilà le topique, mais non pas l'éducation à laquelle pensent nos nombreux agitateurs. Les exercices ordinaires de nos écoles ne sont pas ce qu'il faut pour préparer un homme à faire bon usage de ses droits politiques. En voici une preuve décisive : c'est que les artisans sont de tous les ouvriers les mieux instruits, et c'est d'eux, avec leurs idées fausses, que nous vient le plus grand péril. Bien loin d'être un remède, la diffusion de cette éducation aujourd'hui en usage serait plutôt pour accroître le danger. Elle élèverait tous les ouvriers au niveau actuel des artisans, et par là elle menacerait de leur donner plus de force pour faire le mal en politique. On croit communément à la vertu de la lecture, de l'écriture et de l'arithmétique, pour faire de vrais citoyens : je ne vois pas pourquoi. De même pour les belles espérances qu'on fonde sur la récitation des leçons apprises par cœur.

Entre analyser une phrase et se faire une idée claire des causes qui déterminent le taux des salaires, il n'y a pas de rapport. La table de multiplication ne vous aidera pas à pénétrer la fausseté de cette thèse, que la suppression de la propriété ferait du bien au commerce. On peut être devenu, à force de pratique, bon calligraphe, et ne rien entendre encore à ce paradoxe, que les machines augmentent le nombre des ouvriers dans les industries où on les applique. Il n'est pas prouvé qu'une teinture d'arpentage, d'astronomie, de géographie, fasse des hommes capables de pénétrer le caractère et les intentions des candidats au Parlement. Et même il suffit de comparer l'antécédent avec le conséquent, ici, pour voir combien il serait absurde de les croire liés ensemble. Quand nous voulons qu'une jeune fille devienne bonne musicienne, nous l'asseyons devant un piano : nous ne lui mettons pas un attirail de peintre dans les mains, et nous n'attendons pas qu'elle devienne musicienne à force de s'escrimer du crayon et du pinceau. D'envoyer un garçon pâlir sur les livres de droit, ce ne serait guère le moyen d'en faire un ingénieur civil. Si donc, ici et dans les cas semblables, nous n'espérons faire des gens aptes à une fonction qu'en les y exerçant, pourquoi espérons-nous faire des citoyens avec une éducation qui n'a aucun rapport aux devoirs du citoyen?

Probablement, on répondra que, en apprenant à l'ouvrier à bien lire, nous lui donnons accès aux sources où il puisera, avec les lumières, l'art d'user de ses droits électoraux; et quant

aux autres études, qu'elles aiguisent ses facultés et ainsi le
préparent à mieux juger des questions politiques. Il est vrai, et
l'effet pourrait certainement être bon. Mais qu'importe, si pour
longtemps encore l'ouvrier n'apprend à lire que pour lire ce
qui le confirme dans ses erreurs? Qu'importe, s'il y a toute une
littérature qui s'adresse à ses préjugés, qui lui fournit des
sophismes à l'appui des croyances erronées pour lesquelles il a
déjà un faible naturel? Qu'importe, s'il rejette tout enseignement qui tend à lui enlever ses chères illusions? Ne faut-il pas
dire qu'une culture dont tout l'effet est d'aider l'ouvrier à
s'établir dans son erreur le rend plutôt indigne du titre de
citoyen que capable de le porter? Et les ligues de métiers ne
nous en fournissent-elles pas plus d'une preuve?

Veut-on voir combien l'éducation, ce qu'on est dans l'usage
d'appeler l'éducation, prépare mal les gens à l'exercice des
droits politiques? Qu'on en juge par l'incompétence de ceux
qui ont reçu la plus haute instruction. Jetez un coup d'œil sur
les bévues de nos législateurs; ce sont là cependant, pour la
plupart, des hommes qui ont pris leurs grades universitaires;
donc, il faut le reconnaître, la plus profonde ignorance en
sociologie peut marcher de pair avec les connaissances qu'on
estime le plus dans les classes instruites. Prenez seulement un
jeune membre du Parlement, frais émoulu d'Oxford ou de
Cambridge, et demandez-lui ce que la loi doit faire, selon lui,
et pourquoi? ce qu'elle doit ne pas faire, et pourquoi? vous
verrez bien que ses études dans Aristote et ses lectures dans
Thucydide ne l'ont guère mis en état de répondre à la première
question qu'un législateur ait à résoudre. Ce sera assez d'un

exemple pour montrer combien diffère de l'éducation en usage
celle qu'il faut aux législateurs, et par suite à leurs électeurs :
il s'agit de l'agitation en faveur du libre échange. Des rois, des
pairs, des membres du Parlement, élèves pour la plupart des
universités, n'ont su qu'embarrasser le commerce avec force
protections, prohibitions et primes. Toutes ces dispositions
légales ont subsisté des siècles durant : et il ne fallait qu'un
peu d'attention pour voir ce qu'elles nous coûtaient. Eh bien !
parmi tous ces gens bien élevés, venus des quatre coins du
pays, pendant cette suite de siècles, à peine se trouva-t-il un
homme pour voir combien ces dispositions nous faisaient de
tort. Ce ne fut pas un des adeptes de ces études tant estimées
qui sut, avec un livre, remettre dans le droit chemin les politiques. Non, ce fut un homme qui sortit du collège sans un
grade, pour poursuivre des recherches fort étrangères au
programme établi. Adam Smith considéra pour son compte les
phénomènes de la vie industrielle des sociétés; il suivit du
regard les forces productives et distributives qui s'agitaient
autour de lui; il en démêla les relations compliquées; et ainsi
il trouva des principes généraux capables d'éclairer le politique. Dans les derniers temps, ceux qui ont le mieux entendu
les vérités de son livre et qui, par leur persévérance à les exposer, ont gagné la nation à leurs idées, n'étaient pas des gradués
de l'Université. Tout au contraire, ceux qui avaient suivi le
curriculum obligé ont fait en général l'opposition la plus âpre
et la plus obstinée aux réformes conseillées par l'économie
politique. Voilà toute une question de premier ordre, dans
laquelle les bonnes lois ont été soutenues par des hommes à

qui manquait la prétendue bonne éducation, et combattues
par le plus grand nombre des hommes formés par cette bonne
éducation !

La vérité que nous défendons, et qui se trouve si étrange-
ment méconnue, est, après tout, presque une vérité de La
Palisse. Est-ce que toute notre théorie de l'éducation ne suppose pas que, pour préparer des gens à la vie politique, il faut
leur donner une culture politique ? Cette instruction, sans
laquelle le citoyen ne peut s'acquitter bien de ses fonctions
publiques, que doit-elle faire, sinon lui faire connaître les effets
de toute activité publique ?

Donc, la seconde des principales mesures de précaution qui
nous inspirent confiance, c'est de répandre, non cette instruction toute technique et incohérente pour laquelle certains travaillent avec tant de zèle, mais des notions de politique ou,
pour mieux dire, des notions de science sociale. Par-dessus
tout, ce qui importe, c'est d'établir une théorie vraie du gouvernement, une idée juste du domaine de la loi et de ses
limites naturelles. C'est là une question qu'on néglige d'ordinaire dans nos discussions politiques : et il n'en est pas de plus
importante. Ces recherches, dont nos hommes d'État raillent
le caractère spéculatif et peu pratique, paraîtront un jour fort
pratiques, et fort peu sages celles que ces messieurs étudient à
renfort de Livres Bleus et qu'ils passent une bonne partie des
nuits à discuter. Les considérations qui emplissent chaque
matin une douzaine de colonnes du *Times* ne sont que des
bagatelles à côté de cette question capitale : Quel est le domaine propre du gouvernement ? Avant de discuter les détails

de telle loi touchant telle matière à réglementer, ne serait-il pas sage de poser cette question préjudicielle : Est-ce que la loi a à intervenir, ou non, dans cette affaire? et, avant d'y répondre, de poser cette question plus générale encore : Qu'est-ce que la loi doit faire, et que doit-elle ne pas faire? Assurément, s'il doit y avoir des limites à l'action de la loi, la détermination de ces limites aurait des effets bien plus profonds qu'un acte particulier du Parlement, quel qu'il soit ; donc c'est là l'affaire pressante. Assurément, s'il est à craindre que le peuple ne fasse mauvais usage de ses droits politiques, il est de la dernière importance de lui enseigner dans quelles matières doivent exclusivement s'exercer ces droits.

Si les classes supérieures comprenaient leur situation, elles verraient, je crois, que s'il est une chose de conséquence pour leur bien et pour celui de toute la nation, c'est de répandre des idées saines sur ces sujets. Le peuple ira en accroissant son influence : cela est inévitable. Or, si la masse acquiert la prépondérance avant d'avoir changé ses idées grossières sur les relations sociales et sur les effets des lois, sûrement il en résultera de désastreuses immixtions dans les rapports du travail avec le capital, et un désastreux accroissement des administrations officielles. Les conséquences seront fort dommageables aux patrons d'abord, aux ouvriers ensuite, et ainsi à la nation entière. S'il est un moyen de prévenir ces maux, c'est de bien fonder dans l'esprit du public cette conviction, que les fonctions de l'État ont des limites, et même assez étroites, et que ces limites, il ne faut à aucun prix les transgresser. Les classes supérieures ont donc à apprendre d'abord quelles sont ces limites, et puis à s'employer de toutes leurs forces à les faire voir au peuple.

Dans le numéro XXIV de cette Revue, paru en octobre 1857, je me suis efforcé d'établir cette vérité : si le gouvernement représentatif est, par sa nature même, supérieur à tout autre pour administrer la justice et sauvegarder l'équité dans les relations des citoyens entre eux, il est, par sa nature aussi, le pire de tous dès qu'il s'agit de ces fonctions variées dont les gouvernements ont l'habitude de se charger. Nous nous étions demandés : A quoi le gouvernement représentatif est-il bon? Et nous avons répondu : « Il est bon, spécialement bon, bon par-dessus tous les autres, à faire ce qu'un vrai gouvernement doit faire. Il est mauvais, particulièrement mauvais, mauvais par-dessus tous, pour faire ce qu'un gouvernement doit ne pas faire. »

Maintenant, voici une autre vérité pour faire pendant à celle-là. A mesure qu'un gouvernement devient représentatif, et ainsi plus à même de défendre les droits des citoyens, il devient non-seulement incapable d'autres fonctions, mais dangereux si on l'y applique. En s'accommodant au rôle véritable du gouvernement, il perd l'aptitude qu'il avait d'abord pour d'autres rôles ; et la cause en est sans doute dans la complication de son mécanisme qui le rend médiocre administrateur, mais surtout dans les préjugés de classe dont il subit l'action dès qu'il se mêle de ces autres rôles. Tant qu'un gouvernement se renferme dans cette tâche, de garantir les particuliers contre toute agression, plus il a une large base, mieux les choses marchent, car tous ont le même intérêt à protéger leur vie, leurs biens, le libre exercice de leurs facultés. Mais dès qu'il se mêle d'assurer aux citoyens des biens positifs, ou qu'il s'ingère dans les relations des classes entre elles, il ne peut échapper à la tentation d'être inique, car alors il n'est pas possible que les intérêts immédiats de toutes les classes s'accordent. Aussi le disons-nous bien haut : à mesure que le droit de se faire représenter est donné à plus de citoyens, le domaine du gouvernement doit se rétrécir.

Post-scriptum. — Ces pages étaient déjà écrites, quand lord John Russell a déposé sa proposition de réforme électorale [1]; en quelques mots, nous allons appliquer à l'examen de cette proposition les principes ci-dessus.

En général, on approuvera l'extension du droit électoral dans les comtés; je mets à part ceux qui verront décroître par là leur influence illégitime [2]. Les collèges ruraux recevront ainsi une classe nouvelle de gens qui sont moins directement dans la dépendance des grands propriétaires : c'est là un bien, à peu près sûrement. Quand le choix des représentants n'en serait d'abord pas sensiblement affecté, cependant ils se verraient invités à soigner mieux leur éducation politique; et l'on sait ce qu'il en résulterait de bien. Quant à la délimitation nouvelle des circonscriptions, j'ai peu de chose à en dire; cependant cet arrangement a beau être loin de satisfaire à l'équité, il est peut-être ce qu'on peut espérer de mieux aujourd'hui.

1. Ce projet fut déposé par lord J. Russell, d'accord avec le ministère Palmerston, le 1er mars 1860. TR.
2. Vingt-cinq bourgs, comptant chacun moins de 7,000 habitants, perdaient, dans ce projet, chacun un député. TR.

HERBERT SPENCER. 17

Mais, d'autre part, quant à l'extension du droit électoral dans les bourgs, a-t-on bien trouvé la limite juste? C'est toute une question, où il y a beaucoup à discuter. Quand on pèse les raisons des deux côtés, on doit hésiter. La justice absolue est, à notre sens, un conseiller à qui il ne faut pas se livrer, mais à qui il faut encore moins fermer son oreille; aussi serions-nous fort heureux si l'on pouvait enfin la suivre de plus près ; car, cela est certain, à mesure que disparaîtra cette injustice, l'étroitesse du corps politique, et pas plus tôt, disparaîtront les nombreuses injustices qui naissent de celle-là. Toutefois, nous en sommes aussi convaincus, l'appareil extérieur qui convient à la liberté ne produira pas de lui-même la liberté, tant que l'esprit national convenable fera défaut, pas plus que la machine la plus parfaite ne marchera sans force motrice. Il faut croire qu'un peuple, en un âge donné, n'est capable que d'une certaine dose de liberté; si vous essayez de lui en laisser davantage de ce côté-ci, il en perdra juste autant de ce côté-là. En France, la république n'a pas l'habitude de respecter mieux les droits des individus que les régimes despotiques dont elle prend la place, et les électeurs français ne font usage de leur liberté que pour se réduire d'eux-mêmes et de nouveau en esclavage. En Amérique, si l'État ne contraint que faiblement les individus, l'opinion publique y supplée, avec ses exigences, et à bien des égards impose aux citoyens une servitude plus forte que chez nous.

Faut-il un exemple, pour prouver que le droit égal de représentation n'est qu'une garantie insuffisante pour la liberté? Voyez les associations de métiers, dont nous avons

déjà parlé; leur organisation est une démocratie pure : elles
n'en exercent pas moins sur leurs membres une tyrannie
digne de Naples [1], tant elle est rigoureuse et dépouillée de
scrupules. Or, si la fin à poursuivre, c'est le maximum de
liberté possible pour l'individu ; si un des moyens d'y arriver,
c'est, comme on le croit généralement, d'ouvrir largement
l'accès au pouvoir politique ; alors la vraie question, dans ces
discussions sur l'extension du droit électoral, la voici : la
liberté moyenne des citoyens en sera-t-elle accrue? les individus seront-ils plus à leur aise qu'avant, pour poursuivre
chacun son but, et à sa manière? Et ici en particulier la question est : le bien que feront les locataires à 7, 6 ou 5 livres
sterling, en contribuant à l'abolition de certaines injustices,
sera-t-il en partie ou totalement compensé par le mal qu'ils
peuvent causer en établissant d'autres iniquités? Il s'agit donc
de déterminer le maximum d'électeurs nouveaux, passé lequel
le peuple se trouverait en mesure de réaliser ses idées erronées,
en commettant des excès de législation. L'accroissement qu'on
propose dépasse-t-il ou non cette limite? Tout est là. Considérons rapidement le pour et le contre.

D'après les tableaux présentés par lord J. Russell, les
nouveaux électeurs de bourg seraient surtout des artisans,
c'est-à-dire, nous l'avons vu, des gens ligués aujourd'hui dans
un commun désir de réglementer les rapports du capital et du
travail. Pris en corps, ils ne sont point, quoi qu'en dise lord
J. Russell, « en état d'exercer les droits politiques avec liberté
et indépendance ». Au contraire, il n'y a pas, dans toute la

1. Il n'y avait pas un an que Ferdinand II, *le roi Bomba*, était mort.   TR.

nation, d'hommes plus enchaînés. Ils sont les esclaves de
maîtres qu'ils se sont donnés eux-mêmes. Les fermiers sont
dans une dépendance moins servile à l'égard de leurs propriétaires, et les manœuvres, de leurs patrons, car enfin ils peuvent
porter ailleurs leurs capitaux ou leurs bras, tandis que le
châtiment poursuit le révolté qui désobéit aux ordres de la
ligue, à travers le royaume entier. Aussi, il faut s'y attendre,
la grande majorité des nouveaux électeurs de bourg agira
d'ensemble, sur le mot d'ordre parti du conseil central des
associations de métiers. Au moment même où j'écris, de nouveaux évènements font encore prévoir ce résultat. Il vient
de paraître une adresse de la conférence des ouvriers en bâtiments aux classes ouvrières de tout le royaume, pour les
remercier de leur concours, les inviter à demeurer organisées,
leur faire entrevoir le succès et leur indiquer qu'il serait à
propos de recommencer l'agitation en vue de réduire la journée
à neuf heures. Tenons-nous donc prêts à voir ces questions
économiques primer toutes les autres, car c'est d'elles surtout
que dépendent les grands intérêts des artisans. Et nous pouvons
pressentir que bon nombre d'élections se feront là-dessus.

Quel nombre ? Il y a quelque trente bourgs où les nouveaux
électeurs forment dès à présent la majorité, où, s'ils agissent
d'ensemble, ils pourront écraser au scrutin les électeurs
actuels, ces derniers vinssent-ils à oublier leurs divisions politiques. Dans une demi-douzaine d'autres bourgs, les nouveaux
électeurs forment une majorité possible : ils l'emporteront, à
moins que les électeurs actuels, conservateurs et libéraux,
s'entendent pour le vote, et cette unanimité, on ne peut

l'attendre d'eux. Enfin le nombre des électeurs proposés irait à la moitié ou plus du collége dans près de cinquante autres bourgs : c'est-à-dire que, dans près de cinquante autres bourgs, les électeurs nouveaux seraient les arbitres des deux vieux partis, et là ils donneraient la majorité à celui des deux qui leur promettrait son appui pour les idées des artisans. A vrai dire, dans ce calcul, nous supposons que tous les votants nouveaux seraient des artisans, ce qui n'est pas. Mais, d'autre part, il ne faut pas l'oublier, parmi les locataires à 10 livres sterling, sont disséminés bien des gens de cette classe, tandis que les gens établis sont déjà presque tous dans les colléges actuels ; aussi les forces des artisans dans chaque circonscription ne seraient guère au-dessous de ce que j'ai dit. Donc, si cette machine des associations de métiers était employée à agir sur les élections des bourgs, et c'est ce qui arrivera bien certainement, elles peuvent emporter 80 ou 90 siéges, et décider à leur choix le triomphe dans 100 ou 150 colléges; à supposer, bien entendu, qu'elles puissent trouver ce nombre d'éligibles.

De leur côté, les colléges de comtés, après la réforme proposée; comme auparavant, échapperaient à ces associations ; ils feraient donc échec aux colléges des grands bourgs. Et c'est ce qui pourrait bien arriver aussi dans les petits bourgs. Sans doute, les choses peuvent tourner autrement : les propriétaires fonciers, irrités de la puissance toujours grandissante du haut commerce, furieux de sentir ces parvenus leur marcher déjà sur les talons, pourraient bien, eux et leur clientèle, se liguer avec les employés pour parler en maîtres aux patrons; c'est

ainsi qu'autrefois les nobles se liguaient avec les communes
contre le roi, ou les rois avec les communes contre les nobles.
Mais il ne s'agit là que d'un avenir éloigné ; et il est à croire
que les colléges ruraux feront opposition aux colléges des
grandes villes, dans ces questions d'économie. Ainsi donc, voici
le point : les avantages qui résulteront de cette extension du
suffrage, et qui seront certainement grands, ne pourrait-on
pas les obtenir tout en faisant échec aux forces dangereuses
qu'on crée du même coup ? On pourrait peut-être laisser à ces
électeurs artisans leur puissance pour le bien, en neutra-
lisant presque tout à fait leur puissance pour le mal. C'est
sur ce sujet que nous voudrions voir s'établir une discussion.

Du moins, il est un point où nous n'hésitons pas : la spécification des taxes. En lisant la réponse de lord John Russell à
M. Bright, et sa réponse plus récente à M. Steel, nous voyons
qu'il ne veut pas de changement à cet égard : les locataires à
6 livres seront mis sur le même pied où sont aujourd'hui les
locataires à 10 livres. Aujourd'hui, par la loi de 1851 sur les
locataires arrangés, que nous avons déjà citée, les locataires
à 10 livres dont le propriétaire se charge de payer les taxes
n'ont qu'à offrir *une fois* aux autorités de payer l'impôt ; ils
sont dès lors regardés comme payant la taxe et ont par suite
droit de vote. En d'autres termes, la spécification des taxes
n'existe que de nom ; et la preuve que c'est bien là le fond des
faits, c'est que, après cette loi, le collége de Manchester se
trouva tout d'un coup accru de 4,000 électeurs.

Si cette combinaison durait et entrait dans nos usages, l'effet
serait très-fâcheux, on le conçoit. Déjà. nous l'avons fait voir,

l'impôt doit frapper le contribuable d'autant plus directement que le pouvoir du peuple croît plus vite ; or, supprimer
l'obligation de payer personnellement une taxe, c'est faire
oublier à l'électeur ce que coûte l'administration publique,
c'est faire un pas en arrière. Mais il y a bien d'autres raisons
de désapprouver cette mesure. Le payement personnel de la
taxe est une excellente pierre de touche, qui distingue les
meilleurs d'entre les ouvriers d'avec les autres. Bien plus, cet
indice désigne pour l'admission aux droits politiques ceux qui
ont les qualités de caractère et d'esprit nécessaires pour en
user sagement. Car, pour se conduire sagement en politique,
quelles qualités faut-il ? La force de se bien représenter des
conséquences éloignées. Qui donc se laisse égarer par les
démagogues ? Ceux qui sont frappés des résultats prochains
qu'on leur étale et qui ne se laissent pas toucher par des
résultats lointains, leur fussent-ils bien expliqués ; qui les
voient comme une ombre vague, sans réalité, impuissante à
les détourner de se jeter sur le bénéfice qu'on leur promet. Au
rebours, quel est le citoyen sage ? Celui qui conçoit les maux
éloignés assez nettement pour en tenir compte dans sa conduite
présente, et ainsi faire équilibre à la tentation d'un plaisir
immédiat. Or ces deux caractères sont ceux des deux classes
de locataires que distingue cette différence dans la manière de
payer la taxe : les uns, qui font payer la taxe par leurs propriétaires et qui perdront le droit de voter ; les autres, qui payent
eux-mêmes leurs taxes et qui ainsi méritent de voter ; — les
uns, incapables de résister à l'objet présent qui les tente, incapables d'épargner, et pour qui payer la taxe est une si grosse

affaire, qu'ils se laisseraient plutôt priver du droit de vote ; les autres, qui résistent à ces tentations et qui épargnent, parce qu'ils veulent, entre autres choses, payer l'impôt et voter. Remontez à la source des deux défauts, et vous verrez qu'en général l'homme imprévoyant en matière d'argent est aussi imprévoyant en politique ; et que les hommes prévoyants en politique se trouveront bien plutôt parmi ceux qui savent ménager leur argent. C'est donc une maladresse de jeter de côté un usage grâce auquel les deux classes se distinguaient naturellement, chaque individu étant maître de se priver des droits politiques ou de se les donner [1].

1. Le projet en question échoua, sans avoir été repoussé formellement ; mais il intéressa si peu la Chambre, qu'il fut ajourné six fois, et qu'à la seconde lecture (3 mai) on ne passa même pas aux voix. Le ministère le retira le 11 juin. — Le projet de réforme électorale fut repris par lord J. Russell, comme premier ministre, en 1866, et échoua. — Enfin, en 1868, le ministère Derby-Disraeli fit passer une loi accordant les droits politiques, dans les bourgs, à tout contribuable payant les taxes, sans distinction de cens ; dans les comtés, à tout fermier d'un bien affermé 12 livres (300 fr.). Ainsi un grand nombre d'ouvriers étaient appelés à la vie politique, selon les prévisions de notre auteur. D'autre part, les colléges ruraux en Angleterre recevaient 25 siéges de plus : ce qui satisfait encore à l'un des vœux exprimés ici par M. Spencer. Mais au lieu d'enlever, comme il le demande, le droit de vote aux locataires qui ne payent pas directement la taxe des pauvres, on le leur assurait en termes exprès.   T R.

VII

IMMIXTION DE L'ÉTAT

DANS LE COMMERCE DE L'ARGENT

ET DANS LES BANQUES

(*Westminster Review*, janvier 1858).

Circulation monétaire et circulation fiduciaire, proportion gardée entre elles. — Causes qui règlent ce rapport : 1° *Causes permanentes :* honnêteté et prudences moyennes. — 2° *Causes temporaires :* crises commerciales, récoltes, etc. — Faits à l'appui : crises et retours de 1796-1797, 1800-1802. — Paniques calmées par une augmentation de la circulation fiduciaire. Une telle augmentation est un remède naturel : elle répartit la crise sur un long espace de temps. Elle cesse dès qu'elle n'est plus indispensable. — Équilibre automatique des deux circulations.

L'imperfection de cet équilibre tient à celle des hommes du temps. — Impuissance des artifices législatifs pour y remédier. — Rôle de l'État : faire exécuter les contrats fiduciaires.

DANGERS DE L'INTERVENTION DE L'ÉTAT. — 1er *exemple : la Banque d'Angleterre*. — Ses priviléges : ce qu'ils ont d'injuste. — Le cours forcé de 1797-1819 ; débâcle de 1814-1816. — Comparaison avec la Banque d'Irlande ; le cours forcé ; l'argent fuyant l'Irlande (1804). — L'Acte de Robert Peel (1844) ; réglementation des émissions de la Banque d'Angleterre. Utilité des émissions libres : exemple, la crise de Hambourg. L'Acte de Peel, cause des paniques de 1847 et 1857. — Objections : 1° L'Acte empêche l'exportation excessive de l'or. — Cette exportation n'est fâcheuse que si elle a pour cause le cours forcé. Sinon, elle est naturelle et utile — 2° L'Acte empêche la Banque d'émettre plus de billets qu'elle n'en peut payer. — Frein véritable : la peur de la faillite. — 3° Il évite la dépréciation des billets. — Le papier n'a jamais été déprécié nulle part que par la faute de l'État. — Véritable remède à tous ces maux : le jeu naturel de l'escompte.

2ᵉ *exemple : les Banques par actions*. — Leur réglementation par l'État. Danger des garanties artificielles : l'État responsable des faillites de ces

Banques. — Le maximum d'émission : absurdité de cette mesure. Elle pousse les banquiers à suppléer à l'émission franche par des ouvertures de crédit détournées et chanceuses. — Garanties naturelles que l'État a empêchées de s'établir; exemple : la publicité des livres pour ceux qui ont un dépôt à la banque.

Sur le ton des adversaires de cette théorie : un rappel à la bonne foi et à la modération.   TR.

Entre des fripons sans foi ni loi, la confiance mutuelle est impossible. Entre hommes d'une parfaite probité, la confiance mutuelle serait sans limites. Ce sont là des naïvetés. Imaginez une nation composée uniquement de menteurs et de voleurs, et le commerce ne s'y fera que par troc, ou avec une monnaie ayant une valeur intrinsèque; rien de ce qui ressemble à une *promesse* de payer ne pourra y remplacer le payement *effectif*; car, dans l'hypothèse, ces promesses ne seraient jamais tenues, et personne ne voudrait les accepter. D'autre part, supposez une nation composée d'hommes entièrement honnêtes, d'hommes aussi soucieux des droits d'autrui que des leurs propres, et presque tout le commerce s'y pourra faire avec des mémoires de dettes et de créances, que l'on portera mutuellement au compte les uns des autres sur les livres des banquiers; car, dans l'hypothèse, personne n'accepterait sur son compte plus de dettes qu'il n'en pourrait liquider avec ses biens et ses créances: et le papier de chacun serait reçu partout pour la valeur même qu'il porte. L'argent n'interviendrait que comme

mesure des valeurs, et aussi pour rendre plus aisées les me-
nues transactions, où matériellement il est plus commode.
Nous prenons toutes ces propositions pour autant de vérités
évidentes.

De là ce corollaire : dans une nation qui n'est ni tout à fait
honnête ni tout à fait malhonnête, il peut s'établir, et il finira
par s'établir, une circulation mixte, une circulation dont l'instrument sera fait en partie de valeurs intrinsèques et en partie
de valeurs de crédit. La proportion entre ces deux éléments
sera déterminée par la combinaison de plusieurs causes.

Écartons toute intervention législative qui romprait l'équilibre naturel : il est clair, par ce qui précède, que le rapport
de l'argent au papier dépendra d'abord de la probité générale.
L'expérience quotidienne enseignera à chacun quels sont
parmi ses concitoyens ceux en qui il peut mettre sa confiance
et ceux à qui il faut la refuser. La même expérience lui enseignera la juste mesure de confiance qu'il peut leur accorder.
Par lui-même et par l'opinion générale, qui est la résultante
de l'expérience d'autrui, chacun saura plus ou moins exactement quel crédit il peut ouvrir sans danger. Si chacun s'aperçoit que ses voisins méritent peu qu'on s'y fie, il ne circulera
guère de promesses de payement. Et il en circulera quantité,
si chacun s'aperçoit qu'on peut à peu près compter sur les
engagements commerciaux, et qu'ils sont remplis. Tel est donc
le premier régulateur de la circulation fiduciaire chez une
société : l'*honnêteté* moyenne. Le second sera la *prudence*
moyenne.

Toutes choses égales d'ailleurs, chez un peuple hardi, qui

aime la spéculation, les promesses de payement seront accep-
tées plus facilement, et par suite circuleront en plus grande
abondance, la chose est claire, que chez un peuple précaution-
neux. De deux hommes qui ont la même expérience des risques commerciaux, l'un ouvrira un crédit que l'autre, dans les
mêmes circonstances, refusera : c'est simplement que l'un est
téméraire, et l'autre circonspect. Si deux nations offrent, pour
la prudence, un contraste semblable, on en trouvera comme
le reflet dans la circulation de billets et de traites qui se fera
de part et d'autre. Et même le second contraste sera plus fort
que le premier : car, grâce à l'imprudence générale, outre
que chacun sera trop disposé à ouvrir des crédits, chacun
sera trop porté à risquer ses capitaux dans des spéculations, et
par suite à demander un crédit excessif à ses concitoyens.
Ainsi, à mesure que la demande de crédit deviendra plus forte,
la résistance faiblira; d'où un excès déraisonnable de circulation fiduciaire. Nous avons un exemple assez frappant d'un tel
caractère national et des conséquences qu'il produit, dans les
États-Unis.

Voilà des causes morales relativement permanentes, et d'où
dépend le rapport ordinaire des valeurs fiduciaires aux valeurs
réelles dans une société. Il y faut joindre des causes, soit morales, soit matérielles, mais temporaires, qui produisent dans
ce rapport des variations passagères. La prudence des gens est
toujours exposée à des fluctuations plus ou moins fortes. Dans
les fièvres de chemins de fer, et à d'autres heures de folie, nous
avons vu se répandre dans toute une nation des espérances déraisonnables : alors chacun ouvrait et se faisait ouvrir des crédits

presque sans compter. Mais les causes principales des variations temporaires sont celles qui affectent la quantité de capitaux disponibles. Les guerres, les mauvaises récoltes, le contre-coup des malheurs éprouvés par d'autres nations, tout cela
appauvrit la société et amène un accroissement du rapport
entre les *payements fiduciaires* et les *payements effectifs*. En effet,
voilà un citoyen qui, par quelqu'une de ces causes, se trouve
hors d'état de faire face à ses engagements : que faut-il qu'il
fasse? Voici un boutiquier : sa clientèle a beaucoup diminué,
à cause de l'enchérissement du pain ; voici un manufacturier :
ses magasins sont encombrés de denrées dont il ne peut se
défaire; voici un commerçant : ses correspondants à l'étranger
lui font faux bond; que faire? Puisque ses affaires ne suffisent
pas pour satisfaire à ses échéances, il faut ou qu'il trouve d'autres moyens d'y satisfaire, ou qu'il cesse ses payements. Plutôt
que de fermer ses guichets, il aimera mieux naturellement
faire des sacrifices pour un temps, et il payera largement celui
qui lui fournira le moyen de se tirer d'embarras. Si en dépo-
sant un nantissement, avec l'aide de son banquier, il peut
obtenir un prêt à un taux élevé, tout est bien. Sinon, tout en
offrant le même gros intérêt, il engage ses biens à quelque
individu dont le crédit est puissant ; et celui-ci lui donne des
billets ou fait traite sur son banquier pour la somme convenue. Dans les deux cas, un surcroît de *promesses de payement*
est mis en circulation. Et, si l'on s'en tire avec des billets de
complaisance, il en est de même. Plus il y a de gens réduits
à l'un ou l'autre de ces expédients, plus s'accroîtra la circulation des promesses de payement. Il suffit de réduire la propo-

sition à ses termes les plus généraux pour la [rendre évidente par elle-même. Jugez-en : les billets de banque, chèques, billets à ordre, etc., sont autant de *mémoires de créances*; peu importent les distinctions techniques introduites ici par les défenseurs du « principe de la circulation [1] », qui veulent s'en servir pour établir leur doctrine : toutes ces valeurs tombent sous cette unique définition.

En temps ordinaire, les commerçants ont en caisse ou à leur disposition assez de fonds pour satisfaire à leurs engagements à mesure qu'ils viennent à échéance ; et ils payent en effets d'une valeur intrinsèque, soit espèces, soit attestations de créances sur un débiteur d'une solvabilité bien établie. Mais que la somme des fonds disponibles de la communauté vienne à diminuer considérablement; qu'une forte partie des objets nécessaires à la vie, ou de l'argent du pays (l'agent est l'équivalent le plus maniable de ces objets) ait été employé au dehors en fournitures à une armée, en subsides à d'autres États; ou que la récolte de grains ou de pommes de terre ait manqué; en un mot, que la nation se trouve appauvrie pour un temps; que s'ensuivra-t-il? C'est qu'une partie des dettes restera en souffrance. Et de ces dettes impayées, que résultera-t-il? Ceux qui ne pourront faire honneur à leur signature devront ou se mettre en faillite, ou racheter leurs dettes en donnant comme équivalent, et cela d'une façon directe ou indirecte, certaines créances sur leurs marchandises, leurs

1. C'est ce principe d'après lequel il ne devrait circuler d'autres valeurs fiduciaires que celles qui représentent une valeur effective équivalente et déposée.
                                                            TR.

maisons, leurs terres. Ainsi celles de leurs dettes que n'aura
pu solder leur capital *flottant*, désormais épuisé, seront rem-
placées par des dettes grevant le capital *fixe*. Les dettes qui auraient dû *disparaître* par voie d'extinction *reparaîtront* sous
une forme nouvelle; et la circulation du papier en sera accrue.
Si la guerre, si la famine, si les autres causes d'appauvrissement ne cessent pas, les mêmes faits se répéteront. Celui qui n'a
plus de capital fixe à engager est alors réduit à la faillite ; ceux
qui ont encore un capital fixe libre l'engageront, et ce sera
un nouvel accroissement des promesses de payement en circulation. Évidemment, si les membres d'une société ne gagnent
guère au delà de ce qu'il leur faut pour satisfaire à leurs
dettes de l'année, et qu'ils viennent à faire soudain des pertes
sur leurs bénéfices de l'année, ils s'endetteront les uns envers
les autres ; et les papiers qui sont les signes des dettes se mul-
tiplieront d'autant.

Cette conclusion tirée *a priori* s'accorde bien avec l'expérience des commerçants. Dans ce dernier siècle, nous trouvons de nombreux exemples qui en montrent la vérité. Après
les années 1795-96, où l'or sortit par masses du pays, pour
soudoyer les troupes allemandes et pour payer les traites
tirées sur le Trésor par nos agents à l'étranger ; après les
avances considérables que la Banque d'Angleterre se vit mora-
lement contrainte de faire au gouvernement, il y eut une émission excessive de billets de banque. En 1796-97, diverses banques de province font faillite ; de là une panique à Londres : on se jette sur la Banque d'Angleterre, dont les coffres
étaient déjà presque à sec ; les payements en espèces sont sus-

pendus, et c'est l'État qui autorise ce refus de remplir des promesses de payement. En 1800, mauvaise récolte, nouvel appauvrissement du pays ; le cours forcé étant maintenu, les billets de banque se multiplient au point de se déprécier. Durant la paix passagère de 1802, le pays se rétablit un peu, et la Banque d'Angleterre était disposée à liquider ses dettes : mais le gouvernement ne le voulut pas. La guerre se ralluma, et les faits précédents reparurent. Et de même dans ces derniers temps, quand la société, entraînée par des espérances déraisonnables, jeta dans des travaux permanents une trop forte partie de ses capitaux.

Mais nous avons des exemples encore plus concluants, des exemples d'un arrêt subit de la détresse commerciale et des faillites, grâce à un accroissement soudain de la circulation fiduciaire. Quand, en 1793, il y eut une débâcle générale, due pour une part à un système téméraire de banques, qu'avait fait naître en province le monopole de la Banque d'Angleterre ; quand le mal, gagnant Londres, devint assez grand pour effrayer les administrateurs de la Banque et les décider à restreindre brusquement l'émission, et qu'il en eut résulté une effroyable multiplication des faillites, alors le gouvernement (pour adoucir un mal qui était un produit indirect des lois) se résolut à lancer des bons du Trésor, qu'il remit à quiconque pouvait fournir un nantissement équivalent. C'était permettre aux gens dans l'embarras d'engager leur capital fixe en échange de valeurs sur l'État, qui leur servaient à faire face à leurs échéances. L'effet fut magique. 2,202,000 liv. (55,050,000 fr.) seulement de bons du Trésor furent demandées. L'idée seule qu'il était possible d'emprunter aida bien des gens à se passer d'emprunt. La panique s'apaisa très-vite ; les prêts furent très-promptement remboursés. De même en 1825, quand la Banque d'Angleterre, après avoir, par une diminution excessive de son émission, aggravé la panique, changeant soudain de politique, avança en quatre jours pour 5 millions sterling (125 millions de fr.) de billets sur nantissements de toutes sortes, la panique cessa tout d'un coup.

Ici, il faut relever deux vérités importantes. Ainsi que nous venons de le faire pressentir, ces augmentations de la circulation fiduciaire, qui se produisent naturellement aux époques d'appauvrissement ou d'embarras commerciaux, sont fort salutaires. Quand les fonds manquent pour payer sur-le-champ, émettre des valeurs qui garantissent le payement pour un temps prochain, c'est adoucir la détresse nationale. C'est en somme remettre à plus tard l'exécution, impossible pour le moment, des engagements commerciaux. On n'a en de tels cas à choisir qu'entre les deux termes d'une alternative : Lorsque des marchands, manufacturiers, boutiquiers, etc., par des placements malhabiles, par une guerre, une famine, par de graves pertes à l'étranger, sont privés d'une partie de leurs moyens et ne peuvent répondre aux exigences du moment, faut-il leur permettre d'engager une partie de leur capital fixe ? ou bien, en leur interdisant de créer des valeurs sous forme de créances recouvrables sur leur capital fixe, faut-il les réduire à la faillite ? D'une part, si on les laisse user du crédit que leurs concitoyens leur ouvrent en se couvrant du nantissement proposé, la plupart d'entre eux surnageront : grâce à

cet accroissement cumulatif des capitaux, qui ne cesse de se
produire, ils arriveront bientôt à solder leurs dettes sans
réduction. D'autre part, si on suit l'autre voie, si on les pousse
à la faillite, ils y entraîneront d'autres commerçants avec eux,
et ceux-ci d'autres encore; ce sera un désastre pour tous les
créanciers, car on aura une masse énorme de marchandises
qu'il faudra vendre en un moment où peu de gens en somme
sont à même d'acheter; cela n'ira pas sans de lourds sacrifices;
et tel qui, un an ou deux plus tard, eût été payé intégralement,
aura à se contenter de 10 shillings par livre (50 0/0). Et à ce
mal il en faut ajouter un plus grand encore : c'est le tort ainsi
causé à tout le corps social. Quantité d'établissements s'occupant d'importation, de fabrication, de distribution sont em-
portés par l'orage ; les employés, par dizaines de milliers,
restent sans ouvrage ; et avant que les manufactures se
remettent en marche, que de temps perdu ! que de forces sans
emploi ! que de souffrances ! — Entre ces deux alternatives,
qui donc voudrait hésiter ? Qu'on laisse le remède naturel de
tout à l'heure agir librement, et le mal sera en grande partie
écarté, ou du moins comme disséminé par petites portions sur
un long espace de temps. Qu'on en gêne l'action, et le mal va
fondre tout d'un coup sur la société : ce sera la ruine, la misère
presque partout.

Et voici la seconde de ces vérités importantes : c'est que la
circulation des promesses écrites, après s'être accrue par l'effet
d'un appauvrissement absolu ou relatif, rentre dans les limites
normales dès que l'accroissement a cessé d'être nécessaire. Car,
en de telles circonstances, on n'engage pas son capital fixe

pour avoir de quoi satisfaire à ses échéances, sans subir de dures conditions; aussi a-t-on la hâte la plus vive de dégager le nantissement au plus tôt. En temps de gêne commerciale, pour obtenir un prêt d'une banque, il faut payer un fort intérêt. Aussi, dès que la prospérité revient et que l'argent s'empile en caisse, le commerçant n'a rien de plus pressé que d'échapper à ce lourd impôt, en remboursant l'emprunt : or, ce faisant, il rend à la banque autant de billets qu'il en avait reçus d'elle auparavant; ainsi il diminue la circulation du papier autant qu'il l'avait augmentée par la première opéra-tion. Toutes distinctions techniques à part, un banquier en pareil cas joue le rôle d'un agent sous le nom de qui les com-merçants émettent des titres de créances négociables sur leurs biens. Cet agent est déjà connu du public pour émettre des titres de créances sur des capitaux en partie flottants et en partie fixés, titres d'une solidité reconnue et dont le chiffre ne dépasse pas les justes limites. Dans le cas présent, il ne fait qu'émettre une plus grande quantité de ces titres, garantis par une plus grande quantité de capitaux fixés et demi-fixés, tous mis à sa disposition. Si les clients hypothèquent leurs biens par l'entremise du banquier, au lieu d'agir en leur propre nom, c'est simplement parce que l'opération est plus facile au ban-quier. Et, comme le banquier fait payer son intervention et ses risques, les clients saisissent la première occasion de racheter leurs biens et de fermer ce compte spécial sur ses livres : or c'est là diminuer la circulation fiduciaire.

Ainsi, on le voit, l'équilibre des deux éléments de la circula-tion s'établit de lui-même, et dans tous les cas. Si l'on fait abstraction des convenances matérielles, le rapport moyen du papier aux espèces dépend d'abord de la loyauté moyenne des individus, et puis de leur prudence moyenne. En temps de prospérité exceptionnelle, quand les transactions commerciales s'augmentent d'une façon extraordinaire, la circulation, tant du métal que du papier, s'accroît en proportion des besoins à satisfaire. Quand la guerre, la famine, des placements exagérés ne laissent plus dans les caisses de quoi payer les dettes mutuelles des citoyens, alors le rapport des titres de créance en circulation à l'or va croissant, pour diminuer dès que l'excès de dettes peut se liquider.

Sans doute cette sorte de régulateur automatique ne fonctionne qu'imparfaitement; et, dans une humanité imparfaite, il n'en saurait être différemment. Quand on est malhonnête, téméraire ou bête, il faut porter la peine de sa malhonnêteté, de sa témérité, de sa bêtise. Si quelqu'un se figure que, avec un mécanisme législatif breveté, on peut faire marcher une société de mauvais citoyens comme une société de bons, nous ne prendrons pas la peine de lui prouver le contraire. Si quelqu'un se figure que, étant donnés des hommes sans droiture et sans prévoyance, on peut, à l'aide d'actes du Parlement habilement combinés, les réglementer au point d'obtenir d'eux tous les effets naturels de la droiture et de la prévoyance, nous n'avons rien à lui dire. Ou, s'il se trouve un seul homme (et il s'en trouve quantité, nous le craignons) pour se figurer qu'au milieu d'un embarras commercial, dû à un appauvrissement ou à d'autres causes naturelles, il suffit d'un tour de main ministériel pour escamoter le mal, nous désespérons de lui faire voir que la chose est impossible. Mais, qu'il le voie ou non, il n'est pas moins vrai que l'État ne peut rien faire de tel. Comme nous allons le montrer, l'État peut *produire* les désastres commerciaux, et il en produit parfois. Il a aussi le pouvoir, et il en use parfois, comme nous allons également le montrer, d'*aggraver* les désastres commerciaux quand ils naissent d'ailleurs. Mais ce qu'il peut créer ou empirer, il ne peut l'empêcher.

L'État n'a qu'une chose à faire ici. C'est de remplir sa fonction ordinaire : d'administrer la justice. Veiller à l'exécution des contrats est un des offices impliqués dans cet office général, de maintenir les droits des citoyens. Et, parmi les contrats à l'exécution desquels il a à veiller, sont les contrats qu'on appelle papiers fiduciaires : lettres de change, chèques, billets de banque, etc. Si un homme émet une promesse de payement, soit à ordre, soit à date fixe, et ne tient pas sa promesse, l'État, sur la réquisition du créancier, a pour devoir, en sa qualité de protecteur des droits, d'exiger l'accomplissement de la promesse, quoi qu'il en puisse coûter au débiteur, ou du moins d'en exiger l'accomplissement partiel, dans la mesure des biens du débiteur. Le devoir de l'État, en ce qui touche à la circulation, est, comme toujours, de tenir sévèrement la peine de la faillite suspendue sur la tête de quiconque prend des engagements sans pouvoir les remplir, et cette peine, de l'appliquer sans merci sur la réquisition de la partie lésée. S'il y manque, le résultat est mauvais. S'il va plus loin, le résultat n'est pas meilleur. Arrivons aux faits.

Si la place ne nous faisait défaut, nous exposerions dans le détail l'histoire de la Banque d'Angleterre; nous ferions voir

comment les priviléges conférés à cet établissement par sa
première charte n'étaient que des cadeaux accordés par un
gouvernement embarrassé d'obtenir un gros prêt [1]; comment,
bientôt après, la loi, interdisant toute association de plus de
six personnes pour les opérations de banque [2], eut pour unique
objet d'empêcher la Compagnie de la mer du Sud d'émettre
des billets, et par là de préserver le monopole de la Banque;
comment, à chaque nouvelle faveur de l'État, répondait toujours
un nouveau prêt de la Banque; et nous verrions que, depuis
le début, la législation sur les banques n'a été qu'une iniquité
organisée. Mais passons sur les premières époques, et prenons
la Banque à la fin du dernier siècle. Nos gouvernants d'alors
avaient entrepris une guerre. En avaient-ils eu des motifs
suffisants? ce n'est pas la question. Ils avaient prêté des sommes
énormes en or à leurs alliés. Ils avaient demandé à la Banque
d'Angleterre de fortes avances, que la Banque n'osa pas leur
refuser. D'où, nécessairement, une émission excessive de billets
par la Banque. Ils avaient donc diminué le capital flottant du
pays à tel point, qu'on ne pouvait plus faire face aux engagements, et qu'une immense quantité de payements réels étaient
remplacés par des promesses de payement. Bientôt après,
l'accomplissement de ces promesses devint si difficile, qu'il

---

1. En 1694, le gouvernement de Guillaume III avait besoin d'emprunter
30 millions. Son crédit était si peu solide, qu'il dut pour les obtenir accorder aux
prêteurs, outre un intérêt de 8 0/0 (modéré pour l'époque), le droit de se cons-
tituer en une corporation sous le nom de Banque d'Angleterre.   TR.

2. En 1742. Ce fut le troisième des trois grands priviléges accordés à la
Banque d'Angleterre. Les deux autres étaient : 1° d'avoir la garde exclusive des
fonds du gouvernement, marque de confiance à laquelle la Banque a dû son
crédit inébranlable ; 2° le monopole de la responsabilité limitée (qu'elle a perdu
très-récemment).   TR.

fut interdit par une loi : autrement dit, les payements en espèces
furent suspendus. Or, ces résultats, cet appauvrissement national, et la situation anormale de la circulation, c'est l'État qui
en était responsable.

Quelle part de blâme doit-on faire peser sur les classes gou-
vernantes, et quelle reporter sur la nation entière? C'est ce que
nous ne prétendons pas déterminer. Tout ce que nous avons à
relever, c'est que la calamité est due aux actes du pouvoir. De
même en 1802, quand, après un court moment de paix, le
capital disponible du pays s'accrut au point de rendre possible
le remboursement des valeurs, alors que la Banque d'Angleterre avait hâte de commencer ce remboursement, le législateur y mit son *veto* et ainsi fit durer ce mal, le cours forcé du
papier, au-delà du terme où il allait cesser de lui-même [1].
Mais l'intervention de l'État eut bientôt après des suites encore
plus désastreuses. Les payements en espèces ayant été suspendus, le gouvernement, au lieu de veiller à l'exécution de
tous les contrats, avait brisé pour un temps un grand nombre
de contrats, en disant à chaque banquier : « On ne pourra pas
vous forcer de payer en espèces le papier que vous émettrez; »
c'était la suppression de tous les freins naturels qui restrei-
gnent la multiplication des billets. Qu'arriva-t-il alors? Les
banques ne se virent plus obligées de payer leur papier en
espèces; elles n'avaient pas de peine à obtenir de la Banque
d'Angleterre, contre un nantissement déterminé, des billets en
quantité : elles ne demandaient donc qu'à faire des avances

1. Le gouvernement craignait d'avoir besoin d'argent comptant et voulait
que la Banque gardât sa réserve, afin d'y puiser seul.   TR.

et ne connaissaient plus de limites. Comme elles n'étaient
plus forcées d'élever le taux de leurs escomptes à mesure que
diminuait leur capital disponible, et qu'elles gagnaient à chaque prêt (en billets) qu'elles faisaient sur capitaux fixés, on
mit de part et d'autre trop peu de réserve et dans les emprunts et dans les prêts. Ainsi furent favorisées les folles spéculations de 1809, qui d'ailleurs ne furent pas seulement favorisées, mais qui furent causées par l'émission exagérée de
billets qui précéda ; cette émission, en exagérant l'augmentation naturelle du prix de toutes choses, fit paraître les placements meilleurs qu'ils n'étaient.

Et tout cela se passait, ne l'oublions pas, en un temps qui
eût dû être celui de la plus sévère économie, un temps de
guerre continuelle, c'est-à-dire de pauvreté, un temps où, sans
les fausses apparences produites par les lois, le commerce se
fût trouvé dans la gêne et contraint à la prudence. C'est au
moment où la société était extraordinairement endettée qu'on
l'induisait à augmenter encore ses dettes. La chose est donc
claire : si les valeurs fiduciaires s'accumulèrent alors, se dé-
précièrent, au point de jeter le commerce dans la détresse où
il se débattit en 1814-15-16, si quatre-vingt-dix banques de
province firent faillite, et si d'autres, plus nombreuses encore,
durent se dissoudre, la faute en fut à l'État : c'est-à-dire,
d'abord à la guerre qui, nécessaire ou non, fut entreprise par
le gouvernement, puis aux règlements imposés à la circulation, qui aggravèrent encore le mal et qui étaient aussi l'œuvre
du gouvernement.

Passons à des faits plus récents. Mais d'abord, une parenthèse. C'est par les mêmes causes que, déjà auparavant, la circulation fiduciaire en Irlande était tombée si bas. En 1804, devant une Commission parlementaire, l'un des administrateurs de la Banque d'Irlande, M. Colville, faisait les déclarations suivantes : Avant le vote de la Loi tendant à limiter les déboursés de la Banque d'Irlande (loi qui suspendait les payements en espèces), les administrateurs n'avaient qu'un remède pour les cas où la demande d'or était excessive : ils diminuaient leurs émissions. C'est-à-dire que leur usage était d'élever le taux de l'escompte dès que la demande était suffisante pour le leur permettre, et par là ils augmentaient leurs bénéfices, tout en écartant le danger de la faillite. Tant que la Banque demeura ainsi sans règlement, les billets en circulation variaient de 6 à 700,000 liv. (15 à 17 millions 1/2 de fr.); mais, à peine fut-elle protégée contre la faillite par une loi, la circulation se mit à croître rapidement et ne tarda pas à atteindre 3,000,000 de liv. (75 millions de fr.). Et maintenant, voici les résultats, tels que la Commission les constata : le change avec l'Angleterre baissa considérablement ; presque tout le bon numéraire fut exporté en Angleterre ; à Dublin, où l'on ne pouvait émettre de petites coupures, il fut remplacé par une monnaie de bas aloi, qui n'était pas à plus de 50 0/0 de fin; ailleurs, par des billets payables à vingt-un jours de date, émis par n'importe qui, et où il y avait jusqu'à des billets de six pence (12 sous).

Or, cette multiplication excessive des petites coupures était *nécessaire*, car comment aurait marché sans cela le petit commerce? L'argent avait disparu. Donc, ces résultats désastreux, c'est au législateur qu'il faut les rapporter. Ce fourmillement

de « monnaie de papier » avait pour cause l'exportation de la
monnaie d'argent ; cette exportation, la baisse énorme du
change avec l'Angleterre ; cette baisse, l'émission excessive de
billets de la Banque d'Irlande ; et cette émission, le cours forcé
établi par la loi. Ce sont là des faits qui ont été établis, il y a
beau temps, par une Commission de la Chambre des communes ; eh bien ! les avocats du « principe de la circulation »
sont encore assez aveugles pour citer cette multiplication des
billets de 6 pence, *comme preuve des inconvénients d'une circulation non réglée !*

Revenons à la Banque d'Angleterre, et arrivons à l'acte
de 1844. Sir Robert Peel, qui était encore protectionniste, qui
croyait encore à l'utile intervention du législateur dans la
réglementation du commerce, entreprit de prévenir le retour
de crises monétaires comme celles de 1825, 1836 et 1839[1]. Il
négligea cette vérité, qu'une crise monétaire, quand elle n'a
pas pour *cause* l'intervention du législateur, est due soit à un
appauvrissement absolu, soit à un appauvrissement relatif,
c'est-à-dire à ce que trop d'argent a été employé en spéculation ; et que contre ces causes : une mauvaise saison, des imprudences générales, il n'y a pas de remède ; il proclama hardiment qu' « il vaut mieux prévenir le mal que de le provoquer » ;
et il présenta l'acte sur les banques de 1844, comme remède
préventif[2]. La réalité même s'est chargée de critiquer impi-

1. En 1825, la réserve de la Banque (la seule réserve qu'il y ait dans toute
l'Angleterre : les autres banques ni les particuliers ne gardent pas d'argent dor-
mant) se trouva réduite à 25 millions 1/2 de fr. ; on fut sur le point de suspendre les
payements. — En 1837, la Banque d'Angleterre n'échappa à cette même extrémité qu'avec le secours de la Banque de France. — De même en 1839.   TR.
2. Voici les clauses essentielles de cet acte. — La Banque doit avoir, comme

toyablement ce dernier essai de protectionnisme, chacun sait comment. L'échelle mobile monétaire a eu le même succès que l'autre, le prototype. Trois ans après éclatait une de ces crises qu'elle devait prévenir. Dix ans encore, et c'était une seconde crise. Et, dans ces deux occasions, le prétendu remède aggrava si bien le mal, qu'il fallut à tout prix suspendre provisoirement la loi.

A ce qu'il nous semblait, il n'est pas besoin de la lumière des faits pour voir qu'il n'y a pas d'acte du Parlement pour empêcher un peuple imprudent de faire des imprudences ; mais, si l'on voulait des faits, l'histoire de notre commerce jusqu'à 1844 en fournissait en suffisance. Seulement, quand on a la superstition de croire aux règlements d'État, on ne tient pas compte de ces faits. Et — nous n'en doutons pas — aujourd'hui même, après deux échecs éclatants de ce prétendu remède aux excès de la spéculation ; après des faits d'où il ressort avec évidence qu'il n'y a pas ombre de rapport entre les dernières catastrophes commerciales et l'émission des billets de banque, car (on le voit par l'exemple de la Banque orientale d'Écosse) elles ont coïncidé avec une réduction de l'émission ;

nantissement, une somme de 350 millions en titres, dont 275 millions représentés par sa créance sur l'État ; elle peut émettre des billets jusqu'à concurrence de cette somme. Mais c'est un maximum qu'elle n'est pas forcée d'atteindre ; si elle ne l'atteint pas, elle peut retirer une partie proportionnelle de sa couverture. — Toute émission de billets, passé cette somme, doit être couverte par un dépôt d'or ou d'espèces, d'égale valeur. — Toutefois, si une banque ayant droit d'émettre des billets vient à cesser ses opérations, la Banque d'Angleterre pourra être autorisée à émettre un surplus de billets, jusqu'à concurrence des deux tiers de l'émission de la banque éteinte, moyennant dépôt de titres équivalents. — L'État participe aux bénéfices résultant de toute émission au delà des 350 premiers millions. — La Banque est chargée du maniement des deniers de l'État ; elle paye ce privilège 4 millions 1/2 par an. — Ces privilèges pourront être enlevés à la Banque, moyennant trois conditions : 1° avis préalable 12 mois à l'avance ; 2° remboursement de la dette de l'État ; 3° vote du Parlement.   TR.

après la crise de Hambourg, cette crise, la plus terrible de toutes et qui a sévi dans la ville classique de l'observance littérale du « principe de la circulation » ; après ces leçons, il reste quantité de gens pour ajouter foi à la médication préventive de sir Robert Peel.

De plus, nous l'avons déjà dit, cette mesure n'a pas été simplement inutile : elle a empiré la panique, quand elle devait l'écarter. Et c'est ce qui ne pouvait manquer. Nous l'avons prouvé en commençant, la multiplication des valeurs fiduciaires qui suit tout appauvrissement dû à la guerre, à la famine, à l'excès des placements, à des pertes à l'extérieur, est un fait salutaire, qui adoucit le mal ; c'est une façon de remettre les payements à l'époque où ils seront possibles ; c'est une sauvegarde contre la faillite de tout le commerce de gros ; c'est un acte instinctif de conservation du corps social. Nous avons fait voir que ce n'est pas là une simple conclusion *a priori*, et que l'histoire de notre commerce abonde en faits propres à en démontrer le caractère naturel, bienfaisant, nécessaire. Veut-on une preuve nouvelle ? Elle nous est fournie par les récents évènements de Hambourg. Dans cette ville, il n'y a de billets en circulation que ceux dont la valeur est déposée à la Banque, en lingots ou bijoux : on ne peut pas, comme chez nous, obtenir des billets de banque contre des garanties. Par suite, quand les marchands de Hambourg, ne voyant pas leurs rentrées de l'étranger se faire, se trouvèrent soudain sans le sou pour faire face à leurs engagements, comme ils ne pouvaient, de par la loi, obtenir des billets de banque en engageant leurs biens, ce fut la faillite : tous les commerçants en gros sautè-

rent. Et qu'arriva-t-il en fin de compte? Pour prévenir une
ruine universelle, le gouvernement dut décréter la remise à un
mois de tous les billets arrivés à échéance ; il fallut créer sur-le-
champ une Banque d'État pour l'escompte, dont les bureaux
émettaient des billets de l'État en échange de garanties. Ainsi
le gouvernement, après avoir, par ses mesures de restriction,
ruiné une foule de marchands, fut obligé de légaliser la remise
des échéances, alors que cette remise, sans sa loi, se fût réa-
lisée spontanément.

Voilà qui confirme assez fortement notre conclusion *a
priori;* peut-on après cela douter que la mesure de 1844 n'ait
aggravé les récents embarras de notre commerce? Si les demandes d'arrangements avec la Banque s'accrurent progressi-
vement, ce fut, qui ne le sait dans la Cité? en grande partie
parce qu'on se disait : Avec la loi sur les banques, il ne
faudra bientôt plus espérer de tels arrangements. Le premier
marchand de Londres venu ne sait-il pas que ses voisins,
voyant leurs échéances approcher, et se disant que, le moment
arrivé, la Banque élèverait le taux de son escompte ou même
refuserait d'escompter, se décidaient à mettre d'avance de côté
de quoi payer leurs effets? N'est-ce pas un fait reconnu que
cette accumulation de fonds rendue ainsi nécessaire exposa la
Banque à des exigences plus grandes qu'elles n'eussent été ;
que de plus, en retirant de la circulation or et billets, elle
rendit pour un temps les émissions de la Banque inutiles au
public? N'arriva-t-il pas alors ce qui était arrivé en 1793
et 1825? et, quand à la fin ces restrictions furent levées, la seule
idée qu'il était possible d'emprunter ne suffit-elle pas à ren-

dre les emprunts superflus ? Et, en vérité, ce seul fait que la
panique cessa aussitôt après la suspension de l'acte ne démon-
tre-t-il pas assez la part importante que l'acte y avait eue ?

Voyons donc en quoi nous devons des remerciements au
législateur pour cette intervention. En temps ordinaire, l'acte
de sir Robert Peel oblige la Banque d'Angleterre, et par là les
banques de province, à tenir en réserve plus d'or qu'elles ne
feraient autrement : s'il n'avait pas cet effet, il n'en aurait
aucun ; par suite, il inflige à la nation la charge de l'intérêt
d'une somme équivalente à l'excès d'or ainsi détenu : cette
charge, dans l'ensemble de ces treize dernières années, doit
monter à un total de quelques millions sterling. Et quant aux
deux crises qui éclatèrent malgré le remède préventif, l'acte
commença par accroître l'affluence des créanciers dans les
banques, par précipiter la faillite de quantité de commerçants
honorables qui sans lui auraient tenu bon, et aggraver la détresse non-seulement des négociants, mais des ouvriers ; puis
les deux fois, quand c'était le moment de montrer s'il était bon
à quelque chose, il dut être abandonné. Il coûta gros, il fit du
mal, le tout pour arriver à faire banqueroute. Mais l'illusion
est si forte et si générale, qu'à en juger d'après les apparences, il sera maintenu.

« Mais, vont dire nos adversaires, faut-il permettre à la Banque de laisser l'or fuir du pays, sans y mettre obstacle ? Faut-il
lui donner le droit de laisser sa réserve d'or diminuer, au point
de compromettre le remboursement de ses billets ? Faut-il la
faire maîtresse d'accroître sans réflexion ses émissions, au point
de déprécier les valeurs fiduciaires en cours ? »

Vraiment, en cette époque de libre échange, on est étonné d'avoir à répondre à de telles questions ; et si ce n'était la faute de la loi, qui a tout brouillé, faits et idées, ceux qui les font seraient impardonnables.

D'abord, on se figure communément que le drainage de l'or et sa fuite hors du pays sont en eux-mêmes, et en toutes circonstances, un mal : c'est une pure superstition qui a deux sources : cette vieille erreur, d'abord, que l'argent est la seule richesse ; et puis les maximes convenables à une situation artificielle, créée par la loi, et dans laquelle l'exportation de l'or *était* réellement le signe d'un état fâcheux de la circulation : convenables, dis-je, aux époques de suspension des payements en espèces. La loi alors brisait des millions de contrats que son devoir était de faire respecter ; elle déliait les banquiers de l'obligation de payer leur papier en espèces ; elle les dispensait de conserver assez d'espèces pour effectuer ces payements ; elle supprimait donc la digue naturelle qui s'oppose à une émission excessive, et par suite à la dépréciation, des billets. Elle suspendait en partie cette demande d'or *à l'intérieur* qui d'ordinaire fait concurrence et équilibre à la demande de l'*étranger* ; de là une exportation anormale de l'or. Bientôt on s'aperçut que cette fuite de l'or avait pour cause l'émission exagérée des billets, et que, pour acheter de l'or avec du papier, on avait à payer un agio ; c'était un signe de dépréciation du papier. Et ainsi s'établit cette doctrine, qu'un état fâcheux du change avec l'étranger, étant l'indice du drainage de l'or, signifiait aussi un excès de papier en circulation ; et que l'émission du papier devait se régler sur l'état du change.

Cet état contre nature de la circulation dura un quart de siècle, et la doctrine qui en était née eut le temps de prendre racine dans l'opinion publique. Et 'nous voyons là un des innombrables mauvais effets de l'intervention du législateur. Ce critérium artificiel, bon seulement pour une situation arti-ficielle, a survécu et subsiste au milieu d'une situation natu-relle ; et, grâce à lui, les idées générales sur la circulation souffrent de cette erreur comme d'un mal chronique.

La vérité, la voici : avec le cours forcé des billets, la fuite de l'or peut être, et est souvent, l'indice d'une émission excessive de billets de banque ; mais, en temps ordinaire, il n'y a que peu ou point de rapport entre la sortie de l'or et l'émission des billets de banque : cette sortie est déterminée uniquement par des raisons commerciales. Et la vérité, c'est encore ceci : que la sortie de l'or, provoquée ainsi par des raisons de commerce, loin d'être regrettable, est un bien. Laissons de côté, comme de juste, ces exportations d'or qui ont pour objet l'entretien d'une armée à l'extérieur ; la cause de la sortie de l'or est, ou un excès, une pléthore de marchandises de toutes sortes, l'or compris, ce qui fait que l'or doit aller chercher à l'étranger un placement ; ou bien une surabondance relative de l'or par rapport aux autres marchandises principales. Et si, dans ce dernier cas, la sortie de l'or est l'indice de quelque appauvris-sement absolu ou relatif de la nation , elle est aussi un moyen d'adoucir les fâcheuses conséquences de cet appauvrissement.

Traitons la question en économiste, et la vérité va nous ap-paraître clairement. En effet, une nation d'ordinaire réclame, tant pour s'en servir que pour la consommer, une certaine quantité de chaque denrée, et l'or en est une. Chacune de ces denrées, et toutes en général, peuvent parfois faire défaut, par suite soit de mauvaises récoltes, soit de dépenses de guerre, soit de pertes à l'extérieur, soit d'un excès de travail ou de capital détourné dans quelque direction particulière. Quand une denrée importante, utile ou indispensable, devient rare, quel est le remède? On s'adresse à quelque autre denrée qui se trouve en excès, ou, s'il n'y en a pas de telle, à celle dont on peut le mieux se passer, et on l'exporte en échange d'une quantité de la première, suffisante pour combler le déficit. Et c'est là tout le secret de notre commerce extérieur, en temps ordinaire comme dans les circonstances extraordinaires. Mais quand il se trouve que la marchandise dont nous pourrions le mieux nous passer n'est pas demandée au dehors, ou (comme il est arrivé récemment) quand un de nos grands clients du dehors est pour un moment hors d'état]d'acheter, ou enfin quand la marchandise dont nous pouvons le mieux nous passer est l'or, eh bien! c'est de l'or qu'on exporte en échange des objets dont nous avons le plus besoin. Quelle que soit la forme de la transaction, en somme elle ne fait que mettre en harmonie l'offre avec la demande, pour les diverses denrées. L'exportation de l'or prouve donc simplement que l'or est moins demandé, et certaines autres marchandises davantage. Et, en pareil cas, la sortie de l'or continuera, et *doit* continuer, jusqu'à ce que les autres denrées soient devenues assez abondantes et l'or assez rare en comparaison, pour égaliser la demande de l'or avec les autres. Et d'empêcher ce cours naturel des choses, c'est faire comme l'avare, qui, ne trouvant rien à manger à la maison, aime mieux mourir de faim que de délier sa bourse.

La seconde question : « s'il faut permettre à la Banque de laisser sa réserve en or diminuer au point de compromettre le remboursement de ses billets, » ne va pas plus profond que l'autre. On pourrait y répondre par cette question plus générale : « Faut-il permettre au négociant, au manufacturier, au boutiquier, d'engager son capital au point de compromettre la réalisation de ses engagements? » S'il faut répondre non à la seconde question, c'est non aussi pour la première; si c'est oui pour la seconde, c'est oui pour la première. Si l'on veut que l'État surveille les transactions de chaque commerçant et s'assure qu'il est en mesure de payer ses échéances, alors on peut soutenir que le même contrôle doit être exercé sur les banquiers. Mais nul n'a la folie de défendre la première thèse. Et presque tout le monde soutient la seconde! On se figure donc que le banquier a acquis, par la vertu de son métier, un désir anormal de se ruiner! qu'au rebours des autres commerçants, qui sont retenus par une crainte salutaire de la faillite, ceux qui font le commerce des capitaux ont grande envie de voir leur nom dans la *Gazette*[1], et qu'il faut une loi pour les empêcher de la satisfaire! Après tout, les influences qui retiennent les autres hommes peuvent aussi retenir les banquiers. Et si cela ne suffit pas pour éloigner tout danger sans exception, nous avons assez de preuves que les barrières les plus sagement agencées par le législateur ne feront pas mieux. C'est une des plus absurdes, parmi les erreurs admises,

1. La *Gazette de Londres*, où se font les publications officielles.   TR.

de croire que les banquiers, si on les laissait faire, pourraient et voudraient émettre des billets en quantité illimitée : c'est, il est vrai, une erreur qui jamais ne serait née sans les émissions excessives provoquées mal à propos par la loi.

La vérité, c'est d'abord qu'un banquier *ne peut pas* émettre des billets à volonté : tous les banquiers cités devant les diverses commissions parlementaires se sont entendus sur ce point, que « le chiffre de leurs émissions est réglé uniquement par le chiffre des affaires locales et par les dépenses qui se font dans leurs districts respectifs », et que si l'émission dépasse la demande, l'excédant « leur est immédiatement représenté ». Et ensuite la vérité, c'est qu'un banquier, en général, *ne veut pas* émettre des billets au delà du chiffre qu'il juge pouvoir atteindre sans danger; car il le sait bien, si son papier en circulation dépasse notablement les valeurs dont il dispose pour le remboursement, il s'expose de la manière la plus grave à arrêter ses payements : et c'est de quoi il n'a pas moins horreur que le reste des hommes. Veut-on des faits à l'appui? Que l'on consulte l'histoire des deux Banques, d'Angleterre et d'Irlande; ces Banques, avant d'être détournées de leur devoir par l'État, réglaient leurs émissions sur leur réserve en lingots, et sans doute elles auraient été encore plus prudentes, sans le crédit de l'État, sur lequel elles savaient pouvoir toujours s'appuyer.

Quant à la troisième question : « s'il faut laisser la Banque émettre des billets en assez grande abondance pour en amener la dépréciation, » nous y avons déjà répondu par notre réponse aux deux premières. Il ne peut y avoir dépréciation des billets

tant qu'ils sont échangeables à présentation contre de l'or. Et
tant que l'État, fidèle à son devoir, veille à l'accomplissement
des contrats, la crainte de la faillite s'opposera toujours à tout
excès d'émission qui pourrait compromettre le remboursement
en espèces. La vérité, c'est que cet épouvantail de la dépréciation serait demeuré chose inconnue sans les fautes des gouvernements. En Amérique, où il y a eu parfois de ces déprécia-
tions, la faute a été une faute d'omission : l'État n'a pas veillé
à l'accomplissement des contrats, et, si ce qu'on en rapporte
est vrai, il a laissé malmener ceux qui présentaient au remboursement des billets rapportés de loin [1]. Ailleurs, la faute a
été une faute par action. La dépréciation du papier en France,
durant la Révolution, frappait un papier d'État. De même,
depuis, en Autriche et en Russie. Et la seule dépréciation du
papier que nous ayons connue portait sur une circulation qui,
à en considérer le but et les intentions, était affaire d'État.
C'est l'État qui, en 1795-96, *força* la Banque d'Angleterre à
faire cette émission excessive de billets, dont le résultat fut la
suspension des payements en numéraire. C'est l'État qui,
en 1802, *interdit* la reprise de ces mêmes payements, alors que
la Banque d'Angleterre voulait les reprendre. C'est l'État qui,
durant un quart de siècle, *maintint* la suspension de ces payements et causa ainsi une multiplication excessive et un avilissement des billets. Si la machine financière s'est trouvée ainsi
faussée, c'est aux dépenses de l'État qu'il faut s'en prendre, et
aussi aux lois que l'État faisait pour autoriser le mal. Et maintenant, l'État prend des airs de vertu offensée, en face des

1. Ceci a été écrit en 1858, avant la création des *dos-verts* (greenbacks).

fautes commises à son instigation! Après avoir travaillé à rejeter tout l'odieux sur la tête de ses aides, l'État, gravement, fait
la leçon aux banquiers sur son crime à lui; et, avec un visage
sévère, il prend des mesures pour les empêcher de mal faire!

Nous soutenons donc que, ni pour limiter la sortie de l'or,
ni pour empêcher l'émission excessive de billets de banque, le
législateur n'a le droit d'intervenir. Que le gouvernement
exécute promptement la loi contre les débiteurs en faute!
l'intérêt des banquiers et des commerçants fera le reste : et
quant aux maux qui résulteront encore de la malhonnèteté et
de l'imprudence des négociants, la réglementation légale peut
plutôt les exagérer que les prévenir. Que la Banque d'Angleterre soit comme toute autre, qu'elle ait à tenir compte uniquement de ses intérêts et de son gain particulier; et l'exportation de l'or ou la circulation du papier seront alors soumises
au seul frein qui soit possible; et c'est aussi le seul qui puisse
être imposé à la spéculation. Tout ce qui tend à provoquer une
affluence extraordinaire de demandes de fonds aux banques
provoque sur-le-champ une hausse de l'escompte, et cette
hausse a deux raisons : d'abord le désir d'accroître les profits
de la banque, et puis celui d'éviter une diminution dangereuse
de la réserve. Cette hausse empêche la demande de devenir
aussi énergique qu'elle l'eût été, empêche par là un accroissement excessif de la circulation des billets, arrête les spéculateurs sur le point de s'engager davantage, et, si l'on est à un
moment d'exportation de l'or, diminue le profit qu'il y a à
exporter. S'il faut agir plus énergiquement, la hausse se renou-
vellera plusieurs fois, jusqu'au moment où personne ne voudra

plus payer l'escompte demandé, excepté ceux qui sont en péril de cesser leurs payements; ainsi l'excès de circulation fiduciaire cesse, et la sortie de l'or, s'il y a lieu, est arrêtée, grâce à la demande de l'intérieur, qui fait équilibre à celle du dehors. Si, en des moments de grande gêne, tentées par le taux élevé de l'escompte, les banques augmentent leur circulation jusqu'à un point où le péril n'est pas loin, les nécessités du moment les justifient. Nous l'avons fait voir en commençant, c'est comme si les banques, contre dépôt de garanties valables, prêtaient une partie de leur crédit à des commerçants qui, sans cela, tomberaient en faillite.

Sans doute, les banques courent bien quelques risques; mais, quand il s'agit d'arracher à une ruine inévitable une foule de gens solvables, qui le trouvera mauvais? De plus, durant une crise qui suit ainsi son cours normal, le corps des commerçants s'épurera, sans qu'il faille recourir, comme tant de gens le veulent, à l'ordalie [1] d'un acte du Parlement. En effet, dans ces cas-là, ceux qui ont à offrir des garanties suffisantes s'arrangent avec les banques; mais ceux qui ont spéculé sans capital ou en dépassant leurs moyens, n'ayant point de garanties, se verront repoussés et tomberont en faillite. Ainsi, sous un régime de liberté, les bons se sépareront des mauvais, tandis que les restrictions imposées aujourd'hui à ces arrangements des commerçants avec les banquiers tendent à perdre les bons et les mauvais tous ensemble.

Il n'est donc pas vrai qu'il y ait besoin de règlements spéciaux pour prévenir l'arrêt du remboursement du papier

1. Jugement de Dieu par le feu ou par l'eau.　　　　　　TR.

en espèces et l'avilissement des billets. Il n'est pas vrai que, sans la surveillance du législateur, les banquiers laisseraient fuir une trop grande quantité d'or vers l'extérieur. Il n'est pas vrai que les « théoriciens de la circulation » aient découvert un point du corps politique par où ce corps pourrait être saigné à blanc, faute d'un astringent appliqué par l'État.

Nous avons encore quelques mots à ajouter sur la question générale, mais il sera bon d'y joindre quelques commentaires sur les banques de province et les banques par actions : c'est ce que nous allons faire.

Le gouvernement, pour sauver le monopole de la Banque d'Angleterre, a défendu toute association de plus de six personnes en vue d'opérations de banque [1]; d'autre part, la Banque d'Angleterre refusait d'établir des succursales dans les provinces; par suite, durant la seconde moitié du dernier siècle, époque de progrès rapides pour l'industrie, comme on avait grand besoin de banques, beaucoup de particuliers, négociants, boutiquiers et autres, se mirent à émettre des billets à vue. Plus tard, de quatre cents petites banques qui étaient nées ainsi en moins de cinquante ans, une bonne partie tombèrent à la première crise; et chaque crise suivante eut un semblable effet; de même en Irlande, où le monopole de la Banque d'Irlande avait été pareillement assuré, de cinquante banques particulières établies en province, quarante furent mises en déconfiture; enfin, on sut d'autre part qu'en Écosse, où il n'y avait jamais eu de loi pour limiter le nombre des associés, en

1. Par l'acte de 1742.   TR.

un siècle entier on avait à peine vu une seule banque faire faillite : ces leçons décidèrent à la longue le législateur à abolir la mesure restrictive, cause de tant de maux. Après avoir, selon les expressions de M. Mill, « traité en pratique l'établissement de banques solides comme une faute punissable »; après avoir, durant cent vingt années, maintenu une loi qui causa d'abord de grands embarras et puis entraîna plus d'une fois de grands désastres, le gouvernement, en 1826, accorda la liberté de monter des banques par actions. Cette liberté, le bon public, qui ne distingue pas entre ce qui est acte de justice et ce qui est abstention d'une injustice, la regarda comme un grand bienfait.

Cette liberté même n'était pas accordée sans conditions. L'État, soucieux des intérêts de sa protégée, la Banque d'Angleterre, s'était d'abord peu inquiété d'assurer à l'ensemble du pays la sécurité des opérations de banque; mais, comme un pécheur repentant qui se jette dans l'ascétisme, il devint tout d'un coup très-méticuleux sur ce point et résolut de créer des garanties de sa façon, au lieu de la garantie naturelle, qui consiste dans le bon jugement des commerçants. S'adressant aux actionnaires des banques, il leur disait : « Vous ne devez pas vous associer sous telles conditions qu'il vous plaira après un débat public, ni conquérir tel degré de confiance que le public vous accordera, d'après la nature même de ces conditions. » Et au public : « Tu ne dois pas donner ta confiance à telle ou telle association, d'après ce que tu penses qu'elle en mérite, par le caractère de ses membres et par sa constitution. » Puis aux uns et aux autres : « Vous devez, vous donner, et toi recevoir, les garanties que je fixerai, moi, l'infaillible. »

Et maintenant, quels ont été les résultats? Chacun le sait, ces garanties se sont montrées tout ce qu'on voudra, mais non pas infaillibles. Chacun le sait, ces banques, qui avaient reçu de l'État leurs constitutions, ont eu pour caractère spécial l'instabilité. Chacun le sait, de crédules citoyens, avec cette foi au législateur que les échecs les plus incessants ne peuvent décourager, ont cru au fond à ces garanties instituées par la loi, et, n'ayant point jugé par eux-mêmes, se sont laissé induire à des entreprises ruineuses. Le danger de cette méthode, de substituer aux garanties naturelles des garanties artificielles, depuis longtemps les hommes clairvoyants le discernaient; mais, par les dernières catastrophes, il a éclaté à tous les yeux.

C'est même sur ce point que nous nous proposions d'insister, en commençant cet article. *En effet*, on a bien, dans les quelques semaines qui ont suivi les faillites des banques montées par actions, et à chaque reprise, montré comment ces faillites résultaient d'une certaine façon d'entendre les affaires; mais je n'ai pas vu que personne ait tiré de là un corollaire tout naturel. Le *Times*, en trois de ses Premier-Londres [1], a bien expliqué que « les maisons d'escompte, voyant que ces banques ont pour base dernière la responsabilité d'un vaste corps d'actionnaires pris de vertige, leur ouvrent des crédits illimités et ne regardent point à la valeur des billets qu'on leur envoie, mais seulement à l'endos de la Banque qui leur sert de garantie; » mais je n'y ai pas vu cette conclusion que, sans

1. City-Articles.

la loi de la responsabilité illimitée, ces opérations irréfléchies eussent été impossibles. Toutefois, cette vérité a été depuis dûment reconnue, tant au Parlement que dans les journaux : il est donc inutile de l'expliquer davantage. Ajoutons simplement que, sans cette loi de la responsabilité illimitée, les maisons de Londres n'auraient pas escompté ces mauvais billets ; par suite, les banques provinciales par actions n'auraient pu ouvrir d'énormes crédits à des spéculateurs insolvables ; et comme, sans cette imprudence, elles n'auraient pas été ruinées, il suit, de toute évidence, que les faillites des banques en question furent des *désastres produits par la loi.*

Une autre mesure par laquelle on voulait accroître la sécurité du public en province fut ce qui limita la circulation des billets des banques de province. L'acte de 1844, en même temps qu'il établissait une échelle mobile pour régler les émissions de la Banque d'Angleterre, fixait un maximum à la circulation de chaque banque d'émission en province, et interdisait les émissions à toute autre banque [1]. L'espace nous manque pour discuter tout au long les effets de cette mesure restrictive. Ceux qui en souffrirent le plus, ce furent ces banquiers, d'une prudence singulière, qui, pendant les douze semaines d'avant le 27 avril 1844, avaient diminué leurs émissions, en prévision des accidents possibles ; au contraire, elle assura une licence permanente à ceux qui s'étaient montrés imprudents au même moment. Contentons-nous d'une remarque : cette réduction rigoureuse des émissions en pro-

---

1. Le maximum d'émission fixé à chaque banque était la moyenne de sa circulation durant les mois de février, mars et avril 1844.   TR.

vince à un maximum peu élevé (et c'est avec intention qu'on
a mis le maximum aussi bas) a pour effet d'empêcher ces
accroissements de la circulation fiduciaire, qui, nous l'avons
montré, *doivent* se produire aux moments où le commerce
est gêné. Et de plus, comme de toutes parts, pour obtenir
quelque accommodement extraordinaire, on est réduit à
s'adresser à la Banque d'Angleterre, seule en mesure de l'accorder, la mesure tend à concentrer des exigences qui autrement resteraient éparses, et par là à créer une panique.

Mais en voilà assez sur le caractère impolitique de cette
mesure. Arrivons à ce qu'elle a de futile. Si elle a pour objet
d'assurer le remboursement en numéraire des billets des
banques provinciales, il faut ou qu'elle soit inutile, ou qu'elle
soit une garantie contre les faillites des banques : et on peut
démontrer qu'elle n'est pas cette garantie. Si elle diminue
les chances de faillite provenant d'un excès d'émission de
billets, elle accroît les chances de faillites provenant d'autres
causes. Voici un banquier de province dont les émissions
sont restreintes par l'acte de 1844, et qui est contraint par
là de les maintenir plus bas qu'il n'eût voulu ; que va-t-il
faire ? Sans la loi, il eût émis plus de billets qu'il ne fait ;
sa réserve est donc plus forte qu'il n'est nécessaire, à son avis,
pour la solidité de ses billets. N'est-il pas clair qu'il va tout
simplement se livrer à des opérations d'un autre genre ?
L'excédant de capital dont il dispose ne lui servira-t-il pas soit
à se mêler directement de spéculations plus vastes, soit à permettre à ses clients de tirer sur lui pour un chiffre supérieur
à celui qu'il eût fixé autrement ? Sans la loi restrictive, avec

de la témérité, il se fût exposé à la faillite par excès d'émission : eh bien ! maintenant, il s'y exposera tout aussi bien, par des opérations de banque exagérées. Et, de ces deux sortes de faillites, est-ce que l'une n'arrête pas aussi bien que l'autre le remboursement des billets ?

Mais ce qui se passe est pire encore. Il y a des raisons de croire qu'avec ce régime de protection les banquiers sont exposés à des tentations plus dangereuses. Ils peuvent hypothéquer, et ils hypothéqueront, leur crédit par des procédés moins directs qu'une émission de billets, et ils peuvent fort bien être conduits, par un chemin trompeur, à s'engager plus qu'ils n'eussent fait autrement. Un commerçant vient s'adresser à son banquier dans un moment d'embarras ; souvent le banquier lui dira : « Je ne peux vous faire d'avance directe ; j'ai déjà prêté tout ce dont je peux disposer ; mais, comme je vous sais solide, je vais vous prêter mon nom. Voici mon acceptation pour la somme que vous désirez : on vous escomptera cela à Londres. » Maintenant, des prêts de cette sorte n'entraînent pas une responsabilité aussi immédiate qu'un prêt en billets : ils ne sont pas payables en une fois, et ils n'augmentent pas les chances d'une invasion de porteurs de billets ; un banquier est donc tenté d'agrandir ainsi sa responsabilité beaucoup plus qu'il ne l'eût fait, si la loi ne l'eût forcé à découvrir comme un nouveau canal pour distribuer son crédit.

Des faits récemment dévoilés montrent que ces moyens détournés de faire part de son crédit remplacent effectivement les moyens interdits ; et qu'ils sont plus dangereux que ces derniers. N'est-il pas de notoriété publique que la circulation fiduciaire, sous ses formes les plus périlleuses, s'est développée d'une façon inouïe depuis la loi de 1844? N'en voit-on pas chaque jour la preuve dans les journaux et les discussions des Chambres? Et toute la génération de cette maladie n'est-elle pas bien claire?

Et même, *a priori*, on pouvait prévoir cet inévitable résultat. On a établi d'une manière concluante que, en l'absence de toute cause perturbatrice, le chiffre de la circulation fiduciaire à un moment donné est déterminé par le chiffre des affaires, par la quantité des payements qui s'effectuent. Bien des témoins, en pleine commission, ont déclaré ceci : quand un banquier restreint son émission, il provoque tout simplement un surcroît d'émission de la part des banquiers voisins. Autrefois, on s'est bien souvent plaint qu'au moment où la Banque d'Angleterre, par des raisons de prudence, retirait une partie de ses billets, aussitôt les banquiers de province multipliaient les leurs dans la même proportion. Eh bien! ces variations en sens inverse, si elles se produisent entre un genre de billets de banque et un autre, pourquoi n'auraient-elles pas lieu entre les billets de banque et les autres formes de la circulation fiduciaire? Dès lors, diminuer la circulation du papier d'une banque, c'est accroître d'autant celle d'autres banques; et, par suite, restreindre artificiellement la circulation des billets de toutes les banques, c'est simplement accroître la circulation de quelque autre espèce succédanée de titres de créance. Et cette espèce, étant nouvelle et irrégulière, ne risque-t-elle pas d'être moins sûre? Voici donc le fond de l'affaire:

les traites, les chèques, etc., formant les neuf dixièmes du papier
en circulation dans le royaume, et l'État n'exerçant sur ces
neuf dixièmes-là, ni ne pouvant exercer aucun contrôle, en
est réduit à imposer des limites au dernier dixième; et, par là,
il vicie les neuf dixièmes restants, en provoquant un accroissement anormal de formes nouvelles de crédit, qui sont,
comme l'expérience le prouve, particulièrement dangereuses.

Ainsi donc, empêcher, troubler, corrompre le cours des
choses, voilà tout le pouvoir de l'État, dès qu'il sort de sa vraie
fonction. Comme nous le disions plus haut, la somme de crédit
que les hommes s'accordent les uns aux autres est déterminée
par des causes naturelles : leur caractère moyen, l'état particulier de leurs sentiments, leur milieu. Si le gouvernement
interdit une façon d'accorder le crédit, ils en trouveront une
autre, et probablement pire. Que leur confiance réciproque
soit calculée avec prudence ou avec imprudence, il faut qu'elle
produise son effet. Vouloir l'en empêcher par une loi, c'est
recommencer la vieille histoire de celui qui veut arrêter la
mer avec une fourche.

Et maintenant disons-le : sans ces garanties établies par
l'État, qui sont futiles, et pis encore, certaines garanties naturelles pourraient s'établir, qui mettraient un frein efficace aux
excès du créditeur et aux spéculations anormales. Sans les
tentatives qu'on a faites pour décréter la sécurité, il se peut
fort bien qu'avec notre façon de faire les affaires, qui comporte tant d'exigences, les banques eussent rivalisé à qui
offrirait le plus de sécurité; elles auraient cherché à s'évincer
l'une l'autre et à accaparer la légitime confiance du public;

Considérez la situation d'une banque par actions, à responsabilité limitée, libre de toute entrave légale. Elle ne peut rien faire tant qu'elle n'aura pas gagné l'estime de tous. Et c'est un but qu'il n'est pas aisé d'atteindre : ses statuts n'ont pas été éprouvés, et elle peut s'attendre que les commerçants la regardent d'un œil fort méfiant. Déjà la place est prise par d'anciennes banques, pourvues d'une clientèle solide. Le public est satisfait de l'arrangement actuel, et il s'agit de trouver dans ce public des partisans pour un système en apparence moins sûr que l'ancien. Comment faire? Evidemment, il lui faudra découvrir quelque moyen inusité pour démontrer à tous qu'elle mérite confiance. Et sur une quantité de banques placées dans cette même situation, il s'en trouvera bien à la fin une qui réussira de quelque manière. Par exemple, une banque pourrait donner à quiconque aurait chez elle un dépôt de plus de 1,000 liv. (25,000 fr.) le droit d'inspecter ses livres, de vérifier de temps en temps ses engagements et ses placements. C'est ce que font déjà beaucoup de commerçants, pour donner confiance à leurs bailleurs de fonds; et, avec la concurrence, la méthode s'étendrait tout naturellement aux banques. Nous avons questionné là-dessus un personnage qui a acquis une grande expérience en ces matières, en administrant avec bonheur une banque par actions : et sa réponse fut qu'on en viendrait probablement là ; il ajouta qu'alors le propriétaire d'un dépôt serait, dans la pratique, un associé à responsabilité limitée.

Avec un semblable système, deux obstacles entraveraient les faiseurs d'affaires véreuses. Les administrateurs de la Banque sauraient que leur témérité serait bientôt connue de leurs clients principaux, et cela suffirait pour les éloigner de toute témérité ; le spéculateur saurait que son crédit aurait à souffrir, si l'on se mettait à causer de sa grosse dette envers la Banque, et cela seul l'empêcherait de grossir sa dette. Prêteur et emprunteur seraient retenus sur la pente des entreprises folles. Et, pour cela, il suffirait d'une surveillance peu compliquée. Un ou deux propriétaires de dépôts, mais prudents, ce serait assez, car la seule crainte d'une révélation immédiate de leur mauvaise conduite retiendrait en général tous les intéressés dans le droit chemin.

Si l'on vient nous dire, et il y a des gens capables de le faire, que cette garantie est sans valeur; si l'on allègue que, avec tous ces moyens en main, les citoyens n'en useront pas, mais s'abandonneront les yeux fermés aux administrateurs et se fieront entièrement à certains noms honorables; eh bien! alors ils auront mérité ce qui pourra leur arriver. S'ils ne savent pas tirer parti de la garantie qu'on leur offre, tant pis pour eux ! Nous avons peu de goût pour cette philanthropie fade, qui veut épargner aux sots la punition de leurs sottises. Mettez les hommes à l'abri des conséquences de la folie, et vous aurez peuplé le monde de fous.

Encore quelques mots, pour finir, sur le ton de nos adversaires. Laissons-là la loi sur les banques par actions : le public aussi bien commence par bonheur à ouvrir les yeux là-dessus. Revenons au statut de la Banque et à la théorie qu'il enferme, de la circulation réglementée : il nous faut accuser les défenseurs de cette théorie d'une erreur grossière, si elle n'est volontaire. Leur politique ordinaire est, en parlant de la thèse opposée, de toujours la confondre avec les plus vulgaires absurdités. Aujourd'hui, ils nous enferment comme dans un dilemme, entre leur propre dogme et je ne sais quelle doctrine trop inepte pour mériter la discussion. « Nous, ou l'anarchie, » tel est le fond de leurs sermons.

Exemple : Ils affirment hardiment, d'abord, qu'ils sont les défenseurs d'un « principe », et, quant à leurs opposants, ils les affublent tous de ce nom, « empiriques ». Or, nous sommes en peine de voir ce qu'il y a d' « empirique » dans cette thèse, que la circulation des billets de banque doit se régler elle-même, comme toute autre circulation fiduciaire. Il n'y a, selon nous, rien d'aussi peu « empirique » que de dire ceci : La pensée de la faillite, cet obstacle naturel qui retient le commerçant d'émettre trop de billets à échéances fixes, retiendra aussi le banquier d'émettre trop de billets à ordre. Nous voyons tout le contraire d'un « empirique » dans l'homme selon qui le caractère d'un peuple et son milieu déterminent la somme de titres de crédit en circulation chez lui, et selon qui les crises monétaires qu'occasionnent parfois les imperfections de ce caractère et les variations du milieu peuvent bien être exaspérées, mais non pas prévenues, par quelque panacée gouvernementale.

D'un autre côté, nous ne voyons pas en vertu de quel « principe » un contrat, parce qu'il est écrit sur un billet de banque, serait traité différemment de tout autre. Nous ne pouvons comprendre le « principe » qui oblige l'État à surveiller les affaires des banquiers, pour les empêcher de prendre des engagements au-dessus de leurs forces, mais qui ne l'oblige pas d'en faire autant pour le reste des commerçants. Pour nous, c'est un « principe » parfaitement inintelligible, celui qui permet à la Banque d'Angleterre d'émettre, sous la garantie du crédit de l'État, 14 millions sterling (350 millions de fr.), mais qui est violé si le crédit de l'État est engagé pour un sou de plus, principe selon lequel on peut bien émettre 14 millions sterling de billets sans réserve d'or correspondante, mais qui, pour chaque livre en sus, réclame des précautions rigoureuses destinées à en assurer le remboursement. Nous aimerions à apprendre comment on a tiré de ce « principe » que la circulation moyenne de chaque banque durant telle douzaine de semaines de l'an 1844 donnait exactement la mesure de la circulation justifiée par le capital de la Banque. Bien loin de découvrir là un « principe », nous trouvons que l'idée, avec son application, est aussi parfaitement empirique qu'il se peut.

Mais voici qui est encore plus merveilleux : ces mêmes « théoriciens de la circulation » affirment que leurs doctrines sont celles du libre échange. C'est ce qu'ont soutenu, entre autres, lord Overstone au Parlement, et dans la presse la *Revue du samedi* (Saturday Review). Appeler loi de libre échange une mesure qui a pour but avoué de restreindre certains actes volontaires d'échange, c'est une contradiction dans les termes assez évidente et qui dépasse un peu la limite du croyable. Tout le système des lois sur la circulation est d'un bout à l'autre un ensemble de prohibitions : telle en est l'inspiration générale, tel l'esprit qui a réglé les détails. Est-ce donc une loi de libre échange, celle qui n'a cessé d'interdire la création de banques d'émission, à moins de 65 milles (104 kil. 1/2) de Londres? C'est une loi de libre échange, celle qui défend, à quiconque n'a pas aujourd'hui l'autorisation de l'État, d'émettre à l'avenir des billets remboursables à présentation? C'est une loi de libre échange, celle qui, à un moment donné, s'interpose entre le banquier et son client et met son *veto* à tout échange nouveau de papiers fiduciaires? Que diraient à votre avis deux marchands, dont l'un est sur le point de faire à l'ordre de l'autre un billet en échange de denrées que celui-ci lui vend, si un fonctionnaire de l'État arrivait et les arrêtait net, disant : Messieurs, je viens d'examiner les livres de l'acheteur, et mon avis est que, le vendeur a beau être prêt à accepter le billet, cette opération serait peu sûre pour lui ; aussi la loi, fidèle aux principes du libre échange, interdit la transaction? Eh bien! au lieu du billet à six mois de date, mettez un billet payable à vue, et ce sera l'histoire du banquier avec son client.

Il est vrai que les « théoriciens de la circulation » ont une excuse tolérable : c'est que parmi leurs adversaires il est des partisans de diverses utopies de visionnaires, et des défenseurs de certains règlements aussi protectionnistes dans le fond que les leurs mêmes. Il y en a, il est vrai, qui veulent des « bons de travail » ne se convertissant pas en espèces ; et d'autres selon qui, dans les moments de gêne commerciale, les banques ne devraient pas élever le taux de leur escompte. Mais est-ce donc là une raison pour déshonorer tous leurs adversaires comme s'ils sortaient de ces écoles, alors que l'acte sur les banques a soulevé les protestations des plus autorisés d'entre les économistes? Les partisans du « principe de la circulation » ignorent-ils que parmi leurs adversaires est M. Thornton, dont on connaît depuis longtemps la compétence en fait de circulation; M. Tooke et M. Newmarch, célèbres pour leurs recherches laborieuses sur la circulation et les prix, recherches où ils ont épuisé le sujet; M. Fullarton, dont le livre sur « les règles des circulations » est un ouvrage achevé; M. Macleod, dont le livre tout récent dévoile toutes les iniquités et toutes les sottises dont est pleine l'histoire de nos monnaies; M. James Wilson, député, qui n'a probablement pas son rival pour la connaissance de tous les détails du commerce, de la circulation et des opérations de banque; et M. John Stuart Mill, qui est au premier rang et des logiciens et des économistes? Ignorent-ils que leur distinction entre les billets de banque et les autres titres fiduciaires, dont ils ont fait ouvertement la pierre angulaire de leur loi sur les banques, et en faveur de laquelle sir Robert Peel n'a pu citer qu'une pauvre petite autorité, celle de lord Liverpool, est une distinction rejetée d'abord par les écrivains ci-dessus, et puis par M. Huskisson, par le professeur Storch, par le docteur Travers Twiss, et par les habiles professeurs français MM. Joseph Garnier et Michel Chevalier [1]? Ignorent-ils en un mot qu'ils ont contre eux et les esprits les plus profonds et les chercheurs les plus patients? S'ils ne le savent pas, il est temps pour eux d'aller à l'école et d'étudier le sujet dont ils parlent avec ce ton de maîtres. Et, s'ils le savent, un peu plus de respect envers leurs adversaires leur siérait assez.

1. Voyez le livre de M. Tooke, *l'Acte statutaire de 1844 sur les banques, etc.*

VIII

MORALE DE LA PRISON

(*British Quaterly Review*, juillet 1860).

Deux morales : l'Idéal et le Possible. — Nécessité de les unir. — Exemples : la lutte entre le libre échange et la protection ; les Compagnies de chemins de fer ruinées par des entreprises surérogatoires. Solutions fournies par la morale absolue.

Du TRAITEMENT DU AUX CRIMINELS. — CONSEILS DE LA PRUDENCE. — Un code sévère, produit naturel et indispensable d'une société d'hommes peu maîtres d'eux-mêmes. Principe de la Justice relative : de deux maux, choisir le moindre. — Dangers de cette morale : cruauté de l'ancienne loi anglaise ; les déportés : traitements épouvantables ; système cellulaire et silence forcé : il abêtit le détenu et tarit en lui les sentiments sympathiques, source de toute honnêteté.

PRINCIPES DE LA MORALE ABSOLUE. — La vie d'un être n'est que le maintien de certaines relations entre les organes de cet être, comme entre lui et les êtres voisins. Exemple : rapport entre l'effort et la réparation, ou droit de propriété. — Le devoir de garantir l'intégrité de ces relations contre toute agression, principe du *droit pénal*. — Droit à la restitution ou à la réparation. — Droit à des garanties pour l'avenir. — *Droit du coupable :* on lui doit toute la liberté compatible avec la sécurité de tous. Le seul châtiment légitime : les conséquences naturelles de la faute. — *Son devoir :* pourvoir à son entretien. — Résumé.

CET IDÉAL EST RÉALISABLE. — I. *Les faits :* M. Obermair et la prison de Munich. — Mettray. — Les prisons d'Irlande : la liberté partielle. — L'île Norfolk : le système des bons. — La prison de Valence. — Portée de ces expériences. — II. *Les conclusions de la psychologie.* Tout châtiment artificiel excite la rancune. La paresse, principe des crimes : l'habitude du travail volontaire, remède naturel.

AMÉLIORATIONS PROPOSÉES. — *De la durée du châtiment.* Elle est fixée capricieusement. — 1re règle : la restitution ou la réparation terminée, terme de la détention ; 2e règle : le coupable doit être délivré dès qu'il offre des garanties, par exemple dès qu'il trouve une caution. — Une fois la première règle satisfaite, laisser le prisonnier libre sous la caution et la surveillance de qui voudra s'en charger, ainsi, d'un patron qui le prendra au rabais. — Graduation équitable des peines qui en résulteraient. — Ce système est un perfectionnement du système de la liberté partielle. — Nécessité de réaliser, quoique avec prudence, cet idéal.   TH.

En morale, il y a deux théories contraires, et, comme il arrive si souvent aux théories contraires, elles ont toutes les deux tort et raison. Dans la théorie de la morale *a priori*, il y a du vrai; il y en a dans la morale *a posteriori;* et, pour se bien conduire dans la vie, il faut rendre hommage à ces deux vérités.

D'une part, on nous dit qu'il existe une règle absolue de la vie droite; et, s'il s'agit de certains actes, on a raison. Partant des lois premières de la vie et des conditions mêmes de la vie en société, on peut déduire certains impératifs qui limitent l'activité de l'individu et hors desquels il n'y a pas de vie parfaite, ni pour l'individu ni pour la société; en d'autres termes, sous leur discipline seule, l'humanité peut atteindre le maximum de bonheur possible. Comme ils se tirent en toute rigueur de principes premiers indéniables, dont la racine est l'essence même de toute vie, ils forment ce que nous pouvons nommer la morale absolue.

D'autre part, on nous soutient, et en un sens non sans rai-

son, que les hommes étant ce qu'ils sont, et la société ce qu'elle
est, les commandements de la morale absolue sont impraticables. Déjà la loi, cette surveillante, qui ne va point sans l'idée
de peine, de peine infligée et à ceux qu'elle châtie et à ceux
qui payent les frais du châtiment, la loi, par là même, cesse
d'être absolument morale : car la moralité absolue, c'est une
règle s'imposant à tous, et telle, que nulle peine n'ait à être
infligée. Si donc on reconnaît que nous ne pouvons aujour-
d'hui nous passer d'un code pénal, on doit reconnaître que
cette règle *a priori* n'est point faite pour s'exécuter sur-le-
champ. Par conséquent, nous devons, dans nos lois et dans nos
actes, nous accommoder à la nature humaine d'aujourd'hui,
peser le bien et le mal que peut entraîner telle ou telle combinaison, et ainsi nous faire *a posteriori* un code bon pour notre
époque. Bref, c'est aux expédients qu'il nous faut revenir.

Maintenant, comme les deux thèses sont vraies, ce serait se
méprendre grandement de s'attacher à l'une aux dépens de
l'autre. Elles ont besoin l'une de l'autre et se complètent. La
civilisation, qui marche, n'est qu'une suite de compromis
entre l'ancien et le nouveau; sans cesse il faut défaire et refaire
ce compromis entre l'idéal et le possible, d'où sortiront les
arrangements sociaux : et, pour cela, il faut avoir présentes à
l'esprit les deux puissances à accorder. S'il est vrai que l'honnêteté pure nous commande d'établir un état de choses qui
serait beaucoup trop bon pour les hommes d'aujourd'hui, il
ne l'est pas moins qu'avec de purs expédients on n'est pas du
tout certain d'être sur la voie du mieux. La morale absolue a
besoin des leçons de la politique d'expédients, pour ne point

se lancer dans d'absurdes utopies; mais la politique d'expédients a besoin de la morale absolue, qui l'aiguillonne dans la
poursuite du mieux.

Admettons que notre principale affaire soit de connaître ce
qui est *relativement juste ;* il n'en résulte pas moins que nous
devons d'abord regarder l'*absolument juste*, car, pour concevoir celui-là, il faut d'abord concevoir celui-ci. Pour mieux
dire, si nous devons viser toujours à ce qui est le mieux pour
notre époque, toutefois nous ne devons pas perdre de vue ce
qui, dans l'abstrait, serait le mieux, car il faut que tous nos
pas soient *vers* ce mieux et non en sens contraire. L'honnêteté
pure a beau être inaccessible aujourd'hui et pour longtemps
encore ; nous devons avoir les yeux sur la boussole qui nous
montre où elle se trouve; sinon, nous pourrions bien errer
tout à l'opposé.

A l'aide de quelques exemples empruntés à notre histoire
contemporaine, on peut, je crois, prouver d'une façon décisive combien il importe d'unir les lumières de la sagesse pratique, combien de maux on s'épargnerait, combien d'avantages on s'assurerait, en fortifiant la morale *a posteriori* à l'aide
de la morale *a priori.* Commençons par cet exemple : le libre
échange. Jusqu'à ces dernières années, ç'a été l'usage constant
de toutes les nations, d'user d'artifice pour restreindre le trafic
avec l'étranger. Durant les siècles passés, cette politique avait
sa raison d'être : c'était une mesure de salut. Sans aller jusqu'à dire que le législateur eût en vue d'assurer à la nation
l'indépendance en matière d'industrie, on peut bien dire que, à
une époque de querelles nationales incessantes, il n'eût été

bon pour aucun peuple d'attendre d'un autre les denrées nécessaires à la vie. Toutefois, si l'on reconnaît pour cette raison
que les restrictions imposées au commerce ont eu du bon en
leur temps, on ne peut pas justifier par là nos lois sur les céréales : on ne peut pas dire que ces pénalités et ces prohibitions,
toutes ces entraves imposées jusqu'à ces derniers temps à notre
commerce, fussent nécessaires pour épargner à notre industrie
d'être mise en désarroi à la première guerre. C'est pour d'autres raisons d'utilité que la protection, avec tous ses détails,
fut établie et maintenue; et les raisons par lesquelles on l'a
combattue et enfin abolie étaient du même genre. Les deux
partis se sont mis à calculer les suites directes et éloignées de
leurs systèmes; et, pour décider, on a mis en balance les deux
séries de conséquences prévues.

Or, après bien des générations passées à faire des lois funestes, après bien des années de rudes combats, quelle fut la conclusion admise alors et depuis vivifiée? Justement celle que
nous enseigne fort simplement l'équité abstraite. La conduite
la plus morale se révèle ici comme la conduite la plus politique. L'individu a le droit d'exercer ses facultés; si on le lui
refuse complétement, il en meurt; il doit être maître de poursuivre les objets de ses désirs, ou sinon il ne vit pas d'une vie
complète; il veut être libre, sa nature le réclame, et l'équité
n'impose à cette liberté d'autre limite que le respect d'une
égale liberté chez autrui; or ces principes ont des corollaires,
et entre autres celui-ci : l'échange est libre. Le gouvernement,
quand il protège les citoyens contre l'assassinat, le vol, les violences, contre toute agression enfin, déclare de fait que sa

fonction première est d'assurer à chacun le libre usage de ses
facultés dans les limites convenables ; si donc il sait son devoir,
son rôle est de protéger la liberté d'échange ; s'il la supprime,
il viole sa nature ; il devient, de protecteur, agresseur. Ainsi
la morale absolue aurait depuis longtemps indiqué au législateur sa voie. Si l'on fait exception pour les époques troublées,
où il ne faut pas appliquer ces principes *a priori* au risque
d'exposer la vie de la nation à chaque guerre qui suspendra
l'arrivée de denrées nécessaires à la vie, — on peut dire que
nos hommes d'État, en s'en inspirant, auraient marché, non
sans doute sans se plier aux nécessités des temps, vers l'état de
choses régulier. Nous aurions échappé à des milliers de gênes
inutiles. Les gênes nécessaires eussent été supprimées au premier moment favorable. Bien des souffrances eussent été épar-
gnées aux hommes. Cette prospérité dont nous jouissons
maintenant aurait commencé bien plus tôt. Et nous serions
aujourd'hui bien plus forts, plus riches, plus heureux et meilleurs.

Autre exemple : notre politique en matière de chemins de fer.
Que de capitaux gaspillés, que de misères pour avoir négligé
un simple principe qui appartient évidemment à la justice abstraite ! Quand on signe un contrat, on est astreint à faire telle
chose que le contrat détermine, mais non pas à faire rien de ce
qui n'est ni exprimé ni entendu dans le contrat. Ce n'est pas
seulement le sens moral qui le veut. On peut déduire la même
conséquence de ce principe premier d'équité qui, nous l'avons
dit déjà, résulte des lois de la vie tant de l'individu que de la
société, et elle a été si bien justifiée par l'expérience accumulée

de tous les hommes, que c'est un axiome de code civil admis chez toutes les nations. S'il s'élève une discussion sur les conventions, le tribunal n'a jamais à juger que d'une question : les termes de la convention imposent-ils à l'une ou à l'autre des parties contractantes de faire telle ou telle chose? Et l'on admet, comme si cela allait de soi, que nulle d'entre elles ne peut être contrainte à faire plus qu'il n'est, dit-on, entendu dans la convention.

Or ce principe, qu'on peut dire évident par lui-même, a été entièrement méconnu dans les lois sur les chemins de fer. Un actionnaire s'associe à d'autres pour construire et exploiter une ligne qui ira de tel à tel point; il s'engage à payer tant pour l'exécution du projet; et, implicitement, il promet de se soumettre à l'avis de la majorité des actionnaires dans toutes les questions que pourra susciter cette exécution même. Mais rien de plus. Il n'est pas obligé de se soumettre à la majorité, en toute chose qui n'est point spécifiée sur l'acte d'association. Il s'est bien obligé pour telle ligne déterminée, mais non pour toute ligne différente qu'il plaira à ses copropriétaires de construire; et il n'y a pas de vote de la majorité qui puisse lui créer cette obligation. Or, on ne fait pas cas de cette différence. Tous les jours, des actionnaires associés pour telle entreprise se sont vus entraînés dans d'autres entreprises, parce qu'il a plu ainsi à leurs coactionnaires; et, contre leur gré, ils ont vu leur capital lourdement grevé pour des projets qui ne pouvaient rapporter, et même ruineux. On n'a jamais manqué de traiter le contrat de société pour la construction de telle ligne comme un con-

trat de société pour la construction de lignes en général.
Ce n'est pas seulement les directeurs qui ont ainsi forcé les
textes, ni les actionnaires qui ont eu la sottise de les laisser
faire ; c'est le législateur même, qui a entendu assez mal son
devoir, pour endosser à tout coup cette interprétation
vicieuse. La plupart des désastres de nos Compagnies de chemins de fer n'ont pas d'autre cause. Il était devenu, de par
la loi, extraordinairement facile d'obtenir des capitaux ; de là
une concurrence effrénée : les Compagnies s'étendaient, faisaient des embranchements ; partout surgissaient des projets
de lignes inutiles, inspirées par la concurrence : les Compagnies menacées en venaient à prendre ces projets à leur
compte. Si chaque projet nouveau avait dû être réalisé par
une nouvelle Société d'actionnaires, sans garantie d'aucune
autre Compagnie, sans ces secours qu'on avance sous forme
d'actions privilégiées, alors, de toutes ces dépenses ruineuses
auxquelles nous avons assisté, bien peu eussent été faites,
pas une peut-être. C'était environ 100 millions sterling (2 mil-
lards 1/2 de fr.) d'économies, des milliers de familles sauvées
de la misère : et il suffisait de faire exécuter les contrats
d'association selon les commandements de la pure équité.

Ces exemples me semblent bien concluants en faveur de
ma thèse. Après les raisons générales de croire que l'éthique
expérimentale a besoin de la lumière de l'éthique abstraite
pour trouver le droit chemin, telles que nous les avons exposées, rien de plus fort dans le même sens que ces exemples
d'erreurs prodigieuses causées par l'oubli de l'éthique abstraite. La sagesse relative ne peut se débrouiller au milieu des

difficultés de la vie qu'à l'aide de ce fil conducteur, les déductions simples de la sagesse absolue.

C'est de ce point de vue que nous allons examiner le traitement qui convient aux criminels. Mais d'abord, exposons les
nécessités temporaires en vertu desquelles il a été jusqu'ici
impossible, et il est encore difficile, de régler cette affaire
selon la parfaite équité.

Il y a, pour une nation, certain état moyen des esprits qui
exige un gouvernement sévère ; ce même état exige aussi un
code criminel sévère. En fin de compte, les institutions d'un pays
sont celles que veut le caractère des citoyens ; quand ils sont
trop esclaves de leurs passions ou trop égoïstes pour supporter
les institutions de la liberté, et si peu scrupuleux, qu'il leur
faut tout cet état-major d'agents dont s'entoure la tyrannie,
ils se déclarent par le fait capables de supporter un code pénal
rigoureux, et même incapables de s'en passer. Les deux choses
en effet vont ensemble et supposent un même vice d'esprit.
Pour créer et garder la liberté politique, quel caractère faut-il?
Il faut tenir compte de prévisions lointaines, n'être point à la
merci des tentations présentes, savoir regarder les conséquences qui peuvent surgir dans l'avenir. Chez nous, pourquoi
cette résistance à tout empiètement politique ? Non pas pour
les inconvénients immédiats, mais pour les inconvénients
qui peuvent en résulter plus tard. On voit donc bien que,
pour garder la liberté, il faut savoir compter avec les effets
éloignés, et compter avec eux surtout.

Tout au rebours, quand un homme ne fait fond que sur

les choses présentes, précises, concrètes, quand il ne se représente point clairement ce que peut apporter l'avenir, il doit
faire évidemment peu de cas des droits du citoyen : car à quoi
bon ces droits, sinon pour se garder contre des maux indéter-
minés, purement possibles, qui menacent obscurément son
avenir éloigné ?

Eh bien ! ne voit-on pas qu'à ces deux caractères si opposés
il faut, pour leurs méfaits, deux sortes bien tranchées de
châtiment ? Pour contenir le dernier, des peines sévères,
promptes, précises au point de frapper fortement l'imagination ; on détournera du mal le premier avec des peines moins
définies, moins intenses, moins immédiates. A l'homme civilisé, la crainte d'une discipline longue, monotone, réservée
aux criminels : c'est assez ; aux moins civilisés, des châtiments corporels et la mort : il n'en faut pas moins. Donc, nous
disons, d'abord que d'un état social d'où naît une forme de
gouvernement rigoureuse naîtra aussi de toute nécessité un
code pénal rigoureux, mais surtout qu'avec un tel état social
ces rigueurs du code sont nécessaires. Et l'on pourrait citer à
l'appui plus d'un fait. Témoin cet État d'Italie, où l'on avait
aboli, sur la prière d'une duchesse mourante, la peine de
mort, et où le nombre des assassinats s'accrut si bien, qu'il
fallut la rétablir.

Voilà donc un fait : dans un état de civilisation moins
avancé, un code pénal sanguinaire est à la fois un produit
naturel de l'époque et un frein nécessaire pour l'époque.
Notons encore ceci : c'est qu'on ne pourrait appliquer alors un
code plus équitable et plus humain. L'administration qu'il

y faudrait n'existe pas. Pour traiter les coupables non avec des procédés rapides et rudes, mais avec les procédés que réclame la justice abstraite, il faut tout un ensemble d'institutions trop compliquées qui n'existent pas dans une société mal formée, et toute une armée de fonctionnaires plus sûrs qu'on n'en peut trouver parmi les membres d'une telle société. D'ailleurs, comment traiter selon l'équité les criminels, quand ils sont en nombre énorme? Dans ces temps, on a affaire à des masses de coupables, difficiles à manier. Il faut bien alors recourir à quelque méthode plus simple pour purger la société des pires de ses membres.

Ainsi donc il est clair, je crois, qu'on ne peut appliquer une pénalité absolument juste à un peuple barbare ou demi-barbare, comme il est clair qu'on ne peut lui donner une forme de gouvernement absolument juste. De même que, pour telle nation, le despotisme est le régime convenable; de même, et pour cette nation aussi, un code criminel de la dernière dureté est celui qui convient. Ce qui excuse l'une et l'autre de ces institutions, c'est qu'elles sont ce que le caractère national peut supporter de meilleur; c'est que, moins rudes, elles laisseraient la confusion pénétrer dans la société, et, avec elle, des maux bien plus cruels qu'elles n'en causent. Le despotisme a beau être mauvais, quand le choix est entre lui et l'anarchie, on peut dire que l'anarchie amènerait des souffrances pires que le despotisme, et que celui-ci est justifié par le malheur des temps. Assurément, c'étaient de grandes iniquités, devant la justice abstraite, que les décapitations, les pendaisons, les brûlements du temps jadis; pourtant, s'il était prouvé qu'avec

des châtiments moins extrêmes la société eût été moins en
sûreté ; que, sans cette sévérité, les crimes se fussent accrus,
et le total des maux eût été plus grand et eût pesé plus lourdement sur les plus pacifiques ; alors, il faut l'avouer, la morale
approuve ces duretés-là. De part et d'autre, on peut le dire,
si l'on fait la balance des malheurs infligés avec les malheurs
évités, le but qu'on poursuivait était qu'il y eût *le moins possible de torts* à endurer ; or, qu'il y eût le moins possible de
torts, c'était la *justice relative*.

Nous admettons donc tout ce que les avocats des lois dra-
coniennes peuvent dire pour leur thèse ; mais nous ne nous en
tenons pas là, et nous posons une autre vérité, qu'ils négligent.
Nous reconnaissons pleinement ce qu'il y aurait de périls à
établir avant l'heure un code pénal en accord avec la pure
équité ; mais aussi n'oublions pas ce qu'a fait de mal le mépris
de la pure équité. Voyons les effets terribles de cette sagesse
exclusive et terre à terre, qui s'est opposée aux améliorations
réclamées par chaque époque nouvelle.

Par exemple, considérez combien d'hommes ont été torturés,
dégradés, et bien inutilement, par nos lois cruelles du siècle
dernier. Toutes ces menaces impitoyables, que Romilly et
d'autres ont réussi à supprimer, étaient aussi peu justifiées
par les besoins de la société que par la morale abstraite. Pendre
un homme pour un vol, c'était, l'expérience l'a prouvé depuis,
une cruauté qui n'augmentait en rien la sécurité des propriétaires ; et est-il besoin de dire que cet article-là était contraire à l'équité pure ? Evidemment, si les conseils de la sagesse
relative avaient été corrigés par ceux de la sagesse absolue, ces

lois sévères, et tout ce qu'elles entraînaient de maux, auraient disparu bien plus tôt.

Et l'épouvantable misère, la démoralisation, les instincts criminels, dont souffrent, sous un régime féroce, nos transportés! ces horreurs seraient-elles possibles, si nos gouvernants, en consultant la politique, avaient aussi consulté la justice? Aurait-on jamais fait endurer à des forçats les cruautés révoltantes qui se sont révélées à la Commission parlementaire de 1848? Nous n'aurions jamais entendu parler d'hommes condamnés au supplice affreux de la chaîne commune pour un regard insolent. Nul n'aurait osé commettre cette horreur, d'enfermer les hommes à la chaîne commune « du coucher au lever du soleil dans les cabines ou stalles réservées aux prisonniers de cette espèce, et qui tiennent de 20 à 28 hommes, mais *sans qu'ils puissent jamais ni se tenir debout ni se coucher tous à la fois, excepté en pliant leur corps à angle droit avec leurs jambes.* » Jamais des êtres humains n'auraient été soumis à des tortures d'où il ne sort que des forcenés, des fous furieux, avides de nouveaux crimes; des tortures qui « prennent à un homme son cœur et à la place lui mettent un cœur de bête » : c'est un de ces criminels dont la loi a fait ce qu'ils sont, qui le disait au moment d'être exécuté. Nous n'aurions pas eu à entendre un président de tribunal, en Australie, nous dire ceci : « La discipline arrive à être une *torture telle, que la mort auprès est souhaitable, et beaucoup de prisonniers en viennent à la rechercher, sous la forme même la plus épouvantable.* » Sir C. Arthur n'aurait pas eu à venir déposer de ce fait : qu'à la Terre de Van Diemen les forçats assassinent afin *d'être envoyés à Hobart-Town devant le tribunal; et pourtant ils savent que probablement ils seront exécutés dans la quinzaine qui suit leur arrivée.* On n'aurait pas vu des larmes de pitié jaillir des yeux d'un juge, M. Burton, en présence d'un de ces forçats, d'une de ces déplorables victimes, qui était devant lui à attendre sa sentence. Bref, si, quand on a réglé la discipline des condamnés, on avait tenu compte de l'équité abstraite comme de la prudence vulgaire, d'abord on ne parlerait pas de ces souffrances inouïes, de ces êtres avilis, de tant de morts, et puis ceux qui ont à répondre d'atrocités comme celles que voilà n'auraient pas la conscience chargée de crimes; car aujourd'hui elle en est chargée, je le leur dis.

Mais voici un point sur lequel on ne tombera peut-être pas aussi généralement d'accord avec nous : c'est que les lumières de la morale absolue nous auraient encore servi à autre chose, à éviter toute méthode de traitement comme celle qui est en usage à la prison de Pentonville. Le système du silence et celui de la réclusion sont contraires à la justice abstraite, nous allons nous en convaincre bientôt. En attendant, ce que nous soutenons ici, c'est que ces systèmes sont mal entendus. Il se peut que, parmi les prisonniers qui les ont subis, les repris de justice soient en faible proportion ; et pourtant les statistiques négatives sont bien illusoires, et celle-ci ne prouve pas que les non-récidivistes soient corrigés. Mais il ne s'agit pas uniquement de savoir combien de ces prisonniers sont détournés de la récidive; une autre question, c'est de savoir combien sont devenus des membres de la société capables de se suffire. D'être resté longtemps sans relations avec les hommes, c'en est assez, bien souvent, pour faire d'un homme un fou ou un idiot : le fait est notoire; et ceux qui gardent leur raison doivent pourtant, avec ce régime abrutissant, subir un affaiblissement marqué dans leur corps et leur esprit [1].

Aussi, à notre avis, une bonne part de ce succès doit être attribuée à un affaiblissement qui rend les sujets aussi incapables de crime que de tout autre travail. Mais j'ai pour ma part une autre objection à faire à ces méthodes : c'est que l'effet produit sur le moral est justement le contraire de celui qu'il faudrait produire. Le crime est chose anti-sociale; il a pour principe les sentiments égoïstes, et pour frein les sentiments sociaux. S'il est une puissance capable de nous obliger à nous conduire bien avec autrui et de nous détourner naturellement de tout méfait contre les autres, c'est la sympathie, car la sympathie est la racine commune des émotions douces et de ce sentiment de la justice qui nous interdit toute agression. Eh bien ! cette sympathie, par qui seule la société subsiste, elle se fortifie dans le commerce des hommes. Elle croît par l'habitude de participer aux plaisirs d'autrui; elle s'affaiblit par tout ce qui empêche cette participation : exemple, l'égoïsme des vieux garçons. Aussi nous soutenons que d'enfermer les prisonniers en eux-mêmes, de leur interdire tout échange de sentiments, c'est abolir ce qu'ils peuvent avoir d'instinct de sympathie; c'est diminuer plutôt qu'accroître leur répugnance

---

1. M. Baillie Cochrane dit : « Les employés de la prison de Dartmoor m'apprennent que les prisonniers venant de Pentonville, même après une seule année de réclusion, se reconnaissent entre tous, à leur air malheureux et abattu. Bien souvent, le cerveau a souffert, et ils ne peuvent faire une réponse satisfaisante aux plus simples questions. »

naturelle à faire le mal. C'est là une conviction faite *a priori*
et que j'ai depuis longtemps : mais voici que les faits la confirment. Le capitaine Maconochie, résumant ses observations,
le déclare : une longue réclusion fortifie si bien l'égoïsme,
affaiblit à tel point l'instinct de sympathie, qu'à ce régime des
hommes même bien intentionnés deviennent incapables de
supporter les petites épreuves de la vie en ménage, une fois
qu'ils sont rentrés chez eux. Donc, puisque le silence et la
solitude peuvent abêtir l'esprit et détruire la force morale, il y
a lieu de croire que ces moyens ne peuvent réformer vraiment
un homme.

« Oui, interrompt le lecteur ; mais comment démontrer que
ces systèmes peu judicieux sont en outre iniques? Par quelle
méthode déterminer le genre de peines qu'exige la morale
absolue et celles qu'elle réprouve ? » C'est à ces questions que
nous allons essayer de répondre.

Tant que le citoyen se contente de poursuivre les objets de
ses désirs sans enlever à ses concitoyens leur droit égal à en
faire autant, la société n'a rien à voir dans sa conduite. S'il
jouit en paix des biens qu'il s'est acquis par ses propres efforts,
s'il ne tente d'enlever à un autre aucun des biens que ce
dernier s'est procurés de même, ni aucun de ceux que la
nature lui a donnés, alors nul châtiment ne peut lui être
infligé légitimement. Mais si, par assassinat, vol, violences ou
toute autre agression moins grave, il a transgressé ces limites,
la société a le droit, de par la sagesse absolue aussi bien que la
sagesse relative, de l'en empêcher. Que ce soit là le conseil de

la prudence relative, il est inutile de le prouver : l'expérience
le montre assez. Mais que ce soit l'ordre de la sagesse absolue,
c'est ce qui est moins évident : nous allons donc voir comment
ce droit peut se tirer des lois primitives de la vie.

Toute vie a pour condition le maintien de certains rapports
naturels entre les actes du vivant et leurs effets, toute vie,
depuis la plus infime jusqu'à la plus parfaite. Si la respiration
ne fournit pas au sang de l'oxygène, comme c'est son rôle dans
l'ordre naturel, et qu'elle apporte, à la place, de l'acide car-
bonique, la mort suit de près. Si la déglutition des aliments
n'est pas suivie de ses conséquences physiques ordinaires, contractions de l'estomac, sécrétion du suc gastrique, il y a indi-
gestion, et toutes les forces s'abattent. Si le cœur, tandis que
les membres agissent avec vivacité, manque à leur envoyer le
sang par ondées plus rapides, ou si le surcroît de sang envoyé
par le cœur subit un retard considérable dans quelque ané-
vrisme placé sur sa route, c'est un accablement de tout le
corps, et promptement la vie baisse. On le voit par ces exemples
et par tant d'autres semblables, la vie du corps a pour condition le maintien de certaines liaisons, établies par la nature
entre les causes physiologiques et leurs effets.

Il en est de même des fonctions de l'intelligence. Si à telles
impressions faites sur les sens ne répondent point tels ajustements convenables des muscles, si le cerveau est brouillé par
le vin, si la pensée est préoccupée, ou si les sens sont par
nature obtus, alors les mouvements du corps sont mal dirigés,
et il s'ensuit des accidents. Quand il arrive, comme chez les
paralytiques, que le lien naturel entre les impressions et les

mouvements convenables est rompu, la vie est profondément atteinte. Quand il arrive, comme chez les fous, que des preuves faites pour produire dans un esprit bien ordonné une certaine conviction en produisent de toutes contraires, les actes de l'individu sont un pêle-mêle, sa vie est en danger ou même cesse brusquement. Et de même pour des faits d'ordre plus complexe. Ce qui est vrai de la vie du corps et de celle de l'intelligence, que la santé ne va pas sans de certaines corrélations entre les actes vitaux, antécédents et conséquents, est vrai aussi de la vie morale. Dans notre commerce avec la nature et avec tous nos semblables, il est des rapports de cause à effet hors desquels il n'y a pas de vie complète, pas plus qu'il n'y en a hors des harmonies intérieures dont j'ai parlé. Chaque genre d'acte tend toujours à un résultat, soit agréable, soit pénible ; chaque action tend à produire une réaction qui en est le corrélatif ; et, pour le bien de chacun, il faut que ces liaisons naturelles ne soient point troublées.

Pour parler avec plus de précision, toute inaction doit, dans l'ordre naturel des choses, avoir pour suite un manque ; et, inversement, l'activité est la source de tout bien matériel. Il existe une liaison régulière entre tout effort et la satisfaction de certains besoins absolus. Si cette liaison régulière est violée, si le travail du corps et de l'esprit a été en pure perte, si quelque étranger a intercepté les fruits de ce travail, alors manque une des conditions de toute vie complète. L'individu lésé subit une injustice matérielle : il est privé de ce qu'il lui fallait pour réparer l'usure de ses forces ; et, si cette soustraction se répétait sans cesse, il lui faudrait mourir. Et si les hommes sont tous malhonnêtes, le mal se réfléchit de l'un à l'autre ; si, dans la société entière, le rapport mis par la nature entre le travail et ses fruits est constamment violé, d'abord beaucoup d'existences sont directement compromises, et puis même l'existence de tous est compromise indirectement : car le motif de travailler n'existe plus, et ce qui s'ensuit, c'est la misère. Ainsi, exiger que le lien normal entre le travail et les biens qu'il procure demeure intact, c'est exiger que les lois de la vie soient respectées.

Ce que nous appelons le droit de propriété est simplement un corollaire déduit de certaines conditions indispensables à la vie complète : c'est une formule pour reconnaître le lien nécessaire qui existe entre toute dépense de forces et tels objets, nécessaires pour réparer cette dépense et en vue desquels elle a été faite, pour reconnaître pleinement une relation qui ne saurait être ignorée, sous peine de mort. De même, tout ce qu'on nomme droits de l'individu est impliqué indirectement dans ce principe; ces droits consistent en de certaines relations d'homme à homme, hors desquelles ne peut avoir lieu cette correspondance des actions intérieures avec les extérieures, principe de la vie. Il ne faut pas croire que, selon l'idée absurde de certains moralistes, ces droits soient fondés par les lois humaines; ni que, suivant l'idée à peu près aussi absurde de quelques autres, ils aient pour toute base certaines inductions de la prudence vulgaire. Non, ils se déduisent des relations établies par la nature entre tout acte et son effet. Avant que la vie apparaisse, il y a des conditions à remplir; eh bien ! avant que les membres d'une société jouissent de la vie complète, il y en a aussi à remplir : cela est tout aussi clair ; et ce que réclame la justice, selon notre langage ordinaire, c'est simplement la satisfaction des plus importantes d'entre elles.

Donc, si la vie est notre fin légitime, si la rivalité absolue n'est au fond que la conformité aux lois de la vie complète, et elle n'est rien autre, la morale absolue justifie toute mesure de précaution prise contre quiconque empêche ses concitoyens d'atteindre cette conformité. Notre principe, c'est que la vie est impossible hors de certaines conditions ; qu'elle ne peut être parfaite si ces conditions ne sont pas inviolées ; et que, si nous avons le droit de vivre, nous avons le droit d'écarter qui viole ces conditions à nos dépens ou qui nous réduit à les violer.

Tel est le fondement de notre droit de contrainte à l'égard des criminels ; de là aussitôt ces questions : Jusqu'où doit s'étendre ce droit ? Pouvons-nous, de notre principe, tirer certaines applications nécessaires de ce droit ? et peut-on limiter de même ces applications ? A ces deux dernières questions, nous répondons : Oui.

D'abord, dans ce principe, nous trouvons de quoi autoriser les demandes en restitution et en réparation. Étant posé que la moralité absolue, c'est au fond la soumission aux lois de la vie, et que les règles imposées par la morale absolue aux êtres en société ont pour fin unique de rendre cette soumission possible, il s'ensuit ce corollaire évident : quiconque viole ces règles peut être légitimement requis de défaire, autant qu'il se peut, le mal qu'il a fait. Comme le but final est de maintenir les conditions nécessaires pour la vie complète, si une de ces conditions a été méprisée, la première chose à exiger du coupable, c'est qu'il remette les choses en leur état premier, autant qu'il se peut. Un bien a été volé; il doit être rendu, ou du moins l'équivalent. Un homme a été violenté: que ses frais de médecin lui soient payés, son temps perdu remboursé, ses souffrances compensées. De même, toutes les fois qu'un droit a été méconnu.

En second lieu, cette même et suprême autorité nous donne le pouvoir de mettre la main sur l'offenseur, autant qu'il est nécessaire pour prévenir toute agression nouvelle. Un citoyen ne veut pas laisser les autres satisfaire aux conditions de la vie complète; il dérobe à son voisin le fruit de ses travaux; il lui fait tort d'une partie de la santé et du bien-être que la victime s'était assurés par une bonne conduite : il faut le contraindre à cesser. Et il est permis alors à la société de recourir à la force, dans la mesure du nécessaire. L'équité autorise les concitoyens d'un tel homme à limiter l'usage de ses forces autant qu'il faut pour sauvegarder leur propre liberté.

Mais aussi, notez-le, la morale absolue n'autorise rien de plus : ni châtiment gratuit ni vengeance. Le but qu'elle poursuit est la vie complète; les conditions qu'elle nous impose n'ont pour fin que de rendre une telle vie possible à tous les membres de la communauté : donc nous n'avons nul droit de suspendre ces conditions, même en la personne d'un criminel, si ce n'est dans la mesure nécessaire pour éviter des violations plus graves de ces conditions mêmes. Qu'est-ce qu'il s'agit d'obtenir? La liberté pour tous d'obéir aux lois de la vie, et cela afin que la somme totale de vie soit la plus grande possible;

donc la vie de l'offenseur doit entrer en ligne de compte dans
ce total : et nous devons lui laisser autant de vie qu'il se peut,
sans nuire au salut de la société. On dit couramment que le
criminel perd tous ses droits : il se peut que la loi parle ainsi,
mais non pas la justice. Ces droits, on ne peut lui en ravir
qu'une partie : à savoir ceux-là seuls qu'il ne pourrait garder
sans danger pour la communauté. Mais que, dans les limites de
la contrainte nécessaire, il exerce ses facultés, et qu'il retire
de là les bénéfices naturels, c'est ce qu'on ne peut lui refuser
en bonne équité. On s'étonne peut-être de nous voir si soucieux des droits d'un coupable ; eh bien ! écoutez un instant la
leçon que nous donne ici la nature.

Ces lois de la vie, lois d'une sagesse vraiment divine et qui
président à la santé du corps, sont-elles suspendues miraculeu-
sement chez le prisonnier ? Non, n'est-ce pas ? Chez lui, comme
chez les autres, un bon appétit prépare une bonne digestion.
S'il est blessé, sa guérison s'accomplira dans le temps ordinaire. S'il est malade, la force réparatrice de la nature (*vis
medicatrix naturæ*) agira aussi bien en lui qu'en un corps innocent : et le médecin ne s'en étonnera point. Ses sens le guide-
ront comme au temps où il était libre ; et il pourra goûter les
mêmes plaisirs qu'autrefois. Quand nous voyons la bienfaisante
nature continuer à agir en cet homme aussi bien qu'en tout
autre, ne nous sentons-nous pas obligés à respecter en lui ceux
de ses bienfaits qu'il nous serait possible de contrarier ? obligés
à ne point troubler ici les lois de la vie plus qu'il n'est indispensable ?

A-t-on encore des doutes ? Voici une autre leçon, qui n'a pas moins de sens. Ces lois de la vie, où les lois morales ont, comme nous avons dit, leurs racines, quand un de nous en néglige quelqu'une, il n'a à supporter d'autre mal que les conséquences nécessaires de sa négligence, pas davantage. Vous marchez sans assurer vos pas, vous tombez : il vous en coûte une meurtrissure, peut-être un trouble organique expliqué par la chute, mais rien de plus ; vous n'avez point à redouter un surcroît gratuit de maux, comme un rhume ou une petite vérole. Vous avez mangé d'un mets que vous savez indigeste : vous payez cela d'un dérangement d'entrailles, avec ce qui s'ensuit ; mais la nature ne se venge point de votre péché en vous rompant un os ou en vous gâtant la moelle épinière. Les peines, dans tous les cas de ce genre, sont exactement celles qui résultent du jeu naturel des faits, rien de plus, rien de moins. Eh bien ! cet exemple, ne devrions-nous pas le suivre en toute humilité ? Ne devrions-nous pas raisonner de même, et dire : Tel citoyen a violé les conditions hors desquelles il n'y a pas de salut pour la société ; il doit endurer la contrainte et le châtiment nécessaires, mais rien au delà ? N'est-il pas clair que rien, ni la morale absolue, ni les précédents créés par ce juge, la nature, ne nous autorise à lui infliger que les peines indispensables, d'abord pour guérir autant qu'il se peut le mal, et puis pour empêcher le retour de fautes pareilles ? Si la société dépasse cette mesure, elle est coupable contre le criminel : cela nous semble manifeste.

Peut-être on se dira que nous penchons vers une indulgence funeste. Attendez la suite de notre raisonnement : elle satisfera à cette objection ; car, si l'équité nous défend d'infliger au

criminel un autre châtiment que les suites mêmes de sa faute,
ces suites seules, si on les lui fait supporter en toute rigueur,
sont une peine assez sévère.

Ainsi, les deux parties ont comparu devant cette haute cour,
la morale absolue ; la société y a fait reconnaître son droit de
répétition contre le coupable, et de contrainte dans les limites
déterminées par les exigences du salut public ; de son côté,
l'offenseur a fait déclarer que cette contrainte ne peut dépasser
les bornes ainsi déterminées. Là-dessus, la société introduit
une demande nouvelle tendant à ce que le coupable, durant
sa détention, ait à se suffire à lui-même : et cette demand e, la
morale absolue l'admet. La communauté en effet a pris des
mesures pour se préserver ; elle a infligé à l'agresseur les châtiments et les incapacités impliqués par ces mesures mêmes,
sans aller au delà ; désormais il n'y a plus rien qui la regarde
dans la question. Elle n'a pas plus à s'occuper de l'entretien
du prisonnier après qu'avant le crime. L'affaire de la société,
c'est simplement de se protéger contre lui ; et c'est affaire à lui
seul de trouver sa vie de son mieux, au milieu des entraves
que la société a dû lui imposer. Tout ce qu'il a le droit de demander, c'est qu'on le mette à même d'avoir de l'ouvrage et
d'échanger son travail contre les objets nécessaires à la vie ; or
ce droit est un corollaire de cette vérité déjà reconnue, que la
contrainte à lui imposée ne doit pas dépasser les bornes déterminées par la sécurité de tous. Mais, ces concessions faites, c'est
à lui de tirer le meilleur parti de sa situation ; et s'il ne peut
employer ses talents aussi bien qu'autrement, s'il lui faut travailler rudement et vivre de privations, c'est autant à porter

au compte des peines qu'amène sa faute, au compte des réactions par lesquelles la nature répond à son action.

Ce devoir du prisonnier, de se suffire, l'équité le lui impose sévèrement. Les mêmes raisons qui justifient sa détention justifient le refus de lui rien fournir pour son entretien que ce qu'il gagne. S'il est enfermé, c'est pour qu'il ne puisse plus empêcher ses concitoyens d'atteindre à la vie complète, ni intercepter aucun des biens que la nature leur a assurés ou qu'ils se sont acquis par leurs efforts et leur sage conduite. Et s'il est requis de se suffire, c'est pour les mêmes motifs : pour qu'il ne puisse plus empêcher les autres de vivre complétement, pour qu'il n'intercepte pas les fruits de leurs efforts. Et, en effet, d'où tirerait-il autrement ses aliments et ses habits? Directement, des magasins nationaux, et, indirectement, des poches de tous les contribuables. Et l'argent pris dans ces poches, c'est de l'argent qu'ils ont gagné par leur travail, c'est de l'argent qui leur eût servi à atteindre la vie complète. Or, prendre ainsi l'argent à qui l'a gagné, faire que son labeur soit perdu, que le fruit de ce labeur soit intercepté par le collecteur des taxes au profit du condamné, c'est violer les conditions de la vie complète : et le condamné se rend coupable par procuration d'une nouvelle agression contre ses concitoyens.

Mais c'est au nom de la loi qu'on leur prend cet argent ! — Qu'importe ? Nous écoutons ici une autorité qui est au-dessus de la loi et à qui la loi devrait simplement prêter sa force. Or voici ce qu'elle nous dit : Chaque individu doit recueillir les fruits, bons ou mauvais, de sa propre conduite ; le coupable doit supporter, autant que possible, toutes les conséquences fâcheuses de sa faute ; il ne faut pas le laisser en rejeter une part sur l'innocent. Si le criminel ne se suffit pas, il commet, d'une façon indirecte, un crime de plus. Au lieu de réparer, il cause un nouveau tort. Au lieu d'effacer l'infraction commise au préjudice des conditions de la vie complète, il l'accroît. Il fait souffrir aux autres précisément l'injustice qu'on voulait l'empêcher de commettre. Si donc il était permis, de par la morale absolue, de l'en empêcher, il est permis, au nom de la même autorité, de lui refuser tout secours gratuit.

En somme, voici les principes d'un code pénal équitable : L'agresseur doit restitution ou réparation ; il doit être soumis à telle contrainte qu'il convient pour sauvegarder la société ; on ne peut lui infliger ni une contrainte plus rigoureuse, ni aucune peine inutile ; durant sa détention enfin, ou durant son temps de surveillance, il doit se suffire. Nous ne voulons pas dire que ces principes doivent être appliqués entièrement sur-le-champ. Déjà, nous l'avons reconnu, les déductions de la sagesse absolue, pour s'accommoder à notre âge de transition, doivent être corrigées à l'aide des inductions de la sagesse relative. Dans les temps barbares, avons-nous dit, l'état des mœurs justifie les peines les plus sévères ; sans elles, le crime ne serait point réprimé ni la société protégée. Par là, nous sous-entendions que notre méthode actuelle pour le traitement des criminels se justifie, si elle s'approche de la . pure équité autant que les temps le permettent. Il se peut bien que de tous les systèmes aujourd'hui praticables il n'y en ait aucun qui ne reste au-dessous de l'idéal ci-dessus esquissé. Il se peut que, pour certains condamnés, des châtiments dépassant

HERBERT SPENCER.   22

en sévérité les limites de la justice abstraite soient nécessaires.
D'un autre côté, exiger que tout criminel s'entretienne, ce
serait peut-être, pour certains criminels sans profession aucune,
un châtiment qui outrepasserait leurs forces. Mais cette impuissance partielle de notre temps ne fait rien à la théorie. Tout
ce que nous voulons retenir de tout ceci, c'est qu'il faut obéir
aux ordres de la morale absolue autant que faire se peut; qu'il
y faut obéir jusqu'à ce point où, d'après expérience, le mal
produit dépasserait le bien ; qu'enfin, ayant toujours les yeux
sur l'idéal, nous ne devons jamais faire un pas qui ne nous en
approche.

Maintenant, nous sommes en mesure de le dire, cet idéal
peut être en bonne partie réalisé dès à présent. Des expériences faites en divers pays, en des circonstances variées, l'ont
bien prouvé : il y a tout à gagner à remplacer le vieux système
pénal par des systèmes qui se rapprochent des principes déjà
énoncés. D'Allemagne, de France, d'Espagne, d'Angleterre,
d'Irlande et d'Australie, il nous arrive des témoignages établissant que la discipline la plus féconde en résultats est celle qui
tend à diminuer la contrainte et à augmenter la responsabilité
du condamné. Et le succès, comme les faits le prouvent, est
d'autant plus grand qu'on s'éloigne moins des procédés pres-
crits par la justice abstraite. Nous allons voir à ce sujet des
faits frappants, quelques-uns même étonnants.

Quand M. Obermair fut fait gouverneur de la prison d'État à
Munich,

« il trouva dans cette geôle de 6 à 700 prisonniers, dans la pire
insubordination ; leurs excès, lui dit-on alors, déflaient la discipline

la plus rude et la plus serrée; les prisonniers étaient tous enchaînés ensemble, et à chaque chaîne était attachée une masse de fer que les plus vigoureux même avaient peine à traîner avec eux. La garde était faite par environ 100 soldats, qui montaient la faction non-seulement aux portes et autour des murs, mais aussi dans les corridors et même dans les ateliers et les dortoirs; enfin, précaution inouïe! pour éviter toute révolte et toute tentative d'évasion, vingt à trente chiens sauvages, des limiers, étaient lâchés la nuit dans les corridors et les cours, pour y faire bonne garde. D'après son témoignage, l'endroit était un vrai pandémonium, où s'agitaient, dans un espace de quelques acres, les pires passions, les vices les plus ignobles, sous la tyrannie la plus impitoyable. »

M. Obermair peu à peu rabattit de toutes ces sévérités. Il allégea considérablement les chaînes, et, si on le lui eût permis, il eût mis de côté cet engin. On se passa des chiens et de presque tous les gardes; on montra aux prisonniers assez de considération pour gagner leur confiance. M. Baillie-Cochrane, qui visita les lieux en 1852, dit que les portes de la prison étaient

« grandes ouvertes, sans aucune sentinelle sur le seuil; il n'y avait qu'une garde de vingt hommes, qui tâchaient de tuer le temps, dans un corps de garde situé assez loin du vestibule d'entrée... Les portes n'avaient ni verrous ni barres; pour toute précaution, une serrure ordinaire, et comme, à beaucoup de chambres, la clef n'était pas tournée, rien n'empêchait les hommes de se promener dans le corridor... Dans chaque atelier, un prisonnier, pris parmi les meilleurs caractères, était chargé de la surveillance; et M. Obermair m'assura que, si un prisonnier violait un règlement, ses compagnons lui disaient tous : « Es ist verboten » (C'est défendu), et presque toujours il cédait à la remontrance de ses camarades... Dans les murs de cette prison, on peut trouver tous les corps de métiers; les prisonniers, divisés en escouades et fournis d'outils et de matériel, font leurs propres habits, réparent les murs de leur prison, forgent leurs chaînes et produisent divers objets fabriqués qui sont d'une fort bonne défaite. En somme, chaque prisonnier, par son industrie et son travail, se suffit; le surplus de ses gains lui est donné au jour de sa libération, afin qu'il ne sorte pas les poches vides. »

En outre, les prisonniers « se réunissent aux heures de loisir : on ne gêne pas leur conversation, mais on les observe et on les contrôle efficacement; » et M. Obermair a vérifié, après de longues années d'expérience, que les mœurs s'en trouvaient bien.

Et maintenant, quel a été le résultat? M. Obermair a gouverné six ans Kaiserslautern (c'est la première prison dont il fut chargé); il y libéra 132 criminels, dont 123 se sont bien conduits depuis et 7 ont récidivé. A la prison de Munich, entre 1843 et 1845, 298 prisonniers furent libérés. « Là-dessus, 246 ont été rendus corrigés à la société. Il y en a 26 dont le caractère est douteux, mais qui n'ont été poursuivis pour aucun crime; 4, dont on instruit le procès; 6, frappés par la police; 8 récidivistes; 8 morts. » Cette statistique, dit M. Obermair, « est fondée sur des preuves irréfutables. » Et, pour attester que son succès est bien réel, nous avons, outre M. Baillie Cochrane, le Révérend C. H. Townsend, M. George Combe, M. Matthew Hill, et sir John Milbanke, notre envoyé à la cour de Bavière.

Prenez encore l'exemple de Mettray. Tout le monde a entendu parler de Mettray, du succès qu'on y obtient dans l'art de corriger les jeunes criminels. Vous allez voir combien la méthode qui y est employée avec bonheur est conforme à nos principes abstraits.

Cette « colonie agricole » n'a « ni mur ni clôture d'aucune sorte, du moins de nature à tenir les gens en prison, » et à part le cas où, à la suite de quelque faute, un enfant est mis pour un temps en cellule, il n'y a pas de contrainte matérielle. Tout le monde travaille : les jeunes détenus ont à choisir entre un métier ou l'agriculture ; c'est eux qui s'acquittent de tous les travaux domestiques. « Ils sont tous à leurs pièces ; » on les paye d'après l'avis du chef d'atelier ; une portion du salaire est mise à leur disposition, le reste placé à la caisse d'épargne de Tours. « Le jeune détenu, chaque fois qu'il reçoit de l'argent, doit en déposer partie s'il a eu à renouveler quelque pièce de son trousseau avant l'époque fixée où on devait la remplacer ;... au contraire, si à cette époque-là ses effets se trouvent en bon état, il en est récompensé, l'argent qu'il aurait eu à payer pour en acheter est placé à son compte. Ils ont deux heures par jour pour jouer. On leur apprend le chant ; et, si l'un d'eux montre quelque goût pour le dessin, on lui en donne les éléments... On a composé avec quelques-uns d'entre eux une brigade de pompiers, et il leur est arrivé de porter dans le voisinage des secours efficaces. » A travers ces quelques traits essentiels, ne voyons-nous pas les principes du système : juste autant de contrainte qu'il en faut absolument ; se suffire à soi-même autant que possible ; tout surcroît de travail payé par un surcroît de bénéfices ; et le droit d'exercer ses facultés pour son plaisir, autant que les circonstances le permettent ?

Un autre exemple, qui fait aussi pressentir que nos principes pourraient passer dans la pratique, c'est le « système intermédiaire », qu'on a récemment appliqué, et avec grand succès,

en Irlande. Dans ce système, quand les prisonniers travaillent
à un métier, on leur laisse « une somme de liberté variable,
proportionnée au plus ou moins d'empire dont ils font preuve
sur eux-mêmes : de là un régime tout à fait incompatible avec
la contrainte qu'on impose d'ordinaire aux prisonniers. »
Après ce temps d'épreuve, le condamné peut recevoir un
emploi, « comme celui de faire des commissions quotidiennes
à travers toute la ville, ou quelqu'autre dans les travaux spéciaux que l'administration a à faire hors des murs de la prison.
Les commissionnaires ont à rester dehors jusqu'à sept ou huit
heures du soir, sans surveillant qui les accompagne ; or, bien
qu'on leur donne chaque semaine une petite portion de leurs
gains, et bien qu'il leur fût loisible de s'entendre s'ils le voulaient, il n'y a pas eu jusqu'à ce jour un seul exemple d'une
irrégularité, même la plus légère, pas même d'un manque de
ponctualité ; et pourtant on a des moyens très-sûrs de découvrir l'un et l'autre, s'il y avait lieu. » Une partie de leurs gains
de prisonniers est déposée pour eux à la caisse d'épargne ; et,
durant leur temps de demi-liberté, on les exhorte à y ajouter
encore, pour préparer leur émigration plus tard. Et voici
les résultats : « dans le pénitencier, l'ordre, la régularité la
plus parfaite possible, et plus de travail volontaire que dans
aucune prison. » Les patrons chez qui plus tard on place parfois des prisonniers « sont bien souvent revenus en chercher
d'autres, tant les premiers s'étaient bien conduits. » Et, d'après
la brochure publiée en 1867 par le capitaine Crofton, sur
112 libérés sous condition de l'année précédente, 85 marchent
d'une manière satisfaisante, « 9 sont sortis depuis trop peu

de temps : on n'en peut rien dire encore ; et 5 se sont vu retirer leurs permissions. Quant aux 13 restants, on n'a pu en avoir de renseignements précis, mais on suppose que 5 ont quitté le pays, et que 3 se sont enrôlés. »

Le « système des bons » du capitaine Maconochie réalise plus pleinement la théorie du prisonnier se suffisant à lui-même, sous les réserves strictement nécessaires pour le salut du condamné. L'idée essentielle en est de spécifier dans l'arrêt, avec la durée de la détention, un travail, une certaine tâche, au condamné ; « de ne donner ni rations ni fournitures d'aucune sorte : aliments, literie, habits, ni instruction même, ni faveurs, rien enfin, *gratuitement ;* de vendre tout, selon un tarif fixé, en laissant au prisonnier le choix de ses achats : la monnaie consiste en bons qu'il lui a fallu gagner ; les bons qui restent après ces achats faits comptent seuls pour acheter sa libération. Ainsi les prisonniers n'ont rien à espérer, en fait d'objets nécessaires à la vie, que d'une bonne conduite ; les fautes commises en prison sont de même punies d'amendes proportionnées à la gravité de l'affaire. » Ces bons qui jouent le rôle de l'argent, c'est le capitaine Maconochie, à l'île Norfolk, qui en introduisit le premier l'usage. Voici ce qu'il dit des effets de cette méthode :

Elle me fournit d'abord l'institution des salaires, puis celle des amendes : à la première, je dus des travailleurs volontaires et qui se perfectionnèrent dans leur métier ; l'autre m'épargna la nécessité de prononcer des peines brutales et démoralisantes... Ma monnaie me paya encore les frais d'une école. Je voulais encourager mes hommes à s'instruire ; mais, comme je ne leur donnais pas de rations gratis, je ne voulais pas non plus leur payer l'école ; je les amenai donc à donner des bons pour s'y faire admettre... Je n'avais jamais vu de progrès si rapides dans une école d'adultes. . Ma monnaie introduisit aussi l'usage des cautionnements, pour les fautes légères et même pour les fautes graves ; en effet, je remettais au coupable en tout ou partie la peine de la réclusion, pourvu que des prisonniers bien notés, et en nombre suffisant, se portassent garants, sous une peine déterminée, de la bonne conduite future du coupable.

Même quand il s'agit d'établir une association de secours en cas de maladie, et une association pour les funérailles, le capitaine Maconochie appliqua « son principe invariable de ne donner rien pour rien ». En d'autres termes, il rapprocha, autant que possible, en cela comme en tout, la discipline imposée à ses prisonniers de la discipline de la vie courante ; il ne leur fit porter, en fait de maux ou de biens, que les résultats naturels de leur conduite : c'est, à son avis, le seul principe juste ; et il a bien raison. Quels furent les résultats ? L'abrutissement profond des condamnés de Norfolk était proverbial ; et nous avons indiqué plus haut quelques-uns des supplices horribles qu'on leur infligeait. Ce sont ces criminels complétement démoralisés que le capitaine Maconochie prit en main ; et il en obtint les progrès les plus heureux. « En quatre ans, dit-il, j'ai envoyé à Sydney 920 récidivistes libérés ; là-dessus, 20 seulement, soit 2 0/0, ont été repris jusqu'à ce jour, janvier 1845 ; » or, au même moment, la proportion ordinaire des récidivistes, parmi les libérés de la Terre de Van Diemen, qui sont soumis à un autre régime, était de 9 0/0. « Le capitaine Maconochie, écrit M. Harris dans son livre *Transportés et Colons*, a fait plus pour ramener au bien ces misérables, et

pour contribuer à leur bien-être physique, que les plus pré-
somptueux n'eussent osé espérer. » Un autre témoin lui dit :
« Vous avez obtenu chez vos hommes une amélioration telle,
que rien de pareil ne s'est vu, dans aucune réunion d'hommes,
après comme avant votre tentative. » — « Je suis pasteur de
l'île et j'y ai été deux ans magistrat, dit le Révérend B. Naylor ;
je puis affirmer que jamais il ne s'y est commis si peu de crimes. » Et Thomas H. Dixon, surveillant général des transportés
pour l'Australie occidentale, qui a suivi en partie ce système
depuis 1856, affirme d'abord que, sous ce régime, la somme
de travail produit était extraordinaire, et de plus, « bien que
parmi ces gens il y en eût dont le caractère n'avait été jusqu'alors rien moins que bon (beaucoup s'étaient fait reprendre
leurs permissions de demi-liberté en Angleterre), néanmoins,
à cet égard comme à tous les autres, ils s'étaient transformés
d'une façon très-remarquable vraiment. » Voilà les résultats,
et encore la méthode n'était-elle pas appliquée dans sa plénitude (car le gouvernement refusa toujours de reconnaître une
valeur fixe aux bons, comme monnaie de la délivrance) ; que
ne pouvait-on pas espérer, si on l'eût laissée opérer, avec tous
ses moyens d'excitation et de répression ?

Mais, de tous les exemples, le plus concluant est peut-être
encore celui de la prison de Valence. En 1835, quand le colonel
Montesinos en fut nommé gouverneur, « la moyenne des récidivistes était d'environ 30 à 35 0/0 par an, à peu près le chiffre
de l'Angleterre et autres pays d'Europe ; mais il obtint avec sa
méthode un tel succès, que, dans les trois dernières années, *il
n'y a pas eu à la prison un seul récidiviste*, et, durant les dix an-

nées précédentes, la moyenne générale ne dépassait pas 1 0/0. »
Et comment a-t-il opéré ce changement merveilleux ? En diminuant la contrainte et en se fiant à la discipline du travail.
Quelques passages, extraits au hasard de l'*Espagne telle qu'elle est* de M. Hoskin, le prouveront bien :

Quand le condamné arrive à la maison, il est chargé de chaînes ; mais, s'il en fait la demande au gouverneur, elles lui sont enlevées, sauf le cas de mauvaise conduite.

Il y a là un millier de prisonniers, et dans toute la maison, je n'ai vu que trois ou quatre gardiens pour maintenir l'ordre. On dit qu'il y a en tout une douzaine de vieux soldats à cet effet ; pas une barre, pas un verrou qui ne puisse être brisé aisément ; la fermeture ne semble en rien différer de celle de la maison d'un particulier.

Quand un condamné entre, on lui demande quel emploi ou quel métier il veut prendre, ou apprendre ; on lui donne à choisir entre quarante et plus... Il y a là des filateurs et des tisseurs en tous genres ;... des forgerons, des cordonniers, des vanniers, des cordiers, des menuisiers et des ébénistes qui travaillent fort élégamment l'acajou ; enfin on y voit une presse, toujours très-occupée.

Tous les travaux nécessaires pour les réparations, la reconstruction, le nettoyage de la maison, sont faits par les condamnés. Tous avaient une contenance fort respectueuse, et certainement je n'ai jamais vu prisonniers avoir aussi bon air : sans doute leurs occupations utiles (jointes aux bons traitements) avaient amélioré leur tenue...

Outre un jardin pour la récréation, planté d'orangers, il y avait encore une basse-cour pour distraire les prisonniers ; il s'y trouvait des faisans et diverses autres espèces d'oiseaux ; puis des lavoirs, où ils blanchissent leur linge ; et une boutique, où ils peuvent acheter, s'ils veulent, du tabac et quelques autres douceurs : on leur laisse à cet effet un quart de leurs gains. Un second quart est mis en réserve pour le jour de la libération ; et le reste revient à la maison : *souvent ce reste suffit à payer toutes leurs dépenses, et le gouvernement n'a rien à débourser.*

Ainsi, voilà le succès le plus complet qui ait été obtenu :
M. Hoskin le regarde comme « un pur miracle »; et il est dû
au système qui donne le plus satisfaction aux exigences de
la morale absolue, telles que nous les avons déterminées. Les
condamnés se suffisent à eux-mêmes, ou peu s'en faut. Ils
n'ont à endurer aucune peine gratuite, aucune entrave qui ne
soit indispensable. On les met à gagner leur vie, mais on les
laisse maîtres de se donner tels plaisirs qui sont compatibles
avec leur état de réclusion : le principe qui règle tout est (ce
sont les propres paroles du colonel Montesinos) : « laisser à
leur libre activité toute la latitude possible, sans faire tort à
la discipline en ce qu'elle a d'essentiel. » Ainsi on leur permet
(c'est justement ce qu'exige l'équité, nous l'avons vu) de se faire
la vie la plus satisfaisante qu'ils peuvent, sous telles réserves
qu'il convient pour sauvegarder leurs concitoyens, sans plus.

C'est pour nous un fait qui a un très-grand sens, qu'il y ait
une si étroite correspondance entre les conclusions *a priori*
et les résultats d'expériences qui n'ont pas été le moins du
monde inspirées par ces conclusions. D'une part, ni dans notre
théorie de l'équité absolue, ni dans les corollaires que nous
en avons tirés, il n'a été dit un mot de l'amélioration du
criminel : il s'est agi uniquement des droits réciproques des
citoyens et des condamnés. D'autre part, ceux qui ont appliqué
les méthodes pénales perfectionnées dont il vient d'être parlé,
n'ont guère eu en vue que le retour du coupable au bien :
quant aux légitimes exigences de la société comme de ceux
qui ont eu des torts envers elle, ils n'en ont tenu compte. Or
les méthodes qui ont réussi à diminuer si merveilleusement

le nombre des criminels sont celles qui répondent le mieux aux commandements de la justice abstraite. N'est-il pas permis de voir là une preuve que notre théorie s'accorde avec la nature même des choses?

Le système le plus équitable est aussi le mieux combiné pour corriger le coupable : c'est ce qu'on peut établir aussi par voie de déduction. Consultez-vous vous-même, vous verrez que tout châtiment excessif provoque non pas le repentir, mais l'indignation, mais la haine. Tant que l'agresseur, pour toute peine, supporte uniquement les maux qui résultent de sa faute, tant que ses semblables font juste ce qui est nécessaire pour leur propre défense, et pas davantage, et qu'il s'en aperçoit, il n'a pas de bonne raison à se donner pour leur garder rancune ; et il en vient à voir entre son crime et sa punition un lien de cause à effet. Mais qu'on lui inflige quelque souffrance gratuite, il sentira l'injustice. Le voilà qui se regarde comme une victime. Il entretient sa rancune contre ceux qui lui ont imposé ce traitement trop dur. La moindre excuse lui suffit pour oublier le tort qu'il a fait aux autres ; mais il contemple le tort que les autres lui ont fait. C'est en cet état, alors qu'il nourrit un désir de vengeance bien plus que d'expiation, qu'il rentre dans la société, non pas meilleur, mais pire que jamais ; et s'il ne va pas, comme il arrive souvent, jusqu'à commettre de nouveaux crimes, ce qui le retient, c'est le plus vil des motifs, la peur.

Au contraire, cette discipline par le travail, à laquelle, dans un système d'équité absolue, les criminels se soumettent d'eux-mêmes, est justement celle qu'il leur faut. Pour parler d'une façon générale, nous sommes tous contraints au travail par les nécessités de la vie en société. Pour la plupart, cette contrainte suffit; mais il y en a qui ne peuvent pas, pour si peu, surmonter leur aversion à l'égard du travail. Ils ne travaillent pas, il leur faut cependant vivre; donc ils n'ont pour y arriver que des moyens illégitimes, et ils attirent sur eux les peines légales. Les criminels se recrutent donc en bonne partie parmi les paresseux, et la paresse est la source des crimes; d'où il suit qu'une bonne discipline sera celle qui entreprendra de guérir la paresse. Puisque le coupable a éludé les invitations au travail que lui adressait la nature, il faut le mettre hors d'état de les éluder. Et voilà bien précisément ce que fait le système pour lequel nous prêchons. Il agit de façon que les hommes dont le naturel s'accommode mal aux conditions de la vie en société se mettent d'eux-mêmes en position d'avoir ou à s'y mieux accommoder, ou à périr de faim.

Enfin, ne l'oublions pas, si cette discipline, commandée par la morale absolue, est salutaire, c'est parce qu'elle est non-seulement une discipline par le travail, mais par le travail volontaire. Nous l'avons montré, l'équité veut que le criminel reclus ait à s'entretenir par son travail, c'est-à-dire qu'on doit le laisser travailler peu et vivre en conséquence dans l'abondance ou les privations. Lors donc qu'un prisonnier, obéissant à cet aiguillon acéré, mais naturel, se met à l'œuvre, c'est de son plein gré. L'enchaînement de motifs qui l'amène à prendre des habitudes laborieuses est de nature à fortifier l'empire qu'il a sur lui-même; et voilà bien ce qu'il faut pour faire de lui un citoyen meilleur. C'est ne pas regarder loin, que de le réduire au travail par quelque contrainte extérieure : aussitôt libre et débarrassé de cette contrainte, il sera ce qu'il était avant. La contrainte doit être intérieure, pour qu'il l'emporte avec lui en sortant de prison. Il sert de peu que vous l'obligiez à travailler : il faut qu'il s'y oblige lui-même. Et c'est ce qu'il fera quand vous le mettrez dans les conditions voulues par l'équité, et pas avant.

Ainsi donc, voilà une troisième série de preuves. La psychologie vient à l'appui de notre thèse. Les expériences diverses ci-dessus exposées, dont les auteurs n'avaient pas de doctrines politiques ni éthiques à propager, les ont conduits à des faits qui, nous le voyons, concordent tout à fait, et avec les déductions de la morale absolue, et avec celle de la science de l'esprit. Une telle association de preuves d'ordres divers est, à notre avis, irrésistible.

Maintenant, voyons si, en faisant encore quelques pas dans la direction que nous avons suivie jusqu'ici, nous ne verrions pas jour à développer certains des systèmes perfectionnés dont l'usage se répand.

L'équité veut que la contrainte imposée au criminel soit suffisante pour assurer le salut de la société, mais non pas plus grande. S'il s'agit de déterminer le *genre* de contrainte à imposer, l'application de ce principe n'est pas difficile; mais elle le devient grandement, s'il s'agit d'en fixer la *durée*. On ne voit pas de moyen commode de déterminer ce que doit durer la servitude légale d'un criminel, pour garantir la société contre une nouvelle attaque. Si l'on dépasse le temps nécessaire, c'est le coupable à qui l'on inflige une injustice réelle. Si l'on reste en deçà, c'est la société qu'on expose à une injustice possible. Et pourtant, sans un principe directeur sûr, nous ne pouvons manquer de tomber dans l'un ou l'autre excès.

Actuellement, la durée des peines prononcées est fixée d'une façon tout à fait empirique. Les fautes étant définies d'après certains procédés techniques, les actes du Parlement assignent pour chaque genre la transportation ou l'emprisonnement, avec une durée variant entre un maximum et un minimum : et, pour fixer ces durées ainsi variables, le législateur procède arbitrairement, sous l'inspiration du sens moral. Entre les limites ainsi établies, le juge exerce son pouvoir discrétionnaire ; et, tandis qu'il délibère sur la durée de la contrainte, il met en balance et le genre particulier de la faute, et les circonstances dans lesquelles elle a été commise, et l'aspect et la tenue du prévenu, et le caractère qu'on lui attribue. La conclusion où il s'arrête après avoir pesé tous ces éléments dépend beaucoup du personnage, de ses tendances morales, de ses théories sur la nature humaine. Ainsi la méthode en usage pour déterminer la durée de la contrainte pénale n'est, du commencement à la fin, qu'une pure affaire de sentiment. Les tristes effets de cette méthode d'appréciation, nous ne les voyons que trop. On en a fait un dicton : « la justice des juges », qui exprime bien les plus simples de ces effets ; et les arrêts des hautes cours criminelles flottent entre une sévérité exagérée et une douceur excessive. Chaque jour, on voit de pures peccadilles frappées d'emprisonnements très-longs ; et, chaque jour, des criminels si insuffisamment punis, qu'à tout instant ils commettent de nouveaux crimes, ne faisant jamais que passer en prison.

La question est si, au lieu de cette méthode tout empirique et qui fonctionne bien mal, la morale peut nous en faire découvrir une autre qui fasse mieux concorder la durée de la contrainte avec les convenances de chaque cas particulier. Nous croyons que oui. En suivant ses commandements, nous arriverons, croyons-nous, à une méthode qui opère en quelque sorte toute seule, et qui par suite laisse moins de place aux erreurs du jugement et du sentiment des individus.

Si l'on écoutait la morale absolue, avons-nous dit, le coupable serait obligé de faire restitution ou réparation. Ce principe, dans un très-grand nombre de cas, suffirait à déterminer une peine dont la durée serait proportionnelle à la grandeur de l'offense. Il est vrai que si le malfaiteur est riche, la restitution ou la réparation seraient en général pour lui une faible peine. Mais si dans ces cas, en somme peu nombreux, cette règle est insuffisante en ce qui concerne l'effet à produire sur le criminel, toutefois, dans l'immense majorité des cas, dans tous les cas où l'agresseur est pauvre, elle agirait avec efficacité. Elle exigerait une période de détention dont la longueur varierait avec la gravité de l'injustice et avec la paresse ou l'habileté au travail de l'agresseur. Sans doute, il n'y a pas de rapport constant ni exact entre l'injustice commise par le coupable et la corruption de son cœur : toutefois la gravité de l'injustice est en général une base plus sûre pour déterminer la correction convenable que les votes des majorités dans les Chambres et l'humeur des juges.

Mais notre principe nous mène plus loin. Encore un effort pour conformer toute notre conduite à la stricte équité, et nous trouverons moyen d'accommoder plus correctement la discipline pénale à chaque faute particulière. Nous avons exigé la restitution, nous réclamons quelque garantie suffisante qui mette la société à l'abri de toute injustice nouvelle, et sommes prêts à accepter toute garantie suffisante ; eh bien ! par là même, nous déterminons une sorte de régulateur automatique pour régler la durée de la détention. Déjà, dans bien des cas, nos lois se contentent de garanties qui assurent la bonne conduite du délinquant pour l'avenir. Déjà, par cela seul, elles tendent à séparer les plus vicieux des autres : car en moyenne la difficulté de trouver des garanties pour un coupable est en proportion de la méchanceté de son caractère. Et ce que nous proposons, c'est de ne pas laisser cette règle, comme elle est, restreinte à quelques espèces particulières de fautes, mais de l'appliquer généralement. Précisons.

Un prévenu, durant son procès, cite des témoins pour faire connaître sa conduite antérieure, dans le cas, bien entendu, où cette conduite a été pour le moins passable. Ces témoignages ont une valeur qui varie selon l'honorabilité des témoins, leur nombre et la nature de leurs déclarations. Le juge tient compte de ces divers éléments et se fait une idée du caractère du prévenu ; puis il modifie la durée de la peine en conséquence. Eh bien ! qu'on y songe, si l'on pouvait faire entrer en compte la réputation du coupable, non plus comme aujourd'hui, *indirectement,* mais *directement,* ne serait-ce pas un grand bien ? Assurément l'opinion qu'un juge se forme d'un coupable sur de telles déclarations ne vaut pas, pour la sûreté, celle que se font les voisins et les patrons du prisonnier. Assurément les déclarations même de ces voisins et patrons, quand elles sont faites du banc des témoins, ne valent pas ce qu'elles seraient, s'ils en étaient sérieusement responsables. *Ce qu'il faut donc, c'est que l'arrêt infligé à un coupable soit modifié par le jugement que font de lui ceux qui le connaissent de longue main, et que ceux-ci, pour attester la sincérité de leurs déclarations, soient prêts à agir en conséquence.*

Mais comment cela se fera-t-il ? On nous a suggéré un moyen bien simple[1]. Quand un condamné a achevé sa première tâche, qu'il a fait restitution ou réparation, alors qu'on permette à quelqu'un de ceux qui l'ont connu, de le tirer de prison, en fournissant caution et en répondant de sa bonne conduite, Bien entendu d'abord, il faudrait avant tout un permis de l'autorité, et ce permis serait retiré dès que la conduite du prisonnier cesserait d'être satisfaisante ; et, de plus, la personne qui offrirait caution devrait être honorable et dans une bonne position ; mais, sous ces conditions, tout homme pourrait délivrer un prisonnier, en s'engageant pour telle somme convenue et en se portant répondant pour toute injustice que le libéré pourrait commettre envers ses concitoyens durant une période déterminée. Sans doute, on va trouver ma proposition très-rebutante. Pourtant, nous donnerons de bonnes raisons de croire qu'on pourrait l'accepter sans crainte ; bien plus, nous trouverons des faits pour attester la réussite d'un plan qui offrait visiblement plus de dangers.

1. Nous devons cette idée à M. Octavius H. Smith.

Avec un tel arrangement, le libérateur et le condamné
seraient en général dans le rapport de patron à employé. Le
dernier, pour obtenir cet élargissement sous condition, accepterait de travailler à un prix un peu plus bas que les autres
ouvriers du même métier; et les patrons, qui devraient se
porter caution, seraient, grâce à ce bénéfice, d'abord engagés
à tenter l'épreuve, et puis couverts en partie de leurs risques.
Travaillant pour un salaire inférieur, et vivant sous la surveillance d'un maître, le condamné serait encore sous une discipline, il est vrai adoucie. D'une part, il serait retenu dans le
droit chemin par cette pensée, que son maître serait toujours
libre de rompre le contrat et de le rendre aux autorités; et,
d'autre part, il aurait un refuge contre les duretés de son
maître : là prison, où il aurait le droit de rentrer, pour se
suffire à lui-même jusqu'à la fin de son temps.

Notez d'abord ceci : un prisonnier aurait plus ou moins de
peine à obtenir son élargissement conditionnel, selon la
gravité de sa faute. Les coupables condamnés pour crimes
odieux resteraient en prison; personne n'oserait se porter
garant de leur bonne conduite. Le récidiviste resterait bien
plus longtemps que la première fois à attendre une caution;
on saurait ce qu'il aurait coûté à son répondant, et l'on ne se
soucierait pas de lui offrir si tôt l'occasion de recommencer :
il lui faudrait des années de bonne conduite attestée par les
fonctionnaires de la prison, pour se refaire quelques chances
de libération. Au contraire, ceux dont les fautes sont légères,
et dont la conduite habituelle avait été bonne, obtiendraient
facilement des répondants; et enfin, pour les auteurs de délits

pardonnables, la délivrance suivrait immédiatement la restitution achevée. En outre, les innocents condamnés à tort, les
hommes d'élite qui sont tombés par hasard en faute, trouveraient dans ce système un remède à leurs infortunes. Il y
aurait dès lors moyen d'appeler des arrêts iniques de la loi, et
de ses erreurs dans l'appréciation des degrés de corruption ; et
une longue vie d'honnêteté trouverait ici la compensation à
laquelle elle a droit pour de cruelles injustices.   ·

Un autre heureux effet, qui se produirait indirectement,
serait l'utilité d'une longue soumission à la loi du travail, pour
ceux qui en ont le plus besoin. En général, tout travailleur
actif et habile, qui dans la société naguère faisait un bon service, pourvu que sa faute ne fût pas grave, trouverait bien
vite à se faire cautionner par un patron. Mais les gens de la
classe des criminels proprement dits, paresseux et de mauvaise vie, resteraient longtemps reclus ; jusqu'à ce que, sous
cette discipline qui leur enseignerait à se suffire malgré les
entraves mises à leur action, ils eussent acquis une sorte de
talent industriel, pas un patron n'aurait envie de répondre
pour eux.

Ainsi nous aurions comme une pierre de touche automatique,
qui déterminerait et le temps de réclusion indispensable pour
la sécurité de tous, et même le temps nécessaire aux condamnés pour cet apprentissage de la vie laborieuse, dont certains
ont si grand besoin ; et, du même coup, nous aurions le moyen
de corriger toutes les erreurs, tous les excès de notre système
pénal. En pratique, on aboutirait à une extension de la compétence des jurys. Actuellement, l'État appelle certains d'entre

les concitoyens de l'accusé à décider s'il est coupable ou non :
le juge, guidé par certaines lois pénales, reste maître de déterminer le châtiment mérité, si l'homme est coupable. Mais, dans
notre plan, la décision du juge pourrait être modifiée par un
jury composé des gens au milieu desquels vit le condamné. Et
ce jury naturel, outre qu'il serait, grâce à sa familiarité avec
l'individu, bien plus à même de se faire une opinion, serait
mis sur ses gardes par le sentiment d'une sérieuse responsabilité, puisque le juré qui voudrait délivrer un prisonnier sous
condition, ne le ferait qu'à ses risques et périls.

Et maintenant, il faut le remarquer : tous les arguments
qu'on a donnés en faveur du « système intermédiaire » sont
encore bien plus puissants en faveur du nôtre, de la sécurité et
des avantages qu'il offre. Ce que nous avons exposé n'est rien
d'autre qu'un système intermédiaire, réduit de la forme artificielle à la forme naturelle, les prisonniers étant retenus par
des freins naturels au lieu d'artificiels. Il n'y a pas de danger,
le capitaine Crofton l'a prouvé par expérience, à accorder à un
prisonnier la liberté sous condition, quand il l'a mérité par un
temps suffisant de bonne conduite sous le régime de la prison ;
donc, évidemment, il y en a moins encore si sa libération con-
ditionnelle dépend non-seulement de sa bonne tenue sous les
yeux des gardiens, mais du caractère qu'il a montré dans sa
vie antérieure. On peut se fier au jugement de fonctionnaires
qui n'ont éprouvé le détenu que durant un temps après tout
assez court, et qui n'ont rien à perdre s'ils se trompent dans
leur jugement ; donc on peut bien plus encore se fier (sauf
preuve du contraire, faite par les fonctionnaires) au supplé-

ment d'instruction fourni par tel homme, qui d'abord a eu de meilleures occasions de connaître le condamné, et qui de plus, s'il se trompe, n'en sera pas le.bon marchand. En outre, cette surveillance qui, dans le « système intermédiaire », est exercée sur chaque prisonnier en liberté sous condition, serait plus efficace encore si ce prisonnier, au lieu de tomber chez un maître inconnu, dans un pays inconnu, entrait chez quelque patron de son propre pays; et, alors aussi, il serait plus aisé d'obtenir tous les renseignements voulus sur sa vie ultérieure. Il y a toute raison de croire qu'une telle méthode serait praticable. Si, sur la recommandation des fonctionnaires, les prisonniers du capitaine Crofton trouvent à se caser chez des patrons « qui souvent sont revenus en chercher d'autres, satisfaits qu'ils étaient de la bonne conduite des premiers qu'ils avaient reçus », les choses marcheraient mieux encore quand, au lieu de patrons à qui « l'on donne toutes les facilités pour se bien renseigner sur les antécédents du condamné », il s'agirait de patrons connaissant familièrement toute son histoire.

Enfin, ne l'oublions pas, ce procédé, le seul qui assure bien et dûment la sûreté de la société, est aussi le seul qui fasse entièrement droit au prisonnier. Nous l'avons déjà fait voir, les entraves qu'on impose à un criminel sont approuvées par l'équité absolue, à cette condition expresse qu'on ne dépassera pas ce qui est indispensable pour prévenir de nouvelles attaques contre les autres hommes. Donc, une fois que le prisonnier a accompli cette tâche, de faire restitution, et défait, autant qu'il se peut, le mal qu'il avait fait, alors la société, en

bonne justice, doit accepter tout arrangement qui suffit à protéger ses membres contre une attaque nouvelle. Et si, par
espoir de profit ou pour toute autre raison, quelque citoyen
considérable et digne de confiance veut prendre sur lui de
protéger la société, la société doit accepter son offre. Tout ce
qu'elle peut légitimement demander, c'est que la garantie contre les fautes possibles soit suffisante; et c'est, naturellement,
ce qui ne peut arriver, dans le cas où la faute possible est un
crime des plus graves. Il n'y a pas de caution qui compense
un assassinat; aussi, pour ce crime et les autres de même atro-
cité, la société aura raison de refuser tout répondant qui pourrait s'offrir; mais le cas est peu vraisemblable.

Tel est donc notre code de morale pour les prisons. Tel est
l'idéal que nous ne devrions jamais perdre de vue, quand
nous changeons notre système pénal. Nous répétons ce que
nous avons dit au début, que cet idéal ne peut se réaliser que
par les progrès de la civilisation. Qu'on n'aille pas se figurer,
sur ce que nous avons dit, que toutes ces règles d'équité
absolue nous semblent praticables sur-le-champ. On peut les
appliquer en partie, mais il nous paraît peu aisé, ou plutôt
impossible, de les appliquer sans restriction, toutes, immédiatement. La multitude des coupables, la faiblesse de l'instruction et de la moralité moyennes, le mauvais fonctionnement de
la machine administrative, et surtout la difficulté de se procurer des fonctionnaires d'assez d'intelligence, d'assez de cœur
et d'assez de caractère, sont des obstacles qui longtemps empêcheront l'établissement du système compliqué que la morale

réclame. Et, nous le déclarons avec autant d'énergie que plus haut, le système pénal le plus dur est justifié, aux yeux de l'éthique, s'il est aussi bon que les temps le permettent. Pour cruelles que soient les mesures où il conduit, si encore un système en théorie plus équitable devait être impuissant à terrifier les malfaiteurs, ou demeurer inapplicable, faute de fonctionnaires assez sages, assez honnêtes, assez humains; si moins de rigueur devait coûter quelque chose à la sécurité générale; alors les procédés en usage seraient accidentellement bons, quoique intrinsèquement mauvais : ils seraient, selon notre formule de tout à l'heure, les moins injustes; donc ils seraient relativement justes.

Néanmoins, et c'est ce que nous avons tâché de prouver, il est très-nécessaire, tout en tenant le compte qu'il faut du juste relatif, de garder sans cesse devant les yeux le juste absolu. Il est bien vrai que, dans cet âge de transition, nos idées sur l'utilité dernière doivent toujours être corrigées par notre expérience de l'utilité immédiate; mais il ne l'est pas moins que celle-ci ne peut être déterminée si l'on ne connaît pas celle-là. Avant de pouvoir dire : Ceci est tout ce qu'il y a de mieux pour le temps, il faut pouvoir dire : Ceci est le bien absolu; car le premier jugement implique le second. Il nous faut avoir un principe fixe, une mesure invariable, un fil conducteur : autrement nous ne manquerons pas d'être fourvoyés par les suggestions de la prudence à courte vue, d'errer loin du droit chemin, et de nous en écarter plutôt que de nous en rapprocher. Cette conclusion sort, il me semble, naturellement des faits que j'ai cités. Et le cas de la discipline pénale n'est pas le seul où

les faits montrent à quelles terribles erreurs nous nous exposons par notre obstination à dédaigner la lumière des principes premiers et par notre attachement pour un empirisme
déraisonnable. Sans doute, depuis le commencement des temps
civilisés, bien des maux ont eu pour cause une hâte excessive
à réaliser sans délai la justice absolue; mais des maux bien
plus grands encore sont nés d'un autre défaut plus commun,
l'ignorance de la justice absolue. D'âge en âge, on a vu se
perpétuer des institutions épuisées qui sans cette ignorance
n'auraient certes pas tant vécu, et des institutions équitables
être retardées sans nécessité. Mais nous, n'est-il pas temps que
nous profitions des leçons du passé?

IX

MŒURS ET PROCÉDÉS

DES ADMINISTRATIONS DE CHEMINS DE FER

(*Edinburgh Review*, octobre 1854).

LES MAUX. — Administrations de chemins de fer : en théorie, elles sont démocratiques; en pratique, elles retombent au niveau du gouvernement anglais. — Indices de leur corruption.

Problème : — La *politique d'agrandissement* est funeste aux Compagnies. Pourtant elle est constamment suivie. Pourquoi?

1º Cause : rivalité des Compagnies. — 2º La « cuisine des dividendes ». — 3º Intérêts des gens qui vivent de la construction des chemins de fer. Leur moralité. Leur influence :

Propriétaires fonciers : de l'art de créer une Compagnie, pour lui vendre cher ses terres. — *Membres du Parlement :* terrains à vendre; sollicitations de leurs commettants, etc. — *Hommes de loi :* gains énormes. Ligue avec les ingénieurs. Comment ils introduisent leurs créatures dans le conseil. — *Ingénieurs :* qu'ils sont légers de scrupules. — *Entrepreneurs :* comment on suscite une Compagnie pour avoir la construction de la voie. — *Administrateurs :* 81 sont députés. Leur art d'entraîner les actionnaires. Manœuvres dans le conseil, dans les assemblées générales. Impuissance des opposants. Pourquoi les administrateurs, bien qu'actionnaires, s'inquiètent peu de la baisse des actions. Comment les pertes sont rejetées sur les petits actionnaires : usage des obligations.

LE REMÈDE. — Limite du droit des majorités : il est borné à l'objet de l'association. — La majorité des actionnaires ne peut entraîner la minorité dans une entreprise non mentionnée sur le contrat primitif. — D'une interprétation élastique du contrat; réduction à l'absurde. — Intervention du Parlement : elle ne peut légitimer la violation du contrat. — L'inviolabilité des contrats, principe reconnu par la justice. — Pour chaque ligne nouvelle, une Compagnie nouvelle.

Des exigences de la circulation. — Le trop de concessions, nuisible à la circulation. — Compagnies rivales qui se neutralisent. — Les petites lignes, en grevant les plus fréquentées, empêchent l'abaissement des tarifs et, en nécessitant des économies exagérées, diminuent la sécurité des voies. — Toute voie qui ne rapporte pas le 4 ou 5 pour 100 est funeste au bien public. — Perte nationale de 2 milliards 1/2.

Du développement des voies ferrées. — Suppression des excitations factices. — Développement naturel; il est juste aussi rapide que les besoins réels du pays l'exigent. — Autres effets heureux du principe du *contrat limité*.

Urgence d'une réforme.   TR.

Ceux qui croient aux vertus intrinsèques des formes politiques peuvent s'instruire en étudiant l'administration de nos
chemins de fer. Si l'on désire s'assurer, par une preuve concluante, que les constitutions les plus soigneusement combinées ne valent rien, si elles ne cadrent pas avec le caractère
national, et que les systèmes de gouvernement qui sont en
avance sur leur époque ne peuvent manquer de reculer jusqu'au niveau de leur époque, on trouvera cette preuve, et en
plusieurs exemplaires, dans l'histoire contemporaine des Compagnies par actions.

A lire les actes du Parlement, l'administration de nos Compagnies anonymes est un régime démocratique presque pur :
c'est le système représentatif, à peu près sans restriction. Les
actionnaires élisent leur conseil d'administration ; celui-ci élit
son président ; chaque année, une partie du bureau se retire
pour laisser aux électeurs la faculté de changer de représentants ; et par là le corps administratif en entier peut changer en
un certain nombre d'années, qui varie de trois à cinq. Or, non-

seulement les vices propres à notre état politique se reflètent dans chacune de ces corporations financières et parfois s'y retrouvent aggravés; mais leur forme même de gouvernement, tout en restant démocratique de nom, au fond se transforme jusqu'à offrir un raccourci de notre constitution nationale. Le conseil cesse de jouer son rôle théorique de corps délibérant composé d'égaux, et tombe sous la coupe d'un de ses membres qui dépasse les autres par le talent, la volonté ou la richesse, et cet homme arrive à se soumettre la majorité, au point que sur chaque question la décision dépend de son avis. Les propriétaires, au lieu d'exercer sans relâche leurs droits, les laissent en temps ordinaire tomber à l'état de lettre morte : les administrateurs qui se retirent sont d'habitude réélus sans opposition et ont au besoin des moyens d'assurer leur réélection contre tout opposant, si bien qu'en pratique le bureau devient un corps fermé; et c'est seulement quand les fautes du gouvernement deviennent assez graves pour causer une émotion, une révolution parmi les actionnaires, qu'un changement devient possible.

Ainsi ce gouvernement est un mélange de monarchie, d'aristocratie et de démocratrie, mélange qui varie selon les besoins et les cas. Les moyens d'action sont également les mêmes, sauf en ce point, que la copie surpasse l'original. Les ministres, dans les extrémités, ont une ressource, la menace de leur démission : de même, les administrations de chemins de fer, quand il s'agit d'écarter un examen gênant. Les administrateurs ne se regardent nullement comme les serviteurs des actionnaires, et ils se révoltent dès qu'on veut leur com-

mander; souvent ils menacent de prendre pour vote de méfiance le moindre amendement à leurs projets. Dans les réunions semestrielles, à la première critique, à la première
objection désagréable, le président réplique que, si les actionnaires n'ont pas confiance en lui ni en ses collègues, ils
auraient mieux fait d'en prendre d'autres. Pour beaucoup
de gens, ce ton de dignité offensée a du poids; et, dans la
crainte qu'un trouble quelconque ne porte tort aux intérêts
de la Compagnie, les actionnaires laissent passer des mesures
qui ne sont pas du tout dans leurs vœux.

La comparaison peut se poursuivre. Dans les administrations nationales, les gens en place peuvent faire fond sur
l'appui de tous les fonctionnaires publics; et de même, dans
les Compagnies par actions, les administrateurs sont aidés par
leurs employés dans leurs luttes contre les capitalistes. Si, au
temps jadis, il y eut des ministres qui dépensaient les deniers
de l'État pour assurer le triomphe d'un parti, il y a aujour-
d'hui des conseils de chemins de fer qui se servent des fonds
des actionnaires pour faire échec aux actionnaires. La ressemblance continue jusque dans le détail. Comme leur modèle,
les Compagnies par actions ont leurs luttes électorales, qui coûtent cher et que dirigent des comités électoraux, servis par
des agents électoraux; elles ont leurs brigues avec tout ce qui
s'ensuit de manœuvres illégitimes; au besoin, elles ont leurs
fabrications de votes frauduleux. Et, en fin de compte, cette
accusation, de légiférer en faveur d'une classe, qu'on a pu
ordinairement porter contre nos hommes d'État, s'applique
bien aux procédés de ces associations commerciales, et cela

en dépit du principe de leur constitution, qui est purement
représentative.

Ce que j'avance là va sans doute surprendre bien des gens.
Le gros du public, qui est peu intéressé directement, ou qui
ne l'est pas du tout, dans les affaires de chemins fer ; qui ne
voit jamais les feuilles spéciales, et qui, s'il trouve dans son
journal un compte rendu d'une réunion semestrielle, le saute
vite, se figure que le temps n'est plus, des fraudes semblables
à ces vols prodigieux qui firent tant de bruit à l'époque de
la fureur de l'agiotage. Ils n'ont eu garde d'oublier les agissements des coulissiers et des spéculateurs, ni les administrateurs fuyards. Ils se rappellent tous ces hommes de paille
qui prenaient pour des 100,000 et 200,000 livres sterling d'actions; tous ces administrateurs cumulant les charges, au point
que tel d'entre eux avait son siége dans vingt-trois conseils;
toutes ces listes de souscription, qu'on remplissait avec des
signatures payées 10 shillings et 4 shillings [1] pièce, et sur
lesquelles des portefaix et des galopins s'engageaient pour
des 30,000 et 40,000 livres sterling chacun. Ils vous raconte-
ront l'histoire de ces conseils qui écrivaient tous leurs livres
en chiffres, qui faisaient des registres faux, et qui se gardaient
bien, dans les comptes rendus, de dire un mot de leurs agissements ; comment, dans telle Compagnie, un demi-million
sterling (12 millions 1/2 de fr.) était inscrit sous des noms
sans substance; comment dans telle autre, les administrateurs
prenaient à leur compte plus d'actions qu'ils n'en émettaient
et ainsi provoquaient une hausse; comment, dans beaucoup

1. Le shilling vaut 1 fr. 25.   TR.

d'autres, ils rachetaient au nom de la Compagnie leurs propres actions, se payant avec l'argent déposé entre leurs mains.

Mais on a beau, en général, connaître les malhonnêtetés qui ont été en usage, on n'y voit qu'un accompagnement des entreprises illusoires. On sait que des entreprises plus récentes sont sérieuses, que la plupart relèvent de Compagnies déjà anciennes ; et là-dessus, on ne se doute pas que, pour faire réussir des branches secondaires ou additionnelles, il y a mille finesses très-voisines de celles de Capel Court [1] et qui, dans leurs résultats derniers, ne sont pas moins désastreuses. On ne sépare pas les idées de richesse et d'honorabilité, on prend d'ordinaire honorabilité pour synonyme de moralité ; et voilà comment on ne peut pas se figurer que les administrateurs de chemins de fer, riches capitalistes et hommes en bonne situation, puissent se rendre coupables, ou s'enrichir indirectement aux dépens de leurs commettants. Sans doute il arrive à tout le monde de tomber sur quelque rapport annexé à un projet de loi et où est dévoilée quelque grosse volerie, ou de lire dans le *Times* un article de fonds où la conduite des administrateurs est traitée en termes si sévères, qu'on croirait lire un pamphlet. Mais on se dit que les exemples ainsi mis au jour sont de pures exceptions ; et sous l'empire de ce respect envers l'autorité, qui fait une auréole aux gens en place, on en revient toujours à croire, sinon que les administrateurs sont impuissants à mal faire, du moins qu'ils en sont bien incapables.

Que n'avons-nous une histoire de l'administration des

1. *Capel Court.* Impasse située dans la Cité. Il s'y tenait, dans les années 1841-1842, une petite bourse pour les actions de chemins de fer.   TR.

chemins de fer et de ses intrigues? elle enlèverait à ces
croyants leurs illusions. Là, les actes des auteurs de projets et
les mystères du marché aux actions tiendraient moins de place
que l'analyse des malhonnêtetés de toute espèce qui ont été
commises depuis 1845, et la création de toute cette tactique
propre à engager une Compagnie dans des entreprises désastreuses, où quelques-uns feront leur profit aux dépens du
grand nombre. Cette histoire n'aurait pas seulement à narrer
tous les agissements de tel personnage qui s'est rendu fameux
dans l'art de « donner une bonne apparence aux choses », et à
y ajouter les méfaits de ses collègues : elle devrait faire le
tableau des vices tout semblables qu'on trouve dans les autres
administrations de chemins de fer. Si l'on y trouvait le rapport,
rendu public, d'une certaine commission d'enquête, on y
verrait comment, il y a peu d'années, les administrateurs
d'une de nos lignes se sont partagé 15,000 actions nouvelles
au moment où les actions faisaient prime sur le marché;
comment, pour payer les premières mises de ces actions, ils
eurent recours aux fonds de la Compagnie; et comment un
d'entre eux couvrit par ce moyen ses frais de première mise et
les appels de fonds jusqu'à concurrence de 80,000 livres sterling (2 millions de fr.). On y lirait l'affaire de ce président qui,
avec la connivence du secrétaire, mit de côté des actions, pour
plus d'un quart de million sterling (6,250,000 fr.), avec l'intention de les faire porter à son compte si elles faisaient
prime ; et, comme cela n'arriva pas, il les laissa retomber,
comme actions dont on n'avait pas trouvé le placement, sur le
dos des actionnaires, qui y perdirent gros. Nous y retrouverions

aussi certains administrateurs qui se faisaient à eux-mêmes, sur les fonds disponibles de la Compagnie, des prêts à un taux minime, alors que l'argent était cher sur le marché; qui se payaient beaucoup plus grassement qu'il n'était convenu, faisant passer la différence dans un coin obscur du budget, sous le titre de « menus frais ». Nous y apprendrions les manœuvres dont se sert un conseil pris en faute pour se faire donner une commission d'examen favorable, ce qu'on appelle une « commission de blanchissage ». On y verrait, par des pièces authentiques, que les procurations dont un conseil s'autorise pour faire passer des mesures sujettes à objections sont parfois obtenues à l'aide d'exposés de faits trop bien arrangés, et aussi que des procurations accordées pour un objet ont été plus d'une fois utilisées en vue d'un autre. Une de nos Compagnies (on pourrait le prouver) projeta une ligne destinée à lui amener du trafic : pour faire voter le projet par les actionnaires, on leur offrit un dividende garanti; ils entendirent qu'on le leur garantissait absolument, mais c'était sous une certaine condition, et qui ne pouvait guère se réaliser. Il y a une Compagnie dont les chefs pourraient être convaincus d'avoir fait passer des mesures de parti à l'aide d'actions privilégiées mises au nom des chefs de gare, et avec l'appui de procurations au nom des enfants du secrétaire, lesquels étaient trop petits pour écrire.

Or, tous ces symptômes de corruption ne sont point accidentels, ils ont leur cause dans un mal profond, qui pénètre jusqu'aux parties les plus intimes notre système entier d'administration des chemins de fer; en voici une preuve suffisante : c'est que les dividendes ont eu beau, sous le coup d'une

politique d'agrandissements, aller diminuant, cette politique
ne s'en est pas moins maintenùe d'année en année. Si un
marchand, ayant agrandi sa boutique, s'aperçoit que ses
profits ont diminué à proportion, aurait-il jamais l'idée,
même dans le feu de la concurrence, de s'agrandir encore, au
risque de voir baisser encore ses bénéfices? Voit-on un commerçant, si désireux qu'il soit de conquérir sur un rival un
certain marché, hypothéquer à diverses reprises son capital et
payer pour chaque emprunt nouveau plus d'intérêts que
l'emprunt ne lui en rapporte dans son commerce? Eh bien !
ce procédé, si absurde que ce serait faire insulte à un individu
de l'inviter à l'appliquer, c'est celui que les conseils des
chemins de fer, à chaque assemblée nouvelle, font accepter
par leurs clients. En 1845, les dividendes, sur nos lignes principales, variaient de 8 à 10 0/0; depuis, le trafic n'a fait que
grossir; et, avec tout cela, les dividendes sont tombés de 10 à 5,
de 8 à 4 et de 9 à 3 1/4. Néanmoins le vieux système des agrandissements, des baux, des privilèges aux obligataires, qui est,
on le sait bien, la cause de tout le mal, s'est maintenu d'année
en année. N'y a-t-il pas là un point à éclaircir, un dessous des
cartes invisible au public? Si ce grave fait, l'obstination des
administrateurs dans une voie de dépenses sans profit, ne
suffit pas à vous persuader qu'il y a là en jeu quelque funeste
influence, lisez les exposés séduisants par lesquels on décide
les actionnaires à permettre l'exécution de nouveaux projets,
et mettez ensuite en regard les résultats réels. Regardez
comment on évalue les dépenses, le trafic probable, le dividende à prévoir, pour tel embranchement proposé; considérez

comment l'actionnaire, avec un pareil plan sous les yeux, est conduit à y voir une source de gros revenus et à l'approuver, puis comptez la dépréciation du capital social, qui est le résultat final, et calculez la grandeur de leurs pertes. Peut-on éviter cette conclusion? Les actionnaires des chemins de fer n'auraient pas constamment voté de nouvelles entreprises, s'ils avaient su qu'ils n'en retireraient que mécomptes : cela est clair. Or chacun sait que toutes ces entreprises, presque sans exception, ne leur ont pas rapporté autre chose. Donc, il va de soi que les actionnaires ont été de tout temps dupés par de faux rapports.

Il n'y a qu'un moyen d'échapper à cette déduction : c'est de supposer que les conseils et leurs employés se sont eux-mêmes trompés ; et, si le désaccord entre les promesses et les effets n'était pas constant, il y aurait quelques raisons d'admettre cet adoucissement à l'arrêt. Mais, d'imaginer qu'une administration de chemins de fer tombe à plusieurs reprises dans de telles bévues, et que ses expériences, ses désastres, ne lui aient rien appris ; qu'après une douzaine d'échecs elle fasse encore, par ses manœuvres dans les assemblées semestrielles, choir ses clients d'un rêve brillant dans une sombre réalité, c'est pousser la crédulité un peu loin. Ainsi donc, quand il n'y aurait pas, pour éveiller nos soupçons, des malversations démontrées, la baisse continue des capitaux des chemins de fer, la persévérance des conseils dans la politique qui a causé cette baisse, la fausseté certaine des exposés par lesquels ils ont induit les capitalistes à couvrir cette politique de leur sanction, suffiraient encore bien à prouver que l'administration de nos chemins de fer est essentiellement vicieuse.

Pour mieux faire voir les maux présents et les causes dont ils proviennent, il est bon d'indiquer comment s'est établi le système des agrandissements. D'abord, parmi les agents les plus actifs dans cette œuvre, il faut compter l'instinct de rivalité. Nos deux grandes Compagnies n'avaient pas encore achevé leurs lignes principales, que déjà elles se disputaient l'hégémonie. De là naquit un antagonisme qui ne fit que grandir ; et animées surtout de ce même sentiment qui souvent, dans les luttes électorales ou autres, a fait gaspiller une fortume pour un succès, ces puissantes rivales ont mieux aimé faire de lourds sacrifices que de se laisser battre. Des rivalités semblables excitent de même chaque jour les conseils à envahir le territoire les uns des autres : et chaque invasion sur un point amène une revanche sur un autre ; de là des hostilités violentes : on peut même citer des administrateurs qui dans leurs votes n'écoutent que le désir de se venger de leurs adversaires.

Un des premiers moyens des grandes Compagnies pour se fortifier elles-mêmes et affaiblir leurs concurrents, c'était de prendre à bail ou d'acheter les lignes secondaires du voisinage. Naturellement ces dernières, quand on leur faisait des propositions, faisaient enchérir les deux compétiteurs ; aussi les premiers marchés de ce genre se conclurent-ils à des taux exorbitants, et les vendeurs en tirèrent de gros profits. Qu'en advint-il ? Après quelques essais pareils, des spéculateurs qui voyaient clair comprirent qu'il y avait là une bonne affaire : c'était de construire des lignes placées de façon à être recherchées par des Compagnies rivales, et à être mises aux enchères. Les actionnaires, qui avaient une fois déjà empoché de gros et faciles profits, avaient bonne envie de recommencer et cherchaient partout des coins de pays convenables pour cette manœuvre. Les administrateurs même des Compagnies qui payaient si bien étaient tentés de pousser à la chose ; car il était clair pour eux qu'ils avaient tout bénéfice à prendre dans quelque nouvelle entreprise de cette sorte une part plus grande que dans la Compagnie prenante, et à user de leur influence chez cette dernière afin d'obtenir un bon prix ou une garantie d'intérêts pour l'autre : et si ce calcul a été puissant sur leur esprit, l'histoire des chemins de fer le prouve abondamment.

Une fois lancées dans cette voie de construire des lignes « d'alimentation » et de s'étendre, les Compagnies y furent encore poussées par diverses autres influences. Le capital n'étant pas limité, on pouvait se livrer à cette « cuisine » des dividendes, qui eut son temps de grande prospérité. Pour des motifs divers, d'agiotage ou autres, les frais qui devaient être prélevés sur le revenu, on les préleva sur le capital ; les travaux d'art et le matériel roulant furent laissés sans réparation, ou, si l'on y fit des additions, elles furent insuffisantes, et par ces moyens on obtint une diminution illusoire des dépenses courantes ; grâce à des crédits à long terme ouverts par des entrepreneurs, on put éviter de mettre en ligne de compte divers frais qui étaient réellement dus ; et ainsi on gonfla le revenu net bien au delà de ce qu'il était en réalité. Quand une Compagnie avait exagéré par ces artifices son capital et ses dividendes, et qu'elle répandait un semblable compte rendu parmi les capitalistes, ses entreprises nouvelles étaient reçues naturellement avec faveur. Grâce au prestige de la parenté, les actions nouvelles faisaient de fortes primes et attiraient aux auteurs du projet de gros bénéfices. L'idée fut bientôt saisie de tous, et c'est maintenant une règle de politique, de profiter d'une prospérité réelle ou factice pour obtenir une de ces lignes secondaires, — un « veau », comme disent les initiés dans leur argot, — et d'agioter sur les primes que font ces actions nouvelles.

En même temps s'est développée une seconde influence, qui a également favorisé les entreprises téméraires : c'est l'intérêt qu'avaient dans l'affaire les hommes de loi, les ingénieurs, les entrepreneurs, et quiconque, directement ou non, travaille à la construction des chemins de fer. L'art de mettre en projets et de faire réussir de nouveaux plans ne pouvait manquer avec les années de devenir familier aux gens de la partie ; et ils ne pouvaient manquer d'en venir à agir de concert, et selon une certaine tactique, en vue de leur but commun. Ainsi, la jalousie mutuelle des administrations rivales, l'avidité des actionnaires des lignes achetées, les intentions malhonnêtes des administrateurs, les manœuvres de ceux qui font leur affaire de l'exécution des projets autorisés par une loi, mais surtout, je pense, les apparences trompeuses de prospérité qu'étalaient beaucoup de Compagnies établies, telles furent les causes de la spéculation effrénée des années 1844 et 1845. Les désastres qui s'ensuivirent détruisirent fort bien la dernière de ces causes, mais le reste demeura en l'état. Sans doute le public, détrompé si cruellement, a cessé de pousser à la roue; mais les divers intérêts privés qui s'étaient développés avant ont continué d'agir : ils ont appris à collaborer d'après des méthodes encore plus compliquées et plus subtiles ; et, aujourd'hui même, ils induisent les malheureux actionnaires en des entreprises ruineuses.

Toutefois, avant de poursuivre notre analyse de la situation actuelle, nous voulons qu'une chose soit bien entendue : c'est que nous n'attribuons pas aux gens de la partie une moralité moyenne inférieure à celle de l'ensemble de la société. Prenez au hasard des hommes de n'importe quelle classe, il y a lieu de croire que, mis dans une même situation, ils se conduiront à peu près tous de même. Il y a, la chose est sûre, des administrateurs grossièrement malhonnêtes. Il y en a assurément d'autres dont les principes dépassent en noblesse ceux de la plupart des hommes. Et, quant au reste, ils valent bien, nous n'en doutons pas, la masse de leurs concitoyens. Pour les ingénieurs, les agents auprès du Parlement, les hommes de loi, les entrepreneurs et les diverses autres sortes d'intéressés, bien que leurs habitudes de métier doivent faire tort à la rigidité de leurs principes, toutefois ce serait assurément outrer la sévérité, de les juger uniquement d'après certaines façons de faire les affaires qu'on peut leur reprocher. Dans de telles affaires, si compliquées, les résultats les plus iniques peuvent être l'œuvre commune de gens qui ne sont pas à ce point perdus de vices : c'est ce qu'on peut voir en considérant l'ensemble.

En premier lieu, un corps, chacun le sait, a toujours la conscience moins délicate qu'un individu ; une réunion d'hommes accomplira tel acte collectif, dont chacun de ces hommes frémirait de se charger s'il devait se sentir responsable. Et c'est aussi une remarque à faire que, si la morale d'un corps assemblé est par comparaison assez relâchée, il en faut dire autant de la conduite d'un individu *envers* un corps. On se dit, plus ou moins clairement, qu'une Compagnie a les reins solides, qu'elle s'apercevra à peine de ce qui pour une seule personne serait la ruine ; et cette idée agit constamment sur tous les conseils de chemins de fer, sur leurs employés, comme aussi sur leurs entrepreneurs, les propriétaires et les autres intéressés ; elle les rend avides et les dégage de tout principe de morale, au point de les rendre tout différents de ce qu'ils sont d'ordinaire. De plus, les mauvais effets de leur conduite sont si indirects et si lointains, que l'idée en est indistincte et oppose aux mauvais penchants une bien faible résistance. Les actions des hommes ont pour cause immédiate l'idée qu'ils se font des résultats à venir ; et leurs décisions dépendent grandement de la vivacité avec laquelle ces résultats se font imaginer. Quand une conséquence, bonne ou mauvaise, est directe et conçue clairement, elle a infiniment plus de pouvoir sur notre conduite que telle autre, s'il faut pour arriver à celle-ci suivre une longue chaîne de causes et d'effets et si, quand enfin on l'atteint, il se trouve qu'elle n'est pas particulière et aisée à concevoir, mais générale et vague. Aussi, dans les chemins de fer, une opération douteuse sur des actions, un payement exorbitant, une manœuvre qui assure de grands avantages à quelques individus sans faire de tort visible à personne et qui, si l'on en suit jusqu'aux résultats derniers, n'arrive qu'à travers mille détours à blesser des inconnus vivant on ne sait où, ne fera pas reculer des gens qui, si on pouvait leur mettre sous les yeux ces résultats sous forme sensible, seraient aux regrets de leur iniquité et de leur cruauté ; des gens qui, dans leurs affaires, où les résultats peuvent se représenter de la sorte, ne sont pas trop injustes.

En outre, et il faut aussi prendre note de ce fait, la plupart de ces graves fautes sont l'effet non d'un homme ou d'un corps d'hommes décidément malhonnêtes, mais d'une combinaison des intérêts personnels de divers individus ou groupes, dont les petites fautes vont s'accumulant. Ainsi un récit, en passant de bouche en bouche et subissant à chaque édition nouvelle une légère exagération, revient enfin à son auteur, mais presque méconnaissable ; de même, un peu d'abus de la part des propriétaires dans l'exercice de leur influence, un peu de complaisance de la part des membres du Parlement, un peu d'intrigue de la part des hommes de loi, un peu d'égoïsme chez les administrateurs, un peu trop de modération dans l'estime des dépenses, et un peu d'exagération dans celle du trafic, un peu d'amplification dans l'exposé des inconvénients à supprimer et des avantages à assurer, et voilà les actionnaires induits en des entreprises ruineuses par des rapports grossièrement mensongers, sans que personne ait à se reprocher qu'une faible partie de la fraude totale. Il faut donc tenir compte de ce qu'a d'élastique la conscience des assemblées, du caractère des maux causés par ces malversations, qui sont comme diffus et éloignés, enfin de la nature de ces malversations, qui sont œuvre collective, pour comprendre que dans les chemins de fer, certaines malhonnêtetés criantes sont le fait d'hommes en moyenne peu inférieurs à leurs semblables par le caractère, quand ils leur sont inférieurs.

Ces réserves faites, nous allons passer en revue les diverses forces qui concourent à cette œuvre illégitime, à ces agrandissements en apparence insensés et à ce gaspillage incessant du bien des actionnaires.

Une des plus actives, c'est l'intérêt personnel des propriétaires fonciers. Jadis ils étaient le grand obstacle aux entreprises de chemins de fer : dans ces dernières années, ils en sont devenus les fauteurs principaux. Depuis les temps où la ligne de Liverpool-Manchester était repoussée par une opposition de propriétaires et ne réussissait à passer la seconde fois qu'en respectant les habitations de maître et se détournant des chasses réservées ; — depuis le temps où la Compagnie de Londres-Birmingham, après avoir vu ses propositions rejetées par un comité de pairs qui ne voulaient pas voir l'évidence, devait, pour se « concilier » ses adversaires, élever ses prévisions quant aux achats de terrain de 250,000 livres (6,250,000 fr.) à 750,000 (18,750,000 fr.) ; — depuis l'époque où tel avocat auprès du Parlement, pour colorer des répugnances déraisonnables, invoquait les excuses les plus insignifiantes, les plus absurdes, jusqu'à reprocher aux ingénieurs « de fouler aux pieds le blé de la veuve » et de « détruire les couches de fraises des jardiniers » ; — depuis lors, on a bien changé de politique. Et, avec la nature humaine, il n'en pouvait être différemment. Quand on sut que les Compagnies payaient d'ordinaire, pour « frais d'expropriation, dommages et intérêts, » de 4,000 à 8,000 livres par mille courant [1], que

---

1. Le mille étant de 1604 m., cela fait environ de 62,500 à 125,000 francs par kilomètre.						TR.

certains avaient reçu en indemnité, pour le tort qu'ils étaient
censés avoir souffert dans leur propriété, des sommes énormes,
et que même, on l'avait su, les héritiers s'étaient crus obligés
en conscience d'en restituer la plus grosse part ; qu'il y avait
un exemple d'une terre valant 5,000 livres (125,000 fr.) et
payée 120,000 livres (3 millions de fr.) ; quand on eut répandu
que pour gagner les opposants on leur faisait de beaux cadeaux
sous forme d'actions privilégiées ; quand on sut pertinemment
que les domaines ont beaucoup à gagner au voisinage des chemins de fer ; alors les gentilshommes campagnards (la chose
n'a rien qui étonne) se mirent à plaider énergiquement pour
les projets nouveaux qu'ils avaient tant combattus. A considérer tous les motifs qui les provoquaient, on ne s'étonne pas
qu'en 1845 ils entrassent avec ardeur dans les comités provisoires ; ni que, puissants comme ils l'étaient pour lancer une
affaire, ils se soient trouvés à même de se faire largement
payer leurs propres terres ; ni qu'ils aient commis différents
actes assez répréhensibles, de quelque point de vue qu'on les
juge, excepté de leur point de vue à eux.

Si l'on nous parle de gens du monde qui vont trouver l'ingénieur d'un chemin de fer projeté pour le prier de faire passer
la ligne de leur côté, lui promettant leur appui dans ce cas,
leur opposition dans le cas contraire ; pour lui tracer le chemin à suivre à travers leurs domaines, laissant entendre qu'ils
reconnaîtront largement ce service ; eh bien ! ce n'est là qu'une
des formes spéciales sous lesquelles se montrent certains intérêts privés. Si nous entendons raconter l'histoire d'un grand
propriétaire, président d'un conseil d'administration, qui pèse

de toute son influence pour obtenir un embranchement destiné à courir durant plusieurs milles sur ses terres à lui et qui
met sa Compagnie dans la nécessité de faire les frais d'un recours au Parlement pour obtenir la concession de cette ligne,
eh bien! c'est ce qui devait arriver, étant données les circonstances. Si nous constatons ce fait public d'une ligne proposée
par un gros capitaliste, ligne qui, entre autres fins, assurera
aux terres de notre homme de bonnes communications et
dont les devis, quoique jugés insuffisants par tout ce qu'il y a
d'ingénieurs, sont faits avec largeur, prétend-il, il n'y faut voir
qu'une des déviations les plus notables du jugement, que ne
peut manquer de produire, en de semblables cas, l'intérêt
privé. Si nous découvrons de tel ou tel plan, qu'il a été imaginé par la noblesse ou la bourgeoisie du pays, qu'elles ont employé pour faire le plan un ingénieur de troisième classe, et
que celui-ci, flairant une bonne affaire, s'est offert à lever ce
plan à ses frais; que les administrateurs et l'agent principal
ont fatigué le conseil d'une grande ligne voisine pour lui vendre leur projet, le menaçant en cas de refus de s'arranger avec
son puissant rival, l'effrayant pour le faire céder, demandant
enfin que la ligne voisine les aidât à supporter les frais de la
leur; qu'enfin ils auraient triomphé sur tous les points, sans la
résistance des actionnaires : eh bien! ce n'est là rien de plus
que la tactique qui devait naître, en un pareil temps, sous l'action de pareils motifs. Ces faits n'ont rien d'original. Depuis
l'exemple grossier du propriétaire qui demande 8,000 livres
(200,000 fr.) de ce qu'il laisse au besoin à 80 livres (2,000 fr.),
jusqu'à ce fait quotidien de gens qui se remuent pour obtenir

un chemin de fer qui conviendrait à leur voisinage, les actes des propriétaires ne sont qu'un échantillon de ce que peut le caractère moyen, soumis à des influences spéciales. Nous n'avons à relever qu'un point : c'est qu'il existe un vaste et puissant corps qui par intérêt pousse à l'accroissement des chemins de fer, qu'ils soient utiles ou non.

La législature aussi a changé complétement de conduite à l'égard des chemins de fer, passant « de cet extrême, la résolution de tout rejeter ou de différer son consentement, à cet autre extrême, de concéder tout sans réserve; » ce changement a accompagné le précédent. C'est ce qui ne pouvait manquer. Les propriétaires sont si puissants par le nombre dans les deux Chambres, que nécessairement le jeu de leurs intérêts doit produire les mêmes effets au Parlement que parmi eux : seulement la forme change, et des influences étrangères viennent tout compliquer. Si l'on se rappelle combien nos législateurs avaient été eux-mêmes saisis de la fièvre de l'agiotage, on verra bien qu'ils ne pouvaient être libres de tout préjugé personnel. Un rapport a établi que, en 1845, 157 membres du Parlement avaient leurs noms sur les registres des nouvelles Compagnies, et pour des sommes dont la plus forte allait à 291,000 livres (7,275,000 fr.). Les auteurs des projets nouveaux menaient grand bruit du nombre de votes dont ils disposaient dans la Chambre. On circonvenait les députés un à un, on sollicitait les pairs. Dans la chambre haute, on put se plaindre publiquement qu' « il fût presque impossible de former un jury qui n'eût parmi ses membres quelque intéressé dans le chemin de fer mis en discussion. » Sans doute cet état de cho-

ses était quelque peu exceptionnel ; et, depuis, les entraîne-
ments ont bien diminué, outre que le sens du juste s'est notablement développé. Toutefois il ne faut pas s'attendre à voir
les intérêts privés rester inactifs. Il ne faut pas espérer qu'un
propriétaire qui, hors du Parlement, s'efforce d'obtenir un
chemin de fer pour son pays, va, une fois au Parlement, s'interdire d'employer à la même fin son nouveau pouvoir. Il ne
faut pas croire que des tendances individuelles de ce genre
vont se liguer, sans que la conduite des législateurs s'en res-
sente. Voilà pourquoi l'influence dont on usait naguère pour
écarter les projets, on s'en sert aujourd'hui pour les faire
passer. Voilà pourquoi les commissions de projets de chemins
de fer ne réclament plus qu'on leur montre des raisons de
compter sur un trafic fructueux, pour accorder les privilèges
qu'on leur demande. Voilà pourquoi enfin les administrateurs
et les présidents de conseil qui siègent à la Chambre des communes en arrivent à pousser leurs Compagnies aux agrandissements.

Nous pourrions nommer un membre du Parlement qui,
ayant acheté un domaine convenablement situé pour son dessein, proposa à un ingénieur, aussi du Parlement, de faire
un chemin de fer qui passerait au travers ; il obtint l'Acte
(et c'est à quoi ne nuisit certes pas son influence ni celle de
son ami), puis mit aux prises, pour l'acheter, trois Compagnies
différentes. Nous pourrions nommer un autre membre du Parlement qui, ayant projeté et fait autoriser une prolongation
de ligne au travers de sa propriété, obtint des administrateurs
de la ligne principale ces conditions : ils souscrivaient la moitié

du capital nécessaire pour le prolongement, ils l'exploite-
raient moyennant 50 0/0 des recettes brutes, et ils lui aban-
donneraient, à lui, tout l'excédant de trafic que la ligne principale devrait à la ligne nouvelle, jusqu'à concurrence du
4 0/0 de son capital : en d'autres termes, il se faisait garantir
4 0/0 d'intérêt.

Mais les législateurs, en favorisant outre mesure dans ces
dernières années les entreprises de chemins de fer, n'ont pas
obéi uniquement, ni principalement, à leur intérêt personnel
immédiat. Ils ont subi aussi l'action indirecte d'autres motifs
divers et puissants. D'abord, il fallait contenter leurs électeurs. Les habitants de régions peu favorisées pressent leurs
représentants de leur faire une ligne : la chose est naturelle.
Les députés sentent bien parfois que leur réélection dépendra
de leur empressement à satisfaire ce désir, et de leur réussite.
A défaut de réclamations venant du public, il y a celles de
leurs principaux partisans politiques : celles des grands propriétaires fonciers, qu'il ne serait pas sage de négliger ; celles
des magistrats, avec qui il faut toujours être en bons termes ;
celles des hommes de loi du pays, qui en temps d'élection font
d'excellents agents et pour qui un chemin de fer est toujours
une bonne affaire. Ainsi, sans poursuivre un intérêt privé, les
membres du Parlement sont souvent comme contraints à
plaider pour des projets qui, à tenir compte des intérêts soit
de la nation, soit de l'actionnaire, sont des moins sages.
Ensuite arrivent des motifs encore plus détournés : quand
on n'a ni intérêt personnel, ni intérêt politique à soigner, ce
sont les intérêts d'un parent qu'on veut ménager. Et natu-

HERBERT SPENCER.   25

rellement, en l'absence du contre-poids, ces motifs agissent avec force. D'ailleurs, il faut bien aussi le dire, la plupart des membres du Parlement croient en conscience que la construction d'un chemin de fer est toujours un bien pour le public ; aussi n'ont-ils guère de raisons, s'ils en ont, de résister à tant d'influences. Les actionnaires, il est vrai, peuvent en souffrir ; mais cela les regarde : — en revanche, le public sera mieux servi ; les électeurs seront satisfaits ; les amis seront contents ; peut-être les affaires du député n'en iront pas plus mal : voilà bien des raisons, et il n'en faut pas tant pour disposer les gens à un vote favorable. Et c'est ainsi que, dans ces dernières années, la législature aussi a donné un élan factice aux agrandissements des chemins de fer.

Du Parlement aux agents auprès du Parlement et aux hommes de loi en général, tous intéressés dans les entreprises de chemins de fer, la transition est toute trouvée. Pour ceux-ci, dans une ligne obtenue et exécutée, ils voient l'occasion de faire des affaires. Quand on étudie la procédure à suivre pour obtenir une concession de chemin de fer, quand on considère le nombre d'actes légaux que suppose la construction d'une voie ferrée, et les grosses sommes inscrites dans les rapports semestriels des Compagnies sous ce titre : « frais de justice », on comprend ce qu'un nouveau projet peut exciter de convoitises chez les avoués, les notaires et les avocats. Il a été prouvé que dans ces dernières années les frais d'instance au Parlement ont varié de 650 à 3,000 livres par mille [1], dont une bonne part est allée dans les poches des hommes de loi.

---

1. Environ 10,000 à 47,000 fr. par kilomètre.   TR.

Dans une seule affaire, il y eut 57,000 livres (1,425,000 fr.) d'honoraires à partager entre six avocats et vingt avoués. Dans une récente assemblée d'une de nos Compagnies, on a constaté qu'en neuf ans il avait passé, en frais de justice et d'instance au Parlement, 480,000 livres (12 millions de fr.), en moyenne 53,500 livres (1,337,500 fr.) par an. Quand ces faits et quantité de pareils se produisent, il serait bien étrange que des gens déliés comme les hommes de loi ne missent pas toute leur énergie et tout leur esprit à lancer des entreprises nouvelles. Et même, si nous jetons un coup d'œil sur ce qui s'est passé en 1845, nous soupçonnerons les hommes de loi non-seulement d'être encore des fauteurs très-actifs pour les nouvelles entreprises, mais d'en être toujours les auteurs même. Qui n'a pas entendu dire qu'au temps de la fièvre les projets (chaque jour c'en était un nouveau) étaient souvent mis en avant par des avoués du pays? Les avoués pâlissaient sur les cartes à chercher une place plausible pour dessiner un chemin de fer; ils s'entendaient avec les ingénieurs pour dresser les plans provisoires; grâce à la confiance du public, qui était alors sans bornes, ils n'avaient pas de peine à former des Compagnies; et enfin la plupart s'arrangeaient de façon à gagner jusqu'à la Commission des Règlements, si ce n'est quelque puissance plus haute encore.

Voilà ce qu'il faut se rappeler; de plus, il faut bien se le dire, ceux à qui ce jeu a réussi n'ont pas laissé se perdre leur talent; au contraire, ils l'ont accru par l'exercice, d'année en année; aussi attendons-nous à trouver les hommes de loi qui s'occupent de chemins de fer parmi les plus actifs de tous

ces tentateurs qui poussent les actionnaires à des entreprises
désastreuses, et nous ne nous tromperons pas. Ils sont fortement ligués avec les ingénieurs. Depuis le moment où la nouvelle ligne est proposée jusqu'au jour de l'inauguration,
l'homme de loi et l'ingénieur travaillent de concert : leurs
intérêts ne cessent pas de se confondre. Tandis que l'un dresse
le plan, l'autre prépare le livre d'arbitrage. Les plans de
paroisse, l'un les dessine, l'autre en fait le dépôt. Les avertisse-
ments aux propriétaires et possesseurs, l'un les remplit, l'autre
les distribue aux intéressés. Ils ont sans cesse à s'entendre,
pour lutter contre les oppositions locales et pour gagner des
partisans en chaque endroit. S'agit-il de présenter le projet
au Parlement, ils agissent encore d'ensemble, forcément. Une
fois la Commission parlementaire nommée, l'un gagne ses
dix guinées (264 fr. 50) par jour en se tenant à sa disposition
pour la renseigner, et l'autre tire profit de toutes lés démarches, si compliquées, qu'il faut pour faire réussir une loi.
Durant la construction, ils correspondent fréquemment, et ils
ont tous deux à gagner à chaque agrandissement. Peu à peu,
ils comprennent chacun qu'en faisant du bien à l'autre ils
s'en font à eux-mêmes : et peu à peu, avec le temps, comme
la même opération finit par se répéter souvent, comme ils
finissent par posséder à fond toute cette politique des chemins
de fer, ils organisent entre eux un système très-bien entendu
de coopération ; et cette coopération devient de plus en plus
efficace à mesure qu'ils s'enrichissent et prennent de l'influence.

Parmi les petits moyens qu'emploient les avoués, une fois

ainsi établis dans la Compagnie et ainsi aidés, le moins remarquable n'est pas celui-ci : de faire entrer dans l'administration leurs créatures. Cela étonne, mais c'est un fait, et je le tiens de bonne source : il y a des administrateurs de paille, qui votent à l'instigation de l'avoué de la Compagnie, parce qu'ils les a faits ce qu'ils sont. Et il n'est pas malaisé de se procurer de pareils instruments. Des vacances sont-elles sur le point de se produire dans le conseil ? il se trouve presque toujours plusieurs personnes sur qui l'homme de loi a beaucoup d'empire (car cette grande quantité d'affaires dont est toujours chargé l'avoué d'un chemin de fer en fait un homme important) ; ce sont non-seulement des parents et des amis, mais des clients, mais des gens à qui, en sa qualité d'homme de loi, il est à même de rendre beaucoup de bons ou de mauvais services. Il choisit ceux qui lui vont le mieux, préférant toujours, dans le cas de doute, celui qui vit dans le pays près de la ligne. Il lui fait alors des ouvertures : il lui fait entrevoir tous les avantages d'une place d'administrateur : le libre parcours de la ligne, tant d'autres commodités, les quelque 100 livres (2,500 fr.) d'honoraires par an, l'honneur, le surcroît d'influence, l'occasion de trouver de bons placements, et le reste. L'autre répond qu'il ne connaît rien à ces affaires de chemins de fer; et le tentateur, pour qui notre homme n'a pas de plus grande qualité que son ignorance, répond qu'il sera toujours là pour diriger ses votes. — Mais c'est que l'homme n'a pas la quantité d'actions exigible. — Eh bien ! c'est tout simple, on lui fournira ce qui lui manque : l'avoué s'offre à le faire. Ainsi exhorté, flatté, sentant peut-être qu'il ne serait pas bien sûr de refuser, le futur mannequin se laisse présenter : comme, dans les assemblées trimestrielles, c'est l'habitude, sauf aux jours de colère, de nommer tous ceux que les gros bonnets présentent, l'élection est enlevée. Rien ne s'oppose à ce qu'on recommence à la prochaine occasion; et ainsi l'homme de loi de la Compagnie avec ses acolytes arrivent à disposer d'assez de votes pour faire pencher la balance en leur faveur.

Maintenant, outre l'intérêt personnel et l'influence de l'avoué principal, il faut tenir compte de ceux des avoués locaux, avec qui il est constamment en affaires. Eux également gagnent aux entreprises nouvelles; aussi en général font-ils de leur mieux pour pousser à la roue. Sous la conduite de leur chef, ils forment un état-major épars, très-puissant. Ils s'entendent à gagner des adhérents; ils sont les boute-en-train, les centres d'agitation de leurs districts; ils excitent à la rivalité contre d'autres lignes; ils alarment les actionnaires du pays en faisant courir le bruit qu'ils sont menacés de concurrence. Quand les avis sont partagés sur une question d'agrandissement, ils obtiennent des votes par procuration en faveur du parti de l'agrandissement. Ils agissent sur ceux des actionnaires qui sont leurs clients ou leurs parents. Enfin, ils tiennent tant au résultat, qu'ils vont jusqu'à créer de faux électeurs pour peser sur le vote. Nous avons sous les yeux l'exemple d'un avoué qui, avant une assemblée spéciale, convoquée pour délibérer sur un embranchement proposé, divisa ses actions, les mit par lots sous le nom de diverses personnes de sa famille, et ainsi, de dix-sept votes, en fit quarante-un : tous, bien entendu, devaient servir à faire adopter le projet.

Les ingénieurs de chemins de fer ne valent guère mieux que les hommes de loi de la même partie. On n'a qu'à écouter les bavardages de Great George Street pour en savoir long sur leur compte. C'est un tel, qui a attesté la sincérité de prévisions qu'il savait bien insuffisantes : tant d'autres l'ont fait avant ! C'est celui-ci, qui est employé par son associé principal à faire la « sale besogne », les serments gênants ! on en fait des gorges chaudes. C'est cet autre, qui donnait des explications à la Commission, lorsque l'avocat, l'interrompant, lui dit qu'on ne le croirait pas, quand il parlerait à genoux. Là, on nous explique comment l'auteur du projet d'une certaine ligne en a levé le plan à si bon marché : c'est qu'il y faisait travailler des employés payés par une autre ligne dont il était l'ingénieur ! On y fait allusion à un tel, de la corporation, qu'on soupçonne à cause d'une certaine entreprise pour l'entretien d'une voie ferrée durant un temps fixé, et qu'il a accordée à tant par mille, un prix fou. On y cause des profits énormes que se sont faits certains ingénieurs en vue, pendant l'année 1845, en se faisant payer tant pour laisser mettre leur nom sur des prospectus, jusqu'à mille guinées (26,450 fr.). Mais surtout on vante l'heureuse situation des ingénieurs qui ont un siège à la Chambre des communes.

Avec une morale aussi relâchée, les ingénieurs sont trop intéressés aux entreprises de chemins de fer pour n'y point pousser de toutes leurs forces et sans trop de scrupules. Il faut voir l'entrain et l'habileté qu'ils y mettent. Citons quelques exemples. Non loin de Londres, entre deux voies ferrées, un de nos ingénieurs avise un domaine, l'achète. Puis il obtient

des actes du Parlement autorisant deux embranchements, un
sur chaque ligne. Il a loué l'un à la Compagnie voisine, il a
essayé d'en faire autant de l'autre; mais jusqu'ici il n'a pas
réussi. Malgré cela, il a déjà, dit-on, doublé la valeur de sa
propriété. Un autre ingénieur, fort connu, a failli réussir dans
une entreprise de contrebande parlementaire, en faisant introduire, dans une loi sur la construction d'un chemin de fer,
une clause qui dans un certain district élargissait singulière-
ment les limites entre lesquelles peut flotter la voie : d'ordinaire, elles laissent un intervalle de cinq chaînes [1] ; il demandait plusieurs milles ; et son motif secret, c'est qu'il possédait
des mines dans ce district. Pour décider les Compagnies où ils
ont un pied, à s'agrandir, ils vont parfois bien loin : il n'y a
pas longtemps, à une assemblée semestrielle, certains projets
que les actionnaires avaient déjà rejetés une fois furent représentés par deux ingénieurs, agissant en leur qualité d'actionnaires. Chacun savait l'intérêt qui les faisait agir; l'un des
deux ne vint pas moins, appuyé par l'autre, demander que les
nouvelles propositions fussent renvoyées d'urgence au Conseil;
la demande fut admise, le Conseil approuva les propositions,
et les actionnaires les rejetèrent encore. Un troisième effort fut
tenté : troisième conflit ; cette fois, quelques jours avant la réunion de l'assemblée spéciale, l'un des ingénieurs avait lancé
parmi les actionnaires une brochure où il rejetait les alléga-
tions du parti opposé et apportait des faits contraires, qu'on
ne pouvait plus contrôler : il était trop tard. Il fit plus encore :
il employa des émissaires pour gagner des actionnaires et

1. La chaîne vaut 20 m. 12.   TR.

obtenir d'eux leur procuration en faveur de la nouvelle entreprise. Tout cela fut révélé dans l'assemblée : il dut avouer.

Arrivons aux entrepreneurs. La construction des chemins de fer a prodigieusement grandi cette corporation : je ne parle pas seulement de leur nombre; je songe à l'opulence où plusieurs sont parvenus. Dans le principe, une douzaine de milles de terrassements, avec barrières et œuvres d'art, c'est tout ce dont se chargeait un entrepreneur seul. Mais, dans ces dernières années, on ne s'étonne plus de voir un homme s'engager à construire tout un chemin de fer et à le livrer tout prêt pour l'inauguration. Évidemment cela ne va pas sans un capital énorme. Mais aussi quels profits ! Avec le temps, il s'est accumulé de telles fortunes en de certaines mains, que plus d'un entrepreneur passe pour être à même de construire un chemin de fer à ses frais. Or, comme tous les millionnaires, ils sont insatiables; d'ailleurs, tant qu'ils restent dans les affaires, ils sont comme contraints de se préparer toujours de nouvelles entreprises, pour ne pas laisser leur outillage dormir. Comme on se le figure, il leur faut un matériel immense : des wagons à terre et des chevaux, par centaines; des rails provisoires et des traverses pour plusieurs milles de voie; une demi-douzaine de locomotives et plusieurs machines fixes; d'innombrables outils; sans parler de grands approvisionnements en bois, briques, pierres, rails, tout ce qu'il faut enfin pour l'établissement de la voie : or tout cela, on ne l'a acheté que pour le faire valoir. S'il fallait laisser dormir ce capital et aussi toute une armée d'employés, ce serait une perte : perte négative et perte positive. Le grand entrepreneur, donc, est pressé de se procurer de nouvel ouvrage, et sa richesse lui en donne le moyen. De là vient que souvent, par un renversement de l'ancien rapport, ce ne sont plus les Compagnies et les ingénieurs qui emploient les entrepreneurs, ce sont les entrepreneurs qui emploient les ingénieurs et qui forment les Compagnies.

Parmi les entreprises récentes, combien y en a-t-il qui ont été montées de la sorte! Le projet le plus gigantesque que jamais particuliers aient rêvé — il est vrai qu'il est par malheur ruiné sans espoir — dut sa naissance à une puissante maison d'entreprise. Il peut arriver parfois, et c'était le cas pour ce projet, que cette façon de faire ait ces avantages. Mais, règle générale, il n'en sort que des désastres. Les entrepreneurs ayant intérêt, plus encore que les ingénieurs et les hommes de loi, à pousser à l'agrandissement des chemins de fer, se font souvent les agents ou les collaborateurs de ces derniers. On fait naître des lignes qui ne rapporteront jamais ce qu'elles coûtent, et cela on le sait dès le début. Souvent, les propriétaires, commerçants et autres intéressés, qui espèrent, si les dividendes sont maigres, couvrir la différence à l'aide de leurs bénéfices indirects, et qui ont levé tout seuls une partie du capital nécessaire pour un chemin de fer local, se voient impuissants à trouver le reste; alors, selon un procédé nouveau et déjà usuel, ils s'arrangent avec un riche entrepreneur : celui-ci construira la ligne et prendra pour une portion du payement une part des actions, peut-être un tiers; quant au prix de son ouvrage, il le réglera selon un tarif à dresser entre lui et l'ingénieur. C'est cette dernière clause qui sauve l'entrepreneur. Il n'irait pas se laisser payer d'une partie de son déboursé en actions qui pourront lui rapporter 2 0/0, s'il ne tirait pas d'autre part quelques gros profits : et ces profits, ce qui les lui assure, c'est ce tarif à établir d'un commun accord avec un homme qui est comme lui intéressé à la construction de la voie. Cependant le public voit que le capital est souscrit, que la ligne a trouvé un entrepreneur ; aussitôt il se fait de la valeur du projet une idée chimérique ; les actions se cotent bien au-dessus de leur valeur vraie ; les naïfs en achètent ; l'entrepreneur se débarrasse de sa part pour un bon prix, et, en fin de compte, les nouveaux actionnaires se trouvent co-propriétaires d'une ligne qui, sans être plus fructueuse qu'elle ne promettait d'abord, est encore grevée par des frais de construction énormes.

Et ce ne sont pas là les seuls cas où les entrepreneurs jouent ce jeu. Ils en font tout autant pour des entreprises dont ils sont les auteurs. Afin d'obtenir la loi d'autorisation, ils s'inscrivent sur les listes de souscription pour de grosses sommes : ils savent bien qu'ils auront toujours, pour s'en débarrasser, le petit moyen ci-dessus. Cette méthode s'est même si bien répandue, que les Commissions parlementaires s'en sont émues. Comme le disait un personnage noté pour avoir trempé dans des affaires de cette sorte : « Les Commissions se mettent à en savoir trop long; le métier se gâte. » Néanmoins, le métier est toujours pratiqué; seulement on prend des détours; les entrepreneurs ne signent plus de leur nom des souscriptions à des milliers d'actions : ils les mettent sous le nom de leurs contre-maîtres ou d'autres, tout en restant les vrais souscripteurs; et le tour est joué.

Quant aux administrateurs, nous avons déjà donné quelques
exemples de leurs méfaits; on peut y en ajouter plus d'un.
Sans parler des mauvaises actions qu'inspire l'intérêt personnel, il y en a quantité d'autres, d'abord le cumul des fonctions
d'administrateur et de député à la Chambre des communes. Il y
a quatre-vingt-un administrateurs siégeant au Parlement; je
veux bien que beaucoup ne prennent guère part aux affaires
de leurs chemins de fer ; mais beaucoup d'autres sont les membres les plus actifs de leurs Conseils. Jetons un regard à quelques années en arrière : les Compagnies alors avaient unani-
mement adopté cette politique de se faire représenter au
Parlement ; qu'est-ce qui les décidait, sinon le besoin de faire
défendre leurs intérêts, surtout dans les cas de compétition ?
Les initiés le comprennent si bien, qu'aujourd'hui on voit
porter au Conseil des gens qui n'ont qu'un titre, d'être membres du Parlement. Évidemment, il faut bien que le législateur, dans les questions des chemins de fer, se laisse circon-
venir par mille influences privées qui s'agitent autour de lui;
et quelle en peut être la tendance commune, sinon de favoriser
les entreprises nouvelles? Tout naturellement, les administrateurs dont les Compagnies ne sont point en rivalité font
échange de bons offices : tout naturellement, ils peuvent s'aider plus ou moins à frayer la voie dans les Commissions à leur
fournée annuelle de projets.

D'ailleurs, les administrateurs qui siègent à la Chambre des
communes ne se bornent pas à faire réussir les propositions où
ils ont quelque intérêt; tout autour d'eux sont des solliciteurs
qui les prient d'adopter encore d'autres projets. Quand le re-

présentant d'une petite ville ou d'un collége rural a besoin d'un chemin de fer et qu'il se trouve chaque jour en rapport avec le président d'une Compagnie à même de le lui donner, il ne peut pas manquer cette occasion de parvenir à ses fins : c'est le bon sens qui le dit. Et — c'est le bon sens qui le dit encore — il tâchera, par des invitations, par des prévenances, par des flatteries, par tous les moyens propres à gagner un homme, d'obtenir son appui. Enfin, — et c'est toujours le bon sens qui parle, — bien souvent, il réussira; à force d'instances et de séductions, il fera perdre à notre homme la froideur de son jugement, et ainsi s'introduira dans l'administration d'une Compagnie une influence nuisible.

Enfin, quels que soient les motifs : intérêt privé, complaisance, rivalités, la question n'est pas là ; le fait est que les administrateurs jettent sans cesse leurs commettants dans de folles entreprises ; et que souvent, pour venir à bout de l'opposition de leurs commettants ou pour l'éluder, ils recourent à des finesses injustifiables. Parfois les actionnaires s'aperçoivent que leur Conseil a donné au Parlement, pour obtenir l'agrandissement, des gages bien supérieurs à ce qui était convenu ; et alors ils se persuadent qu'il leur faut endosser les promesses faites par leurs agents. D'autres fois, ce sont des exposés trompeurs qu'on met sous les yeux des actionnaires pour emporter leur consentement à des projets nouveaux, et notamment un tableau des bénéfices d'un embranchement ou d'une ligne « d'alimentation » avec laquelle l'autre a des rapports d'analogie. On fait voir (et cela ne va pas sans un peu de « cuisine ») que ces bénéfices sont convenables et vont croissant ; et l'on conclut que le nouveau projet, ayant un objet tout semblable, offre un bon placement. Mais ce qu'on ne dit pas, c'est que le capital nécessaire au précédent embran- chement a été obtenu à l'aide d'obligations ou d'actions garanties, dont l'intérêt coûte plus que la ligne ne rapporte ; ce qu'on ne dit pas, c'est que le capital de la future entreprise sera obtenu aux mêmes conditions, et que l'intérêt de la dette dévorera le revenu annuel, et plus. Alors les actionnaires, sans méfiance, les uns par ignorance des antécédents de la Compa- gnie, les autres par incapacité d'en suivre les comptes embrouillés, donnent leurs procurations ou lèvent les mains, en faveur de travaux qui leur coûteront gros sur leurs divi- dendes futurs. Pour atteindre de pareilles fins, les administra- teurs iront de temps en temps jusqu'à narguer en face les règlements. On aura érigé en règle que des procurations ne peuvent être émises que sur l'ordre d'une assemblée d'action- naires ; ils ne se feront pas faute de les émettre sans attendre cet ordre, quand ils pourront par là dissimuler une de leurs démarches à leurs adversaires. Au besoin, ils proposeront des mesures de la dernière importance sans en avoir fourni d'avance un exposé convenable. En faisant le compte du nombre d'actions qui, dans un vote, avaient été du côté du Conseil, on a reconnu qu'il s'en trouvait des milliers sur lesquelles un faible à-compte avait seul été payé et qu'il avait comptées comme libérées.

Pour achever cette esquisse, il faut toucher un mot des manœuvres usitées dans les réunions du Conseil et dans les assemblées d'actionnaires. Quant aux premières, il y a divers procédés pour peser sur leurs décisions. Naturellement, à l'occasion, pour faire passer un projet, on enlève lestement le vote de ceux qui y sont favorables. Si tout se bornait là, il n'y aurait encore pas trop à se plaindre; mais on va un peu plus loin. Il y a des Conseils où c'est la coutume d'user de stratagèmes pour battre l'opposition. Le parti de l'agrandissement convoque toutes ses forces pour l'occasion et met à l'ordre du jour une indication suffisamment vague ; ensuite on procède selon la tournure que prend la réunion. Si les adversaires ont été plus exacts qu'on ne s'y attendait, l'indication vague sert de prétexte à quelques explications générales ou à l'exposé de quelques renseignements nouveaux sur l'affaire dont il s'agit ; et l'on passe, comme s'il n'avait été question de rien. Au cas contraire, si la proportion des deux partis est plus favorable, l'indication sert de point de départ à une motion précise, qui engage aussitôt le Conseil dans une procédure sérieuse. Si les précautions ont été bien prises, la motion passe ; et, une fois la motion passée, les absents qui auraient voulu s'y opposer sont sans recours ; car, dans ces gouvernements-là, il n'y a pas de « seconde lecture », ni, à plus forte raison, de troisième. Le parti le plus fort est parfois si déterminé, si peu scrupuleux, quand il s'agit de triompher de l'autre et de le faire taire, que dans tels cas où une mesure contestée, présentée d'abord au Conseil, doit être ensuite soumise à une assemblée générale, on a vu la majorité prendre une résolution pour interdire aux opposants de prendre la parole devant les actionnaires.

Et les assemblées semestrielles ou spéciales ? comment les actionnaires qui en sont se laissent-ils si facilement mener par les Conseils, même après qu'ils ont éprouvé à plusieurs reprises leur infidélité ? C'est ce qui semble d'abord difficile à comprendre. Mais, en y regardant de près, on voit s'éclaircir le mystère. Bien souvent, des mesures soumises à la discussion sont prises, en dépit des assemblées devant lesquelles on les propose, et cela grâce à une grande quantité de procurations dont le Conseil a eu soin de se munir. Ces procurations, on les a tirées pour la plupart d'actionnaires disséminés à travers tout le royaume et qui ont la faiblesse de signer tout ce qu'on leur envoie. De plus, parmi les actionnaires présents à la discussion décisive, il n'y en a guère qui osent prendre la parole ; parmi ceux qui oseraient, il y en a bien peu qui aient l'esprit assez clair pour voir pleinement l'importance de la mesure soumise à leur vote ; et enfin ceux qui la voient sont souvent trop nerveux pour exposer comme il faudrait leurs idées.

Il faut aussi se souvenir que tout parti hostile au Conseil risque de déplaire plus ou moins au reste des actionnaires. Sauf les cas où les méfaits de l'administration sont criants et récents, la masse est toujours mal disposée contre ceux qui jouent le rôle d'opposants : on voit en eux des chicaniers, des factieux, qui mettent des bâtons dans les roues ; souvent, c'est seulement à force de résolution qu'ils réussissent à garder la parole. Voilà bien des causes, de genre négatif, pour rendre inefficace toute résistance des actionnaires ; en voici maintenant de positives. Les lignes suivantes sont d'un membre du Parlement qui, depuis la création des premiers chemins de fer, a toujours eu de grosses sommes d'actions dans beaucoup de compagnies : « J'ai une vieille expérience, et fort étendue, de toutes les affaires de chemins de fer ; et je puis dire que le grand nombre des actionnaires ont toute confiance dans leurs administrateurs : ils sont peu ou pas du tout renseignés, et ne se soucient point de se faire à eux-mêmes une opinion... D'autres, mieux informés, mais timides, craignent, s'ils font de l'opposition au Conseil, de faire baisser les actions, et s'inquiètent plus à l'idée de cette perte passagère qu'à la pensée des pertes incessantes dont souffre la Compagnie, avec toutes ces dépenses inutiles, et par suite infructueuses, de capitaux supplémentaires... D'autres encore, jugeant inévitable le mal permanent dont la Compagnie est menacée, prennent sur-le-champ le parti de vendre sans retard, et, pour maintenir le taux des actions, soutiennent les administrateurs. »

Ainsi, grâce à ce que les opposants déclarés n'ont ni organisation ni force, grâce à la timidité et à la duplicité des opposants muets, les projets les moins sensés emportent de fortes majorités. Et ce n'est pas tout. Le parti assaillant est d'ordinaire aussi habile dans sa tactique que l'autre est maladroit. D'abord le président, qui est fort communément le premier partisan du projet en discussion, peut à son gré favoriser ceux de son bord et embarrasser ses adversaires ; et il ne se gêne pas pour user de ce pouvoir : refusant la parole aux opposants, la leur enlevant sous prétexte de rappel à la question, les déconcertant par ses interruptions, allant jusqu'aux menaces [1].

1. Soit dit en passant, cet usage de prendre pour président des assemblées semestrielles le président du Conseil est fort peu judicieux. Les administrateurs sont les serviteurs des actionnaires, et ils ont à venir de temps en temps leur rendre compte de leur gestion. Comment le chef de ces serviteurs, dont les actes

C'est aussi un fait constant, qu'il soit d'ailleurs prémédité ou non, que plusieurs des propositions les plus importantes sont renvoyées à la fin de la séance, au moment où il va falloir la lever et où la plupart des actionnaires se sont retirés. Des votes d'importants crédits, de pouvoirs étendus, de blancs-seings accordés au Conseil en de certains sujets où on l'invite à prendre « telles mesures qu'il jugera bonnes dans sa prudence, » etc., voilà sur quoi l'on a à décider par acclamation durant la dernière demi-heure, quand les derniers assistants, ennuyés et impatients, ne veulent plus écouter d'objections, et quand ceux qui ont intérêt à rester après les autres mènent tout à leur guise. En vérité, les choses sont parfois arrangées pour faire de la fin de l'assemblée comme une assemblée supplémentaire.

Voici comment on obtient ce dernier résultat : une partie des actionnaires a aussi des actions dans quelque exploitation secondaire, un embranchement, des bateaux à vapeur, un canal, que la Compagnie a acquis ou pris à bail ; ils sont détenteurs de valeurs garanties, ils ont peut-être des capitaux pour acheter encore de pareilles valeurs s'ils peuvent en faire créer : aussi sont-ils favorables à toute entreprise qui nécessite le recours à une émission d'actions privilégiées ou d'obligations. Ces gens tiennent leur assemblée pour la répartition des dividendes, etc., aussitôt que celle de la grande Compagnie s'est dissoute, et dans la même salle. Par suite, comme ils restent ensemble à cause de l'affaire commune qu'ils attendent,

sont soumis à examen, peut-il être aussi chef du jury? Cela est absurde. Évidemment, chaque assemblée devrait être présidée par un individu choisi spécialement à cet effet. Tel est le président de la Chambre des communes.

ils arrivent peu à peu, vers la fin de la première assemblée, à former la majorité des membres présents ; et les quelques actionnaires ordinaires qui ont eu la patience de demeurer sont vaincus à chaque scrutin par les autres, par ceux dont les intérêts sont très-distincts des leurs et même très-opposés au bien de la Compagnie.

Nous venons de parler du système des obligations ; nous sommes par là amenés à un fait qui terminera bien cette analyse des intérêts privés et des procédés douteux qui sont ici en jeu ; nous y verrons à plein les ruses des agents administratifs des chemins de fer, leur entente, leur force. Pour bien comprendre le fait, il faut savoir que si d'ordinaire les actions privilégiées ne donnent pas droit de vote, parfois cependant on le leur confère par clause spéciale ; et aussi, qu'elles restent parfois sans être payées durant un délai passé lequel un appel de fonds n'est plus légalement possible. Dans le cas dont il s'agit, une grande quantité d'actions privilégiées de 50 livres (1,250 fr.) sont ainsi restées longtemps, sans qu'il eût été payé qu'un à-compte de 5 livres. Ceux qui aiment à pousser aux agrandissements, etc., avaient là une belle occasion d'acheter à bon marché une grande part de pouvoir dans la Compagnie; et nous allons voir qu'ils n'y manquèrent pas. Deux fois déjà ce parti avait tenté de lancer les actionnaires dans une nouvelle entreprise des plus vastes. Deux fois il les avait condamnés à une lutte coûteuse et fatigante. A la troisième fois, tout en protestant qu'il renonçait à son idée, il la représenta sous une autre forme et ne fut battu que par une faible majorité. Les renseignements suivants sont extraits des listes des scrutins, d'après les notes d'un des membres chargés du dépouillement :

	Nombre d'obligations de 1,250 fr. dont 125 fr. payé.	AUTRES ACTIONS FORMANT LE RESTE DU CAPITAL PLACÉ DANS LA COMPAGNIE	CAPITAL TOTAL NOMINAL COMPTÉ POUR LE VOTE	CAPITAL TOTAL RÉEL DÉJA PAYÉ	Nombre de voix comptés en faveur de l'agrandissement.
L'avoué de la Compagnie................	500	187,500 fr. d'actions primitives , plus 100 obligations de 1,250 francs , dont 1,062 fr. 50 libérés.	1,810,000 fr.	450,500 fr.	188
L'avoué de compte à demi avec un autre.	778	Néant.			
L'associé de l'avoué.	60	Néant.	75,000	7,500	20
L'ingénieur de la Compagnie	150	Néant.	187,500	18,750	33
L'associé de l'ingénieur.............	1354	106,650 fr. act. prim.	1,799,150	275,900	161
Un des avocats de la Compagnie auprès du Parlement.....	200	25,000 fr. id.	275,000	50,000	40
Autre avocat de la Compagnie auprès du Parlement.....	125	5,000 fr. id.	161,250	20,625	30
L'avoué du pays où se ferait l'agrandissement	7	Néant.	8,750	875	7
L'entrepreneur de l'entretien de la voie..	347	1,320,825 fr.	1,754,575.	1,364,200	158
Le notaire de la Compagnie...........	1003	8,326 fr. act. anc.	1,161,875	133,700	118
L'imprimeur fournisseur de la Compagnie...........	35	250,000 fr. id.	293,750	254,375	41
L'inspecteur de la Compagnie	360	31,250 fr. id.	480,750	76,250	56
L'architecte de la Compagnie.......	217	372,900 fr. actions anciennes; 119 obligations de 1,250 fr., dont 1,062 fr. 50 libérés; 13 obligations de 1,000 fr., dont 850 fr. libérés.	805,750	510,400	82
Un des voituriers de la Compagnie.....	17	20,825 fr. act. anc.	40,835	22,950	14
Les banquiers de la Compagnie	»	»	»	»	»
Un associé..........	»	»	816,650	809,150	90
Autre associé	»	»	62,500	62,500	18
Autre de compte à demi avec un autre.	»	»	25,000	21,250	12

A cette liste, il convient d'ajouter sept ou huit fournisseurs de la Compagnie, semblablement pourvus ; ce qui élève le

nombre des obligations presque artificielles détenues par des
fonctionnaires à 5,200 environ, et fait monter le total des votes
à leur disposition de 1,068, total de ce qui précède, à 1,100. Si
maintenant nous divisons les 380,000 livres (9,500,000 fr.) dont
ces messieurs prennent avantage contre leurs co-propriétaires,
faisant la part de ce qui est réel et de ce qui est nominal, il n'y
a pas tout à fait 120,000 livres (3 millions de fr.) déposées *bona
fide* ; sur les 260,000 livres restant (6 millions 1/2 de fr.), un
dixième est de bon argent ; les neuf autres, de la fumée. Et
ainsi, en vertu d'un certain capital qui actuellement représente 26,000 livres (650,000 fr.), et pas davantage, ces hommes
de loi, ces ingénieurs, ces avocats, ces notaires, ces entrepreneurs, ces banquiers, et autres gens intéressés au succès des
plans nouveaux, annulent plus d'un quart de million sterling
(6 millions 1/4 de fr.) de capital réel, possédé par les actionnaires à qui ces plans feront tort !

Faut-il encore s'étonner, si les Compagnies s'entêtent dans
une concurrence qui semble irréfléchie et dans des agrandissements ruineux ? Cette politique, qui chaque année donne
le même résultat, des désastres, et où l'on s'obstine, ne s'expli-
plique-t-elle pas assez si l'on considère tant d'influences illégitimes qui sont en jeu ? N'est-il pas clair que le petit groupe
organisé doit triompher, par sa tactique, à coup sûr, de la
masse sans organisation ? Examinez un peu leurs caractères
et leurs moyens d'action respectifs. Ici, des actionnaires épars
à travers le royaume entier, dans les villes, dans des habitations de campagne, ne se connaissant pas mutuellement, et

trop éloignés pour unir leurs efforts, s'ils se connaissaient. Bien peu voient un journal de chemins de fer ; il n'y en a pas beaucoup qui en lisent un quotidien ; et à peine s'en trouve-t-il un qui se connaisse un peu à la politique des chemins de fer. Ce n'est d'ailleurs qu'un groupe flottant ; quelques-uns seulement sont familiers avec l'histoire de la Compagnie, ses actes, ses engagements, sa politique, son économie intérieure. La plupart sont inhabiles à trancher les questions qu'on leur soumet, et, s'ils se forment un avis, manquent de décision pour agir en conséquence : ce sont des fondés de pouvoir qui ne veulent pas engager trop leur responsabilité ; des fidéicommissaires qui craignent de déprécier les biens dont la gestion leur est confiée, et qui se garderaient de causer une baisse par un procès ; des veuves qui de toute leur vie n'ont jamais fait par elles-mêmes un acte d'importance ; de respectables demoiselles [1], très-nerveuses et non moins innocentes en affaires ; des ministres du culte dont leur vie quotidienne n'a guère pu faire d'habiles gens dans les choses de ce monde ; des marchands retirés, qui n'ont guère pu apprendre, dans leurs ventes au détail, à voir les choses de haut ; des domestiques qui ont amassé quelques épargnes et quelques idées bien étroites ; d'autres encore, également habiles à se tirer d'affaire ; et tous ces gens-là, par ignorance ou par timidité, sont plus ou moins ennemis du changement, et par suite disposés à soutenir les personnages en charge. Enfin, il faut compter le groupe des actionnaires de passage, qui ont acheté des valeurs par spéculation, qui voient dans une révolution une

---

1. *Maiden ladies*, mot à mot : dames dans le célibat.   TR.

baisse momentanée, et qui ont intérêt à soutenir le Conseil, sans s'inquiéter de ce que vaut sa politique.

Et ceux qui ont en vue l'agrandissement de la ligne ? Considérez les réclamations incessantes des intérêts locaux, des petites villes, des campagnes, des propriétaires fonciers : tous veulent leur embranchement ; tous poursuivent tels profits, bien définis et considérables, et peu se doutent du tort que ces profits-là coûteront à d'autres. Rappelez-vous l'influence des législateurs : ils sont poussés, qui par ses commettants, qui par sa propre ambition ; ils sont encouragés par cette idée qu'une voie ferrée de plus, c'est toujours un bien pour la nation; et calculez alors à quel point, pour employer les termes du rapport de M. Cardwell, le Parlement a « excité et poussé » les Compagnies à la rivalité. Tenez compte des tentations auxquelles sont exposés les hommes de loi, les gros bénéfices que leur vaut chaque débat sur un chemin de fer, soit qu'il tourne bien ou mal ; et figurez-vous là-dessus l'entrain et la finesse de leurs manœuvres en faveur des agrandissements. Regardez les ingénieurs; voyez quelles tentations : « Pour les riches, de nouveaux chemins de fer, c'est une nouvelle opulence; pour la masse, c'est le pain quotidien. » Pesez ce que peuvent les entrepreneurs avec leurs capitaux ; songez que leur matériel, arrêté, leur coûte gros, et, employé, leur rapporte gros. Enfin songez-y, pour les hommes de loi, les ingénieurs et les entrepreneurs, lancer, exécuter de nouveaux travaux, c'est leur affaire ; c'est à cela que toutes leurs forces sont consacrées; avec le temps et la pratique, ils sont devenus bien habiles dans ce métier; d'autant que, pour réussir,

ils trouvent bons tous les moyens que le monde ne réprouve pas.

Enfin, notez que les différentes professions qui ont intérêt
à faire réussir de nouveaux plans sont en communication
constante, et qu'elles ont toute facilité pour combiner leurs
efforts. Une bonne partie de ces gens vit à Londres, et la
plupart ont leurs bureaux à Westminster, dans la grande rue
George, dans la rue du Parlement, tout autour du palais de la
législature. Et ce n'est pas assez qu'ils soient ainsi réunis,
qu'ils aient toute l'année des relations pour affaires ; durant
la session, ils sont encore ensemble chaque jour, dans les
hôtels de la cour du palais, dans les couloirs, dans les bureaux, dans la salle même des séances. Faut-il donc s'étonner
si les actionnaires, dispersés, mal renseignés, sans organisation, vivant chacun de son côté, chacun occupé de ses affaires
quotidiennes, soient battus par des tacticiens moins nombreux, mais actifs, habiles, unis, et dont toute l'occupation
est de préparer de telles victoires ?

« Mais, et les administrateurs? va-t-on peut-être me demander. Comment peuvent-ils prendre parti pour ces entreprises
visiblement folles ? Ils sont actionnaires, eux aussi : leurs
profits sont ceux des autres ; leurs pertes, de même. Or, sans
leur aveu, ou mieux sans leur intermédiaire, il n'est pas un
seul projet nouveau qui puisse se faire adopter par la Compagnie : voilà qui doit réduire à l'impuissance les fauteurs intéressés d'entreprises nouvelles. »

Ainsi pensent les actionnaires; ils croient que les intérêts
des administrateurs et ceux des propriétaires se confondent :

c'est cette erreur qui les perd. C'est elle qui, en dépit de rudes expériences, les rend si insouciants et si naïfs. « Leur gain est notre gain ; leurs pertes sont les nôtres ; ils en savent plus que nous : laissons-les donc mener la barque. » Voilà le raisonnement qui leur passe par la tête, sous une forme plus ou moins claire ; seulement les prémisses en sont fausses, et la conclusion désastreuse. Voyons cela de près.

On connaît les révélations de ces dernières années sur le trafic que faisaient les Conseils avec des actions, et les gros bénéfices qu'ils en tiraient : cela seul suffirait pour démentir la prétendue identité des intérêts de l'administrateur avec ceux de l'actionnaire ; mais n'insistons pas ; admettons que ce trafic ne se fait plus guère, qu'il ne se fait même pas ; encore reste-t-il plus d'une cause toujours puissante, qui rend cette identité illusoire. Les administrateurs ont souvent un intérêt direct moins grand qu'on ne se figure au succès de la Compagnie. Ils peuvent n'y avoir que 1,000 livres (25,000 fr.) de valeurs. Parfois même ce capital est en partie nominal. Pourtant nous admettons en toute franchise que, le plus souvent, le capital exigible est tout entier versé, et beaucoup plus que ce capital ; mais encore faut-il s'en souvenir, un membre du Conseil qui est riche a tant à gagner à la réussite d'une nouvelle entreprise, que ce gain l'emporte souvent de beaucoup sur le tort que lui fait une baisse des actions. Un Conseil comprend d'ordinaire en forte proportion des personnages habitant différents points du pays desservi par la ligne : ce sont des propriétaires, des marchands ou des manufacturiers, des propriétaires de mines ou des armateurs. Or ces gens ont

presque toujours à gagner à avoir sous la main un nouvel
embranchement ou une ligne « d'alimentation ». Les plus
voisins profitent de la plus-value de leurs terres ou de la circulation plus aisée de leurs denrées. Les autres, plus éloignés
du tronc principal, sans y gagner autant, y ont encore du
bénéfice : car à chaque agrandissement, de nouveaux marchés
s'ouvrent tant pour les produits manufacturés que pour les
matières premières ; et, si l'agrandissement a pour effet de
rejoindre une autre ligne, alors les avantages dont les administrateurs profiteront pour leur commerce sont fort considérables.

Évidemment donc, les profits indirects que ces personnages
peuvent tirer de ces entreprises nouvelles peuvent couvrir
la perte qu'ils font sur leurs valeurs de chemins de fer, et au
delà ; assurément, plus d'un est trop honorable pour céder à
de pareils motifs, mais enfin, à prendre la masse, il est bien
difficile qu'ils demeurent entièrement insensibles à des tentations si fortes. Ensuite, il faut se rappeler les influences qu'ont
à subir les administrateurs députés. Nous en avons déjà parlé ;
et si nous y revenons, c'est seulement pour dire qu'une perte
subie sur ces 1,000 livres de valeurs peut toucher beaucoup
moins un administrateur que les faveurs, les protections, les
relations, la situation auxquelles il peut prétendre s'il aide au
succès d'un nouveau plan. Jusqu'à quel point en est-il réellement ainsi ? C'est ce que nous ne prétendons pas dire ; mais on
voit assez qu'à cet égard encore il n'y a pas confusion d'intérêts entre les administrateurs et les actionnaires.

Une autre cause qui accroît cette divergence de leurs intérêts, c'est le système des obligations. A défaut de toute autre cause, cet usage de se procurer des capitaux pour des entreprises supplémentaires par des émissions d'obligations portant un intérêt garanti de 5, 6 et 7 0/0 détruirait à lui seul cette communauté de vues qu'on suppose entre le propriétaire et son chargé d'affaires. C'est un fait peu reconnu aujourd'hui, mais facile à établir, qu'en grevant ainsi son capital d'un gage une Compagnie tend à se diviser en deux groupes : celui des riches actionnaires, où se trouvent les administrateurs, et celui des petits actionnaires ; les riches peuvent se couvrir des pertes, les petits restent seuls à les porter ; bien plus, les pertes des petits profitent aux gros. Cette affirmation peut étonner : nous allons la démontrer.

Quand, pour lever le capital nécessaire à un embranchement ou à un agrandissement, on recourt aux obligations, l'usage est d'offrir à chaque actionnaire un nombre d'obligations proportionnel au nombre d'actions anciennes qu'il possède. S'il accepte cette offre, il se couvre plus ou moins parfaitement des pertes que peut occasionner la nouvelle entreprise. Celle-ci vient-elle à rester au-dessous des promesses des promoteurs et à diminuer d'autant le dividende général, notre homme, avec le fort dividende de son obligation, parfait, ou peu s'en faut, la différence. Aussi tous ceux qui peuvent ont-ils pour règle de prendre tout ce qui leur revient d'obligations. Or, quand la circulaire annonçant le partage proportionnel des obligations entre les actionnaires vient à passer, qu'arrive-t-il ? Ceux qui ont déjà beaucoup d'actions, des capitalistes pour la plupart, acceptent tout ce qu'on leur offre. Mais les petits

détenteurs, la masse des actionnaires, qui n'a pas de fonds
disponibles pour répondre au nouvel appel, sont obligés de
refuser. Qu'en advient-il ? C'est qu'après l'ouverture de la ligne
nouvelle, quand il se trouve, comme c'est l'usage, que ses revenus ne peuvent suffire au dividende garanti, quand il faut
mettre à contribution, pour combler le déficit, le revenu général de la Compagnie, quand par suite le dividende des
actions primitives est entamé, alors les petits actionnaires,
qui n'ont que de celles-là, se trouvent en perte ; et les gros,
qui ont en outre des obligations, rattrapent à peu près ou
complètement, sur le dividende de ces valeurs, la perte que
leur coûte la diminution du dividende général.

Mais en réalité, et comme nous l'avons déjà fait pressentir,
ce qui se passe est encore pire. Le gros propriétaire d'actions
qui a pris sa part d'obligations n'est pas tenu de garder les
premières valeurs : s'il craint que la nouvelle entreprise ne
soit pas rémunératrice, il peut toujours vendre celles de ses
valeurs qui auraient à en souffrir ; il peut donc, s'il lui plaît,
devenir possesseur d'obligations seulement ; ainsi il tirera un
bon intérêt de son argent, aux dépens de la Compagnie en général, et en particulier des petits actionnaires. Cette tactique
est-elle mise très-souvent en usage ? Nous ne saurions le dire.
Nous ne voulons tirer de là qu'un enseignement : c'est que les
administrateurs, disposant ordinairement de grandes ressources, peuvent fort bien se munir de ces valeurs garanties, et
ainsi se couvrir de la plus forte partie de leurs pertes, quand
ils n'en tirent pas encore du profit ; que, par suite, ils peuvent
écouter des motifs différents de ceux qui guident la masse des

actionnaires. Et ils les écoutent souvent, on n'en peut douter. Sans prétendre que nul d'entre eux soit capable d'une pensée aussi noire que de vouloir s'enrichir aux dépens de ses co-propriétaires, nous pensons seulement que bien peu se représentent nettement le fait essentiel : c'est que la garantie dont ils se couvriront ne peut couvrir la masse des actionnaires. Par conséquent, à n'écouter que notre expérience à tous, cette idée d'une compensation fera souvent pencher la balance dans le cas de doute, et affaiblira l'opposition de ceux qui se décident à désapprouver le projet.

Donc c'est à tort que les actionnaires de chemins de fer, en majorité, se fient par préjugé à leurs administrateurs. Il n'est pas vrai que les intérêts du propriétaire et ceux de son gérant se confondent. Il n'est pas vrai que le Conseil soit une sauvegarde efficace contre les intrigues des hommes de loi, des ingénieurs, des entrepreneurs, de tous ceux à qui la construction des voies ferrées rapporte. Au contraire, ce qui est vrai, c'est que les membres du Conseil sont exposés à dévier sous l'action de divers motifs indirects ; et, bien plus, qu'avec les obligations ils sont tentés directement de trahir leurs clients.

Et maintenant quelle est la cause prochaine de tant de corruption ? Où est le remède ? Quelle est donc l'erreur qui vicie toute la législation sur les chemins de fer et qui a ouvert la porte à tant de chicanes et si compliquées ? D'où vient cette facilité qu'ont les intéressés pour induire sans cesse les Compagnies en de folles entreprises ? La réponse est, à notre avis, bien simple. Et pourtant elle est telle, qu'elle paraîtra d'abord sans

rapport au sujet; et quant au corollaire que nous voulons en
tirer, les hommes pratiques le condamneront sans doute
comme irréalisable. Néanmoins, qu'ils veuillent bien nous
laisser un peu de temps pour nous expliquer : nous ne désespérons pas de leur faire voir, d'abord, que si l'on reconnaissait
notre principe, les maux dont nous souffrons guériraient; et
ensuite qu'il est possible de le reconnaître; bien plus, que par
là on se tirerait des nombreux embarras où se débat aujour-
d'hui la législation sur les chemins de fer.

Or donc, nous pensons que le vice capital de notre système
sous sa forme actuelle, c'est une *interprétation fautive du contrat entre actionnaires*, de ce contrat tacite qui se forme entre
chaque actionnaire et le corps où il entre; et, quant au remède
cherché, il consiste simplement à mettre en vigueur une interprétation équitable de ce contrat. En droit, ce contrat est
strictement limité; en pratique, on le traite comme illimité;
et ce qu'il faut, c'est de le définir clairement et d'y tenir la
main.

Notre gouvernement, avec sa forme démocratique, nous a si
bien habitués à voir les questions d'intérêt public tranchées
par la majorité, et ce procédé dans ses applications quotidiennes est si manifestement équitable, que le public s'est mis à
croire déterminément au pouvoir illimité de la majorité.
Quelles que soient les circonstances et les fins poursuivies,
dès qu'un groupe d'hommes coopèrent, il est entendu qu'à la
première divergence d'opinions, pour être justes, on devra
suivre l'avis de la majorité, de préférence à celui de la minorité; et c'est là une règle qu'on tient pour générale et appli-

cable à toute question. Cette conviction est si bien enracinée, et l'on réfléchit si peu au côté moral du problème, que pour beaucoup ce sera un sujet d'étonnement de nous voir ici suggérer un doute. Or il suffit d'une courte analyse pour voir que cette opinion est une superstition politique, et rien de plus. Il est facile de choisir des exemples et de prouver, par une réduction à l'absurde, que le droit des majorités est un droit purement conditionnel et non pas sans limites propres. Prenons donc quelques exemples.

Si, dans une assemblée générale d'une association philanthropique, on décidait que, outre cette tâche de soulager la misère, la Société se consacrera encore à entretenir des missionnaires à l'intérieur pour prêcher contre le papisme, les souscriptions apportées par des catholiques entrés dans la Société par pure charité seraient-elles légitimement consacrées à cet objet? Si les membres d'une Société de lecture, à la majorité, venant à penser qu'en ce temps-ci l'habitude du fusil est plus utile que la lecture, décidaient de changer l'objet de leur association et d'employer les fonds disponibles en achats de poudre, de balles et de cibles, cette décision obligerait-elle la minorité? Si, dans une Société pour l'affranchissement des biens fonciers, la majorité, enflammée par les nouvelles d'Australie, décidait non-seulement de partir en corps pour les mines d'or, mais d'employer le capital amassé à l'équipement de tous, cet emploi du capital serait-il d'accord avec les droits de la minorité? Serait-elle tenue de se joindre à l'expédition? On aurait bien de la peine à trouver un homme pour répondre oui, même à la première de ces questions; et

pour les autres, on en aurait bien plus encore. Et pourquoi?
C'est que, chacun le sent bien, quand un homme s'est associé
à d'autres, il n'y a pas d'équité à l'engager en des entreprises
complétement étrangères à l'objet pour lequel il était entré
dans l'association. Chacune des minorités en question aurait le
droit de répondre à ceux qui veulent lui faire violence : « Nous
nous sommes joints à vous pour une fin déterminée; nous avons
donné notre argent, notre temps, pour poursuivre cette fin;
sur toutes les questions naissant de cette œuvre, nous étions
convenus tacitement de suivre l'avis du plus grand nombre;
mais nous n'avions pas promis de le suivre en d'autres questions. Si, pour nous attirer dans votre Société, vous parlez d'un
certain but, et qu'après vous entrepreniez telle œuvre dont vous
ne nous aviez point parlé, vous usez de supercherie pour
obtenir notre concours ; vous transgressez le pacte tacite ou
exprès auquel nous nous confions; et nous ne sommes plus
liés par vos délibérations. »

Il est clair que c'est là la vraie façon d'entendre les choses.
Le principe général, hors duquel il n'y a pas de gouvernement
légitime pour un groupe d'hommes, c'est que les membres de
ce groupe s'engagent par contrat mutuel à obéir à la volonté
de la majorité *en tout ce qui concerne la réalisation des fins pour
lesquelles ils ont été groupés, mais non pas en rien autre.* Dans
ces limites seules, le contrat est valable. Car il est impliqué
dans la nature même du contrat que, pour y être soumis, il
faut savoir ce qu'il enferme ; or ceux qui s'unissent à d'autres
hommes pour un objet déterminé ne peuvent avoir en vue
tous les objets non spécifiés que la Société pourrait à la rigueur

poursuivre ; donc le contrat ne peut s'étendre à des objets non spécifiés ; et à moins d'un contrat exprès ou sous-entendu entre la société et ses membres, et relatif à ces objets non spécifiés, si la majorité contraint le reste à les poursuivre, elle commet un acte de tyrannie grossière.

Or ce principe presque évident est tout à fait méconnu et par le législateur dans les lois sur les chemins de fer, et par nos Compagnies dans leur conduite. Quand les auteurs d'une entreprise publique s'associent, ils se fixent un but bien précis ; mais d'ordinaire il vient s'y ajouter quantité d'autres entreprises auxquelles d'abord on ne songeait guère ; et l'on ne semble pas se douter que cette manière de faire est tout à fait injustifiable, à moins du consentement *unanime* des actionnaires. Voici un actionnaire sans méfiance qui a souscrit pour une ligne de Greatborough à Grandport, pensant bien que cette ligne ne serait pas seulement avantageuse au public, mais qu'elle serait un bon placement. Il connaissait le pays ; il s'est donné la peine de calculer le trafic probable ; il croyait donc bien connaître l'affaire où il se lançait, et il a souscrit pour une grosse somme. La ligne est faite ; plusieurs années de prospérité prouvent la justesse de ses prévisions, lorsque, dans une assemblée fatale, on présente un projet d'embranchement de Littlehomestead à Stonyfield. La volonté du Conseil et les intrigues des intéressés viennent à bout de l'opposition ; il a beau protester, lui et tous ceux qui voient l'absurdité du projet, il se trouve pris dans une entreprise nouvelle : et cette entreprise, le jour où il est entré en association avec les promoteurs de la ligne primitive, il ne se doutait même pas qu'il en serait question un jour. Chaque année, la manœuvre recommence; ses dividendes diminuent, ses actions baissent, et peut-être se trouvera-t-il pris enfin dans une masse d'entreprises, où la première ne sera plus qu'un faible élément.

C'est pourtant en vertu de ce qu'il a consenti à la première qu'on lui impose tout le reste. Il sent qu'il y a là-dessous quelque injustice; mais, avec sa foi au droit illimité des majorités, il ne peut la découvrir. Il ne voit pas que, le jour où a été proposé le premier agrandissement, il devait nier à ses co-actionnaires tout droit de l'engager dans une entreprise non désignée sur l'acte d'association. Il aurait dû dire aux partisans de cette nouvelle entreprise qu'ils étaient bien libres de former une Compagnie séparée pour l'exécuter, mais qu'ils ne pouvaient en droit contraindre les dissidents à les aider dans un projet nouveau, pas plus qu'ils n'auraient pu les contraindre à aider au projet primitif. Si l'actionnaire s'était associé à autrui en vue de *faire des chemins de fer*, il n'aurait rien à dire. Mais il s'est associé pour un projet déterminé, de *faire tel chemin de fer*. Et, malgré tout, les idées qu'on a sur ce sujet sont si confuses, qu'on ne voit pas la différence entre les deux cas.

Sans doute on alléguera cette excuse générale, que ces entreprises secondaires sont comme des compléments de la première, ou qu'en un sens elles font partie de la réalisation de celle-ci; qu'elles ont pour objet déclaré d'en assurer la prospérité, qu'elles ne peuvent par suite être regardées comme vraiment étrangères. Et il est vrai que c'est là leur excuse. Mais si cette excuse est valable pour des accessoires de cette sorte, pour quels accessoires ne vaudra-t-elle pas? Déjà, certaines Compagnies ont fait mieux que des embranchements et des agrandissements. Déjà, sous prétexte d'amener du trafic à leurs voies, elles ont bâti des entrepôts, acheté des lignes de paquebots, élevé de vastes hôtels, approfondi le chenal de certaines rivières. Déjà elles ont créé de petites villes pour leurs ouvriers, construit des églises et des écoles, pris à gages des ministres et des maîtres. Suffira-t-il pour tout justifier de dire que tout cela est pour le bien de la Compagnie? Alors il n'est pas d'entreprise qui ne se justifie de même.

S'il est permis, sous prétexte d'accroître le trafic d'une ligne, de la relier par un embranchement à des houillères voisines, eh bien! alors, que les houillères viennent à être mal exploitées, et, par le même motif, il faudra les acheter, et la Compagnie aura le droit de devenir exploiteuse de mines et marchande de charbons. Si d'espérer plus de marchandises et plus de voyageurs à transporter, c'est une raison suffisante pour construire une ligne « d'alimentation » dans un district d'agriculteurs, alors pourquoi ne pas organiser un service de voitures et de camions afin de correspondre avec la ligne? pourquoi ne pas créer des établissements convenables pour l'élève des chevaux? pourquoi ne pas louer les fermes nécessaires à cet effet? ne pas acheter des domaines? ne pas se faire agriculteurs? S'il est permis d'acheter des bateaux à vapeur pour les faire correspondre avec les trains, il ne l'est pas moins alors d'acheter des navires de commerce pour compléter le trafic du chemin de fer, ni d'établir un chantier pour construire ces navires, ni d'élever dans les ports étrangers des

dépôts pour recevoir les denrées, ni d'employer des commissionnaires pour attirer ces denrées, ni enfin d'étendre cette
organisation commerciale sur le monde entier. Une Compagnie
commencera par construire ses propres machines et ses voitures, et finira par forger son fer et faire pousser son bois de
charpente. Après avoir donné à ses employés l'instruction
laïque et religieuse, et leur avoir fait des maisons, elle les
fournira d'aliments, de vêtements, leur assurera les soins du
médecin, pourvoira pour eux à tous les besoins de la vie. Voilà
un corps qui aura débuté comme une simple association se
proposant de faire et d'exploiter un chemin de fer allant de
A à B, et qui deviendra maître de mines, manufacturier, commerçant, armateur, propriétaire de canaux, hôtelier, propriétaire foncier, architecte, fermier, marchand au détail, prêtre,
maître d'école ; ce sera une organisation compliquée et étendue
à l'infini. Or il n'y a pas de milieu : il faut ou souffrir ces
choses, ou retenir sévèrement l'association dans les limites de
l'entreprise d'abord convenue. Quand un homme s'est associé
à d'autres pour un but déterminé, il n'est tenu qu'à l'égard de
cet objet et ne peut être engagé dans nulle autre entreprise
où ses associés voudraient se lancer.

Mais quand un actionnaire désapprouve un de ces projets
additionnels, on lui dit qu'il est libre de vendre. C'est comme
si dans un État on établissait une religion d'État et qu'on dît
aux dissidents : Si vous ne voulez pas y croire, allez-vous-en.
Les deux réponses se valent à peu près. Voici un actionnaire
opposant, qui se voit en possession d'un bon placement, d'un
placement pour lequel peut-être il s'est risqué, en s'inscrivant

parmi les premiers souscripteurs. Ce placement, on va le gâter
par un acte dont il n'est pas question dans le traité d'association. Il proteste ; et on croit lui répliquer en disant qu'il peut
retirer son argent! C'est lui offrir le choix entre deux maux.
Ce n'est guère répondre à ses réclamations. Ou plutôt c'est n'y
faire aucune réponse loyale. Souvent le moment est mal choisi
pour vendre. Le seul bruit d'un de ces agrandissements a suffi
plus d'une fois à causer une baisse. Et, si beaucoup d'actionnaires de la minorité jettent leurs actions sur le marché, la
baisse en devient bien plus forte ; cette seule pensée arrête les
vendeurs. Ainsi, en réalité, on donne à la minorité à choisir,
ou de se retirer en perdant un bon placement, et avec un
capital diminué, ou de s'exposer à voir ses valeurs baisser considérablement.

On commence déjà à soupçonner qu'il y a là une iniquité
commise contre les minorités. Un récent règlement de la
Chambre des lords exige des Compagnies, avant toute demande
en autorisation pour des travaux nouveaux, une majorité des
trois quarts des actionnaires : on sent donc bien qu'ici la loi
ordinaire des majorités ne convient plus. De même, dans l'affaire de la Compagnie du grand chemin de fer de l'Ouest contre Rushout, l'arrêt décide que les fonds de la Compagnie ne
peuvent être employés à un usage non spécifié dans le contrat
primitif, sans une permission du législateur : cet arrêt implique que la volonté du plus grand nombre ne fait pas loi sans
restrictions. D'un autre côté, on admet, dans ces deux exemples,
qu'avec la permission de l'État ce qui est de soi injustifiable
devient juste. Nous prendrons la liberté d'en douter. Si l'on

croit qu'un acte du Parlement peut rendre un meurtre légitime ou faire d'un vol une action juste, alors, oui, on sera conséquent en disant que cet acte peut sanctifier une violation de contrat; sinon, non. Nous ne voulons pas nous engager dans la question tant débattue du véritable critérium du juste et de l'injuste; ni rechercher quelle est la vraie fonction du gouvernement, si c'est de créer des règles de conduite, ou de faire exécuter simplement celles qui se déduisent des lois de la vie en société. La théorie de la politique d'expédients peut suffire pour notre présent objet; et, sans autre appui, nous soutenons encore qu'à la bien interpréter elle ne confère point au gouvernement ce prétendu pouvoir de faire fléchir les termes d'un contrat équitable, malgré la volonté de l'un des contractants. La théorie de l'utilité immédiate en effet, entendue à la façon de ceux qui l'enseignent et de leurs principaux disciples, ne veut point que chaque acte particulier soit déterminé par les conséquences particulières qui en peuvent découler; il faut d'abord, par voie d'expérience et d'induction, déterminer les conséquences générales de tout acte d'une classe donnée, puis édicter là-dessus des règles pour tous les actes de cette classe, ces règles étant uniformément valables pour tous les actes qui tombent sous leur application. Notre administration de la justice est parfaitement en conformité avec ce principe : elle suit invariablement une marche déterminée, sans s'occuper des résultats particuliers. Si l'on tenait compte des conséquences directes, il n'y aurait plus guère d'arrêts donnant raison au riche créancier contre le débiteur pauvre; les rôles seraient renversés : car le mal est bien plus grand, de faire mourir l'un de faim, que de gêner l'autre. La plupart des vols, qui ont pour cause la misère, seraient impunis ; bien des testaments seraient annulés ; et que de riches seraient dépossédés de leurs biens !

Mais, on le voit assez, si les juges consultaient ainsi les bons et mauvais effets immédiats, le résultat final serait la confusion dans la société ; ce qui fut utile pour un moment serait finalement fâcheux. De là vient qu'on s'attache à une uniformité rigoureuse, en dépit des actes de dureté où elle vous conduit parfois. — Or toute convention est obligatoire : c'est là un des principes les plus communs et les plus importants de la loi civile. Une bonne part des causes qui sont quotidiennement entendues dans nos cours roulent sur cette question : Si l'une des parties, en vertu d'un contrat exprès ou tacite, est, ou non, obligée à tels actes, à tels payements. Et, quand le sens du contrat a été fixé, l'affaire est tranchée. Quant au contrat lui-même, il est tenu pour sacré. Ce caractère sacré du contrat est, d'après la théorie de l'utilité immédiate, une institution en général avantageuse, comme le prouve l'expérience de tous les peuples et de tous les temps : donc il n'appartient pas à une législature de se déclarer contre l'inviolabilité des contrats. Bien entendu, nous supposons toujours qu'il s'agit de contrats en eux-mêmes équitables. Dès lors il n'y a pas de système de morale qui permette de les altérer ou violer, sans le consentement de tous les intéressés. Si donc il est vrai, comme nous croyons l'avoir montré, que le contrat tacite entre les actionnaires des chemins de fer a des limites définies, c'est la tâche propre du gouvernement de *faire respecter* et non de *trans-*

gresser ces limites. Il ne peut se refuser à les faire respecter sans aller non-seulement contre toutes les théories de l'obligation morale, mais contre son propre système judiciaire. Il ne peut les transgresser sans se taxer lui-même tout haut d'absurdité.

Si maintenant nous jetons encore un coup d'œil sur les inconvénients variés dont la cause, comme nous l'avons marqué, est une interprétation vicieuse du contrat entre les actionnaires, il nous suffira d'indiquer qu'en exécutant ce contrat dans son sens équitable, on écarterait la plupart de ces inconvénients. Que pourraient faire les diverses influences illégitimes qui chaque jour induisent les Compagnies à des agrandissements désastreux, si ces entreprises d'agrandissement leur étaient interdites? Si elles n'étaient possibles que par des associations spéciales d'actionnaires, sans que personne vînt leur garantir de beaux dividendes, les intérêts de clocher et de classe seraient moins qu'aujourd'hui favorisés aux dépens de la substance d'autrui.

Et quels seraient les effets généraux, j'entends les effets économiques, de la législation sur les chemins de fer, une fois ainsi modifiée? Laissons de côté les intérêts généraux de la société, et ne voyons que les intérêts du commerce, les effets qu'ils en éprouveraient, et parmi ces effets, les plus immédiats et non les plus reculés. Dans l'alinéa précédent, nous avons laissé entendre que la construction des embranchements et des lignes supplémentaires ne serait plus chose aussi aisée; on verra là une preuve qu'il est maladroit d'imposer aux Compagnies les limites dont nous parlons. Plus d'un s'écriera que de restreindre les Compagnies à leurs entreprises primitives, c'est paralyser la construction des chemins de fer. D'autres diront que si ces agrandissements font du tort aux actionnaires, ils sont assurément utiles au public. Or ces deux thèses nous semblent fort douteuses. Considérons d'abord la première.

Quand la commodité de la circulation serait seule à considérer, il ne serait pas vrai qu'il fût bon de prodiguer les lignes nouvelles. Les districts ainsi dotés ont eu bien souvent à s'en plaindre. C'est un fait qui a été bien établi devant la Commission spéciale d'enquête sur les lois concernant les chemins de fer et les canaux, que, dans le Lancashire, la présence de lignes rivales a rendu les communications moins faciles à la fois et plus coûteuses. C'est encore un fait bien établi, que, si une ville obtient de deux Compagnies rivales des embranchements, il arrive bientôt que ces deux Compagnies s'arrangent, et la ville est plus mal servie qu'avec un seul embranchement : exemple, Hastings.

Il a été aussi démontré qu'un pays peut se trouver dépourvu de chemins de fer, parce que l'État y a autorisé trop de lignes ; exemple, Wilts et Dorset. En 1844-45, la grande Compagnie de l'Ouest et la grande Compagnie du Sud-Ouest conçurent le projet d'établir deux lignes rivales pour desservir ces comtés et une partie des comtés voisins. Le ministère du commerce, « affirmant que le trafic ne suffirait pas à entretenir deux chemins de fer différents, » fit un rapport en faveur des plans de la Compagnie de l'Ouest, et la loi fut dans ce sens : en même temps, et à l'instigation du ministère du commerce, un

arrangement était pris avec le Sud-Ouest, qui cédait le district
en question à sa rivale, moyennant des avantages déterminés.
Malgré cet arrangement, le Sud-Ouest, en 1847, imagina un
agrandissement calculé pour soutirer la plus grande partie de
leur trafic aux lignes nouvelles de l'Ouest; et en 1848, le Parlement, qui en somme était quasi l'auteur de cet arrangement, sans tenir compte des dépenses déjà faites par l'Ouest
pour l'exécution partielle de son entreprise, un million et
demi sterling (37 millions 1/2 de fr.), autorisa le projet du Sud-
Ouest. Résultat : l'Ouest suspendit ses travaux ; le Sud-Ouest
se trouva, faute de finances, hors d'état de commencer les
siens ; le pays resta durant des années sans voies ferrées : et il
fallut attendre que les pouvoirs du Sud-Ouest fussent périmés,
pour que l'Ouest, après une longue suspension, reprît son
œuvre.

Aussi cette multiplication malhabile de lignes secondaires
a souvent porté tort à la facilité des communications, d'une
manière directe, mais combien plus d'une manière indirecte,
et en maintenant à un taux élevé les transports sur les grandes
lignes ! Le public ne s'en doute guère, mais la chose n'en est
pas moins vraie, on paye dans les pays qui rendent beaucoup,
pour que les autres aient aussi leurs aises : on paye sous forme
de lourds tarifs. Avant cette rage d'embranchements, nos
grandes lignes donnaient des dividendes montant à 8 et 9 0/0 ;
et ces dividendes croissaient rapidement. Le maximum fixé
aux dividendes par les lois qui autorisent ces Compagnies est
de 10 0/0. Sans ces agrandissements, qui ne rapportent pas, il y
a beau temps que ce maximum aurait été atteint ; et, faute de

pouvoir entreprendre de nouvelles lignes, on n'eût pu dissimuler qu'il était atteint. Il s'en serait suivi nécessairement une diminution des prix de transports pour les voyageurs et les marchandises. De là un accroissement notable du trafic ; joignez à cela l'accroissement naturel et indépendant de celui-là, et vous verrez que le maximum eût été bien vite atteint de nouveau.

On ne peut guère douter que, par une répétition fréquente de ce mouvement, les frais de voyage et de transport ne fussent déjà réduits, sur nos grandes lignes, d'au moins un tiers de leur taux actuel. Cette réduction, notez-le, eût porté sur les chemins de fer les plus utiles pour les relations commerciales et sociales, donc sur la plus grande partie du trafic qui se fait dans ce royaume. Mais aujourd'hui cette même partie, la plus importante, est lourdement grevée au profit de la moins importante. Pour que dix voyageurs des embranchements aillent en chemin de fer, il faut que cent voyageurs d'une grande ligne payent un supplément de 30, peut-être 40 0/0. Il y a pis : pour arranger ces quelques dizaines de voyageurs, il a fallu priver de cette commodité des centaines de voyageurs qu'un tarif plus modéré eût attirés. Est-il donc si clair que ces entreprises, désastreuses aux actionnaires, aient été en revanche avantageuses au public ?

Mais le mal ne s'est pas borné à la persistance de tarifs trop élevés : la sûreté des voyageurs s'en est trouvée diminuée. Les accidents de chemins de fer se sont multipliés dans ces dernières années, et on s'en est beaucoup inquiété : eh bien ! la politique d'agrandissement n'en a pas été la cause la moins importante. Le rapport n'est pas facile à voir, et nous-mêmes nous n'en avions pas la moindre idée : mais nous tenons, d'un administrateur qui a vu toute la série des phénomènes se développer sous ses yeux, des faits qui le mettent en lumière. Un moment arrive, où les intérêts et les garanties des actions privilégiées font une large brèche aux revenus semestriels; les valeurs primitives sont en forte baisse, et leurs dividendes tombent de 9 et 8 0/0 à 4 1/2, à 4, à 3 1/2 : les actionnaires alors sont fort mécontents : assemblées tumultueuses, motions de censure, commissions d'enquête. Ce n'est qu'un cri : Des économies ! Et on fait des économies; on en fait même jusqu'à un point qui touche à l'imprudence. Les administrateurs, mis en face d'actionnaires indignés, tremblant que le prochain dividende ne soit pas plus beau, si même il n'est pire, n'osent plus rien débourser pour les réparations indispensables. La voie aurait besoin d'être remise à neuf: on la fera durer telle qu'elle est. Il y a du matériel roulant qui est vieux: on n'en remplace qu'une portion insuffisante par du neuf, et on évite de l'accroître autant qu'il faudrait. Des commissions chargées de trouver des économies à faire font leur tournée, supprimant ici un gardien de la voie, là un commis, et diminuant les salaires des employés en général. On poussa une fois les choses si loin, selon notre narrateur, que, pour économiser 1,200 livres (30,000 fr.) par an, on diminua le service outre mesure, et il en résulta, en peu d'années, une perte d'environ 100,000 livres (2,500,000 fr.) ; du moins tel était le calcul du personnage d'après qui nous parlons ici et qui avait fait lui-même partie de la commission des économies.

Maintenant, qu'en résultait-il nécessairement ? Avec une voie
hors d'état ; avec des machines et des voitures trop peu nombreuses et incapables d'un très-bon service ; avec des employés
de traction, des chefs de train, des garde-barrière, des commis, etc., réduits au minimum indispensable pour l'exploitation ; avec des chefs inexpérimentés à la place des gens habiles que la baisse des salaires avait écartés , que pouvait-il
arriver ? Avec un ensemble de moyens juste suffisants pour le
trafic ordinaire, n'était-il pas évident qu'on ne pourrait faire
face à un trafic extraordinaire ? qu'un corps d'employés dé-
cimé, soumis à une direction malhabile, serait au-dessous de
sa tâche en de certaines occasions ? — et, ces occasions devaient
infailliblement se produire de temps en temps ; — qu'avec une
voie, des ouvrages d'art et un matériel roulant également insuffisants, un moment viendrait où, par une accumulation de
petits défauts, telle ou telle chose pourrait aller de travers? La
multiplication des accidents n'était-elle pas inévitable ? Personne n'en peut douter. Et, si nous remontons pas à pas jusqu'à la cause première, l'insouciance qui gaspillait l'argent en
lignes nouvelles, nous trouverons une raison de plus de douter
que ces dépenses aient été aussi utiles au public qu'on le prétend. Nous n'endosserons pas volontiers l'opinion de la Commission spéciale pour l'examen des lois concernant les voies
ferrées et les canaux, qu'il serait bon « de se montrer plus
facile pour les concessions de lignes d'intérêt local ».

Mais ces prétendus avantages que le public retire de ces agrandissements, au moment où les actionnaires y perdent, il y a
encore d'autres raisons de les mettre en doute : nous n'avons

encore considéré que la question de trafic, arrivons à la question de commerce général, d'économie politique. Quand nous n'aurions pas là des faits pour nous enseigner que les commodités nouvelles assurées à la circulation sont pour le moins compensées par celles qui ont disparu, nous soutiendrions encore que de construire des embranchements incapables de donner de beaux dividendes, c'est un mal, et non un bien, pour la nation. L'erreur courante en de telles matières consiste à les considérer abstraitement, sans voir leurs liens avec les besoins et les intérêts de la société. Chacune de ces entreprises, avant d'être exécutée et d'agir comme telle sur la société en bien des façons, agit déjà sur la société, durant l'exécution même, et par les forces qu'elle absorbe; et, si l'on veut s'en faire une juste opinion, il faut comparer les deux séries de résultats. L'axiome que « l'action est égale et de sens opposé à la réaction » n'est pas vrai seulement en mécanique; il l'est partout. Une nation ne peut consacrer une partie de ses efforts à la poursuite d'une fin déterminée, sans se mettre durant le même temps hors d'état de poursuivre quelque autre fin. On ne peut consacrer une somme de capitaux pour un certain objet, sans faire tort à quelque autre objet, juste de cette même somme. Quand un travail produit un résultat utile, c'est au détriment d'un autre résultat utile que ce même travail aurait sans cela pu produire. Donc, si l'on veut juger des bienfaits d'une entreprise publique, il faut les examiner non-seulement en eux-mêmes, mais en regard des bienfaits qu'aurait pu nous assurer un autre emploi des mêmes capitaux.

Mais comment mesurer ces bienfaits, nous demandera-t-on?

Bien simplement. La mesure nous est donnée par le taux de l'intérêt que rapporterait le capital dans l'un et dans l'autre placement. L'argent qui, dans un certain emploi, donne moins de revenu que dans un autre emploi, est de l'argent employé d'une façon désavantageuse, tant pour le capitaliste que pour la société. C'est là un corollaire des principes les plus vulgaires de l'économie politique ; il est si simple que nous avons peine à comprendre comment, après la polémique du libre-échange, une commission où étaient M. Bright et M. Cardwell a pu le négliger. N'avons-nous pas appris depuis longtemps que, dans le monde des affaires, le capital va là où il est le plus demandé ; que toute affaire qui attire le capital par un revenu exceptionnel est évidemment, par le fait même, une affaire qui marche exceptionnellement bien ; que ce succès prouve que la société a grand besoin des produits dont il s'agit, que par suite elle les paye largement, qu'enfin les objets ou le service en question lui sont nécessaires par-dessus tous les autres? Comparez nos chemins de fer : ceux qui payent de gros dividendes sont aussi, ne le voyez-vous pas? ceux qui servent le plus au public, et non pas ceux qui payent de faibles dividendes ; et, comme les capitalistes recherchent ces gros dividendes, n'est-il pas clair que l'argent serait porté à satisfaire d'abord aux besoins pressants du public, et non aux moins pressants?

Eh bien! cette loi, qui vaut pour le commerce ordinaire, qui s'applique à la comparaison d'un placement dans les chemins de fer et d'un autre placement dans les chemins de fer, s'applique aussi à la comparaison de l'un de ces derniers avec des placements d'autre nature. Si l'argent dépensé en embranchements et en lignes « d'alimentation » rapporte en moyenne de 1 à 2 0/0, tandis qu'employé à des travaux de drainage et à la construction des navires, il rapporterait 4 ou 5 et plus, c'est donc que l'argent est plus nécessaire pour le drainage et la construction des navires que pour ces embranchements. D'où cette conclusion générale : cette portion énorme du capital des chemins de fer dont les intérêts ne sont pas au taux courant est du capital mal employé; pour avoir la valeur vraie de ce capital, il faudrait capitaliser au taux courant l'intérêt qu'il donne; et la différence entre cette dernière somme et les déboursés indiquerait la perte nationale : cette perte, selon l'estime la plus modérée, dépasserait 100 millions sterling (2 milliards 1/2 de fr.). Assurément l'argent placé dans les lignes aujourd'hui peu productives deviendra de plus en plus productif; mais, plus sagement placé, il en aurait fait autant, et plus rapidement peut-être : donc cette énorme perte doit être tenue pour définitive et non pour temporaire.

Encore une fois, nous le demandons, est-il donc si certain que ces entreprises, désastreuses aux actionnaires, aient été avantageuses au public ? N'est-il pas clair plutôt qu'à cet égard, comme à tous égards, les intérêts des actionnaires et ceux du public sont en fin de compte identiques? Et ne semble-t-il pas que, au lieu de recommander « plus de facilité à concéder les lignes d'intérêt local », la Commission spéciale eût mieux fait de dire dans son rapport qu'on est déjà extrêmement facile et qu'il faut en rabattre?

Mais il y avait deux objections possibles contre notre interprétation du contrat entre les actionnaires; il nous reste à ré-

pondre à la seconde; elle consiste à dire que ce serait là gêner
grandement les entreprises de chemins de fer. Après ce qui
précède, à peine est-il besoin de le dire, ce retardement ne
dépasserait pas ce qui est naturel et sage; il serait tel qu'il le
faut pour tenir en respect ceux des intérêts privés qui sont en
opposition avec les intérêts du public. Cette idée, que les entreprises de chemins de fer ne marcheraient pas convenablement
sans quelque excitation artificielle, que les concessions de
lignes locales devraient, selon les termes de la Commission,
« être plutôt encouragées », tout cela n'est qu'un reste de protectionnisme. Toutes les Compagnies de chemins de fer indé-
pendantes qui existent aujourd'hui se sont formées sous l'action
d'une seule force, le désir des capitalistes de bien placer leurs
fonds; laissez-la faire, et fiez-vous-y : elle en formera d'autres à
mesure que les besoins de chaque pays seront assez grands pour
assurer de beaux revenus, c'est-à-dire à mesure que les besoins
de chaque pays réclameront cette satisfaction. La chose est assez
claire d'elle-même; mais nous avons des faits pour la prouver.

Nous l'avons déjà dit en passant, on voit depuis quelque
temps assez communément des propriétaires, des marchands
et d'autres intéressés du pays, faire des chemins de fer pour
leur propre utilité, bien qu'ils n'en espèrent pas de dividendes
satisfaisants; ils y placent de grosses sommes, convaincus que
leur trafic devenu plus facile s'accroîtra, et qu'il en sortira un
profit indirect dépassant leur perte directe. Les choses en sont
arrivées au point que (le fait a été établi à la Commission spéciale) « dans le Yorkshire et le Northumberland, où l'on fait
des lignes dans des pays purement agriculteurs, les proprié-

taires *donnent leur terrain* pour la voie ferrée et prennent des actions. » En présence de tels exemples, on ne peut raisonnablement douter que le capital ne vienne toujours assez vite, pour la construction des lignes locales, dès que la somme des bénéfices présumés, tant directs qu'indirects, justifiera la dépense.

« Mais, répliquera-t-on, souvent un embranchement qui ne rapporte pas, en tant que propriété indépendante, rapporte à la Compagnie qui l'a fait, à cause du trafic qu'il amène à la ligne principale. Il ne donne de son propre capital que de maigres intérêts, mais il accroît l'intérêt de l'argent placé dans la grande ligne, et cela fait compensation, ou même mieux encore. Or, si l'on avait interdit à la Compagnie de s'agrandir, un tel embranchement n'aurait pas été fait, et c'eût été un mal. » Tout cela est vrai, sauf la dernière proposition. La Compagnie de la ligne principale, en tant que corps, ne saurait entreprendre un tel travail ; mais rien n'empêcherait les actionnaires, comme particuliers, de s'en charger et de le pousser aussi loin qu'il leur plairait : et, si les probabilités étaient aussi belles qu'on le suppose, plus d'un s'en mêlerait. Si tous ceux qui sont en état de s'en mettre le faisaient, et que le propriétaire de 10,000 livres d'actions de la ligne principale, par exemple, vint en aide à l'exécution de la ligne « d'alimentation », malgré que le revenu n'en dût être que de 2 0/0, en y prenant pour 1,000 livres d'actions, il agirait sagement, prévoyant que le surcroît de trafic à en provenir élèvera les dividendes de la grande Compagnie de 1/2 0/0. Ainsi, avec le contrat limité entre les actionnaires, les Compagnies pourraient encore, comme maintenant, s'agrandir là où il en serait besoin ; il n'y aurait qu'une différence : faute de garantie d'intérêts, on y mettrait de la prudence, et les petits actionnaires ne seraient plus sacrifiés aux gros.

Bref, voici notre thèse : partout où, par les efforts réunis de tous ceux qui ont à en retirer profit, propriétaires du pays, manufacturiers, marchands, actionnaires de la grande ligne, etc., les capitaux d'un agrandissement peuvent être réunis ; partout où, aux yeux de tous ces gens, les profits directs accrus des profits indirects ne peuvent manquer de rendre le placement en question convenable, alors la ligne est nécessaire, le fait même le prouve. Au contraire, quand les gains probables ne suffisent pas pour engager lesdits intéressés à tenter l'affaire, c'est que la ligne n'est pas aussi nécessaire que certaines autres entreprises, donc *qu'il ne faut pas la construire.* Ainsi, au lieu que ce soit un vice dans notre principe, d'arrêter les entreprises de chemins de fer, au contraire, en supprimant les excitations artificielles qui y poussent, il réduirait ces travaux dans la juste mesure.

En regardant de près les faits qui furent apportés devant la Commission spéciale, on découvrira à ce principe divers autres mérites ; nous ne pouvons que les noter.

M. Laing estime (et M. Stephenson, sans vouloir adopter ce calcul, « pense qu'il n'a rien d'exagéré ») que, sur les 280 millions sterling (7 milliards de francs) déjà employés en construction de chemins de fer, 70 (1 milliard 3/4 de francs) ont été dépensés inutilement en rivalités, en lignes faisant double emploi, et aussi « à cette multiplicité prodigieuse de plans, où l'on a jeté l'argent à peu près sans compter ; » et M. Stephenson pense que cette somme « est loin de représenter, si l'on tient

compte de l'opportunité, de l'économie et d'autres éléments
d'où le trafic dépend, la perte réelle que le public a eu à supporter, à raison de la négligence du Parlement en ce qui concerne la législation des chemins de fer; » or, avec une interprétation équitable du contrat des actionnaires, une bonne partie
de cette perte eût été évitée.

Les compétitions des Compagnies rivales, pour les embranchements et les agrandissements, après avoir causé déjà tant
de maux, auront cet effet, si on ne les arrête, et d'après
le dire de M. Stephenson, de « faire tomber le produit annuel
de capitaux donnant aujourd'hui 5 1/2, jusqu'à 3, d'ici dix
ans; et les capitaux menacés montent à 21 millions sterling
(525 millions de fr.). » Eh bien, ces compétitions ne seraient
pas arrivées à ce paroxysme dangereux avec notre principe
du contrat limité.

Par jalousie, par antagonisme, nos Compagnies se sont fait
concéder 2,000 milles (3,220 kilom.) de chemins de fer qu'elles
n'ont jamais construits. Que de millions gaspillés en levés de
plans, en démarches au Parlement, « à engraisser les hommes
de loi et les ingénieurs! » Presque tout cela aurait été épar-
gné si, à chaque concession de ligne, il avait fallu une Société
indépendante d'actionnaires, sans personne pour porter à leur
place la punition de projets irréfléchis.

Il est reconnu que les embranchements et lignes d'alimentation construits dans une pensée de concurrence n'ont pas été
établis selon les directions les plus convenables pour le bien du
public. On voulait, entre autres choses, et souvent par-dessus
toutes choses, ruiner des rivaux ou se venger d'eux à l'aide

de ces constructions : on combinait donc la direction exprès
en vue de cette fin; et, en conséquence, on n'a que peu songé
au bien du commerce local. Or, si le soin d'entreprendre ces
embranchements et ces lignes avait été laissé aux districts,
soutenus d'ailleurs par tous les aides qu'ils auraient pu trouver, c'est le contraire qui serait arrivé : car en moyenne, dans
ces petites entreprises, le tracé qui convient le mieux au
public est celui qui rapporte le plus aux auteurs du projet.

Si toute concurrence illégitime dans la construction des
agrandissements était écartée, il subsisterait entre les Compagnies seulement cette concurrence normale qui est avantageuse à tout le monde. Il n'est pas vrai, comme on le prétend,
qu'il ne puisse se former entre les Compagnies une concurrence semblable à celle que se font les commerçants. Voici
un exemple fourni par M. Saunders, le secrétaire de la grande
Compagnie de l'Ouest, qui prouve le contraire. Dans les
endroits où le Grand Ouest et le Nord-Ouest sont en relation
avec les mêmes villes, comme à Birmingham et à Oxford, chacune des deux Compagnies a tacitement adopté le tarif de
l'autre; il n'y a donc pas de concurrence entre elles quant
aux prix, mais seulement quant à la célérité et aux commodités offertes. Par suite, chacune prend, du trafic général,
la portion qui lui revient naturellement, en vertu de sa situation et des particularités locales; chacune excite l'autre à
assurer au public le plus d'avantages possible; chacune tient
l'autre en haleine par la menace de lui enlever sa part naturelle du trafic si, par son désordre ou son impuissance, celle-ci
annihile ses avantages propres. Eh bien! c'est là justement le

genre de concurrence que se font les marchands. Quand, par
des rabais successifs, on a trouvé le prix minimum et pourtant rémunérateur où peut descendre une denrée, il arrive
que ce prix s'établit généralement; que chaque marchand se
contente de fournir ceux qui viennent à lui naturellement,
grâce au voisinage ou à d'autres raisons, et ne craint de
perdre ses clients que s'il les traite mal et s'il vaut mieux
pour eux prendre la peine d'aller se fournir ailleurs.

N'est-il pas urgent, enfin, d'amender les lois relatives au
contrat entre actionnaires, de le transformer en contrat limité,
d'illimité qu'il est; disons mieux : non pas de le *transformer*,
mais de le *reconnaître* pour tel ? S'il y a quelque vérité dans
notre raisonnement, le manque de limites a été la grande
cause des défauts divers de notre administration des chemins
de fer. L'agiotage des administrateurs sur les actions; les intrigues compliquées des hommes de loi, des ingénieurs, des
entrepreneurs, de tant d'autres; les piéges tendus aux actionnaires; enfin tous ces vices compliqués que nous avons décrits,
sont nés de là, sont possibles par là. Ce défaut a rendu la
circulation plus coûteuse et plus périlleuse qu'elle n'eût été;
tout en semblant faciliter le trafic, il l'a gêné indirectement.
En favorisant les rivalités, il a poussé à ces folles dépenses
des lignes supplémentaires, à ce gaspillage de sommes
énormes en instances inutiles au Parlement; à la dissipation
d'une quantité incroyable de capitaux nationaux, employés à
des chemins qui ne sont pas nécessaires. En moyenne, les placements des actionnaires ont, par cela seul, perdu la moitié de la

valeur qu'ils devaient acquérir; et, toutes les autorités le reconnaissent, les capitaux des chemins de fer aujourd'hui encore
sont tenus au-dessous de leur valeur réelle, par cette crainte
de les voir se déprécier avec de nouveaux agrandissements.

Donc, à raison des immenses intérêts en jeu, car le capital
total des Compagnies va atteindre 300 millions sterling (7 milliards 1/2 de fr.), à raison du nombre immense de personnes
entre qui ce capital se partage et dont beaucoup n'ont pas
d'autre revenu, comme aussi de l'importance de la question
pour la Société tout entière, importance directe en ce qui
concerne la facilité des relations de commerce, et importance
indirecte en ce qui touche à l'économie des ressources générales, pour toutes ces raisons donc, il faut à tout prix que
ce genre de propriété, les chemins de fer, ait enfin sa sécurité
garantie, et que les entreprises soient ramenées à la juste
mesure. Le changement qu'on demande ici est aussi bien pour
le salut des actionnaires que pour celui du public ; et il est
de ceux que l'équité réclame évidemment. Il n'y a pas à nous
accuser de demander au législateur un excès de pouvoir. Il
s'agit simplement d'étendre aux contrats des sociétés par actions
le principe appliqué à tous les autres contrats; il s'agit pour
l'État de remplir une partie négligée de sa fonction judiciaire;
il ne s'agit que d'une meilleure administration de la justice.

FIN.

TABLE DES MATIÈRES

Coulommiers. — Typographie Paul BRODARD.

No 9. — 1er novembre 1878.

BULLETIN MENSUEL

DE LA LIBRAIRIE

GERMER BAILLIÈRE ET Cie

108, boulevard Saint-Germain

AU COIN DE LA RUE HAUTEFEUILLE

Envoi franco de tous les livres portés sur ce Catalogue contre un mandat sur la poste.

Ce bulletin paraît le 1er de chaque mois et sera envoyé régulièrement à toute personne qui en fera la demande.

I. — PHILOSOPHIE

LE POSITIVISME ANGLAIS

ÉTUDE

SUR STUART MILL

PAR H. TAINE

1 volume in-18 de la *Bibliothèque de philosophie contemporaine*
2e édition . . . . 2 fr. 50

AUTRES OUVRAGES DE M. TAINE

Philosophie de l'art, 2e édition. 1 vol. in-18.. . . . . . . 2 50
Philosophie de l'art en Italie, 2e édition. 1 vol. in-18 . 2 50
De l'Idéal dans l'art, 2e édition. 1 vol. in-18 . . . . . . 2 50
Philosophie de l'art dans les Pays-Bas. 1 vol. in-18 . 2 50
Philosophie de l'art en Grèce. 1 vol. in-18 . . . . 2 50
L'Idéalisme anglais, étude sur Carlyle. 1 vol. in-18 . . . 2 50

LE
DARWINISME

CE QU'IL Y A DE VRAI ET DE FAUX DANS CETTE THÉORIE

PAR

ÉDOUARD DE HARTMANN

TRADUIT DE L'ALLEMAND PAR M. GEORGES GUÉROULT

1 vol. in-18, de la *Bibl. de phil. contemp.* 2ᵉ édition. 2 fr. 50

OUVRAGES DU MÊME AUTEUR TRADUITS EN FRANÇAIS

La Philosophie de l'inconscient, traduit par M. D. NOLEN, 2 forts vol. in-8. 20 »

La Religion de l'avenir, 1 vol. in-18. 2ᵉ édition. 2 50

Histoire de la philosophie allemande au xixᵉ siècle, traduit par M. D. NOLEN, 1 vol. in-8 (sous-presse)

AUTRES OUVRAGES SUR LE DARWINISME

Ch. Darwin et ses précurseurs français, par M. DE QUATREFAGES. 1 vol. in-8. . . . . 5 »

Descendance et Darwinisme, par Oscar SCHMIDT. 1 vol. in-8, 2ᵉ éd. cart. 6 »

Le Darwinisme, par ÉM. FERRIÈRE, 1 vol. in-18. . . . . 4 50

J. LOCKE
SA VIE ET SON ŒUVRE
D'APRÈS DES DOCUMENTS NOUVEAUX

PAR

HENRI MARION

Ancien élève de l'École normale, professeur de philosophie au lycée Henri IV.

1 vol. in-18 de la *Bibl. de phil. contemp.* 2 fr. 50

PHILOSOPHIE

DE

LA RELIGION
DE HÉGEL

TRADUITE POUR LA PREMIÈRE FOIS

ET ACCOMPAGNÉE

DE PLUSIEURS INTRODUCTIONS ET D'UN COMMENTAIRE PERPÉTUEL

PAR

A. VÉRA

Professeur de philosophie à l'Université de Naples
Ancien professeur de philosophie de l'Université de France
Docteur ès lettres de la Faculté de Paris

Tome deuxième, 1 vol. in-8. . . . . 10 fr.

Le tome premier se vend séparément 10 francs.

AUTRES OUVRAGES DE HÉGEL ET SUR L'HÉGÉLIANISME

Logique, traduction par A. VÉRA. 2ᵉ édit. 2 vol. in-8 . . 14 »

Philosophie de la nature, traduction par A. VÉRA. 3 vol. in-8 . . . . 25 »

Philosophie de l'esprit, traduction par A. VÉRA. 2 volumes in-8 . . . . 18 »

Introduction à la philosophie de Hégel, par A. VÉRA. 1 vol. in-8 . . . . 6 50

Essais de philosophie hégélienne, par A. VÉRA. 1 volume in-18 . . . . 2 50

L'Hégélianisme et la philosophie, par A. VÉRA. 1 volume in-18 . . . . 3 50

Antécédents de l'Hégélianisme dans la philosophie française, par BEAUSSIRE. 1 volume in-18. . . . . . 2 50

La Dialectique dans Hégel et dans Platon, par Paul JANET, 1 vol. in-8 . . . . 6 »

La Poétique, traduction par Ch. BÉNARD, précédée d'une préface et suivie d'un examen critique. Extraits de Schiller, Gœthe, Jean-Paul, etc., et sur divers sujets relatifs à la poésie, 2 volumes in-8 . . . . 12 »

Esthétique, 2 volumes in-8, traduit par Ch. BÉNARD. . 16 »

Livraison de NOVEMBRE de la

REVUE PHILOSOPHIQUE
DE LA FRANCE ET DE L'ÉTRANGER

Paraissant tous les mois

TROISIÈME ANNÉE

TH. RIBOT, DIRECTEUR

SOMMAIRE.—**A. Dastre**, LE PROBLÈME PHYSIOLOGIQUE DE LA VIE.
— **G. Compayré**, LA PSYCHOLOGIE DE L'ENFANT. — **H. Joly**,
LA JEUNESSE DE LEIBNITZ A L'UNIVERSITÉ DE LEIPZIG. — **Notes
et documents**, L'INTELLIGENCE ANIMALE, d'après *M. Romanes*,
— NOTE SUR LE SENS MUSCULAIRE, par *le Dr G. Pouchet*. —
Analyses et comptes rendus : Renan, *Caliban*.—Guyau,
la Morale d'Épicure. — Bougot, *Essai sur la critique d'art*.
Liard, *les Logiciens anglais contemporains*.—Zöllner; *Wissens-
chaftliche Abhandlungen*, t. I. — V. di Giovanni, *Principii di
Filosofia prima*. — **Notices bibliographiques** : PUBLICA-
TIONS FRANÇAISES: MM. Beaussire, Cugnin, Dr Delaunay. PUBLI-
CATIONS ÉTRANGÈRES : MM. Ferri, Grote, Reich, Shields. —
Revue des périodiques : *Viereljahrsschrift für w'ssens-
chaftliche Philosophie*.

Abonnements : Pour Paris, 30 fr.; pour les départements et l'étranger, 33 fr.
La Livraison : 3 fr.

II. — HISTOIRE

Livraison de NOVEMBRE-DÉCEMBRE de la

REVUE HISTORIQUE
Paraissant tous les deux mois

TROISIÈME ANNÉE

MM. G. MONOD ET G. FAGNIEZ, DIRECTEURS

SOMMAIRE

A. LONGNON, Girard de Roussillon dans l'histoire. — A. GAZIER,
Henri Grégoire, évêque de Blois. — **Mélanges et Docu-**

ments : Ch. PAILLARD. Documents relatifs aux projets d'évasion de François I", prisonnier à Madrid, ainsi qu'à la situation intérieure de la France en 1525, 1542, 1544. — **Bulletin historique** : France, par G. MONOD. — Angleterre, par S. R. GARDINER. — Pays-Bas, par J. A. WIJNNE et G. G. VREEDE. — — Norvège, par G. STORM. — Pologne, par PAWINSKY. — **Comptes rendus critiques. — Publications périodiques et Sociétés savantes. — Chronique et Bibliographie.**

Abonnements : Un an, Paris, 30 fr. ; départements et étranger, 33 fr.
La livraison : 6 fr.

III. — SCIENCES ET MÉDECINE

Livraison d'OCTOBRE de la
REVUE MENSUELLE
DE
MÉDECINE & DE CHIRURGIE

FONDÉE ET DIRIGÉE PAR MM

CHARCOT, CHAUVEAU, OLLIER, PARROT ET VERNEUIL,
LÉPINE ET NICAISE, SECRÉTAIRES DE LA RÉDACTION

SOMMAIRE

ARTICLES ORIGINAUX. J. de TARCHANOFF. Sur les centres psychomoteurs des animaux nouveau-nés et leur développement dans différentes conditions. — LE DENTU. Des Amputations dans la gangrène foudroyante. — NICAISE. Note sur les fibromes aponévrotiques et périostiques du tronc. — CAUCHOIS. Note sur la température locale des néoplasmes. — J. DRESCHFELD. Sur quelques cas d'athétose — DESNOS. Note sur un cas d'étranglement herniaire ; mort par apoplexie pulmonaire. — REVUE GÉNÉRALE. Des pneumonies chroniques (cirrhoses du poumon), leçons professées à la Faculté de médecine en 1877-1878, par *M. le professeur Charcot*, résumées par *M. le docteur Butzer.* — BIBLIOGRAPHIE. I. — Physiologie. La Sécrétion de la sueur, par *A. Adamkiewicz.* Structure des circonvolutions cérébrales, par *Ch. Richet.* II. — Chirurgie : Des Néoplasmes des ganglions lymphatiques, par *G. Humbert.* Des causes de mort prompte après les grands traumatismes, par *E. Vincent.* Recherches sur les gaines synoviales de la main, par *Ed. Schwartz.* III. Varia. Catalogue des pièces du musée Dupuytren, par *Houel.* Iconographie photographique de la Salpétrière, par *Bourneville* et *Regnard.* Notices et portraits, par *J. Béclard.*

Abonnements : France 20 fr. Étranger 23 fr.
La livraison : 2 fr.

LA FIÈVRE TYPHOIDE

PAR

M. le professeur MURCHISON

Membre sociétaire (Fellow) du Collége royal des médecins
Membre de la Société royale de Londres ; Médecin et profes. à l'hôpital St-Thomas
Médecin consultant de l'hôpital des fiévreux de Londres

TRADUIT DE L'ANGLAIS

Par le Docteur LUTAUD

Ex-Médecin de l'hôpital français de Londres

PRÉCÉDÉ D'UNE INTRODUCTION ET ACCOMPAGNÉ DE NOTES

Par M. HENRI GUENEAU DE MUSSY

Membre de l'Académie de médecine
Médecin des hôpitaux de Paris ; Membre sociétaire du Collége royal des médecins
Médecin fondateur de l'hôpital français de Londres

1 beau vol. gr in-8 avec figures et planches hors texte. 10 fr.

Livraison de SEPTEMBRE-OCTOBRE

JOURNAL DE L'ANATOMIE

ET

DE LA PHYSIOLOGIE

NORMALES ET PATHOLOGIQUES DE L'HOMME ET DES ANIMAUX

PUBLIÉ PAR

MM. Ch. ROBIN et G. POUCHET

SOMMAIRE

A. ROBIN. — Recherches sur la reproduction gemmipare et fissipare de noctiluques (Pl. XXXV à XLI).

CADIAT. — Du développement de la partie céphalo-thoracique de l'embryon, de la formation du diaphragme, des plèvres, du péricarde, du pharynx et de l'œsophage (Pl. XLII à XLV.)

Abonnements : un an, Paris, 30 fr.; départements et étranger, 33 fr.
La Livraison : 6 fr.

IV. — BIBLIOTHÈQUE UTILE

LE SOLEIL
LES ÉTOILES ET LES COMÈTES

CONFÉRENCES DE MM.

le P. SECCHI, BRIOT, WOLF et DELAUNAY

1 vol. in-32, avec figures dans le texte.   » 60

TORRENTS
FLEUVES ET CANAUX
DE LA FRANCE

PAR

H. BLERZY

1 vol. in-32 de la *Bibliothèque utile*. .   » 60

L'ÉCONOMIE POLITIQUE

PAR

STANLEY JEVONS

TRADUIT DE L'ANGLAIS PAR M. H. GRAVEZ

1 vol. in-32 . . . .   » 60

LE DARWINISME

PAR

ÉMILE FERRIÈRE

1 vol. in-32 . . . . » 00

POUR PARAITRE INCESSAMMENT DANS LA

BIBLIOTHÈQUE UTILE

Les animaux voyageurs, par M. GEOFFROY. 1 vol.

La géographie physique, par M. GECKIE, traduit par M. GRA-VEZ.

Paris municipal, par M. H. LENEVEUX. 1 vol.

Histoire de Louis-Philippe, par M. Edg. ZÉVORT. 1 vol.

OUVRAGES SOUS PRESSE

POUR PARAITRE TRÈS PROCHAINEMENT :

AD. WURTZ. **La théorie atomique**, 1 vol. in-8, de la *Bibliothèque scientifique internationale*. 6 »

LE PÈRE SECCHI. **Les Étoiles**, 2 vol. in-8 de la *Bibliothèque scientifique internationale*, avec figures dans le texte et 17 pl. hors texte. 12 »

O. SCHMIDT. **Les Sciences naturelles et la philosophie de l'inconscient**, traduit de l'allemand par MM. J. SOURY, et MEYER. 1 vol. in-18 de la *Bibliothèque de philosophie contemporaine*. 2 50

HERBERT SPENCER. **Essais sur la politique**, traduit par M. BURDEAU, 1 vol. in-8 de la *Bibliothèque de philosophie contemporaine*. 7 50

GUYAU. **La morale anglaise contemporaine**, 1 vol. in-8 de la *Bibliothèque de philosophie contemporaine*. 7 50

DAEDLICKER. **Histoire du peuple suisse**, précédé d'une préface de M. Jules FAVRE, 1 vol. in-8 de la *Bibliothèque d'Histoire contemporaine*. 5 »

PARIS. — Impr. J. CLAYE. — A. QUANTIN et C', rue St-Benoît. — (1690)

CATALOGUE

DE

LIVRES DE FONDS

OUVRAGES HISTORIQUES

ET PHILOSOPHIQUES

PARIS

LIBRAIRIE GERMER BAILLIÈRE ET Cie

108, BOULEVARD SAINT-GERMAIN, 108

Au coin de la rue Hautefeuille.

OCTOBRE 1879

COLLECTION HISTORIQUE DES GRANDS PHILOSOPHES

PHILOSOPHIE ANCIENNE

ARISTOTE (Œuvres d'), traduction de M. Barthélemy Saint-Hilaire.

— **Psychologie** (Opuscules) traduite en français et accompagnée de notes. 1 vol. in-8................ 10 fr.

— **Rhétorique** traduite en français et accompagnée de notes. 1870, 2 vol. in-8............. 16 fr.

— **Politique**, 1868, 1 v. in-8. 10 fr.

— **Physique**, ou leçons sur les principes généraux de la nature. 2 forts vol. in-8................ 20 fr.

— **Traité du ciel**, 1866 ; traduit en français pour la première fois. 1 fort vol. grand in-8........... 10 fr.

— **Météorologie**, avec le petit traité apocryphe : *Du Monde*, 1863. 1 fort vol. grand in-8............ 10 fr.

— **Morale**, 1856, 3 v. gr. in-8. 24 fr.

— **Poétique**, 1858. 1 vol. in-8. 5 fr.

— **Traité de la production et de la destruction des choses**, traduit en français et accompagné de notes perpétuelles, 1866. 1 vol. gr. in-8................ 10 fr.

— **De la logique d'Aristote**, par M. Barthélemy Saint-Hilaire. 2 volumes in-8................ 10 fr.

SOCRATE. **La philosophie de Socrate**, par M. Alf. Fouillée. 2 vol. in-8................ 16 fr.

PLATON. **La philosophie de Platon**, par M. Alfred Fouillée. 2 volumes in-8................ 16 fr.

— **Études sur la Dialectique dans Platon et dans Hegel**, par M. Paul Janet. 1 vol. in-8... 6 fr.

PLATON et ARISTOTE. **Essai sur le commencement de la science politique**, par Van der Rest. 1 vol. in-8............. 10 fr.

ÉPICURE. **La Morale d'Épicure** et ses rapports avec les doctrines contemporaines, par M. Guyau. 1 vol. in-8.......... 6 fr. 50

ÉCOLE D'ALEXANDRIE. **Histoire critique de l'École d'Alexandrie**, par M. Vacherot. 3 vol. in-8. 24 fr.

— **L'École d'Alexandrie**, par M. Barthélemy Saint-Hilaire. 1 v. in-8. 6 fr.

MARC-AURÈLE. **Pensées de Marc-Aurèle**, traduites et annotées par M. Barthélemy Saint-Hilaire. 1 vol. in-18................ 4 fr. 50

RITTER. **Histoire de la philosophie ancienne**, trad. par Tissot. 4 vol. in-8................ 30 fr.

FABRE (Joseph). **Histoire de la philosophie, antiquité et moyen âge**. 1 vol. in-18........ 3 50

PHILOSOPHIE MODERNE

LEIBNIZ. **Œuvres philosophiques**, avec introduction et notes par M. Paul Janet. 2 vol. in-8. 16 fr.

— **La métaphysique de Leibniz et la critique de Kant.** Histoire et théorie de leurs rapports, par D. Nolen. 1 vol. in-8.. 6 fr.

— **Leibniz et Pierre le Grand**, par Foucher de Careil. 1 vol. in-8. 1874................ 2 fr.

— **Lettres et opuscules de Leibniz**, par Foucher de Careil, 1 vol. in-8................ 3 fr. 50

— **Leibniz, Descartes et Spinoza**, par Foucher de Careil. 1 v. in-8. 4 fr.

— **Leibniz et les deux Sophie**, par Foucher de Careil. 1 v. in-8. 2 fr.

SPINOZA. **Dieu, l'homme et la béatitude**, traduit pour la première fois en français, et précédé d'une introduction par M. P. Janet. 1 vol. 1 vol. in-18.......... 2 fr. 50

LOCKE. **Sa vie et ses œuvres**, par M. Marion. 1 vol. in-18. 2 fr. 50

MALEBRANCHE. **La philosophie de Malebranche**, par M. Ollé Laprune. 2 vol. in-8..... 16 fr.

VOLTAIRE. **La philosophie de Voltaire**, par M. Ern. Bersot. 1 vol. in-18................ 3 fr. 50

VOLTAIRE. **Les sciences au XVIII⁽ᵉ⁾ siècle. Voltaire physicien**, par M. Em. Saigey. 1 vol. in-8.. 5 fr.

BOSSUET. **Essai sur la philosophie de Bossuet**, par Nourrisson, 1 vol. in-8............ 4 fr.

RITTER. **Histoire de la philosophie moderne**, traduite par P. Challemel-Lacour. 3 vol. in-8. 20 fr.

— 3 —

FRANCK (Ad.). **La philosophie mystique en France** au XVIII° siècle. 1 vol. in-18... 2 fr. 50

DAMIRON. **Mémoires pour servir à l'histoire de la philosophie au** XVIII° siècle. 3 vol, in-8. 15 fr.

MAINE DE BIRAN. **Essai sur sa philosophie**, suivi de fragments inédits, par JULES GÉRARD. 1 fort vol. in-8, 1876............. 10 fr.

PHILOSOPHIE ÉCOSSAISE

DUGALD STEWART. **Éléments de la philosophie de l'esprit humain**, traduits de l'anglais par L. PEISSE. 3 vol. in-12........... 9 fr.

W. HAMILTON. **Fragments de philosophie**, traduits de l'anglais par L. PEISSE. 1 vol. in-8., 7 fr. 50

— **La philosophie de Hamilton**, par J. STUART MILL. 1 v. in-8. 10 fr.

PHILOSOPHIE ALLEMANDE

KANT. **Critique de la raison pure**, trad. par M. TISSOT. 2 v. in-8. 16 fr.

— Même ouvrage, traduction par M. Jules BARNI. 2 vol. in-8, avec une introduction du traducteur, contenant l'analyse de cet ouvrage.... 16 fr.

— **Éclaircissements sur la critique de la raison pure**, traduits par J. TISSOT. 1 volume in-8.................. 6 fr.

— **Critique du jugement**, suivie des *Observations sur les sentiments du beau et du sublime*, traduite par J. BARNI. 2 vol. in-8..... 12 fr.

— **Examen de la critique de la raison pratique**, traduit par M. J. BARNI. 1 vol. in-8....... 6 fr.

— **Principes métaphysiques du droit**, suivis du *projet de paix perpétuelle*, traduction par M. TISSOT, 1 vol. in-8......... 8 fr.

— Même ouvrage, traduction par M. Jules BARNI. 1 vol. in-8... 8 fr.

— **Principes métaphysiques de la morale**, augmentés des *fondements de la métaphysique des mœurs*, traduct. par M. TISSOT. 1 v. in-8. 8 fr.

— Même ouvrage, traduction par M. Jules BARNI avec une introduction analytique. 1 vol. in-8..... 8 fr.

— **La logique**, traduction par M. TISSOT. 1 vol. in-8..... 4 fr.

— **Mélanges de logique**, traduction par M. TISSOT. 1 vol. in-8.. 6 fr.

— **Prolégomènes à toute métaphysique future** qui se présentera comme science, traduction de M. TISSOT. 1 vol. in-8... 6 fr.

KANT. **Anthropologie**, suivie de divers fragments relatifs aux rapports du physique et du moral de l'homme, et du commerce des esprits d'un monde à l'autre, traduction par M. TISSOT. 1 vol. in-8. ... 6 fr.

— **La critique de Kant et la métaphysique de Leibniz**. Histoire et théorie de leurs rapports, par D. NOLEN. 1 vol. in-8, 1875. 6 fr.

— **Examen de la critique de Kant**, par SARCHI. 1 vol. grand in-8.................. 4 fr.

FICHTE. **Méthode pour arriver à la vie bienheureuse**, traduite par Francisque BOUILLIER. 1 vol. in-8.................. 8 fr.

— **Destination du savant et de l'homme de lettres**, traduite par M. NICOLAS. 1 vol. in-8.... 3 fr.

— **Doctrines de la science**. Principes fondamentaux de la science de la connaissance, traduits par CHIMBLOT. 1 vol. in-8..... 9 fr.

SCHELLING. **Bruno** ou du principe divin, trad. par Cl. HUSSON. 1 vol. in-8................. 3 fr. 50

— **Idéalisme transcendental**. 1 vol. in-8.......... 7 fr. 50

— **Écrits philosophiques** et morceaux propres à donner une idée de son système, trad. par Ch. BÉNARD. 1 vol. in-8........ 9 fr.

HEGEL. **Logique**, traduction par A. VÉRA. 2° édition. 2 volumes in-8.................. 14 fr.

HEGEL. **Philosophie de la nature,** traduction par A. VÉRA. 3 volumes in-8................. 25 fr.
    Prix du tome II..... 8 fr. 50
    Prix du tome III.... 8 fr. 50
— **Philosophie de l'esprit,** traduction par A. VÉRA. 2 volumes in-8................. 18 fr.
— **Philosophie de la religion,** traduction par A. VÉRA. 2 vol. 20 fr.
— **Introduction à la philosophie de Hegel,** par A. VÉRA. 1 volume in-8................. 6 fr. 50
— **Essais de philosophie hégélienne,** par A. VÉRA. 1 vol. 2 fr. 50
— **L'Hégélianisme et la philosophie,** par M. VÉRA. 1 volume in-18.............. 3 fr. 50
— **Antécédents de l'Hégélianisme dans la philosophie française,** par BEAUSSIRE. 1 vol. in-18.............. 2 fr. 50
HEGEL. **La dialectique dans Hegel et dans Platon,** par Paul JANET. 1 vol. in-8............. 6 fr.

HEGEL. **La Poétique,** traduction par Ch. BÉNARD, précédée d'une préface et suivie d'un examen critique. Extraits de Schiller, Gœthe, Jean Paul, etc., et sur divers sujets relatifs à la poésie. 2 vol. in-8... 12 fr.
— **Esthétique,** 2 vol. in-8, traduite par M. BÉNARD.......... 16 fr.
RICHTER (Jean-Paul). **Poétique** ou **Introduction à l'esthétique,** traduit de l'allemand par Alex. BUCHNER et Léon DUMONT. 2 vol. in-8. 15 fr.
HUMBOLDT (G. de). **Essai sur les limites de l'action de l'État,** traduit de l'allemand, et précédé d'une Étude sur la vie et les travaux de l'auteur, par M. CHRÉTIEN. 1 vol. in-18.......... 3 fr. 50
— **La philosophie individualiste,** étude sur G. de HUMBOLDT, par CHALLEMEL-LACOUR. 1 vol. 2 fr. 50
STAHL. **Le Vitalisme et l'Animisme de Stahl,** par Albert LEMOINE. 1 vol. in-18.... 2 fr. 50
LESSING. **Le Christianisme moderne.** Étude sur Lessing, par FONTANÈS. 1 vol. in-18.. 2 fr. 50

PHILOSOPHIE ALLEMANDE CONTEMPORAINE

L. BUCHNER. **Science et nature,** traduction de l'allemand, par Aug. DELONDRE. 2 vol. in-18.... 5 fr.
— **Le Matérialisme contemporain.** Examen du système du docteur Büchner, par M. P. JANET. 2e édit. 1 vol. in-18.. 2 fr. 50
HARTMANN (E. de). **La Religion de l'avenir.** 1 vol. in-18.. 2 fr. 50
— **La philosophie de l'inconscient,** traduit par M. D. NOLEN. 2 vol. in-8. 1876...... 20 fr.
— **Darwinisme,** ce qu'il y a de vrai et de faux dans cette doctrine, traduit par M. G. GUÉROULT. 1 vol. in-18, 2e édit......... 2 fr. 50
— **La philosophie allemande du XIXe siècle dans ses représentants principaux,** traduit par M. D. NOLEN. 1 vol. in-8.
    (Sous presse.)
— **La philosophie de M. de Hartmann,** par M. D. NOLEN. 1 vol. in-18. (Sous presse.).. 2 fr. 50
HÆCKEL. **Hæckel et la théorie de l'évolution en Allemagne,** par Léon DUMONT. 1 vol. in-18. 2 fr. 50

HÆCKEL. **La science libre,** traduit par M. SOURY. 1 v. in-18. 2 fr. 50
O. SCHMIDT. **Hartmann et les sciences naturelles.** 1 volume in-18................ 2 fr. 50
LANGE, **La philosophie de Lange,** par M. D. NOLEN. 1 vol. in-18. (Sous presse.)........ 2 fr. 50
LOTZE (H.). **Principes généraux de psychologie physiologique,** traduits par M. PENJON. 1 volume in-18. 2 fr. 50
STRAUSS. **L'ancienne et la nouvelle foi de Strauss,** par VÉRA. 1 vol. in-8........... 6 fr.
MOLESCHOTT. **La Circulation de la vie,** Lettres sur la physiologie, en réponse aux Lettres sur la chimie de Liebig, traduction de l'allemand par M. CAZELLES, 2 volumes in-18. Pap. vélin............ 10 fr.
SCHOPENHAUER. **Essai sur le libre arbitre,** traduit de l'allemand. 1 vol. in-18................ 2 fr. 50
— **Philosophie de Schopenhauer,** par Th. RIBOT. 1 vol. in-18. 2 fr. 50

PHILOSOPHIE ANGLAISE CONTEMPORAINE

STUART MILL. **La philosophie de Hamilton.** 1 fort vol. in-8, trad. de l'anglais par E. CAZELLES.. 10 fr.

— **Mes Mémoires.** Histoire de ma vie et de mes idées, traduits de l'anglais par E. CAZELLES. 1 volume in-8............... 5 fr.

— **Système de logique** déductive et inductive. Exposé des principes de la preuve et des méthodes de recherche scientifique, traduit de l'anglais par M. Louis PEISSE. 2 vol. in-8........... 20 fr.

— **Essais sur la Religion**, traduits de l'anglais, par E. CAZELLES. 1 vol. in-8............. 5 fr.

— **Le positivisme anglais**, étude sur Stuart Mill, par H. TAINE. 1 volume in-18........... 2 fr. 50

— **Stuart Mill et Aug. Comte**, par M. LITTRÉ, suivi de *Stuart Mill et la Philosophie positive*, par M. G. Wyrouboff. 1 vol. in-8..... 2 fr.

HERBERT SPENCER. **Les premiers Principes.** 1 fort vol. in-8, trad. de l'anglais par M. CAZELLES... 10 fr.

— **Principes de psychologie**, traduits de l'anglais par MM. Th. RIBOT et ESPINAS. 2 vol. in-8.... 20 fr.

— **Principes de biologie**, traduits par M. CAZELLES. 2 forts volumes in-8. 20 fr.

— **Introduction à la Science sociale.** 1 v. in-8 cart. 3e éd. 6 fr.

— **Principes de sociologie.** 2 vol, in-8................. 20 fr.

— **Classification des Sciences.** 1 vol. in-18 .... 2 fr. 50

— **De l'éducation.** 1 volume in-8................. 5 fr.

— **Essais sur le progrès**, traduit par M. BURDEAU. 1 vol. in-8. 7 fr. 50

— **Essais sur la politique**, traduit par M. BURDEAU. 1 vol. 7 fr. 50

— **Essais sur les sciences**, traduit par M. BURDEAU. 1 vol. 7 fr. 50

BAIN. **Des Sens et de l'Intelligence.** 1 vol. in-8, traduit de l'anglais par M. CAZELLES. 10 fr.

BAIN. **La logique inductive et déductive**, traduite de l'anglais par M. COMPAYRÉ. 2 vol. in-8.. 20 fr.

BAIN. **L'esprit et le corps.** 1 vol. in-8, cartonné, 2e édition.. 6 fr.

DARWIN. **Ch. Darwin et ses précurseurs français**, par M. de QUATREFAGES. 1 vol. in-8.. 5 fr.

— **Descendance et Darwinisme**, par Oscar SCHMIDT. 1 volume in-8, cart.............. 6 fr.

— **Le Darwinisme**, ce qu'il y a de vrai et de faux dans cette doctrine, par E. DE HARTMANN, traduit par G. GUÉROULT, 1 vol. in-18..... 2 fr. 50

— **Le Darwinisme**, par ÉM. FERRIÈRE. 1 vol. in-18..... 4 fr. 50

— **Les récifs de corail**, leur structure et leur distribution. 1 volume in-8.................. 8 fr.

CARLYLE. **L'idéalisme anglais**, étude sur Carlyle, par H. TAINE. 1 vol. in-18........... 2 fr. 50

BAGEHOT. **Lois scientifiques du développement des nations** dans leurs rapports avec les principes de la sélection naturelle et de l'hérédité. 1 vol. in-8, 2e édit. 6 fr.

RUSKIN (JOHN). **L'esthétique anglaise**, étude sur J. Ruskin, par MILSAND. 1 vol. in-18 ... 2 fr. 50

MATTHEW ARNOLD. **La crise religieuse**, traduit de l'anglais. 1 vol. in-8. 1876........... 7 fr. 50

FLINT. **La philosophie de l'histoire en France et en Allemagne**, traduit de l'anglais par M. L. CARRAU. 2 vol. in-8. 15 fr.

RIBOT (Th.). **La psychologie anglaise contemporaine** (James Mill, Stuart Mill, Herbert Spencer, A. Bain, G. Lewes, S. Bailey, J.-D. Morell, J. Murphy), 1875. 1 vol. in-8, 2e édition....... 7 fr. 50

LIARD. **Les logiciens anglais contemporains** (Herschell, Whewell, Stuart Mill, G. Bentham, Hamilton, de Morgan, Boole, Stanley Jevons). 1 vol. in-18......... 2 fr. 50

GUYAU. **Les moralistes anglais contemporains.** 1 volume in-8.
(Sous presse.)

BIBLIOTHÈQUE

DE

PHILOSOPHIE CONTEMPORAINE

Volumes in-18 à 2 fr. 50 c.

Cartonnés : 3 fr. ; reliés : 4 fr.

M. Taine.

LE POSITIVISME ANGLAIS, étude sur Stuart Mill. 1 vol.

L'IDÉALISME ANGLAIS, étude sur Carlyle. 1 vol.

PHILOSOPHIE DE L'ART, 2e éd. 1 v.

PHILOSOPHIE DE L'ART EN ITALIE, 2e édition. 1 vol.

DE L'IDÉAL DANS L'ART. 1 vol.

PHILOSOPHIE DE L'ART DANS LES PAYS-BAS. 1 vol.

PHILOSOPHIE DE L'ART EN GRÈCE. 1 vol.

Paul Janet.

LE MATÉRIALISME CONTEMPORAIN. 2e édit. 1 vol.

LA CRISE PHILOSOPHIQUE. Taine, Renan, Vacherot, Littré. 1 vol.

LE CERVEAU ET LA PENSÉE. 1 vol.

PHILOSOPHIE DE LA RÉVOLUTION FRANÇAISE. 1 vol.

SAINT-SIMON ET LE SAINT-SIMO-NISME. 1 vol.

DIEU, L'HOMME ET LA BÉATITUDE, (Œuvre inédite de Spinoza.) 1 vol.

Odysse-Barot.

PHILOSOPHIE DE L'HISTOIRE. 1 vol.

Alaux.

PHILOSOPHIE DE M. COUSIN. 1 vol.

Ad. Franck.

PHILOSOPHIE DU DROIT PÉNAL. 1 vol.

PHILOSOPHIE DU DROIT ECCLÉSIAS-TIQUE. 1 vol.

LA PHILOSOPHIE MYSTIQUE EN FRANCE AU XVIIIe SIÈCLE. 1 vol.

Charles de Rémusat.

PHILOSOPHIE RELIGIEUSE. 1 vol.

Charles Lévêque.

LE SPIRITUALISME DANS L'ART. 1 vol.

LA SCIENCE DE L'INVISIBLE. Étude de psychologie et de théodicée. 1 vol.

Émile Saisset.

L'ÂME ET LA VIE, suivi d'une étude sur l'Esthétique franç. 1 vol.

CRITIQUE ET HISTOIRE DE LA PHI-LOSOPHIE (frag. et disc.). 1 vol.

Auguste Laugel.

LES PROBLÈMES DE LA NATURE. 1 vol.

LES PROBLÈMES DE LA VIE. 1 vol.

LES PROBLÈMES DE L'AME. 1 vol.

LA VOIX, L'OREILLE ET LA MU-SIQUE. 1 vol.

L'OPTIQUE ET LES ARTS. 1 vol.

Challemel-Lacour.

LA PHILOSOPHIE INDIVIDUALISTE. 1 vol.

L. Büchner.

SCIENCE ET NATURE, trad. de l'al-lem. par Aug. Delondre. 2 vol.

Albert Lemoine.

LE VITALISME ET L'ANIMISME DE STAHL. 1 vol.

DE LA PHYSIONOMIE ET DE LA PAROLE. 1 vol.

L'HABITUDE ET L'INSTINCT. 1 vol.

Milsand.

L'ESTHÉTIQUE ANGLAISE, étude sur John Ruskin. 1 vol

A. Véra.

ESSAIS DE PHILOSOPHIE HEGÉ-LIENNE. 1 vol.

Beaussire.

ANTÉCÉDENTS DE L'HEGÉLIANISME DANS LA PHILOS. FRANÇ. 1 vol.

Ment.

LE PROTESTANTISME LIBÉRAL. 1 vol.

Francisque Bouillier.

DE LA CONSCIENCE. 1 vol.

Ed. Auber.

PHILOSOPHIE DE LA MÉDECINE. 1 vol.

Leblais.

MATÉRIALISME ET SPIRITUALISME, précédé d'une Préface par M. E. Littré. 1 vol.

Ad. Garnier.
DE LA MORALE DANS L'ANTIQUITÉ, précédé d'une Introduction par M. Prevost-Paradol. 1 vol.

Schœbel.
PHILOSOPHIE DE LA RAISON PURE. 1 vol.

Tissandier.
DES SCIENCES OCCULTES ET DU SPIRITISME. 1 vol.

Ath. Coquerel fils.
ORIGINES ET TRANSFORMATIONS DU CHRISTIANISME. 1 vol.
LA CONSCIENCE ET LA FOI. 1 vol.
HISTOIRE DU CREDO. 1 vol.

Jules Levallois.
DÉISME ET CHRISTIANISME. 1 vol.

Camille Selden.
LA MUSIQUE EN ALLEMAGNE. Étude sur Mendelssohn. 1 vol.

Fontanès.
LE CHRISTIANISME MODERNE. Étude sur Lessing. 1 vol.

Mariano.
LA PHILOSOPHIE CONTEMPORAINE EN ITALIE. 1 vol.

E. Faivre.
DE LA VARIABILITÉ DES ESPÈCES. 1 vol.

Ernest Bersot.
LIBRE PHILOSOPHIE. 1 vol.

A. Réville.
HISTOIRE DU DOGME DE LA DIVINITÉ DE JÉSUS-CHRIST. 2° éd. 1 vol.

W. de Fonvielle.
L'ASTRONOMIE MODERNE. 1 vol.

C. Coignet.
LA MORALE INDÉPENDANTE. 1 vol.

E. Boutmy.
PHILOSOPHIE DE L'ARCHITECTURE EN GRÈCE. 1 vol.

Et. Vacherot.
LA SCIENCE ET LA CONSCIENCE. 1 v.

Ém. de Laveleye.
DES FORMES DE GOUVERNEMENT. 1 v.

Herbert Spencer.
CLASSIFICATION DES SCIENCES. 1 v.

Gauckler.
LE BEAU ET SON HISTOIRE. 1 v.

Max Müller.
LA SCIENCE DE LA RELIGION. 1 v.

Léon Dumont.
HAECKEL ET LA THÉORIE DE L'É-VOLUTION EN ALLEMAGNE. 1 vol.

Bertauld.
L'ORDRE SOCIAL ET L'ORDRE MO-RAL. 1 vol.
DE LA PHILOSOPHIE SOCIALE. 1 vol.

Th. Ribot.
PHILOSOPHIE DE SCHOPENHAUER. 1 v.

Al. Herzen.
PHYSIOLOGIE DE LA VOLONTÉ. 1 vol.

Bentham et Grote.
LA RELIGION NATURELLE. 1 vol.

Hartmann.
LA RELIGION DE L'AVENIR. 2° édit. 1 vol.
LE DARWINISME. 1 vol.

H. Lotze.
PSYCHOLOGIE PHYSIOLOGIQUE. 1 v.

Schopenhauer
LE LIBRE ARBITRE. 1 vol.

Liard.
LES LOGICIENS ANGLAIS. 1 vol.

O. Schmidt.
LES SCIENCES NATURELLES ET LA PHILOSOPHIE DE L'INCONSCIENT. 1 vol.

Pi Y. Margall.
LES NATIONALITÉS. 1 vol.

Marion.
J. LOCKE. 1 vol.

D. Nolen.
LA PHILOSOPHIE DE LANGE. 1 vol.
(Sous presse.)
LA PHILOSOPHIE DE M. DE HART-MANN. 1 vol.
(Sous presse).

Haeckel.
LA SCIENCE LIBRE ET L'ENSEIGNE-MENT LIBRE. 1 vol.
(Sous presse).

Les volumes suivants de la collection in-18 sont épuisés; il en reste quelques exemplaires sur papier vélin, cartonnés, tranche supérieure dorée :

LETOURNEAU. **Physiologie des passions.** 1 vol. 5 fr.
MOLESCHOTT. **La circulation de la vie.** Lettres sur la physiologie, en rép. aux Lettres sur la chimie de Liebig, tr. de l'al. 2 v. 10 f.
STUART MILL. **Auguste Comte et la Philosophie positive.** 1 vol. 5 fr.
SAIGEY. **La physique moderne.** 1 vol. 5 fr.
BEAUQUIER. **Philosophie de la Musique.** 1 vol. 5 fr.

BIBLIOTHÈQUE DE PHILOSOPHIE CONTEMPORAINE

FORMAT IN-8

Volumes à 5 fr., 7 fr. 50 et 10 fr. Cart., 1 fr. en plus par vol.; reliure, 2 fr.

JULES BARNI.

La morale dans la démocratie. 1 vol.   5 fr.

AGASSIZ.

De l'espèce et des classifications, traduit de l'anglais par M. Vogell. 1 vol.   5 fr.

STUART MILL.

La philosophie de Hamilton, traduit de l'anglais par M. Cazelles. 1 fort vol.   10 fr.

Mes mémoires. Histoire de ma vie et de mes idées, traduit de l'anglais par M. E. Cazelles. 1 vol.   5 fr.

Système de logique déductive et inductive. Exposé des principes de la preuve et des méthodes de recherche scientifique, traduit de l'anglais par M. Louis Peisse. 2 vol.   20 fr.

Essais sur la Religion, traduits de l'anglais, par M. E. Cazelles. 1 vol.   5 fr.

DE QUATREFAGES.

Ch. Darwin et ses précurseurs français. 1 vol.   5 fr.

HERBERT SPENCER.

Les premiers principes. 1 fort vol. traduit de l'anglais par M. Cazelles.   10 fr.

Principes de psychologie, traduits de l'anglais par MM. Th. Ribot et Espinas. 2 vol.   20 fr.

Principes de biologie, traduits par M. Cazelles. 2 vol. in-8, 1877-1878.   20 fr.

Principes de sociologie. Tome Ier. 1 vol. in-8, 1878.   10 fr.

Essais sur le progrès, traduits de l'anglais par M. Burdeau. 1 vol. in-8, 1877.   7 fr. 50

Essais sur la politique. 1 vol. in-8, traduit par M. Burdeau. 7 fr. 50

Essais sur les sciences. 1 vol. in-8, traduit par M. Burdeau. 7 fr. 50
     (Sous presse).

De l'éducation. 1 vol. in-8.   5 fr.

AUGUSTE LAUGEL.

Les problèmes (Problèmes de la nature, problèmes de la vie, problèmes de l'âme). 1 fort vol.   7 fr. 50

ÉMILE SAIGEY.

Les sciences au XVIII° siècle, la physique de Voltaire. 1 vol. 5 fr.

PAUL JANET.

Histoire de la science politique dans ses rapports avec la morale. 2° édition, 2 vol. 20 fr.

Les causes finales. 1 vol. in-8. 1876. 10 fr.

TH. RIBOT.

De l'Hérédité. 1 vol. 10 fr.

La psychologie anglaise contemporaine. 1 vol. 2° édition, 1875. 7 fr. 50

HENRI RITTER.

Histoire de la philosophie moderne, traduction française, précédée d'une introduction par M. P. Challemel-Lacour, 3 vol. 20 fr.

ALF. FOUILLÉE.

La liberté et le déterminisme. 1 v. 7 fr. 50

DE LAVELEYE

De la propriété et de ses formes primitives. 1 vol., 2° éd., 1877. 7 fr. 50

BAIN.

La logique inductive et déductive, traduit de l'anglais par M. Compayré. 2 vol. 20 fr.

Des sens et de l'intelligence. 1 vol. traduit de l'anglais par M. Cazelles. 10 fr.

Les émotions et la volonté. 1 fort vol. (*Sous presse.*)

MATTHEW ARNOLD.

La crise religieuse. 1 vol. in-8. 1876. 7 fr. 50

BARDOUX.

Les légistes et leur influence sur la société française. 1 vol. in-8. 1877. 5 fr.

HARTMANN (E. DE).

La philosophie de l'inconscient, traduit de l'allemand par M. D. Nolen, avec une préface de l'auteur écrite pour l'édition française. 2 vol. in-8. 1877. 20 fr.

La philosophie allemande du XIX° siècle, dans ses principaux représentants, traduit de l'allemand par M. D. Nolen. 1 vol. in-8. (*Sous presse*).

ESPINAS (ALF.).

Des sociétés animales, étude de psychologie comparée. 1 vol. in-8, 2° éd., 1878. 7 fr. 50

FLINT.

La philosophie de l'histoire en France, traduit de l'anglais par M. Ludovic Carrau. 1 vol. in-8. 1878. 7 fr. 50

La philosophie de l'histoire en Allemagne, traduit de l'anglais par M. Ludovic Carrau. 1 vol. in-8, 1878. 7 fr. 50

GUYAU.

Les moralistes anglais contemporains. 1 vol. in-8. (*Sous presse.*)

LIARD.

La science positive et la métaphysique. 1 v. in-8. (*Sous presse*).

BIBLIOTHÈQUE

D'HISTOIRE CONTEMPORAINE

Vol. in-18 à 3 fr. 50.

Vol. in-8 à 5 et 7 fr. Cart. 1 fr. en plus par vol.; reliure 2 fr.

EUROPE

HISTOIRE DE L'EUROPE PENDANT LA RÉVOLUTION FRANÇAISE, par *H. de Sybel*. Traduit de l'allemand par *Mlle Dosquet*. 3 vol. in-8. . . . 21 »
Chaque volume séparément . . . . 7 »

FRANCE

HISTOIRE DE LA RÉVOLUTION FRANÇAISE, par *Carlyle*, traduite de l'anglais, 3 vol. in-18; chaque volume. 3 50
NAPOLÉON Ier ET SON HISTORIEN M. THIERS, par *Barni*. 1 vol. in-18. 3 50
HISTOIRE DE LA RESTAURATION, par *de Rochau*. 1 vol. in-18, traduit de l'allemand. 3 50
HISTOIRE DE DIX ANS, par *Louis Blanc*. 5 vol. in-8. . . . . 25 »
Chaque volume séparément . . . . 5 »
— 25 planches en taille-douce. Illustrations pour l'*Histoire de dix ans*. 6 fr.
HISTOIRE DE HUIT ANS (1840-1848), par *Elias Regnault*. 3 vol. in-8. 15 »
Chaque volume séparément . . . . 5 »
— 14 planches en taille-douce. Illustrations pour l'*Histoire de huit ans*, 4 fr.
HISTOIRE DU SECOND EMPIRE (1848-1870), par *Taxile Delord*. 6 volumes in-8. . . . . 42 »
Chaque volume séparément . . . . 7 »
LA GUERRE DE 1870-1871, par *Boert*, d'après le colonel fédéral suisse Rustow. 1 vol. in-18. . . . . 3 50
LA FRANCE POLITIQUE ET SOCIALE, par *Aug. Laugel*. 1 volume in-8. 5 »

ANGLETERRE

HISTOIRE GOUVERNEMENTALE DE L'ANGLETERRE, DEPUIS 1770 JUSQU'A 1830, par sir *G. Cornewal Lewis*. 1 vol. in-8, traduit de l'anglais . . . . . 7 fr.
HISTOIRE DE L'ANGLETERRE depuis la reine Anne jusqu'à nos jours, par *H. Reynald*. 1 vol. in-18. . . . . 3 50
LES QUATRE GEORGES, par *Tackeray*, trad. de l'anglais par Lefoyer. 1 vol. in-18. . . . . 3 50
LA CONSTITUTION ANGLAISE, par *W. Bagehot*, traduit de l'anglais. 1 vol. in-18. . . . . 3 50
LOMBART-STREET, le marché financier en Angleterre, par *W. Bagehot*. 1 vol. in-18. . . . . 3 50
LORD PALMERSTON ET LORD RUSSEL, par *Aug. Laugel*. 1 volume in-18 (1870) 3 50

ALLEMAGNE

LA PRUSSE CONTEMPORAINE ET SES INSTITUTIONS, par *K. Hillebrand*. 1 vol. in-18. . . . . 3 50
HISTOIRE DE LA PRUSSE, depuis la mort de Frédéric II jusqu'à la bataille de Sadowa, par *Eug. Véron*. 1 vol. in-18 . . . . 3 50
HISTOIRE DE L'ALLEMAGNE, depuis la bataille de Sadowa jusqu'à nos jours, par *Eug. Véron*. 1 vol. in-18. . . . . 3 50
L'ALLEMAGNE CONTEMPORAINE, par *Ed. Bourloton*. 1 vol. in-18. . . . 3 50

AUTRICHE-HONGRIE

HISTOIRE DE L'AUTRICHE, depuis la mort de Marie-Thérèse jusqu'à nos jours, par *L. Asseline*. 1 volume in-18 . . . . 3 50
HISTOIRE DES HONGROIS et de leur littérature politique de 1790 à 1815, par *Ed. Sayous*. 1 vol. in-18 . . . . 3 50

ESPAGNE

L'ESPAGNE CONTEMPORAINE, journal d'un voyageur, par *Louis Teste*. 1 vol. in-18 . . . . 3 50
HISTOIRE DE L'ESPAGNE, depuis la mort de Charles III jusqu'à nos jours, par *H. Reynald*. vol. in-18 . . . . 3 50

RUSSIE

LA RUSSIE CONTEMPORAINE, par *Herbert Barry*, traduit de l'anglais. 1 vol. in-18 . . . . 3 50

SUISSE

LA SUISSE CONTEMPORAINE, par *H. Dixon*. 1 vol. in-18, traduit de l'anglais 3 50
HISTOIRE DU PEUPLE SUISSE, par *Daenicker*, précédée d'une Introduction de M. *Jules Favre*. 1 vol. in-18 . . . . (*Sous presse*.) 3 50

ITALIE

HISTOIRE DE L'ITALIE, depuis 1815 jusqu'à nos jours, par *Elie Sorin*. 1 vol. in-18 . . . . 3 50

AMÉRIQUE

HISTOIRE DE L'AMÉRIQUE DU SUD, depuis sa conquête jusqu'à nos jours, par *Alf. Deberle*. 1 vol. in-18 . . . . 3 50
HISTOIRE DE L'AMÉRIQUE DU NORD (États-Unis, Canada, Mexique), par *Ad. Cohn*. 1 vol. in-18 . . . . (*Sous presse*.)
LES ÉTATS-UNIS PENDANT LA GUERRE, 1861-1864. Souvenirs personnels, par *Aug. Laugel*. 1 vol. in-18 . . . . 3 50

Eug. Despois. LE VANDALISME RÉVOLUTIONNAIRE. Fondations littéraires, scientifiques et artistiques de la Convention. 1 vol. in-18 . . . . . 3 50
Victor Meunier. SCIENCE ET DÉMOCRATIE. 2 vol. in-18, chacun séparément 3 50
Jules Barni. HISTOIRE DES IDÉES MORALES ET POLITIQUES EN FRANCE AU XVIIIᵉ SIÈCLE. 2 vol. in-18, chaque volume 3 50
— NAPOLÉON Iᵉʳ ET SON HISTORIEN M. THIERS. 1 vol. in-18 . . . 3 50
— LES MORALISTES FRANÇAIS AU XVIIIᵉ SIÈCLE. 1 vol. in 18 . . . 3 50
Émile Montégut. LES PAYS-BAS. Impressions de voyage et d'art. 1 vol. in-18 . . . . 3 50
Émile Beaussire. LA GUERRE ÉTRANGÈRE ET LA GUERRE CIVILE. 1 vol. in-18 . . . . 3 50
J. Clamageran. LA FRANCE RÉPUBLICAINE. 1 volume in-18 . . . 3 50
E. Duvergier de Hauranne. LA RÉPUBLIQUE CONSERVATRICE. 1 vol. in-18 . . . . 3 50

ÉDITIONS ÉTRANGÈRES

Éditions anglaises.

AUGUSTE LAUGEL. The United States during the war. In-8. 7 shill. 6 p.
ALBERT RÉVILLE. History of the doctrine of the deity of Jesus-Christ. 3 sh. 6 p.
H. TAINE. Italy (Naples et Rome). 7 sh. 6 p.
H. TAINE. The Philosophy of art. 3 sh.

PAUL JANET. The Materialism of present day. 1 vol. in-18, rel. 3 shill.

Éditions allemandes.

JULES BARNI. Napoleon I. in-18. 3 m.
PAUL JANET. Der Materialismus unserer Zeit. 1 vol. in-18. 3 m.
H. TAINE. Philosophie der Kunst. 1 vol. in-18. 3 m.

BIBLIOTHÈQUE SCIENTIFIQUE

INTERNATIONALE

La *Bibliothèque scientifique internationale* n'est pas une entreprise de librairie ordinaire. C'est une œuvre dirigée par les auteurs mêmes, en vue des intérêts de la science, pour la populariser sous toutes ses formes, et faire connaître immédiatement dans le monde entier les idées originales, les directions nouvelles, les découvertes importantes qui se font chaque jour dans tous les pays. Chaque savant exposera les idées qu'il a introduites dans la science et condensera pour ainsi dire ses doctrines les plus originales.

On pourra ainsi, sans quitter la France, assister et participer au mouvement des esprits en Angleterre, en Allemagne, en Amérique, en Italie, tout aussi bien que les savants mêmes de chacun de ces pays.

La *Bibliothèque scientifique internationale* ne comprend pas seulement des ouvrages consacrés aux sciences physiques et naturelles, elle aborde aussi les sciences morales comme la philosophie, l'histoire, la politique et l'économie sociale, la haute législation, etc.; mais les livres traitant des sujets de ce genre se rattacheront encore aux sciences naturelles, en leur empruntant les méthodes d'observation et d'expérience qui les ont rendues si fécondes depuis deux siècles.

Cette collection paraît à la fois en français, en anglais, en allemand, en russe et en italien : à Paris, chez Germer Baillière et Cie ; à Londres, chez C. Kegan, Paul et Cie ; à New-York, chez Appleton ; à Leipzig, chez Brockhaus ; à Saint-Pétersbourg, chez Koropchevski et Goldsmith, et à Milan, chez Dumolard frères.

EN VENTE :

VOLUMES IN-8, CARTONNÉS A L'ANGLAISE A 6 FRANCS

Les mêmes, en demi-reliure, veau. — 10 francs.

J. TYNDALL. **Les glaciers et les transformations de l'eau**, avec figures. 1 vol. in-8. 2ᵉ édition. 6 fr.

MAREY. **La machine animale**, locomotion terrestre et aérienne, avec de nombreuses figures. 1 vol. in-8. 2ᵉ édition. 6 fr.

BAGEHOT. **Lois scientifiques du développement des nations** dans leurs rapports avec les principes de la sélection naturelle et de l'hérédité. 1 vol. in-8, 3ᵉ édition. 6 fr.

BAIN. **L'esprit et le corps.** 1 vol. in-8, 3ᵉ édition. 6 fr.

PETTIGREW. **La locomotion chez les animaux**, marche, natation. 1 vol. in-8 avec figures. 6 fr.

HERBERT SPENCER. **La science sociale.** 1 vol. in-8, 4° éd.   6 fr.

VAN BENEDEN. **Les commensaux et les parasites dans le règne animal.** 1 vol. in-8, avec figures. 2° édit.   6 fr.

O. SCHMIDT. **La descendance de l'homme et le darwinisme.** 1 vol. in-8 avec figures, 3° édition, 1878.   6 fr.

MAUDSLEY. **Le Crime et la Folie.** 1 vol. in-8, 3° édition.   6 fr.

BALFOUR STEWART. **La conservation de l'énergie,** suivie d'une étude sur la nature de la force, par *M. P. de Saint-Robert,* avec figures. 1 vol. in-8, 2° édition.   6 fr.

DRAPER. **Les conflits de la science et de la religion.** 1 vol. in-8, 5° édition, 1878.   6 fr.

SCHUTZENBERGER. **Les fermentations.** 1 vol. in-8, avec fig. 2° édition.   6 fr.

L. DUMONT. **Théorie scientifique de la sensibilité.** 1 vol. in-8, 2° édition.   6 fr.

WHITNEY. **La vie du langage.** 1 vol. in-8, 2° éd.   6 fr.

COOKE ET BERKELEY. **Les champignons.** 1 vol. in-8, avec figures, 3° édition.   6 fr.

BERNSTEIN. **Les sens.** 1 vol. in-8, avec 91 figures, 2° édit.   6 fr.

BERTHELOT. **La synthèse chimique.** 1 vol. in-8, 2° édit.   6 fr.

VOGEL. **La photographie et la chimie de la lumière,** avec 95 fig. 1 vol. in-8, 2° édit.   6 fr.

LUYS. **Le cerveau et ses fonctions,** avec figures. 1 vol. in-8, 3° édition.   6 fr.

STANLEY JEVONS. **La monnaie et le mécanisme de l'échange.** 1 vol. in-8. 2° édition.   6 fr.

FUCHS. **Les volcans.** 1 vol. in-8, avec figures dans le texte et une carte en couleur. 2° édition.   6 fr.

GÉNÉRAL BRIALMONT. **Les camps retranchés et leur rôle dans la défense des États,** avec fig. dans le texte et 2 planches hors texte.   6 fr.

DE QUATREFAGES. **L'espèce humaine.** 1 vol. in-8, 4° édition. 1878.   6 fr.

BLASERNA ET HELMOLTZ. **Le son et la musique,** et *les Causes physiologiques de l'harmonie musicale.* 1 v. in-8, avec fig. 1877. 6 fr.

ROSENTHAL. **Les nerfs et les muscles.** 1 vol. in-8, avec 75 figures. 2° édition, 1878.   6 fr.

BRUCKE ET HELMHOLTZ. **Principes scientifiques des beaux-arts,** suivis de l'Optique et la peinture, avec 39 figures dans le texte. 1878.   6 fr.

WURTZ. **La théorie atomique.** 1 vol. in-8, 1878   6 fr.

OUVRAGES SUR LE POINT DE PARAITRE :

SECCHI (le Père). **Les étoiles.**

BALBIANI. **Les infusoires.**

BROCA. **Les primates.**

É. ALGLAVE. **Les principes des constitutions politiques.**

FRIEDEL. **Les fonctions en chimie organique**

RÉCENTES PUBLICATIONS

HISTORIQUES ET PHILOSOPHIQUES

Qui ne se trouvent pas dans les Bibliothèques.

ALAUX. La religion progressive. 1869, 1 vol. in-18. 3 fr. 50

ARRÉAT. Une éducation intellectuelle. 1 vol. in-18, 2 fr. 50

AUDIFFRET-PASQUIER. Discours devant les commissions de la réorganisation de l'armée et des marchés. In-4.
2 fr. 50

BARNI. Voy. KANT, page 3 et pages 10, 11 et 22.

BARTHÉLEMY SAINT-HILAIRE. Voyez PHILOSOPHIE ANCIENNE, page 2.

BAUTAIN. La philosophie morale. 2 vol. in-8. 12 fr.

BÉNARD (Ch.). De la Philosophie dans l'éducation classique, 1862. 1 fort vol. in-8. 6 fr.

BÉNARD (Ch.). Voyez SCHELLING, page 3 et HEGEL, pages 3 et 4.

BERTAULD (P.-A). Introduction à la recherche des causes premières. — De la méthode. Tome Ier, 1 vol. in-18. 3 fr. 50

BLAIZE (A.). Des monts-de-piété et des banques de prêts sur gages en France et dans les divers États. 2 vol. in-8. 15 fr.

BLANCHARD. Les métamorphoses, les mœurs et les instincts des insectes, par M. Émile BLANCHARD, de l'Institut, professeur au Muséum d'histoire naturelle. 1 magnifique volume in-8 jésus, avec 160 figures intercalées dans le texte et 40 grandes planches hors texte. 2e édition, 1877. Prix, broché. 25 fr.
Relié en demi-maroquin. 30 fr.

BLANQUI. L'éternité par les astres, hypothèse astronomique. 1872, in-8. 2 fr.

BORÉLY (J.). Nouveau système électoral, représentation proportionnelle de la majorité et des minorités. 1870, 1 vol. in-18 de XVIII-194 pages. 2 fr. 50

BOUCHARDAT. Le travail, son influence sur la santé (conférences faites aux ouvriers). 1863, 1 vol. in-18. 2 fr. 50

BOURBON DEL MONTE (François). L'homme et les animaux, essai de psychologie positive. 1 vol. in-8, avec 3 pl. hors texte. 5 fr.

BOURDET (Eug.). Principe d'éducation positive, nouvelle édition, entièrement refondue, précédée d'une préface de M. CH. ROBIN. 1 vol. in-18 (1877). 3 fr. 50

BOURDET (Eug.). Vocabulaire des principaux termes de la philosophie positive, avec notices biographiques appartenant au calendrier positiviste. 1 vol. in-18 (1875). 3 fr. 50

BOUTROUX. De la contingence des lois de la nature. In-8, 1874. 4 fr.

CADET. Hygiène, inhumation, crémation ou incinération des corps. 1 vol. in-18, avec figures dans le texte. 2 fr.

CARETTE (le colonel). Études sur les temps antéhistoriques. Première étude : Le Langage. 1 vol. in-8, 1878. 8 fr.

CHASLES (Philarète). Questions du temps et problèmes d'autrefois. Pensées sur l'histoire, la vie sociale, la littérature. 1 vol. in-18, édition de luxe. 3 fr.

CLAVEL. La morale positive. 1873, 1 vol. in-18. 3 fr.

CLAVEL. Les principes au XIXᵉ siècle. 1 v. in-18 (1877). 1 fr.

CONTA. Théorie du fatalisme. 1 vol. in-18, 1877. 4 fr.

COQUEREL (Charles). Lettres d'un marin à sa famille. 1870, 1 vol. in-18. 3 fr. 50

COQUEREL fils (Athanase). Libres études (religion, critique, histoire, beaux-arts). 1867, 1 vol. in-8. 5 fr.

COQUEREL fils (Athanase). Pourquoi la France n'est-elle pas protestante? Discours prononcé à Neuilly le 1ᵉʳ novembre 1866. 2ᵉ édition, in-8. 1 fr.

COQUEREL fils (Athanase). La charité sans peur, sermon en faveur des victimes des inondations, prêché à Paris le 18 novembre 1866. In-8. 75 c.

COQUEREL fils (Athanase). Évangile et liberté, discours d'ouverture des prédications protestantes libérales, prononcé le 8 avril 1868, in-8 50 c.

COQUEREL fils (Athanase). De l'éducation des filles, réponse à Mgr l'évêque d'Orléans, discours prononcé le 3 mai 1868. In-8. 1 fr.

CORBON. Le secret du peuple de Paris. 1 vol. in-8. 5 fr.

CORMENIN (de)- TIMON. Pamphlets anciens et nouveaux. Gouvernement de Louis-Philippe, République, Second Empire. 1 beau vol. in-8 cavalier. 7 fr. 50

Conférences de la Porte-Saint-Martin pendant le siége de Paris. Discours de MM. Desmarets et de Pressensé. — Discours de M. Coquerel, sur les moyens de faire durer la République. — Discours de M. Le Berquier, sur la Commune. — Discours de M. E. Bersier, sur la Commune. — Discours de M. H. Cernuschi, sur la Légion d'honneur. In-8. 1 fr. 25

Sir G. CORNEWALL LEWIS. Quelle est la meilleure forme de gouvernement? Ouvrage traduit de l'anglais, précédé d'une Étude sur la vie et les travaux de l'auteur, par M. Mervoyer, docteur ès lettres. 1867, 1 vol. in-8. 3 fr. 50

CORTAMBERT (Louis). La religion du progrès. 1874, 1 vol. in-18. 3 fr. 50

DAURIAC (Lionel). Des notions de force et de matière dans les sciences de la nature. 1 vol. in-8, 1878, 5 fr.

DAVY. Les conventionnels de l'Eure. Buzot, Duroy, Lindet, à travers l'histoire. 2 forts vol. in-8 (1876). 18 fr.

DELAVILLE. Cours pratique d'arboriculture fruitière pour la région du nord de la France, avec 269 fig. In-8. 6 fr.

DELBOEUF. La psychologie comme science naturelle. 1 vol. in-8, 1876. 2 fr. 50

DELEUZE. Instruction pratique sur le magnétisme animal, précédée d'une Notice sur la vie de l'auteur. 1853, 1 vol. in-12. 3 fr. 50

DESJARDINS. Les Jésuites et l'université devant le parlement de Paris au XVIᵉ siècle. 1 br. in-8 (1877). 1 fr. 25

DESTREM (J.) Les déportations du Consulat. 1 br. in-8. 4 fr. 50

DOLLFUS (Ch.). De la nature humaine. 1868, 1 v. in-8. 5 fr.

DOLLFUS (Ch.). **Lettres philosophiques**, 3ᵉ édition. 1869, 1 vol. in-18. 3 fr. 50

DOLLFUS (Ch.). **Considérations sur l'histoire**. Le monde antique. 1872, 1 vol. in-8. 7 fr. 50

DOLLFUS (Ch.). **L'Âme dans les phénomènes de conscience**. 1 vol. in-18 (1876). 3 fr.

DUBOST (Antonin). **Des conditions de gouvernement en France**. 1 vol. in-8 (1875). 7 fr. 50

DUFAY. **Études sur la Destinée**, 1 vol. in-18, 1876. 3 fr.

DUMONT (Léon). **Le sentiment du gracieux**. 1 vol. in-8. 3 fr.

DUMONT (Léon). **Des causes du rire**. 1 vol. in-8. 2 fr.

DUMONT (Léon). Voyez pages 4, 7 et 12.

DU POTET. **Manuel de l'étudiant magnétiseur**. Nouvelle édition. 1868, 1 vol. in-18. 3 fr. 50

DU POTET. **Traité complet de magnétisme**, cours en douze leçons. 1878, 4ᵉ édition, 1 vol. de 634 pages. 8 fr.

DUPUY (Paul). **Études politiques**, 1874. 1 v. in-8 de 236 pages. 3 fr. 50

DUVAL-JOUVE. **Traité de Logique**, ou essai sur la théorie de la science, 1855. 1 vol. in-8. 6 fr.

Éléments de science sociale. Religion physique, sexuelle et naturelle. 1 vol. in-18. 3ᵉ édit., 1877. 3 fr. 50

ÉLIPHAS LÉVI. **Dogme et rituel de la haute magie**. 1861, 2ᵉ édit., 2 vol. in-8, avec 24 fig. 18 fr.

ÉLIPHAS LÉVI. **Histoire de la magie**, avec une exposition claire et précise de ses procédés, de ses rites et de ses mystères. 1860, 1 vol. in-8, avec 90 fig. 12 fr.

ÉLIPHAS LÉVI. **La science des esprits**, révélation du dogme secret des Kabbalistes, esprit occulte de l'Évangile, appréciation des doctrines et des phénomènes spirites. 1865, 1 v. in-8. 7 fr.

EVANS (John). **Les âges de la pierre**, instruments, armes et ornements de la Grande-Bretagne. 1 beau volume grand in-8, avec 467 fig. dans le texte, trad. par M. Ed. BARBIER. 1878. 15 fr.
En demi-reliure. 18 fr.

FABRE (Joseph). **Histoire de la philosophie**. Première partie : Antiquité et moyen âge. 1 v. in-12, 1877. 3 fr. 50
Deuxième partie : Renaissance et temps modernes. (*Sous presse.*)

FAU. **Anatomie des formes du corps humain**, à l'usage des peintres et des sculpteurs. 1866, 1 vol. in-8 et atlas de 25 planches. 2ᵉ édition. Prix, fig. noires. 20 fr.; fig. coloriées. 35 fr.

FAUCONNIER. **La question sociale**, rente, intérêt, société de l'avenir. 1 fort vol. in-18, 1878. 3 fr. 50

FERBUS (N.). **La science positive du bonheur**. 1 v. in-18. 3 fr.

FERRIER (David). **Les fonctions du cerveau**. 1 vol. in-8, traduit de l'anglais. 1878, avec fig. 10 fr.

FERRON (de). **Théorie du progrès**, 2 vol. in-18. 7 fr.

Em. FERRIÈRE. **Le darwinisme**. 1872, 1 vol. in-18. 4 fr. 50

FONCIN. **Essai sur le ministère de Turgot**. 1 vol. grand in-8 (1876). 8 fr.

FOUCHER DU CAREIL. Voyez LEIBNITZ, p. 2

FOUILLÉE. Voyez p. 2 et 9.

FOX (W.-J.). **Des idées religieuses**. 15 conférences traduites de l'anglais. 1876. 3 fr.

FRÉDÉRIQ. **Hygiène populaire**. 1 vol. in-12, 1875. 4 fr.

GASTINEAU. **Voltaire en exil**. 1 vol. in-18. 3 fr.

GÉRARD (Jules). **Maine de Biran, essai sur sa philosophie.**
1 fort vol. in-8. 1876. 10 fr.

GOUET (Amédée). **Histoire nationale de France,** d'après des
documents nouveaux.

Tome I. Gaulois et Francks. — Tome II. Temps féodaux. —
Tome III. Tiers état. — Tome IV. Guerre des princes. — Tome V.
Renaissance. — Tome VI. Réforme. — Tome VII. Guerres de
religion. (Sous presse.) Prix de chaque vol. in-8. 5 fr.

GUICHARD (Victor). **La liberté de penser,** fin du pouvoir spirituel. 1 vol. in-18, 2ᵉ édition, 1878. 3 fr. 50

GUILLAUME (de Moissey). **Nouveau traité des sensations.**
2 vol. in-8 (1876). 15 fr.

HERZEN. **Œuvres complètes.** Tome Iᵉʳ. Récits et nouvelles.
1874, 1 vol. in-18. 3 fr. 50

HERZEN. **De l'autre Rive.** 4ᵉ édition, traduit du russe par
M. Herzen fils. 1 vol. in-18. 3 fr. 50

HERZEN. **Lettres de France et d'Italie.** 1871, in-18. 3 fr. 50

ISSAURAT. **Moments perdus de Pierre-Jean,** observations,
pensées, 1868, 1 v. in-18. 3 fr.

ISSAURAT. **Les alarmes d'un père de famille,** suscitées,
expliquées, justifiées et confirmées par lesdits faits et gestes de
Mgr Dupanloup et autres. 1868, in-8. 1 fr.

JANET (Paul). Voyez pages 2, 4, 6, 9 et 11.

JOZON (Paul). **Des principes de l'écriture phonétique** et
des moyens d'arriver à une orthographe rationnelle et à une
écriture universelle. 1 vol. in-18. 1877. 3 fr. 50

LABORDE. **Les hommes et les actes de l'insurrection de
Paris** devant la psychologie morbide. Lettres à M. le docteur
Moreau (de Tours). 1 vol. in-18. 2 fr. 50

LACHELIER. **Le fondement de l'induction.** 1 vol. in-8. 3 fr. 50

LACOMBE. **Mes droits.** 1869, 1 vol. in-12. 2 fr. 50

LAMBERT. **Hygiène de l'Égypte.** 1873, 1 vol. in-18. 2 fr. 50

LANGLOIS. **L'homme et la Révolution.** Huit études dédiées à
P.-J. Proudhon. 1867. 2 vol. in-18. 7 fr.

LAUSSEDAT. **La Suisse.** Études médicales et sociales. 2ᵉ édit.
1875. 1 vol. in-18. 3 fr. 50

LAVELEYE (Em. de). **De l'avenir des peuples catholiques.**
1 brochure in-8. 21ᵉ édit. 1876. 25 c.

LAVELEYE (Em. de). Voy. pages 7 et 9.

LAVERGNE (Bernard). **L'ultramontanisme et l'État.** 1 vol.
in-8 (1875). 1 fr. 50

LE BERQUIER. **Le barreau moderne.** 1871, 2ᵉ édition,
1 vol. in-18. 3 fr. 50

LEDRU (Alphonse). **Organisation, attributions et responsabilité des conseils de surveillance des sociétés en
commandite par actions** (loi du 24 juillet 1867). 1 vol.
grand in-8 (1876). 3 fr. 50

LEDRU (Alphonse). **Des publicains et des Sociétés vecti-
galiennes.** 1 vol. grand in-8 (1876). 3 fr.

LEMER (Julien). **Dossier des jésuites et des libertés de
l'Église gallicane.** 1 vol. in-18 (1877). 3 fr. 50

LITTRÉ. **Fragments de philosophie.** 1 vol. in-8. 1876. 8 fr.

LITTRÉ. **Application de la philosophie positive** au gouvernement des Sociétés. In-8. 3 fr. 50

LORAIN (P.). **Jenner et la vaccine.** Conférence historique. 1870,
broch. in-8 de 48 pages. 1 fr. 50

LORAIN (P.). L'assistance publique. 1871, in-4 de 56 p. 1 fr.

LUBBOCK (sir John). L'homme préhistorique, étudié d'après les monuments et les costumes retrouvés dans les différents pays de l'Europe, suivi d'une Description comparée des mœurs des sauvages modernes, traduit de l'anglais par M. Ed. BARBIER, 526 figures intercalées dans le texte. 1876, 2ᵉ édition, considérablement augmentée suivie d'une conférence de M. P. BROCA sur les Troglodytes de la Vezère. 1 beau vol. in-8, br. 16 fr.
    Cart. riche, doré sur tranche. 18 fr.

LUBBOCK (sir John). Les origines de la civilisation. État primitif de l'homme et mœurs des sauvages modernes. 1877, 1 vol. grand in-8 avec figures et planches hors texte. Traduit de l'anglais par M. Ed. BARBIER. 2ᵉ édition. 1877. 15 fr.
    Relié en demi-maroquin avec nerfs. 18 fr.

MAGY. De la science et de la nature, essai de philosophie première. 1 vol. in-8. 6 fr.

MARAIS (Aug.). Garibaldi et l'armée des Vosges. 1872, 1 vol. in-18. 1 fr. 50

MÉNIÈRE. Cicéron médecin, étude médico-littéraire. 1862, 1 vol. in-18. 4 fr. 50

MÉNIÈRE. Les consultations de madame de Sévigné, étude médico-littéraire. 1864, 1 vol. in-8. 3 fr.

MICHAUT (N.). De l'imagination. Études psychologiques. 1 vol. in-8 (1876). 5 fr.

MILSAND. Les études classiques et l'enseignement public. 1873, 1 vol. in-18. 3 fr. 50

MILSAND. Le code et la liberté. Liberté du mariage, liberté des testaments. 1865, in-8. 2 fr.

MIRON. De la séparation du temporel et du spirituel. 1866, in-8. 3 fr. 50

MORIN. Du magnétisme et des sciences occultes. 1860, 1 vol. in-8. 6 fr.

MORIN (Frédéric). Politique et philosophie, précédé d'une introduction de M. JULES SIMON. 1 vol. in-18. 1876. 3 fr. 50

MUNARET. Le médecin des villes et des campagnes. 4ᵉ édition, 1862, 1 vol. grand in-18. 4 fr. 50

NOLEN (D.). La critique de Kant et la métaphysique de Leibnis, histoire et théorie de leurs rapports. 1 volume in-8 (1875). 6 fr.

NOURRISSON. Essai sur la philosophie de Bossuet. 1 vol. in-8. 4 fr.

OGER. Les Bonaparte et les frontières de la France. In-18. 50 c.

OGER La République. 1871, brochure in-8. 50 c.

OLLÉ-LAPRUNE. La philosophie de Malebranche. 2 vol. in-8. 16 fr.

PARIS (comte de). Les associations ouvrières en Angleterre (trades-unions). 1869, 1 vol. gr. in-8. 2 fr. 50
    Édition sur papier de Chine : Broché. 12 fr.
    — Reliure de luxe. 20 fr.

PELLETAN (Eugène). Voyez pages 22 et 25.

PÉREZ (Bernard). Les trois premières années de l'enfant, étude de psychologie expérimentale. 1878, 1 vol. 3 fr. 50

PÉTROZ (P.). L'art et la critique en France depuis 1822. 1 vol. in-18. 1875. 3 fr. 50

POEY (André). Le positivisme. 1 fort vol. in-12 (1876). 4 fr. 50

PUISSANT (Adolphe). **Erreurs et préjugés populaires.** 1873,
1 vol. in-18. 3 fr. 50

Recrutement des armées de terre et de mer, loi de 1872.
1 vol. in-4. 12. fr.

Réorganisation des armées active et territoriale, lois de
1873-1875. 1 vol. in-4. 18 fr.

REYMOND (William). **Histoire de l'art.** 1874, 1 vol. in-8. 5 fr.

RIBOT (Paul). **Matérialisme et spiritualisme.** 1873, in-8 6 fr.

SALETTA. **Principe de logique positive,** ou traité de scepticisme positif. Première partie (de la connaissance en général).
1 vol. gr. in-8. 3 fr. 50

SIEGFRIED (Jules). **La misère, son histoire, ses causes, ses
remèdes.** 1 vol. grand in-18 (1877). 3 fr.

SIÈREBOIS. **Autopsie de l'âme.** Identité du matérialisme et du
vrai spiritualisme. 2e édit. 1873, 1 vol. in-18. 2 fr. 50

SIÈREBOIS. **La morale** fouillée dans ses fondements. Essai d'an-
thropodicée. 1867, 1 vol. in-8. 6 fr.

SIÈREBOIS. **Psychologie réaliste.** Étude sur les éléments réels
de l'âme et de la pensée. 1 vol. in-18 (1876). 2 fr. 50

SMEE (A.). **Mon jardin,** géologie, botanique, histoire naturelle,
1876, 1 magnifique vol. gr in-8, orné de 1300 fig. et 52 pl. hors
texte, traduit de l'anglais par M. BARBIER. 1876. Broché. 15 fr.
Cartonnage riche, doré sur tranches. 20 fr.

SOREL (ALBERT). **Le traité de Paris du 20 novembre 1815.**
Leçons professées à l'École libre des sciences politiques par
M. Albert SOREL. 1873, 1 vol. in-8. 4 fr. 50

THULIÉ. **La folie et la loi.** 1867, 2e édit., 1 vol. in-8. 3 fr. 50

THULIÉ. **La manie raisonnante du docteur Campagne.**
1870, broch. in-8 de 132 pages. 2 fr.

TIBERGHIEN. **Les commandements de l'humanité.** 1872,
1 vol. in-18. 3 fr.

TIBERGHIEN. **Enseignement et philosophie.** In-18. 4 fr.

TISSANDIER. **Études de Théodicée.** 1869, in-8 de 270 p. 4 fr.

TISSOT. **Principes de morale,** leur caractère rationnel et
universel, leur application. Ouvrage couronné par l'Institut.
1 vol. in-8. 6 fr.

TISSOT. Voyez KANT, page 3.

VACHEROT. Voyez p. 2 et 7.

VAN DER REST. **Platon et Aristote.** Essai sur les commencements de la science politique. 1 fort vol. in-8 (1876). 10 fr.

VÉRA. **Strauss.** L'ancienne et la nouvelle foi. 1873, in-8.
6 fr.

VÉRA. **Cavour et l'Église libre dans l'État libre,** 1874,
in-8. 3 fr. 50

VÉRA. **L'Hégélianisme et la philosophie.** 1 vol. in-18.
1861. 3 fr. 50

VÉRA. **Mélanges philosophiques.** 1 vol. in-8, 1862. 5 fr.

VÉRA. **Platonis, Aristotelis et Hegelii de medio termino
doctrina.** 1 vol. in-8. 1845. 1 fr. 50

VILLIAUMÉ. **La politique moderne,** traité complet de politique.
1873, 1 beau vol. in-8. 6 fr.

WEBER. **Histoire de la philosophie européenne.** 1871,
1 vol. in-8. 10 fr.

YUNG (EUGÈNE). **Henri IV, écrivain.** 1 vol. in-8. 1855. 5 fr

ENQUÊTE PARLEMENTAIRE SUR LES ACTES DU GOUVERNEMENT

DE LA DEFENSE NATIONALE

DÉPOSITIONS DES TÉMOINS :

TOME PREMIER, Dépositions de MM. Thiers, maréchal Mac-Mahon, maréchal Le Bœuf, Benedetti, duc de Gramont, de Talhouët, amiral Rigault de Genouilly, baron Jérôme David, général de Palikao, Jules Brame, Dréolle, etc.

TOME II. Dépositions de MM. de Chaudordy, Laurier, Cresson, Dréo, Ranc, Rampont, Steenackers, Feruique, Robert, Schneider, Buffet, Lebreton et Hébert, Bellangé, colonel Atavoine, Gervais, Bécherelle, Robin, Muller, Bouteloy, Meyer, Clément et Simonneau, Fontaine, Jacob, Lemaire, Petotin, Guyot-Montpay-roux, général Soumain, de Legge, colonel Vabre, de Crisenoy, colonel Ibos, etc.

TOME III. Dépositions militaires de MM. de Freycinet, de Serres, le général Lefort, le général Ducrot, le général Vinoy, le lieutenant de vaisseau Farcy, le commandant Amet, l'amiral Pothuau, Jean Brunet, le général de Beau-fort-d'Hautpoul, le général de Valdan, le général d'Aurelle de Paladines, le géné-ral Chanzy, le général Martin des Pallières, le général de Sonis, etc.

TOME IV. Dépositions de MM. le général Bordone, Mathieu, de Laborie, Luce-Villiard, Castillon, Debusschère, Darcy, Chenet, de La Taille, Baillehache, de Grancey, L'Hermite, Pradier, Middleton, Frédéric Morin, Thoyot, le maréchal Bazaine, le général Boyer, le maréchal Canrobert, etc. Annexe à la déposition de M. Testelin note de M. le colonel Denfert, note de la Commission, etc.

TOME V. Dépositions complémentaires et réclamations. — Rapports de la préfecture de police en 1870-1871. — Circulaires, proclamations et bulletins du Gouvernement de la Défense nationale. — Suspension du tribunal de la Rochelle ; rapport de M. de La Borderie ; dépositions.

ANNEXE AU TOME V. Deuxième déposition de M. Cresson, Événements de Nîmes, affaire d'Aïn Yagout. — Réclamations de MM. le général Bellut et Engelhart. — Note de la Commission d'enquête (1 fr.).

RAPPORTS :

TOME PREMIER. M. *Chaper*, les procès-verbaux des séances du Gouver-nement de la Défense nationale. — M. *de Sugny*, les événements de Lyon sous le Gouv. de la Défense nat. — M. *de Rességuier*, les actes du Gouv. de la Défense nat. dans le sud-ouest de la France.

TOME II. M. *Saint-Marc Girardin*, la chute du second Empire. — M. *de Sugny*, les événements de Marseille sous le Gouv. de la Défense nat.

TOME III. M. *le comte Daru*, la politique du Gouvernement de la Défense nationale à Paris.

TOME IV. M. *Chaper*, de la Défense nat. au point de vue militaire à Paris.

TOME V. *Boreau-Lajanadie*, l'emprunt Morgan. — M. *de la Borderie*, le camp de Conlie et l'armée de Bretagne. — M. *de la Sicotière*, l'affaire de Dreux.

TOME VI. M. *de Rainneville*, les actes diplomatiques du Gouv. de la Défense nat. — M. *A. Lallié*, les postes et les télégraphes pendant la guerre. — M. *Delsol*, la ligne du Sud-Ouest. — M. *Perrot*, la défense en province. (1re partie.)

TOME VII. M. *Perrot*, les actes militaires du Gouv. la Défense nat. en pro-vince (2e partie : Expédition de l'Est).

TOME VIII. M. *de la Sicotière*, sur l'Algérie.

TOME IX. Algérie, dépositions des témoins. Table générale et analytique des dépositions des témoins avec renvoi aux rapports (10 fr.).

TOME X. M. *Boreau-Lajanadie*, le Gouvernement de la Défense nationale à Tours et à Bordeaux. (5 fr.).

PIÈCES JUSTIFICATIVES :

TOME PREMIER. Dépêches télégraphiques officielles, première partie.

TOME DEUXIÈME, Dépêches télégraphiques officielles, deuxième partie. — Pièces justificatives du rapport de M. Saint-Marc Girardin.

PRIX DE CHAQUE VOLUME. . . . . **15** fr.

PRIX DE L'ENQUÊTE COMPLÈTE EN 18 VOLUMES. . . . **241** fr.

Rapports sur les actes du Gouvernement de la Défense nationale, se vendant séparément :

LES ACTES DU GOUVERNEMENT
DE LA
DÉFENSE NATIONALE
(DU 4 SEPTEMBRE 1870 AU 8 FÉVRIER 1871)

ENQUÊTE PARLEMENTAIRE FAITE PAR L'ASSEMBLÉE NATIONALE
RAPPORTS DE LA COMMISSION ET DES SOUS-COMMISSIONS
TÉLÉGRAMMES
PIÈCES DIVERSES — DÉPOSITIONS DES TÉMOINS — PIÈCES JUSTIFICATIVES
TABLES ANALYTIQUE, GÉNÉRALE ET NOMINATIVE

**7 forts volumes in-4. — Chaque volume séparément 16 fr.
L'ouvrage complet en 7 volumes : 112 fr.**

Cette édition populaire réunit, en sept volumes avec une Table analytique par volume, tous les documents distribués à l'Assemblée nationale. — Une Table générale et nominative termine le 7ᵉ volume.

ENQUÊTE PARLEMENTAIRE
SUR
L'INSURRECTION DU 18 MARS

1° RAPPORTS. — 2° DÉPOSITIONS de MM. Thiers, maréchal Mac-Mahon, général Trochu, J. Favre, Ernest Picard, J. Ferry, général Le Flô, général Vinoy, colonel Lambert, colonel Gaillard, général Appert, Floquet, général Cremer, amiral Saisset, Schœlcher, amiral Pothuau, colonel Langlois, etc. — 3° PIÈCES JUSTIFICATIVES

1 vol. grand in-4°. — Prix : 16 fr.

COLLECTION ELZÉVIRIENNE

MAZZINI. **Lettres de Joseph Mazzini** à Daniel Stern (1864-1872), avec une lettre autographiée. 3 fr. 50

MAX MULLER. **Amour allemand**, traduit de l'allemand. 1 vol. in-18. 3 fr. 50

CORLIEU (le Dʳ). **La mort des rois de France** depuis François 1ᵉʳ jusqu'à la Révolution française, études médicales et historiques, , 1 vol. in-18. 3 fr. 5C

CLAMAGERAN. **L'Algérie**, impressions de voyage. 1 vol. in-18. 3 fr. 50

STUART MILL (J.) **La République de 1848**, traduit de l'anglais, avec préface par M. SADI CARNOT, 1 vol. in-18 (1875). 3 fr. 50

RIBERT (Léonce). **Esprit de la Constitution** du 25 février 1875. 1 vol. in-18, 3 fr. 50

NOEL (E.). **Mémoires d'un imbécile**, précédé d'une préface de M. Littré. 1 vol. in-18, 2ᵉ édition (1876). 3 fr. 50

PELLETAN (Eug.). **Jarousseau, le Pasteur du désert**. 1 vol. in-18 (1877). Ouvrage couronné par l'Académie française. 3 fr. 50

PELLETAN (Eug.). **Élisée, voyage d'un homme à la recherche de lui-même**, 1 vol. in-18 en caractères elzéviriens (1877). 3 fr. 50

PELLETAN (Eug.). **Un roi philosophe**, Frédéric le Grand. 1 vol. in-18 en caractères elzéviriens. 1878. 3 fr. 50

BIBLIOTHÈQUE POPULAIRE

BARNI (Jules). **Napoléon 1ᵉʳ**, 1 vol. in-18. 1 fr.

BARNI (Jules). **Manuel républicain**, 1 vol. in-18. 1 fr.

MARAIS (Aug.). **Garibaldi et l'armée des Vosges**. 1 vol. in-18. 1 fr. 50

FRIBOURG (E.). **Le paupérisme parisien**, ses progrès depuis vingt-cinq ans. . 1 fr. 25

ÉTUDES CONTEMPORAINES

BOUILLET (Ad.). **Les bourgeois gentilshommes. — L'armée d'Henri V**, 1 vol. in-18. 3 fr. 50

BOUILLET (Ad.). **Les bourgeois gentilshommes. — L'armée d'Henri V**. Types nouveaux et inédits. 1 vol. in-18. 2 fr. 50

BOUILLET (Ad.). **Les Bourgeois gentilshommes. — L'armée d'Henri V**. L'arrière-ban de l'ordre moral. 1 vol. in-18. 3 fr. 50

VALMONT (V.). **L'espion prussien**, roman anglais, traduit par M. J. DUBRISAY. 1 vol. in-18. 3 fr. 50

BOURLOTON (Edg.) et ROBERT (Edmond). **La Commune et ses idées à travers l'histoire**. 1 vol. in-18. 3 fr. 50

CHASSERIAU (Jean). **Du principe autoritaire et du principe rationnel**. 1873. 1 vol. in-18. 3 fr. 50

NAQUET (Alfred). **La République radicale**. 1 vol. in-18. 3 fr. 50

ROBERT (Edmond). **Les domestiques** 1 vol. in-18 (1875). 2 fr. 50

ŒUVRES
DE
EDGAR QUINET

Chaque volume se vend séparément

Édition in-8 . . . . 6 fr. | Édition in-18 . . . . . 3 fr. 50

Viennent de paraître :

LOUIS BLANC

HISTOIRE DE DIX ANS
(1830-1840)
12ᵉ ÉDITION.

5 beaux volumes in-8. . . . . 25 fr.

Chaque volume se vend séparément, 5 fr.

ÉLIAS REGNAULT

HISTOIRE DE HUIT ANS
(1840-1848)
4ᵉ ÉDITION.

3 beaux vol. in-8. . . . . 15 fr.

Chaque volume se vend séparément. . . . . 5 fr.

L'*Histoire de Dix ans* et l'*Histoire de Huit ans* réunies comprennent : l'Histoire de la Révolution de 1830 et le règne de Louis-Philippe Iᵉʳ jusqu'à la Révolution de 1848.

BIBLIOTHÈQUE UTILE

LISTE DES OUVRAGES PAR ORDRE D'APPARITION

60 centimes le vol. de 190 pages

I. — **Morand.** Introduction à l'étude des Sciences physiques.
II. — **Cruveilher.** Hygiène générale. 4ᵉ édition.
III. — **Corbon.** De l'enseignement professionnel. 2ᵉ édition.
IV. — **L. Pichat.** L'Art et les Artistes en France. 3ᵉ édition.
V. — **Buchez.** Les Mérovingiens. 3ᵉ édition.
VI. — **Buchez.** Les Carlovingiens.
VII. — **F. Morin.** La France au moyen âge. 3ᵉ édition.
VIII. — **Bastide.** Luttes religieuses des premiers siècles. 3ᵉ éd.
IX. — **Bastide.** Les guerres de la Réforme. 3ᵉ édition.
X. — **E. Pelletan.** Décadence de la Monarchie française. 4ᵉ éd.
XI. — **L. Brothier.** Histoire de la Terre. 4ᵉ édition.
XII. — **Sanson.** Principaux faits de la Chimie. 3ᵉ édition.
XIII. — **Turck.** Médecine populaire. 4ᵉ édition.
XIV. — **Morin.** Résumé populaire du Code civil. 2ᵉ édition.
XV. — **Zaborowski.** L'homme préhistorique.
XVI. — **A. Ott.** L'Inde et la Chine.
XVII. — **Catalan.** Notions d'Astronomie. 2ᵉ édition.
XVIII. — **Cristal.** Les Délassements du Travail.
XIX. — **Victor Meunier.** Philosophie zoologique.
XX. — **G. Jourdan.** La justice criminelle en France. 2ᵉ édition.
XXI. — **Ch. Rolland.** Histoire de la Maison d'Autriche.
XXII. — **E. Despois.** Révolution d'Angleterre. 2ᵉ édition.
XXIII. — **B. Gastineau.** Génie de la Science et de l'Industrie.
XXIV. — **H. Leneveux.** Le Budget du foyer. Economie domestique.
XXV. — **L. Combes.** La Grèce ancienne.
XXVI. — **Fréd. Lock.** Histoire de la Restauration. 2ᵉ édition.
XXVII. — **L. Brothier.** Histoire populaire de la philosophie. 2ᵉ édition.
XXVIII. — **E. Margollé.** Les phénomènes de la Mer. 3ᵉ édition.
XXIX. — **L. Collas.** Histoire de l'empire ottoman.
XXX. — **Zurcher.** Les Phénomènes de l'atmosphère. 3ᵉ édition.
XXXI. — **E. Raymond.** L'Espagne et le Portugal.
XXXII. — **Eugène Noël.** Voltaire et Rousseau. 2ᵉ édition.
XXXIII. — **A. Ott.** L'Asie occidentale et l'Egypte.
XXXIV. — **Ch. Richard.** Origine et fin des Mondes. 3ᵉ édition.
XXXV. — **Enfantin.** La vie éternelle. 2ᵉ édition.
XXXVI. — **L. Brothier.** Causeries sur la mécanique.
XXXVII. — **Alfred Doneaud.** Histoire de la Marine française.
XXXVIII. — **Fréd. Lock.** Jeanne d'Arc.
XXXIX. — **Carnot.** Révolution française. — Période de création (1789-1792).
XL. — **Carnot.** Révolution française. — Période de conservation (1792-1804).
XLI. — **Zurcher et Margollé.** Téléscope et Microscope.
XLII. — **Blerzy.** Torrents, Fleuves et Canaux de la France.
XLIII. — **P. Secchi, Wolf, Briot et Delaunay.** Le Soleil, les Étoiles et les Comètes.
XLIV. — **Stanley Jevons.** L'Économie politique, trad. de l'anglais, par M. H. Gravez.
XLV. — **Em. Ferrière.** Le Darwinisme.

BIBLIOTHÈQUE UTILE
LISTE DES OUVRAGES PAR ORDRE DE MATIÈRES
Vol. in-32 à 60 centimes.

I. — HISTOIRE DE FRANCE.

Buchez. Les Mérovingiens.
Buchez. Les Carlovingiens.
J. Bastide. Luttes religieuses des premiers siècles.
J. Bastide. Les Guerres de la réforme.
F. Morin. La France au Moyen âge.
Fréd. Lock. Jeanne d'Arc.
Eug. Pelletan. Décadence de la monarchie française.
Carnot. La Révolution française, 2 vol.
Fréd. Lock. Histoire de la Restauration.
Alf. Donneaud. Histoire de la marine française.

II. — PAYS ÉTRANGERS.

E. Raymond. L'Espagne et le Portugal.
L. Collas. Histoire de l'empire ottoman.
L. Combes. La Grèce ancienne.
A. Ott. L'Asie occidentale et l'Égypte.
A. Ott. L'Inde et la Chine.
Ch. Rolland. Histoire de la maison d'Autriche.
Eug. Despois. Les Révolutions d'Angleterre.

III. — PHILOSOPHIE.

Enfantin. La Vie Éternelle.
Eug Noël. Voltaire et Rousseau.
Léon Brothier. Histoire populaire de la philosophie.
Victor Meunier La Philosophie zoologique.

IV. — DROIT.

Morin. La Loi civile en France.
G. Jourdan. La Justice criminelle en France.

V. — SCIENCES.

Benj. Gastineau. Le Génie de la science.
Zurcher et Margollé. Télescope et Microscope.
Zurcher. Les Phénomènes de l'atmosphère.
Morand. Introduction à l'étude des sciences physiques.
Cruveilhier. Hygiène générale.
Brothier. Causeries sur la mécanique.
Brothier. Histoire de la terre.
Sanson. Principaux Faits de la chimie.
Turck. Médecine populaire.
Catalan. Notions d'astronomie.
E. Margollé. Les Phénomènes de la mer.
Ch. Richard. Origines et Fins des mondes.
Zaborowski. L'Homme préhistorique.
H. Blerzy. Torrents, Fleuves et Canaux de la France.
P. Secchi, Wolf et Briot. Le Soleil, les Étoiles et les Comètes.
Em. Ferrière. Le Darwinisme.

VI. — ENSEIGNEMENT. — ÉCONOMIE POLITIQUE. — ARTS.

Corbon. L'Enseignement professionnel.
Cristal. Les Délassements du travail.
Leneveux. Le Budget du foyer.
Laurent Pichat. L'Art et les Artistes en France.
Stanley Jevons. L'Economie politique, traduit de l'anglais.

REVUE
Politique et Littéraire
(Revue des cours littéraires,
2ᵉ série.)

REVUE
Scientifique
(Revue des cours scientifiques,
2ᵉ série.)

Directeurs : MM. Eug. YUNG et Ém. ALGLAVE

La septième année de la **Revue des Cours littéraires** et de la **Revue des Cours scientifiques**, terminée à la fin de juin 1871, clôt la première série de cette publication.

La deuxième série a commencé le 1ᵉʳ juillet 1871, et depuis cette époque chacune des années de la collection commence à cette date. Des modifications importantes ont été introduites dans ces deux publications.

REVUE POLITIQUE ET LITTÉRAIRE

La *Revue politique* continue à donner une place aussi large à la littérature, à l'histoire, à la philosophie, etc., mais elle a agrandi son cadre, afin de pouvoir aborder en même temps la politique et les questions sociales. En conséquence, elle a augmenté de moitié le nombre des colonnes de chaque numéro (48 colonnes au lieu de 32).

Chacun des numéros, paraissant le samedi, contient régulièrement :

Une *Semaine politique* et une *Causerie politique,* où sont appréciés, à un point de vue plus général que ne peuvent le faire les journaux quotidiens, les faits qui se produisent dans la politique intérieure de la France, discussions de l'Assemblée, etc.

Une *Causerie littéraire* où sont annoncés, analysés et jugés les ouvrages récemment parus : livres, brochures, pièces de théâtre importantes, etc.

Tous les mois la *Revue politique* publie un *Bulletin géographique* qui expose les découvertes les plus récentes et apprécie les ouvrages géographiques nouveaux de la France et de l'étranger. Nous n'avons pas besoin d'insister sur l'importance extrême qu'a prise la géographie depuis que les Allemands en ont fait un instrument de conquête et de domination.

De temps en temps une *Revue diplomatique* explique, au point de vue français, les événements importants survenus dans les autres pays.

On accusait avec raison les Français de ne pas observer avec assez d'attention ce qui se passe à l'étranger. La *Revue* remédie à ce défaut. Elle analyse et traduit les livres, articles, discours ou conférences qui ont pour auteurs les hommes les plus éminents des divers pays.

Comme au temps où ce recueil s'appelait *la Revue des cours littéraires* (1864-1870), il continue à publier les principales leçons du Collége de France, de la Sorbonne et des Facultés des départements.

Les ouvrages importants sont analysés, avec citations et extraits, dès le lendemain de leur apparition. En outre, la *Revue politique* publie des articles spéciaux sur toute question que recommandent à l'attention des lecteurs, soit un intérêt public, soit des recherches nouvelles.

Parmi les collaborateurs nous citerons :

Articles politiques. — MM. de Pressensé, Ch. Bigot, Anat. Dunoyer, Anatole Leroy-Beaulieu, Clamageran.

Diplomatie et pays étrangers. — MM. Van den Berg, Albert Sorel, Reynald, Léo Quesnel, Louis Leger, Lezierski.

Philosophie. — MM. Janet, Caro, Ch. Lévêque, Véra, Th. Ribot, E. Boutroux, Nolen, Huxley.

Morale. — MM. Ad. Franck, Laboulaye, Legouvé, Bluntschli.

Philologie et archéologie. — MM. Max Müller, Eugène Benoist, L. Havet, E. Ritter, Maspéro, George Smith.

Littérature ancienne. — MM. Egger, Havet, George Perrot, Gaston Boissier, Geffroy.

Littérature française. — MM. Ch. Nisard, Lenient, L. de Loménie, Édouard Fournier, Bersier, Gidel, Jules Claretie, Paul Albert.

Littérature étrangère. — MM. Mézières, Büchner, P. Stapfer.

Histoire. — MM. Alf. Maury, Littré, Alf. Rambaud, G. Monod.

Géographie, Economie politique. — MM. Levasseur, Himly, Vidal-Lablache, Gaidoz, Alglave.

Instruction publique. — Madame C. Coignet, MM. Buisson, Em. Beaussire.

Beaux-arts. — MM. Gebhart, Justi, Schnaase, Vischer, Ch. Bigot.

Critique littéraire. — MM. Maxime Gaucher, Paul Albert.

Ainsi la *Revue politique* embrasse tous les sujets. Elle consacre à chacun une place proportionnée à son importance. Elle est, pour ainsi dire, une image vivante, animée et fidèle de tout le mouvement contemporain.

REVUE SCIENTIFIQUE

Mettre la science à la portée de tous les gens éclairés sans l'abaisser ni la fausser, et, pour cela, exposer les grandes découvertes et les grandes théories scientifiques par leurs auteurs mêmes;

Suivre le mouvement des idées philosophiques dans le monde savant de tous les pays.

Tel est le double but que la *Revue scientifique* poursuit depuis dix ans avec un succès qui l'a placée au premier rang des publications scientifiques d'Europe et d'Amérique.

Pour réaliser ce programme, elle devait s'adresser d'abord aux Facultés françaises et aux Universités étrangères qui comptent dans leur sein presque tous les hommes de science éminents. Mais, depuis deux années déjà, elle a élargi son cadre afin d'y faire entrer de nouvelles matières.

En laissant toujours la première place à l'enseignement supérieur proprement dit, la *Revue scientifique* ne se restreint plus désormais aux leçons et aux conférences. Elle poursuit tous les développements de la science sur le terrain économique, industriel, militaire et politique.

Elle publie les principales leçons faites au Collège de France, au Muséum d'histoire naturelle de Paris, à la Sorbonne, à l'Institution royale de Londres, dans les Facultés de France, les universités d'Allemagne, d'Angleterre, d'Italie, de Suisse, d'Amérique, et les institutions libres de tous les pays.

Elle analyse les travaux des Sociétés savantes d'Europe et d'Amérique, des Académies des sciences de Paris, Vienne, Berlin, Munich, etc., des Sociétés royales de Londres et d'Édimbourg, des Sociétés d'anthropologie, de géographie, de chimie, de botanique, de géologie, d'astronomie, de médecine, etc.

Elle expose les travaux des grands congrès scientifiques, les Associations *française, britannique* et *américaine*, le Congrès des naturalistes allemands, la Société helvétique des sciences naturelles, les congrès internationaux d'anthropologie préhistorique, etc.

Enfin, elle publie des articles sur les grandes questions de philosophie naturelle, les rapports de la science avec la politique, l'industrie et l'économie sociale, l'organisation scientifique des divers pays, les sciences économiques et militaires, etc.

Parmi les collaborateurs nous citerons :

Astronomie, météorologie. — MM. Faye, Balfour-Stewart, Janssen, Normann Lockyer, Vogel, Laussedat, Thomson, Rayet, Secchi, Briot, A. Herschel, etc.

Physique. — MM. Helmholtz, Tyndall, Desains, Mascart, Carpenter, Gladstone, Fernet, Bertin.

Chimie. — MM. Wurtz, Berthelot, H. Sainte-Claire Deville, Pasteur, Grimaux, Jungfleisch, Odling, Dumas, Troost, Peligot, Cahours, Friedel, Frankland.

Géologie. — MM. Hébert, Bleicher, Fouqué, Gaudry, Ramsay, Sterry-Hunt, Contejean, Zittel, Wallace, Lory, Lyell, Daubrée.

Zoologie. — MM. Agassiz, Darwin, Haeckel, Milne Edwards, Perrier, P. Bert, Van Beneden, Lacaze-Duthiers, Giard, A. Moreau, E. Blanchard,

Anthropologie. — MM. Broca, de Quatrefages, Darwin, de Mortillet, Virchow, Lubbock, K. Vogt.

Botanique. — MM. Baillon, Cornu, Faivre, Spring, Chatin, Van Tieghem, Duchartre.

Physiologie, anatomie. — MM. Chauveau, Charcot, Moleschott, Onimus, Ritter, Rosenthal, Wundt, Pouchet, Ch. Robin, Vulpian, Virchow, P. Bert, du Bois-Reymond, Helmholtz, Marey, Brücke.

Médecine. — MM. Chauffard, Chauveau, Cornil, Gubler, Le Fort, Verneuil, Broca, Liebreich, Lasègue, G. Sée, Bouley, Giraud-Teulon, Bouchardat, Lépine.

Sciences militaires. — MM. Laussedat, Le Fort, Abel, Jervois, Morin, Noble, Reed, Usquin, X***.

Philosophie scientifique. — MM. Alglave, Bagehot, Carpenter, Hartmann, Herbert Spencer, Lubbock, Tyndall, Gavarret, Ludwig, Ribot.

Prix d'abonnement :

Une soule Revue séparément	Six mois.	Un an.	Les deux Revues ensemble	Six mois.	Un an.
Paris........	12f	20f	Paris.......	20f	36
Départements.	15	25	Départements.	25	42
Étranger,....	18	30	Étranger....	30	50

L'abonnement part du 1er juillet, du 1er octobre, du 1er janvier et du 1er avril de chaque année.

Chaque volume de la première série se vend : broché...... 15 fr.
relié........ 20 fr.
Chaque année de la 2e série, formant 2 vol., se vend : broché.. 20 fr.
relié.... 25 fr.

Port des volumes à la charge du destinataire.

Prix de la collection de la première série :

Prix de la collection complète de la *Revue des cours littéraires* ou de la *Revue des cours scientifiques* (1864-1870), 7 vol. in-4. 105 fr.

Prix de la collection complète des deux *Revues* prises en même temps, 14 vol. in-4.................................. 182 fr.

Prix de la collection complète des deux séries :

Revue des cours littéraires et *Revue politique et littéraire*, ou *Revue des cours scientifiques* et *Revue scientifique* (décembre 1863 — juillet 1878), 21 vol. in-4.................... 245 fr.

La *Revue des cours littéraires* et la *Revue politique et littéraire*, avec la *Revue des cours scientifiques* et la *Revue scientifique*, 42 volumes in-4 .... 434 fr.

REVUE PHILOSOPHIQUE
DE LA FRANCE ET DE L'ÉTRANGER

Paraissant tous les mois

DIRIGÉE

Par TH. RIBOT

Agrégé de philosophie, Docteur ès lettres

La REVUE PHILOSOPHIQUE paraît tous les mois, depuis le 1er janvier 1876, par livraisons de 6 à 7 feuilles grand in-8, et forme ainsi à la fin de chaque année deux forts volumes d'environ 680 pages chacun.

CHAQUE NUMÉRO DE LA REVUE CONTIENT :

1º Plusieurs articles de fond ; 2º des analyses et comptes rendus des nouveaux ouvrages philosophiques français et étrangers ; 3º un compte rendu aussi complet que possible des *publications périodiques* de l'étranger pour tout ce qui concerne la philosophie ; 4º des notes, documents, observations, pouvant servir de matériaux ou donner lieu à des vues nouvelles.

Prix d'abonnement :

Un an, pour Paris............................	30 fr.
— pour les départements et l'étranger........	33 fr.
La livraison	3 fr.

REVUE HISTORIQUE
Paraissant tous les deux mois

DIRIGÉE

Par MM. GABRIEL MONOD et GUSTAVE FAGNIEZ

La REVUE HISTORIQUE paraît tous les deux mois, depuis le 1er janvier 1876, par livraisons grand in-8 de 15 à 16 feuilles, de manière à former à la fin de l'année deux beaux volumes de 900 p. chacun.

CHAQUE LIVRAISON CONTIENT :

I. Plusieurs *articles de fond*, comprenant chacun, s'il est possible, un travail complet. II. Des *Mélanges et Variétés*, composés de documents inédits d'une étendue restreinte et de courtes notices sur des points d'histoire curieux ou mal connus. III. Un *Bulletin historique* de la France et de l'étranger, fournissant des renseignements aussi complets que possible sur tout ce qui touche aux études historiques. IV. Une *analyse des publications périodiques* de la France et de l'étranger, au point de vue des études historiques. V. Des *Comptes rendus critiques* des livres d'histoire nouveaux.

Prix d'abonnement :

Un an, pour Paris............................	30 fr.
— pour les départements et l'étranger........	33 fr.
La livraison..................................	6 fr.

TABLE ALPHABÉTIQUE DES AUTEURS

Helmholtz. 13	Menière. 18	Saint-Marc Girardin. 24
HerbertSpencer 5,7,8,13	Mervoyer. 14	Saint-Robert (de). 13
Herzen (Al.). 7, 16	Meunier (V.). 11, 25	Saint-Simon. 6
Hillebrand (K.). 10	Michaut (N.). 18	Saisset (Em.). 6
Humbold (G. de). 4	Milsand. 5, 6, 18	Saletta. 19
Husson. 3	Miron 18	Sanson. 25
Issaurat. 17	Moleschott. 4, 7	Sarchi. 3
Janet(Paul). 2,4,6,9,11	Monod (Gabriel). 30	Sayous (Ed.). 11
Jourdan (G.). 26	Montégut. 11	Schelling. 3
Jozon. 17	Morand. 25	Schmidt (Osc.). 4,5,7,13
Kant. 2, 3	Morin (Fr.). 18, 25	Schœbel. 7
Laborde. 17	Muller (Max). 7	Schopenhauer. 4, 7
La Borderie (de). 21	Munaret. 18	Schutzenberger. 13
Lachelier. 17	Naquet (Alfred). 22	Secchi (le Père). 12
Lacombe. 17	Nicolas. 3	Selden (Camille). 7
Laillé. 21	Noël (E.). 22, 25	Siegfried (Jules). 19
Lambert. 17	Nolen (D.). 2,3,4,7,9,18	Sièrebois. 19
Lange. 4	Nourrisson. 2, 18	Smee (Alf.). 19
Langlois. 17	Oger. 18	Socrate. 2
La Sicotière (de). 21	Ollé Laprune. 2, 18	Sorel (Albert). 19
Laugel(Aug.). 6,8,11	Ott (A.). 25	Sorin (Elie). 11
Laussedat. 17	Paris (comte de). 18	Soury (J.). 4
Laveleye (E. de). 7,9,17	Poisse (Louis). 3, 5, 8	Spinoza. 2, 6
Lavergne (Bernard). 17	Pelletan (Eug.). 18,22,25	Stahl. 4
Leblais. 6	Penjon. 4	Stanley Jevons. 13, 25
Le Berquier. 16, 17	Perez (Bernard). 18	Strauss. 4
Ledru. 17	Perrot. 21	Stuart Mill. 3,5,6,7,8,22
Leibniz. 2, 3	Petroz (P.). 18	Sugny (de). 21
Lemer. 17	Pettigrew. 12	Sybel (H. de). 10
Lemoine (A.). 4, 6	Pichat (L.). 25	Tackeray. 10
Leneveux (H.). 23	Platon. 2	Taine (H.). 5, 6, 11
Lessing. 4	Poey (André). 18	Teste (L). 11
Létourneau. 7	Pressensé (de). 15	Thulié. 19
Levallois (J.). 7	Puissant (Ad.). 19	Tiberghien. 19
Lévêque (Ch.). 6	Quatrefages(de). 5,8,13	Timon. 15
Lévi (Eliphas). 15	Quinet (Edgar). 23	Tissandier. 7, 19
Liard. 5, 7, 9	Rainneville (de). 21	Tissot. 2, 3, 19
Littré. 5, 17, 23	Raymond (E.). 25	Turck. 25
Lock (Fréd.). 25	Regnault (Elias). 10	Tyndall (J.). 12
Locke (J.). 2,7	Rémusat (Ch. de). 6	Vacherot. 2, 7, 19
Lorain. 17, 18	Rosséguier (de). 21	Valmont (V.). 22
Lotze (H.). 4, 7	Réville (A.). 7, 11	Van der Rest. 2, 19
Lubbock (sir John). 18	Reymond (William). 19	Véra. 3, 4, 6, 19
Luys. 13	Reynald (H.). 10, 11	Véron (Eug.). 10
Magy. 18	Ribert (Léonce). 22	Villiaumé. 19
Maine de Biran. 3	Ribot (Th.) 4, 5, 7, 8, 9, 19, 30	Vogel. 13
Malebranche. 2	Richard (Ch.). 25	Vogeli. 8
Marais. 22	Richter (J.-P.). 4	Voltaire. 2
Marc-Aurèle. 2	Ritter. 2, 9	Weber. 19
Marey. 12	Robert (Edmond). 22	Withney. 13
Margall (Piv.). 7	Rochau (de). 10	Wolf. 25
Margollé. 25	Rolland (Ch.). 25	Wurtz. 13
Mariano. 7	Rosenthal. 13	Wyrouboff. 5, 17
Marion. 2, 7	Ruskin (John). 5	Yung. 19, 26
Maudsley. 13	Rustow. 10	Zaborowski. 25
Max Muller. 22	Saigey (Em.). 2, 7, 9	Zurcher. 25
Mazzini. 22		

www.ingramcontent.com/pod-product-compliance
Lightning Source LLC
Chambersburg PA
CBHW050549270326
41926CB00012B/1975